Heiss · Sundri

Lisa Heiss

Sundri

*Ein indisches Mädchen zwischen
gestern und morgen*

Loewes Verlag Bayreuth

Die Verfasserin ist der Deutsch-Indischen Gesellschaft für ihre beratende Hilfe zu besonderem Dank verpflichtet.

ISBN 3 7855 1797 1
© für diese Ausgabe 1979 by Loewes Verlag, Bayreuth
„Sundri" (1962) und „Morgen blüht der Lotos" (1966)
erschienen erstmals im Union Verlag, Stuttgart
Umschlag: Kajo Bierl
Satz: Meister-Satz, Hof
Gesamtherstellung: L.E.G.O., Vicenza
Printed in Italy

Sundri

Die Weissagung

Regungslos stand Valia Valappan unter den weitausladenden Ästen des großen Banyanbaumes. Er blickte hinüber zu dem spärlich erleuchteten Fenster, hinter dem sich das Schlafzimmer befand. Hoffentlich würde alles gutgehen. Rohini, seine Frau, war sehr zart und hatte ihm bereits vier Kinder geboren. Ein fünftes sollte dort drüben jetzt zur Welt kommen. Valia liebte seine Familie sehr.

Die starken Luftwurzeln des Baumes hingen wie drohende Arme von den Ästen zur Erde hinab. Es kam ihm in diesem Augenblick vor, als ob etwas Böses, Dämonisches nach ihm greifen würde.

Tiefpurpurn war die Nacht, die das weite Hochland bedeckte. Am Himmel glitzerten die Sterne, klar und kalt standen sie in dem Dunkel des Firmaments. Die Sichel des zunehmenden Mondes schien aus purem Silber zu sein. Nicht weich und zärtlich war das Licht, wie es bei Vollmond war, sondern auch so kalt und blitzend wie das der Sterne. Nichts regte sich im Dschungel. Kein Vogelruf, kein Schrei eines Tieres. Nur Stille, schwere, bedrückende Stille.

Was würde dieses fünfte Kind sein? Ein Sohn? Eine Tochter? Valia wünschte sich natürlich einen Sohn, denn es konnten nicht genug Männer da sein, um die Frauen und die Kinder der Familiengemeinschaft zu schützen und zu versorgen. Zudem – einem Mädchen mußte man eine Mitgift mitgeben, wenn sie heiratete!

Valia Valappan hatte nur einen Sohn, Balan, und drei Töchter, Kamala, Gopi und Jamaki. Kamala sollte demnächst verheiratet werden, sie ging ins vierzehnte Jahr.

Hier oben in den Westlichen Ghats, jenem Küstengebirge, das sich von Bombay bis zur Südspitze Indiens hinzieht, lebte man noch eng in einem einzigen großen Familienverband. Alle Schwestern der Frau sowie deren Männer und Kinder waren beisammen. In Valappans Haus waren es dreiundzwanzig Kinder; eine stattliche Zahl, für die er zu sorgen hatte.

Natürlich wünschte er sich einen Sohn, aber man mußte demütig annehmen, was die guten Geister schenkten. In Gedanken an sie verneigte er sich.

Endlich wurden drüben im Haus die Holzläden aufgestoßen zum Zeichen, daß das Kind das Licht der Welt erblickt hatte. Sekunden später lief ein Diener herbei, um dem wartenden Vater das Geschlecht des Neugeborenen mitzuteilen. Dies war des Horoskops wegen sehr wichtig.

Valappan sah zum Himmel hinauf, damit er am Stand der Gestirne die genaue Geburtsstunde bestimmen konnte. In diesem Augenblick wechselte das Dunkel der Nacht in eine fast blendende Helligkeit hinüber. Kein sanftes Dämmerlicht zeigte den Übergang an. Verschwunden war die Mondsichel, weggewischt waren die Sterne. Die Sonne war da. Ihre Strahlen vergoldeten alles ringsumher, was zuvor in das tiefe Purpur der Nacht getaucht gewesen war.

Der Dschungel begann zu erwachen. Vögel sangen, Papageien kreischten, und Affen aller Art lärmten in den Bäumen, am lautesten die Makaken.

Der Morgen war gekommen!

Und mitten hinein in diesen wunderbaren Tag war Valia Valappan eine Tochter geschenkt worden. Einen ganz kurzen Augenblick stand er mit gesenktem Kopf, die Hände mit den Innenflächen zusammengelegt, seine Stirn mit den Fingerspitzen berührend, um den Geistern seiner Vorväter zu danken. Hatten sie ihm auch keinen Sohn geschenkt, hatten sie ihm doch eine gesunde Tochter gegeben. Dann ging er mit ruhigen, aber weitausholenden Schritten durch den Dschungel.

Mit der Sonne begannen die Blumen und Pflanzen ihren betörenden, süßen Duft auszuströmen, so stark, daß es einem fast den Atem benahm.

Endlos schien Valia heute der Weg zu Achunchan, dem weisen Mann, zu sein. Seltsam, als er aus dem Dickicht des Dschungels heraustrat – Achunchans Haus stand auf der Klippe, von der man weit über das Meer hinaussehen konnte –, war es, als ob eine unsichtbare Hand ihn veranlassen wollte, stillezustehen, umzukehren. Geradeso, als ob man ihn davor zurückhalten wollte, nach der Zukunft dieses neugeborenen Kindes zu fragen.

Was würde Achunchan wissen? Würde das Neugeborene ein glückliches Mädchen werden? Würde sie schön sein wie Rohini, eine gute Zukunft vor sich haben? Das heißt, würde man einen wohlhabenden Mann für sie finden? Ihr Schicksal lag in der Hand der guten und auch der bösen Geister, die es nach ihrem Willen bestimmten.

Valia Valappan gehörte den Animisten an, die weder Götter noch Tempel kannten, sondern an die Geister der Vorfahren glaubten.

Valia atmete tief und schritt dann auf das Haus zu. Achunchan, der stets früh auf war, saß bereits auf einem Baumstamm vor seiner Hütte. Er schien ihn zu erwarten.

„Namaskaram", sagte Valia und berührte zum Gruß mit seinen Fingerspitzen seine Stirn, dabei den Kopf ehrerbietig neigend.

„Namaskaram", erwiderte Achunchan. Nach dem Begehr seines Besuchers brauchte er nicht zu fragen, denn er wußte, daß Rohini Sahib Mutter werden würde. Wahrscheinlich war das Kind nun geboren, und man wünschte von ihm über die Zukunft und auch über den Charakter des Neugeborenen zu hören.

„Es ist ein Mädchen", begann Valia. „Mein fünftes

Kind. Die Geburtsstunde war, als der junge Tag kam, als die Sonne ihre ersten Strahlenbündel heraufschoß."

Das genügte für den Weissager. Hier in den Ghats wußte man nichts von einer Uhrzeit, man richtete sich einzig und allein nach der Natur, dem ersten Hahnenschrei etwa, dem Stand der Sonne, der Sterne und des Mondes, dem Tag und der Nacht.

Achunchan ging ins Haus und kehrte nach wenigen Augenblicken mit einem weißen Baumwolltuch wieder, das mit roten Wellenlinien gezeichnet war. Er breitete es sorgfältig auf dem Boden aus.

Jetzt nahm er eine Handvoll Kaurimuscheln aus seinem „Mundu" und warf sie mit lässiger Bewegung auf das Tuch. Sie schienen, ehe sie niederfielen, wie von Geisterhand getragen in der Luft zu schweben oder wie Vogelfedern niederzugleiten, leicht, beinahe schwerelos. Aus ihrem Fall und ihrer Lage auf den Linien des Tuches würde der weise Mann jetzt die Zukunft deuten, ein Horoskop aufstellen, das für das ganze Leben Gültigkeit haben sollte.

Achunchan bedeckte seine Augen mit beiden Händen, um zu der notwendigen inneren Sammlung zu kommen. Erst dann setzte er sich auf den Boden und betrachtete lange die feinen Muschelschalen. Valia Valappan, der sich auf den Baumstamm gesetzt hatte, begann unruhig zu werden, weil Achunchan noch immer schwieg.

Endlich nahm dieser das Blatt einer Kokospalme und ritzte mit einem Stilett drei Bilder hinein.

Das erste Bild war eine Karim-pana, eine Blaupalme, das zweite Bild ein Löwe, und das dritte stellte einen Pfau dar. Was dies zu bedeuten hatte, ahnte Valia bereits, ohne daß es ihm der Weise zu erklären brauchte. Es war nichts Gutes. Trotzdem sagte er: „Willst du die Güte haben, o Weiser, mir die Zeichen genau zu erklären?"

Achunchan ließ seinen Blick in die Weite schweifen, über das Meer, das tief unter ihnen lag, und endlich sprach er: „Der Löwe steht für Angriffslust, demnach wird das Mädchen streitsüchtig werden. Der Pfau versinnbildlicht die Eitelkeit, allerdings auch den Stolz. Und die Karim-pana . . . Ihr kennt diesen Baum, Valia! Die Geister haben bestimmt, daß der Name Eurer Tochter mit S beginnen soll", überbrückte Achunchan schnell das Zeichen der Blaupalme, das kein gutes war.

„Mit vierzehn Jahren werdet Ihr einen Mann für sie finden, aber – ein schwarzer Schatten verdeckt, was ich sehen müßte."

Der Weise schwieg. Die Furcht preßte Valias Herz zusammen, und er beugte sein Haupt noch tiefer herab. „Wird sie . . .?" Es fiel ihm schwer, die Frage zu stellen. „Wird sie früh sterben?"

„Nein", erwiderte der Weise, „aber sie wird dem Manne, den Ihr für sie aussucht, keine Kinder geben können. Sie wird sich vielmehr in die Weite der Welt verlieren. Fragt mich heute nicht mehr, Valia Valappan. Kommt ein andermal wieder."

Achunchan faltete sein Tuch zusammen und stand auf. Er reichte seinem Besucher das Palmblatt mit den Bildern, die er darauf gezeichnet hatte.

Valia sah auf den Deuter der Zukunft, aber dieser schwieg beharrlich. Hier war nichts mehr zu sagen, nichts Gutes, nichts, was den Eltern Freude machen würde.

Valia reichte ihm einen Brocken Gold als Geschenk, und mit den Worten: „Ich muß gehen, aber ich werde wiederkommen", verabschiedete er sich.

Achunchan sagte leise: „Ja, geht, doch gebt mir die Ehre Eures Besuches bald wieder!"

Valia wanderte auf dem schmalen Dschungelpfad seinem Haus zu. Wie sollte er Rohini vor Augen treten, wie ihr beibringen, was der weise Mann gedeutet hatte? Seine Tochter sollte einer Karim-pana gleich sein, nutzlos, wertlos wie die blaue Palme, deren Holz zu weich, deren Früchte ungenießbar vertrockneten und einen fürchterlichen Gestank ausströmten. Sie waren zu nichts zu gebrauchen. Nicht einmal die Fasern dieser Palme waren zu etwas nutze. Angriffslustig sollte das Mädchen sein? Wer wollte eine streitsüchtige Person im Hause haben? Die meisten Frauen der Drawiden, zu denen der größte Teil der Bevölkerung auf dem Hochland gehörte, waren sanftmütig. Wo man so eng zusammenlebte, mußte man miteinander auskommen.

Ein Pfau – eitel! Das war nicht so schlimm, denn der Pfau stand auch für den Stolz, und stolz konnte seine Tochter sein, denn er, Valia Valappan, besaß viel Land und war weit und breit geachtet.

„Lenke deine Augen auf mich, Erhabener, und sage mir, was die Geister mit unserer kleinen Tochter im Sinne haben", sagte Rohini, als Valia sich auf den Hocker neben ihrem Bett setzte.

„Ihr Name soll mit S beginnen", erwiderte Valia.

„Oh, wie schön", rief Rohini, der die Bedrückung Valias entgangen war, begeistert. „Wir werden sie Sundri, die Schöne, nennen. Sie ist auch so zart und so zierlich, daß der Name ausgezeichnet zu ihr paßt. Wie anders ist sie als Kamala oder als Gopi und Jamaki! Du wirst mir recht geben, sobald du sie gesehen hast. Aber tue mir die Ehre an und erzähle weiter!"

Nun konnte Valia nicht mehr ausweichen, und mit niedergeschlagenen Augen berichtete er, was Achunchan aufgezeichnet hatte.

„Eine Karim-pana, sagst du?" rief Rohini entsetzt. Das konnte nicht möglich sein! Nicht ihr Kleinstes! Wertlos sollte ihre Tochter werden! Wie allen Müttern, die am meisten lieben, was hilflos und schwach oder unglücklich ist, erwuchs in ihr sofort eine tiefe Liebe für dieses ihr Kind, dem der weise Mann so wenig Gutes vorausgesagt hatte.

Es war Sitte, daß man im Verwandten- und Bekanntenkreis erzählte, was der Weise gedeutet hatte, und es würde sich weit über die nächste Nachbarschaft hinaus herumsprechen. Man würde es schwer haben, jemals für Sundri einen Mann zu finden. Es sei denn, der Vater war gewillt, eine sehr große Mitgift für sie herauszurücken.

Nun, man würde sehen! Valia Valappan, der Mann mit viel Land, konnte es sich leisten, seine Tochter so auszustatten, daß sie trotz der ungünstigen Weissagung begehrenswert für einen Mann sein würde. Daß Sundri sich in die Welt, in die Weite der Welt verlieren würde, das behielt Valia vorläufig noch für sich. Es war etwas Schlimmes, vielleicht das Schlimmste für einen gläubigen Animisten, das sich ereignen konnte.

Vielleicht – vielleicht, so hoffte er insgeheim, traf dies wenigstens nicht zu, wenn er den Geistern der Vorfahren reiche Opfer brachte.

Die Karim-pana, der Löwe und der Pfau waren die Zeichen, unter denen Sundri Valappan aufwachsen sollte.

Eine Usha wird gerufen

Mit einem eigenartig langgezogenen dreitonigen Rhythmus, der von kurzen, erregten Schlägen immer wieder unterbrochen wurde, dröhnten die dumpfen Töne der Madalams durch den Dschungel. Man konnte es über die Eghimalas, die Sieben Hügel, und bis hinunter in deren Täler hören.

Drei volle Tage und Nächte mußten die schlanken, aber harten Finger der von Valappan angeworbenen Trommler die Madalams schlagen. Eine Gruppe löste immer die andere ab.

In jedem Haus, so weit der Wind den Klang trug, sollte man wissen, daß ein Mädchen für die Ehe bereit war.

Valappan hatte zwei volltragende Bananenstauden mit all ihren Früchten abgehauen und sie vor das Haus gestellt. Es war das Zeichen, daß eine Heiratsvermittlerin willkommen war, um für Sundri, die jetzt die Reife erlangt hatte, einen Mann zu finden.

Die Vermittlerinnen, die Ushas, kannten sich in allen Familien der Umgegend und auch in deren Verhältnissen aus, und wenn Valappan das seine tat – das heißt, wenn er weder mit einem Geschenk für die Bemühung, noch an der Mitgift sparte –, war es möglich, Sundri bald zu verheiraten.

Valappan war sich durchaus bewußt, daß wegen der schlechten Weissagung das Heiratsgut mindestens doppelt so groß sein mußte wie dasjenige, das er für seine anderen Töchter ausgesetzt hatte. Ein weiteres Hemmnis war, daß Sundri in die englische Schule ging und lesen und schreiben konnte. Wie würde das einem Mann gefallen, der nicht oder nur schlecht diese Kunst beherrschte?

Nun, auch hier würde man sehen.

Eine der besten Ushas war am zweiten Tag erschienen, und obwohl das Trommeln noch immer erklang, hatte sie bereits mit Rohini und deren Schwestern über die Heiratsmöglichkeiten gesprochen.

Das war ein aufgeregtes Hin und Her in der großen Küche, wo alle Frauen versammelt waren. Man hatte der Usha klugerweise sofort ein kostbares Geschenk gemacht, dieses sollte sie anspornen, ihr Möglichstes zu tun und nicht gleich mit dem ersten besten anzukommen.

Die Usha wiegte den Kopf, so ihre Zweifel andeutend, ob sie den ausgesprochenen Wünschen völlig gerecht werden könnte. Mit spitzen Fingern nahm sie einen kandierten Cashew-Nußkern nach dem anderen und zermahlte sie genüßlich im Mund, während die Augen der Frauen erwartungsvoll auf sie gerichtet waren.

Endlich, nachdem sie den süßen Saft noch einmal durch die Zähne gezogen hatte, versprach sie, sich unverzüglich auf die Suche nach einem passenden Mann zu machen.

Sundri merkte kaum etwas von der ganzen Aufregung, die ihretwegen in dem großen Steinhaus herrschte. Sie lag auf einer mit weichem, aromatisch duftendem Laub gefüllten Matratze in der Bambushütte, die ungefähr einen guten Steinwurf weit vom Haupthaus stand. Von dem, was um sie herum vorging, verstand sie nicht viel. Sie empfand nur eine dumpfe Bedrückung, ja, beinahe Furcht, denn niemand hatte ihr gesagt, was es bedeutete, daß sie drei Tage lang, als unrein von der Familie isoliert, in der Hütte zu leben hatte. Niemand hatte sie darüber aufgeklärt, was dieser seltsame Vorgang in ihrem Körper zu bedeuten hatte. Eines ahnte Sundri instinktiv, daß es nun mit ihrer sorglosen Kindheit vorbei sein würde, obwohl sie erst knapp dreizehn Jahre alt war. Von jetzt an, so hatte ihre Mutter gesagt, mußte sie den Sari tragen. Das bedeutete, daß sie nicht mehr so herumhüpfen konnte, wie sie es seither getan hatte. Wie sehr hatte sie ihre weitschwingenden Röcke geliebt, die, wenn sie sich im Kreise drehte, in die Höhe flogen und sie wie Vogelschwingen umflatterten. Immer wenn sie allein war, drehte sie sich auch im Kreise. Eitel wie ein Pfau, der sein Rad schlägt, hatte ihre Schwester Kamala erst kürzlich gesagt, als sie sie dabei erwischt hatte.

Im Sari, jenem langen gewickelten Tuch, mußte man langsam ausschreiten, und es bedurfte einer gewissen Kunst und Beherrschung, wenn man sich mit Anmut darin bewegen wollte.

Mit einem schweren Seufzer drehte sich Sundri herum, als die Tür der Hütte aufgestoßen wurde und ihre Mutter eintrat. Sie brachte ihr heiße, in braunen Zucker getunkte Zwiebelringe mit. Sie sollten etwaige Schmerzen oder Krämpfe beseitigen.

Während Sundri davon aß, versuchte Rohini ihr zu erklären, daß sie von nun an mit den Männern nicht mehr so frei und ungezwungen sprechen konnte, wie sie es bisher getan hatte. Es würde sich nicht schicken, auf dem Feld mit den Arbeitern ihres Vaters zu plaudern. Überhaupt sollte sie an keinen Mann mehr das Wort richten.

„Du bist jetzt erwachsen, Sundri. Natürlich kannst du auch nicht mehr zum Speerfischen mitgehen!"

Nicht mehr mit Dasam, dem Lieblingsvetter, zum Fischen gehen dürfen? Das wollte sie nicht einsehen. „Warum, Ama? Ich bin doch immer mitgegangen, und es macht mir soviel Freude. Wenn ich mit dabei bin, fangen die Männer doppelt soviel. Ich verstehe es am allerbesten, die Fische aufzuspießen."

„Du kannst nicht mehr mit hochgehobenem Rock im Wasser waten, Sundri. Kein Mann darf von nun an deine Beine sehen. Aus diesem Grund mußt du jetzt auch den Sari tragen. Vergiß nicht, daß du kein Kind mehr bist!"

Sundri sprang zornig auf. „Ich will aber nicht, ich will nicht!" Ein derartiges Benehmen war unerhört, aber stand das arme Kind nicht unter dem Zeichen des Löwen? Streitsüchtig, angriffslustig! Man mußte wohl viel Geduld und Liebe für sie aufbringen, bis sie gelernt hatte, sich wie eine Animisten-Frau zu benehmen. Zurückhaltung, Sanftmut und Würde, das war das Merkmal der Animisten.

Vielleicht war es doch nicht richtig gewesen, Sundri nach Bangle City in die englische Schule gehen zu lassen. Sie hatte sich zu viele unnütze Gedanken in den Kopf gesetzt, die nicht in ihr zukünftiges Leben passen würden. Lesen und Schreiben, gut. Aber all den anderen Kram, den sie in sich aufnahm. Es wurde höchste Zeit, daß man sie verheiratete, damit sie lernte, sich in eine große Familie einzufügen.

„Ama, bringe mir eines meiner Bücher", bat Sundri. „Ich halte es sonst hier nicht aus. Wie lange muß ich denn noch eingesperrt sein?" fragte sie ärgerlich.

„Du bist nicht eingesperrt", erwiderte Rohini. „Die Abgeschlossenheit in diesen Tagen gehört zu unserem Glauben! Welches deiner Bücher möchtest du haben?"

Sundri überlegte, was ihr am wichtigsten war. Von der Schulbibliothek hatte sie sich das Nibelungenlied und die Edda mitgebracht. Es lockte sie einerseits, die Sagen des Brunhildeliedes zu lesen, andererseits aber war sie verzaubert von den Versen der Edda, die ihr eine ganz fremdartige, neue Welt zeigten. Island, Eisland mit seinen blauen, weißen und grünen Farben, seiner Kargheit, seiner Stille. Konnte es einen größeren Gegensatz zu der Überfülle an Farben, Düften und Tönen ihrer Heimat geben? Hier war die Farbe in verschwenderischer Fülle in Blumen und Blüten verstreut, wiederholte sich in den Stoffen der Saris, die oft leuchtendrot, saftiggrün, gelb oder blau gewirkt waren, von den hellsten bis zu den dunkelsten Tönen. Und erst die Gefieder der Vögel: Manche sahen aus, als ob sie alle Regenbogenfarben tragen würden.

Still war es auch im Dschungel, aber es war eine andere Stille. Zu gewissen Tageszeiten sangen und jubilierten die Vögel, machten die Affen einen Höllenlärm und zirpten die Grillen das reinste Geigenkonzert dazu.

„Ich möchte das grüne Buch haben, Ama. Es liegt auf der Truhe drüben", sagte Sundri.

Rohini kam bald darauf zurück. Sie trug das Buch in ihrem Sari versteckt. In der linken Hand verbarg sie, so gut es ging, die Hälfte einer mit Öl gefüllten Kokosnußschale, die mit einem Docht versehen war.

Keine ihrer anderen Töchter hätte jemals ein solches Ansinnen gestellt wie Sundri. Sie waren fügsam und einsichtig. Rohini war sich durchaus klar darüber, daß über Sundri neben dem Zeichen der Karim-pana und des Pfaus auch das Zeichen des Löwen herrschte. Es würde ihr später einmal das Leben nicht leicht werden lassen. Aber die Geister hatten es so bestimmt, und man konnte nichts anderes tun, als den Versuch zu machen, sie zu versöhnen. Sie wollte mehr denn je mit diesen Geistern ihrer Vorväter sprechen und sie bitten, daß Sundri wenigstens einen guten Mann bekommen würde. Sie wollte ihnen Schalen voll Reis, Früchte und viel Leckereien bringen, um sie milde zu stimmen. Rohini liebte die Geister ihrer Vorfahren sehr. Vielleicht, daß der Geist ihres Großvaters, der ihrem Herzen so nahegestanden hatte, seine Hand über Sundri halten würde.

Als Rohini ins Haus zurückkam, waren die Männer der Familie auf der Veranda beisammen. Sie sprachen über den Monsun, der wohl in zwei bis drei Wochen den ersehnten Regen bringen würde. Achunchan, der Weise, hatte für dieses Jahr eine reichliche Menge Regen vorausgesagt.

„Wir können nicht genug bekommen", sagte Valia zu seinem Schwager. „Unsere Felder müssen sich volltrinken, ehe das kostbare Wasser die Berge hinunterströmt. Alle unsere Leute warten darauf, den Reis zu pflanzen."

Es war nicht leicht, tagelang, manches Mal viele Wochen im strömenden Regen zu stehen und Pflänzlein um Pflänzlein zu setzen, durch nichts geschützt als durch einen großen Hut aus Blättern. Mit nacktem Oberkörper standen Männer und Frauen tief gebückt und arbeiteten. Valia hatte gute Leute. Er brauchte keinen Antreiber und keinen Aufpasser, sie arbeiteten freiwillig und waren dankbar, daß sie in ihren Hütten wohnen und nebenbei ein eigenes Stückchen Land bebauen durften.

„Habt Ihr schon gehört, daß im Dorf in zwei Häusern die Pocken sind?" fragte Valias Schwager.

„Nein, wer sagt es?"

„Ich habe im Vorbeigehen das Zeichen gesehen", erwiderte dieser. Jedermann fürchtete den weißgekalkten Stein, den man vor die Haustür stellte zum Zeichen, daß hier ein Pockenkranker lag.

Während so die Männer sich mit den Neuigkeiten aus dem Dorf beschäftigten, schwatzten die Frauen in der Küche aufgeregt durcheinander. Würde die Heiratsvermittlerin einen Mann für Sundri ausfindig machen können, und wann würde der Gegenbesuch stattfinden?

Während man mutmaßte, überlegte und vorschlug, ging man daran, die Zutaten für ein reiches Mahl vorzubereiten. Übermorgen, wenn Sundri, gebadet, geölt und in einen neuen Sari gekleidet, wieder in das Haus zurückkehrte, lud man die ganze Verwandtschaft aus der Umgegend ein. Man würde mit Peppadi beginnen, das war ein süßer in Fett gebackener Teig, den man über zerdrückte Bananen bröselte. Rohini wollte danach Fisch-Curry, heißen Reis, Weißkohl, Bohnen und in Buttermilch gekochte Bananen anbieten. Alles, was man brauchte, außer den Fischen, wuchs direkt vor oder hinter dem Haus. Die Fische mußten die Männer aus dem Fluß holen. Sie würden dies in der Nacht mit Fackeln tun, denn bei ihrem Schein waren die Fische am leichtesten mit dem Speer aufzuspießen.

Sundri verspürte nichts von der Aufregung und den Vorbereitungen. Es hätte sie auch gar nicht interessiert, was es zu essen geben würde. Sie lag auf ihrer Matratze, und bei dem flackernden Schein der Kokoslampe las sie in den Götterliedern der Edda.

„Kleiner Sande, kleiner Seen, klein ist der Menschen Mut. Ungleich ist der Menschen Einsicht,
zwei Hälften hat die Welt."

Zwei Hälften? Wie mochte die andere Hälfte der Welt beschaffen sein, die Hälfte, die auf der anderen Seite der Weltkugel war? Wie mochte Island aussehen? Ob sie jemals dieses so ferne, so bizarre Land kennenlernen würde? Es war kaum anzunehmen, denn wenn man sie verheiratete, würde sie aus dem Schoß ihrer Familie in denjenigen ihres Mannes hinübergehen. Man würde für sie einen einzigen Sohn suchen, und somit konnte sie nicht im Hause ihrer Eltern mit einem Mann bleiben wie ihre Schwestern.

Wie sollte sie jemals reisen können, sich in der Weite der Welt verlieren, so wie Achunchan vorausgesagt hatte? Jener Welt, die sie trotz des Glaubens ihrer Vorväter, der sie an die Heimat band, so sehr lockte. Einer Welt, die ihr durch Miss Britto in der Schule in so prächtigen Farben und so lebendig gezeigt worden war. Ihre Schule war in Bangle City, dreißig Meilen von hier entfernt, drunten in der Ebene, dort, wo der Fluß in das Meer mündete. Das würde wohl die längste Reise sein, die man ihr je gestatten würde. Wie sollte sich also jemals die Weissagung erfüllen können? Plötzlich begann Sundri daran zu zweifeln, und auf eine Art machte sie das froh. Doch solch ketzerischen Gedanken durfte sie vor niemand laut werden lassen. Weise Männer täuschten sich nie, denn sie standen in enger Verbindung mit der Geisterwelt.

Allerdings gab es Dinge – das mußte sie zugeben –, über die man staunte.

Sie dachte jetzt nicht an die Kunststücke der Zauberer,

die manches Mal hier vorbeikamen. Jedermann wußte, daß sie sich eines Tricks bedienten, aber andere Dinge ließen einen sich doch oft wundern und den Zusammenhängen nachsinnen.

Voraussagungen durch Zeichen in der Natur und vieles andere. Wenn zum Beispiel der Totenvogel schrie oder wenn man aus Unachtsamkeit eine gewisse Art von Bäumen nicht mied.

Mit unter dem Kopf verschränkten Armen lag Sundri noch lange in der Dunkelheit wach und dachte an die fernen Länder, die Miss Britto im Unterricht so wunderbar geschildert hatte. Geheimnisvoll waren sie wie die Entstehung der Erde.

Die Usha schritt langsam und würdevoll auf das Haus der Familie Puthiyapurayil zu. Nach sorgfältiger Überlegung hatte sie sie ausgesucht. Die Puthiyapurayils waren Bauern im Tal und hatten einen einzigen Sohn Kaman. Sie waren zwar nicht wohlhabend, jedoch sehr respektable Leute. Eine beträchtliche Mitgift würde ihnen hochwillkommen sein.

Die Vermittlerin war sehr klug. Sie wußte, daß es besser sein würde, wenn Sundri mit ihrem schlechten Horoskop aus dem Hause der Eltern ging, damit die anderen jungen Mädchen eine bessere Chance hatten. Da waren noch einige Töchter von Rohinis Schwestern, die auch bald einen Mann haben mußten. Kamans Mutter war noch jung, so daß einigermaßen mit ihr auszukommen sein würde. Alte Schwiegermütter hatte man nicht so gern, weil sie zu viel nörgelten und zu herrschsüchtig waren.

Die Usha, gefolgt von einem Diener Valappans, der ein großes Tablett voller Geschenke trug, betrat das Haus. Sie ging direkt in die Küche, wo Puthiyapurayil Sahib mit ihren beiden Schwestern beim Zubereiten eines Mahles war.

„Namaskaram", grüßte sie, und mit einer Handbewegung bedeutete sie dem Diener, das Tablett in die Mitte des großen Tisches zu stellen. Nachdem die Frauen den Gruß erwidert hatten, blieb es eine Weile still, so still, daß man ein Blatt hätte zu Boden fallen hören können. Es war wie vor Beginn einer wichtigen Konferenz. Keiner wollte zu reden anfangen, aber jeder war neugierig darauf, zu hören, was der andere zu sagen hatte.

Endlich begann die Usha. Sie kam zunächst noch nicht auf den Grund ihres Besuches, sondern sie lobte die Familie der Puthiyapurayil über alles, und als sie endlich damit fertig war, bekam Kaman, der Sohn, noch ein Sonderlob. Was für ein tüchtiger und kluger Bursche er sei! Und so fleißig, höre man allenthalben. Ihm gebühre eine gute Frau, eine Frau, die auch reichlich etwas mitbringe. Sie legte eine kleine Pause ein, dann schob sie mit einer lässigen Hand das Tablett ein wenig näher, denn sie hatte genau beobachtet, wie die Augen der Frauen immer wieder darauf ruhten. Sie schien die Überraschung zu genießen, mit der sie das Stück Seide betrachteten, das Rohini Sahib, ihre Auftraggeberin, ihr außer manchen anderen Dingen mitgegeben hatte. Die Seide war nicht nur wunderbar in ihrem Muster, sondern auch in der Qualität. Darin kannte sich die Usha aus. Endlich nahm eine der Frauen den Stoff in die Hand, hob ihn in die Höhe und legte ihn Puthiyapurayil Sahib, der zukünftigen Schwiegermutter, um. Diese faltete ihn mit geschickten Griffen zum Sari.

„Nun", sagte die Usha, die das Interesse der Frauen endlich gewonnen hatte, „ich wüßte ein feines Mädchen für euren Sohn Kaman. Sie ist hübsch und sehr rund." Dabei zeichnete sie Formen in die Luft, die sich sehenlassen konnten. „So rund!" Daß es keineswegs der zarten Sundri entsprach, machte nichts aus. Die Valappans müssen das Mädchen eben tüchtig herfüttern, bis der Gegenbesuch stattfindet, dachte die Vermittlerin. Viel war mit dem ihrer Ansicht nach mickerigen Ding nicht anzufangen. Man mußte froh sein, wenn man sie anbrachte. Valappan würde noch mehr auf die versprochene Mitgift zulegen müssen, wenn es einmal zu näheren Verhandlungen kommen würde. Neugierige Augenpaare sahen die Usha auffordernd an, doch weiterzusprechen.

„Es handelt sich um Sundri Sahib, Valia Valappans Tochter. Ihr wißt doch, Valappan mit dem vielen Land!"

Ehe die Frauen an das schlechte Horoskop denken konnten, das auch ihnen, wiewohl sie weit weg im Tale lebten, bekannt war, fuhr sie fort: „Rohini Sahib hat mir eine reiche, eine sehr reiche Mitgift für ihre Tochter in Aussicht gestellt. Ihr seht ja auch an dieser Seide, daß sie nicht knauserig ist." Dann zählte die Usha an den Fingern auf, was Sundri alles mitbekommen sollte. „Nun", beschloß sie ihre eindringliche Rede, „was sagt Ihr dazu?"

Die Puthiyapurayil-Frauen sagten zunächst nichts, aber sie forderten die Vermittlerin auf, doch zum Essen dazubleiben, und das bedeutete, daß sie an der vorgeschlagenen Verbindung zum mindesten ein klein wenig interessiert waren.

Endlich, nach langem Palavern, kam man auf den Gegenbesuch zu sprechen. Man wollte ihn auf einen Tag nach Neumond festsetzen, aber da würde vermutlich der Monsun die ersten Stürme und den Regen bringen. Weil der Usha aber viel daran lag, die Heirat möglichst schnell unter Dach und Fach zu bringen, ehe die Puthiyapurayils sich da und dort befragen konnten, schlug sie vor, den Besuch bereits am Tage nach der dritten Nacht vorzunehmen. Sehr wortreich verabschiedete sie sich und versicherte noch einmal, daß Valia Valappan sich sehr großzügig zeigen werde. Man trennte sich von beiden Seiten sehr gemessen und sehr höflich.

Kaum aber hatte die Usha das Haus der Puthiyapurayils verlassen, summten und schwirrten die Stimmen der Frauen in der Küche durcheinander. Man betastete noch einmal die Seide, und man besprach das Für und Wider der vorgeschlagenen Verbindung. Die schlechte Weissagung Achunchans würde man in Anbetracht der großen Vorteile in Kauf nehmen. Manches würde sich mildern lassen, wenn man die guten Geister darum bat.

So wurde von seiten der Puthiyapurayils nach einer zweiten Usha geschickt, die nun mit einem ihrer Diener zu den
Valappans gehen müßte, um sich das Mädchen anzusehen.
Erst daraufhin würden die genauen Bedingungen ausgehandelt werden, und zwar durch die Männer der Familien.

Sundri benimmt sich schlecht

Sundri sollte im Badehaus, das neben der Küche lag, ein
heißes Bad nehmen. Unter Aufsicht ihrer Schwester Jamaki übergoß eine Dienerin das Mädchen mit warmem Wasser, dem Safran beigemischt war. Danach wurde sie mit feinem Öl eingerieben und auch das Haar mit Öl behandelt.
Nun band man ihr die Haare, die zuvor gekämmt und lange gebürstet worden waren, zu einer Art Pferdeschwanz
hoch. Sundris Haar glänzte wie schwarzer Atlas, und befriedigt knotete Jamaki das Band zusammen. Ihre kleine
Schwester war zwar keine Schönheit, aber sie konnte sich
durchaus sehenlassen. Sie zeigte ihr noch einmal, wie sie
den Sari falten sollte. Erst einmal um den Leib legen, dann
die Hälfte des Stoffes über die ausgebreitete Hand zusam-
menfälteln und auf der linken Seite einstecken, den Rest
über die Schulter legen. Es war wichtig, daß die Falten
weich herabflossen. Zu Jamakis Kummer verstand es Sundri nicht, den Stoff um ihre rechte Hand zu fälteln, sie
machte es stets mit der linken, und dann lagen die Falten
verkehrt. Außerdem war das lose zu tragende Stück entweder zu lang oder zu kurz. Für heute mochte es angehen.
Man würde Sundri mit so viel Schmuck behängen, daß der
Usha die Augen überliefen.
Gopi brachte Armbänder, Kamala ihre eigene schöne
Goldkette, und die Mutter legte ihr den feinen goldgehäm-
merten Gürtel um, dessen Arbeit ein Wunderwerk an
Goldschmiedekunst darstellte.

Sundri ließ die ganze Prozedur widerwillig über sich ergehen. Sie dachte an das Stückchen Zeitung, das sie droben auf dem luftigen Dachboden versteckt hatte und das zu lesen sie mehr als begierig war. Die Dienstboten, die zum Einkauf ins Dorf geschickt wurden, verlangten ihr zulicbc, daß die Waren stets in altes Zeitungspapier gepackt würden. Sie wußten, daß sie damit Sundri Sahib eine große Freude machen konnten. Und sie waren so stolz darauf, daß die Tochter ihres guten Herrn so klug war.

Meist waren es Blätter des englischen Daily Mirror, also einer keineswegs großartigen Zeitung, aber sie verschlang die Schauergeschichten genauso, wie sie die Bücher las, die sie aus der Schulbibliothek bekam. Es war einfach die Freude am Lesen, am Neuen, aber die richtige Auswahl zu treffen, hatte sie noch nicht gelernt. Ach, wären bloß die Ferien schon um, dachte Sundri gequält. Es gab wohl kaum ein Mädchen, das sich den Schulbeginn so sehnlich herbeiwünschte. Die Mutter hatte versprochen, daß sie bis zur Beendigung der Schulzeit nach Bangle City gehen durfte. Sie war erst in der Quarta, also dauerte es noch zwei Jahre, bis sie Kaman Puthiyapurayil heiraten mußte. Zwei lange Jahre, zweimal Monsun, und bis dahin würde noch viel Wasser den Bangle hinab ins Meer fließen. Die Schwestern ihrer Mutter und auch Kamala waren dagegen gewesen, aber schließlich hatte Rohini ihren Willen durchgesetzt. Valia hatte erklärt: „Was Rohini will, soll geschehen!"

Obwohl Sundri einen der kostbarsten golddurchwirkten Saris trug – ein so kostbares Stück hatte keine ihrer Schwestern –, wäre ihr jetzt ihre Schuluniform tausendmal lieber gewesen. Die Inderinnen, die als Tagesschülerinnen das Internat besuchen durften, trugen zwar lange weite Rökke zu den gelben Blusen, anstelle von Schuhen waren ihnen Sandalen erlaubt. Die Farben mußten jedoch grün und gelb sein wie diejenigen der Internatsschülerinnen, die eine Art grünes Stilkleid mit gelber Bluse anziehen mußten. Die Farben gaben eine Zugehörigkeit, auf die Sundri stolz war.

Daß Kate, die neben ihr gesessen hatte, infolge des Krieges nicht wieder aus England zurückkommen konnte, tat ihr leid. Sie hatte ihr eine Ansichtspostkarte aus London geschickt, die allen widrigen Umständen zum Trotz angekommen war. Einen weiten Weg hatte die Karte zurückgelegt. Sie war per Flugzeug über Sibirien nach Bombay gekommen, von dort mit dem Küstendampfer nach Bangle City geschickt worden. Ein Bus hatte sie bis zur Anlegestelle der Segelboote befördert, und schließlich hatte sie ein Läufer übernommen, der sie zum Dorfladen brachte. Wahrlich ein seltsamer Weg, aber gerade darum war diese Karte für Sundri sehr kostbar.

Kate, die Tochter eines englischen Offiziers, dessen Regiment in Bangle City in Garnison gelegen hatte, war all die Jahre Sundris Freundin gewesen, bis sie mit ihrer Mutter nach England zurückkehren mußte. Sie hatte zwar Wort gehalten und ihr geschrieben, aber das versprochene Buch würde Sundri nun nicht mehr bekommen. Ein Jammer, denn gerade darauf hatte sie sich gefreut. Es war „Ivanhoe" von Walter Scott, das sie sich eigens gewünscht hatte. Sundri war Kate immer bei den Hausaufgaben behilflich gewesen und hatte dafür Bücher bekommen. Sogar der ins Englische übersetzte „Struwwelpeter" stand auf diese Weise nun auf ihrem kleinen Bücherbord. Liebe, gute, faule Kate, wenn du nur kommen könntest, dachte Sundri. – Unsanft wurde sie aus ihren Träumen gerissen, als ihre Schwester Gopi hereinkam und berichtete, daß die Usha der Puthiyapurayils, von einem Diener begleitet, den Berg heraufkomme. In Kürze würden sie hier sein.

Kamala steckte Sundri schnell noch eine weiße Blume ins Haar. Es war eine magnolienartige Blüte, die einen starken süßen Duft ausströmte.

Die Mutter hatte gerade noch genug Zeit, um einige Ermahnungen auszusprechen, ehe die Heiratsvermittlerin das Haus betrat. Sundri sollte nur reden, wenn sie etwas gefragt wurde. Einzig und allein zur Geltung kommen sollte sie durch ihren farbenprächtigen Sari und den Schmuck, den sie trug. Vor allem aber durfte sie nicht auffallen. Auf Verlangen sollte sie eine Melodie auf dem Veenapeti spielen. Es war eine Art kleines Klavier, ein Tasteninstrument, das hier sehr beliebt war. Ein Lehrer war lange Zeit jeden Morgen ins Haus gekommen, um die Töchter Valappans darin zu unterrichten.

Sundri hatte das Veenapeti von jeher gehaßt, und sie war alles, nur keine Meisterin darin. Gopi konnte großartig spielen. Ihre Schwestern waren ihr stets als Vorbild hingestellt worden, und man hatte ihr oft genug gesagt, daß ein Mädchen Veenapeti spielen können müsse, wenn es einen Mann wolle. Zu oft und so lange, bis sie das Instrument nicht mehr ausstehen konnte.

Sundri liebte es zwar, Musik zu hören, jedoch nicht, sie selbst zu machen. Sie konnte sich vielmehr für Sticken und Malen begeistern, denn sie liebte die bunten Farben. Bunte Bilder konnte sie lange betrachten. Den Blumenkatalog, den sie sich hatte kommen lassen, blätterte sie immer wieder durch. Sie malte auch selbst sehr gut, aber Veenapeti spielen . . .

Sehr würdevoll und langsam betrat die von den Puthiyapurayils geschickte Vermittlerin die Küche, wo die Frauen erwartungsvoll beisammensaßen. Sie grüßte und ließ sich auf die freundliche Aufforderung von Rohini Sahib herbei, sich zu setzen. Ihre Begleitung verwies sie mit einer Handbewegung auf die Veranda hinaus.

Man plauderte zunächst über dies und über jenes – ob wohl der Monsun rechtzeitig einsetzen würde, daß der weiße Zucker knapp geworden sei und ähnliches –, während die flinken und neugierigen Augen der Usha alles, sogar das kleinste Detail, aufnahmen. Ihre ganz besondere Aufmerksamkeit erregte der große, in Teakholz gefaßte und mit Elefantenzähnen verzierte Spiegel. Die vielen Kupferkessel und Tiegel zeugten von einem gediegenen Reichtum, und die zwei langen Tische ließen wissen, daß es sich um eine große Familie handelte. Auf einem Bord stand eine beträchtliche Anzahl silberner Becher.

Das zu verheiratende Mädchen war zwar schmuckbehängt, aber das sagte nicht viel. Jede Usha wußte, daß man ihr den gesamten Familienschmuck umhängte, um eine bessere Wirkung zu erzielen.

Die Vermittlerin betrachtete Sundri eingehend. Viel war nicht an ihr dran. Es würde sogar schwerfallen, sie Kaman anzudrehen, obwohl er auch nicht viel vorstellte. Nun, man würde sehen, was man aushandeln konnte.

Viel lieber hätte die Usha eines der beiden anderen Mädchen vermittelt. Sie waren groß und gut aussehend, dazu recht rundlich, so, wie sie die Animisten-Männer gerne mochten. Aber Kamala war bereits verheiratet, ebenso Jamaki, und Gopi würde es demnächst sein. Schade! Sundri fühlte wohl die abschätzenden und nicht gerade lobenden Blicke der Vermittlerin. Langsam stieg der Zorn in ihr hoch, und wäre sie sich nicht der Wichtigkeit des Tages bewußt gewesen und hätten die Ermahnungen von Mutter und Schwestern nicht noch in ihr gewirkt, so wäre sie einfach auf und davon gelaufen.

Rohini bot eingemachte Ingwerstückchen an, und nach einiger Zeit sagte sie: „Spiel doch ein wenig das Veenapeti, Sundri!"

Daß sie vor dieser ihr nicht gut gesinnten Usha spielen sollte, war zuviel von Sundri verlangt. Sie überlegte nicht, sondern rief heftig: „Nein, nein, ich will nicht! Ich will nicht!" Sie tat es allerdings nicht in Malajalam, ihrer Muttersprache, sondern in Englisch. „Die ist mir ja zu dumm! Überhaupt, ihr alle seid mir zu dumm", fuhr sie fort. „Was wißt ihr denn schon von der Welt? Habt ihr eine Ahnung, daß gerade in diesem Augenblick, da es hier heller Tag ist, auf der anderen Seite der Erdkugel Menschen schlafen? Daß es dort dunkle Nacht ist? Ihr wißt ja nicht einmal, daß die Erde eine Kugel ist. Nichts wißt ihr, gar nichts!"

In ihrer Erregung schrie sie die letzten Worte heraus und stampfte dabei so heftig mit dem Fuß, ja, sie schüttelte den Kopf so sehr, daß sich das Band in ihren Haaren löste und diese ihr Gesicht wie zwei schwarze Schlangen umzingelten. Nach diesem Ausbruch ihrer Gefühle, dem die Frauen mit fassungslosem Staunen, ja, fast Entsetzen zugehört hatten, lief Sundri hinaus und versteckte sich auf dem Speicher.

In der Küche herrschte zunächst betretenes Schweigen, dann sprachen plötzlich alle durcheinander. Es klang wie der Lärm von einem Dutzend Papageien, die man aufgestöbert hatte. Das war ein unerhörtes Benehmen. Sundri war eine Schande für die ganze Familie.

Das Gesicht der Usha war zu einer Maske erstarrt. Dieses Mädchen würde nicht einmal für einen Kaman Puthiyapurayil in Frage kommen. Sie stand auf, verabschiedete sich so würdevoll, wie es ihr noch möglich war, winkte draußen im Hof ihrem Diener und lief, kaum war sie außer Sicht gekommen, wie von Furien gejagt den Berg hinunter. Diese Sundri Sahib war von einem bösen Geist besessen, der aus ihr gesprochen hatte, das stand für die Usha fest.

Als sich der Lärm in der Küche gelegt hatte, sagte Rohinis jüngere Schwester: „Sie muß von der Schule weg, denn dort ist sie verdorben worden." Auch Gopi war derselben Ansicht. Sie, Kamala und Jamaki konnten zwar Malajalam lesen und schreiben, Englisch verstanden sie jedoch kein Wort. Ein Buch zu lesen, wäre ihnen nie in den Sinn gekommen. Nur Balan, ihr Bruder, und Sundri besuchten die englische Schule in Bangle City.

Endlich hatte Rohini genug von den Vorschlägen und dem Gezeter. Sie gebot Ruhe. „Wenn erst der Monsun darübergegangen ist, wird man weitersehen! Irgendwo findet sich dann auch ein Mann für Sundri." Bei sich dachte sie, daß man sie, wenn gar nichts klappe, immer noch mit einem ihrer Onkel verheiraten konnte. Das Gesetz verbot dies zwar, aber wann hatten sich die Drawiden, die dem Glauben der Animisten angehörten, jemals nach dem englischen Gesetz gerichtet? Für sie galt allein das Stammesgesetz der Drawiden, und das erlaubte die Heirat zwischen Onkel und Nichte, sofern dieser der Bruder der Mutter war. Die Valappans hielten sich sehr genau an die Stam-

mesgesetze. Also dieser Ausweg würde dann immer noch
da sein.

„Laßt sie in Ruhe", ordnete Rohini an. „Ich werde mit
ihr sprechen." Ihr allein kam es zu, diesen Vorfall ihrem
Ehemann zu berichten. Sie nahm sich eines vor: Sie würde
ihn darum bitten, daß ihre Tochter weiterhin die Schule besuchen dürfe.

Vielleicht, daß Sundri in ein oder zwei Jahren gemäßig-
ter war und geneigter, sich einzufügen in das Schicksal, das
nun einmal den Mädchen hier bestimmt war. So sehr eine
Frau nach dem Glauben der Animisten dem Manne untertan sein mußte, verstand es Rohini trotzdem, alle ihre
Wünsche durchzusetzen. Wenn sie sich niederbeugte, um
mit der Stirn die Füße Valias zu berühren, war die Kraft
ihres eigenen Willens so stark, daß er stets, ohne daß sie
ein Wort sagte, ihre Wünsche erfüllte. „Was du willst, soll
geschehen!"

Sundri wurde also in Ruhe gelassen, niemand rief sie,
und so schlief sie droben auf dem Dachboden den gesunden und gerechten Schlaf eines jungen Menschen, der sich
durch einen Gefühlsausbruch Luft verschafft hatte.

Rohini ging frühmorgens zu dem Schrein, der am Rande
des Dschungels stand. Sie setzte die kleine Glocke in Bewegung, die den Geistern mit feinem Geklingel ihren Besuch ankündigen sollte. Gleichzeitig verstreute sie eine
Handvoll Reis, ehe sie eintrat. In der Stille des Raumes bat
sie zuerst die Geister ihrer Vorfahren um die Gesundheit
und ein langes Leben ihres Ehemannes, ehe sie die viel-
fältigen Sorgen und Bitten Sundri betreffend aussprach. Es
war kein Gebet, sondern eine Unterhaltung, die sie führte
und nach der sie sich erleichtert fühlte.

Als Rohini wieder ins Freie trat, flatterte eine Schar Krä-
hen auf, die sich an dem Reis gütlich getan hatten. Sie
krächzten und vollführten einen großen Lärm. Das war gut,
denn diese Vögel waren die Boten der Geister, die ihnen
manche Nachricht zutrugen.

Frohen Gemütes ging Rohini in das Haus zurück. Nächste Woche würde endlich der Schneider kommen, um für sämtliche Frauen und Mädchen die Kleidung zu arbeiten. Es war höchste Zeit, und sie schätzte, daß er wenigstens zwei Wochen zu tun haben würde. Keine der Frauen und keines der Mädchen wurde bevorzugt, bekam eine etwas, bekamen es alle. Nur in den Farben machte man einen Unterschied. Dieses Mal benötigte man in der Hauptsache Blusen zu den Saris. Valia hatte die verschiedensten Stoffe aus Bangle City mitgebracht, und es handelte sich nur noch darum, sie zu verteilen. Sundri brauchte für den Schulbeginn einen neuen grünen Rock, und dazu würde Rohini den schönen schweren Satin nehmen, den sie noch in der Truhe liegen hatte. Zärtlich ließ sie das glänzende weiche Gewebe an sich hinabfließen. Ja, das sollte Sundri bekommen.

Während sie Reis-Porridge zum Frühstück kochte und den Topf mit den eingemachten scharfen Mangofrüchten bereitstellte, überlegte sie, wie sie am besten auf Sundri einwirken konnte. Sie mußte das Gute in ihr hervorzuheben versuchen und das Schlechte mit noch mehr Liebe vertreiben. Lebte sie die Woche über mit Balan und Sundri erst wieder allein in Bangle City, würde sie auch mehr Zeit für ihr Sorgenkind haben.

Während Rohini sich so in Gedanken mit Sundri beschäftigte, saß diese auf einem Stein inmitten des Baches. Im Innersten bereute sie bereits ihr unbeherrschtes Benehmen, aber das war so über sie gekommen, daß sie einfach nicht anders gekonnt hatte.

Es würde unendlich schwer für sie sein, das entsagungsvolle, stumpfsinnige und eintönige Leben zu führen, an das die Frauen hier gewöhnt waren. Ihre Gedanken waren so ganz anders, so lebhaft, so interessiert an den Dingen, die die Welt bewegten, daß sie sich nicht vorstellen konnte, mit jemand zu leben, der dies nicht mit ihr teilen konnte. Kaman Puthiyapurayil konnte, außer über Landwirtschaft, über nichts sonst reden. Und zudem: darüber unterhielt man sich nicht mit den Frauen, das war Männersache. Sollte sie also nur Blumen arrangieren, sich die Hände und die

Fußsohlen mit bunten Zeichen bemalen, wie es ihre Schwestern taten? Nein und abermals nein!

Doch was würde ihr schließlich anderes übrigbleiben? Was konnte sie tun? Sundri, die Tochter Valia Valappans, färbte sich die Nägel mit Henna, sang und tanzte, ließ sich baden und ankleiden. Es war so viel Dienerschaft im Hause, daß für die Frauen und Mädchen nur Spielereien übrigblieben. War es bei den Puthiyapurayils auch nicht so gut bestellt, hielt hier die Schwiegermutter die Zügel der Regierung fest in den Händen.

Als Sundri aus dem Dickicht des Dschungels heraustrat, erfaßte sie ein Windstoß. Der Monsun meldete sein Kommen an. Pünktlich, fast auf den Tag genau. Noch war zwar der Himmel von einem tiefen Blau. Die gelben Blüten der Kassia hingen an Schnüren wie aufgereihte Regentropfen von den Bäumen, aber man spürte, daß die Erde nach Regen lechzte. Hier oben in den Bergen trocknete sie zwar nicht so aus wie in der Tiefebene, aber es wäre nicht möglich gewesen, die Reispflänzchen zu setzen, und deshalb wartete man so sehnsüchtig auf das Eintreffen des Regens.

In der Nacht begann es zu stürmen, und am anderen Morgen war der Himmel grau, und die Wolken jagten vom Westen her über das Arabische Meer. Es regnete in Strömen, und der Wind schüttelte die Bäume so sehr, daß manche Wipfel fast den Boden berührten und sich nicht wieder aufrichten konnten. Es krachte und rauschte, daß einem angst werden konnte. Was morsch war, brach ab, um zu vermodern. Die Regentropfen klatschten herunter, sie trommelten auf das Dach und auf das Pflaster vor dem Haus. Es regnete und regnete ohne Unterlaß, und so würde es fortregnen und -stürmen, mit wenigen Pausen gute acht Wochen lang. Allmählich schien der Regen die Erde ertränken zu wollen. Die Temperatur fiel schnell, und es wurde empfindlich kalt. Manches Mal fand man des Morgens sogar Eiszapfen an den Hecken.

In den Reisfeldern wurde emsig gearbeitet. Knietief standen Männer und Frauen im Wasser, um die kleinen, zarten Pflänzchen zu setzen.

Sundris Vater kam völlig durchnäßt nach Hause. Er hatte seine Felder inspiziert, um zu sehen, wie weit die Leute gekommen waren. Eine Aufsicht hatten sie nicht nötig, denn sie arbeiteten vom frühen Morgen bis zum späten Abend, und es war bewundernswert zu sehen, mit welcher Sorgfalt die Setzlinge behandelt wurden, damit ja kein Würzelchen brechen sollte.

Als Valia davon sprach, wie schwer doch diese Arbeit für die Frauen seiner Tagelöhner sei, hörte Sundri aufmerksam zu. Arbeiten, arbeiten und arbeiten, das war ihr Los. Nach getaner Arbeit mußten sie Dienerin der Männer sein!

Sie hatten zwar von Valappan jeder ein kleines Stück Land zum Bebauen bekommen, dafür war aber der Lohn gering.

Später, kurz ehe der Monsunregen aufhörte, kamen heftige Gewitterstürme. Sundri liebte es sehr, den Blitzen zuzusehen. Es war großartig, wenn sie über dem Meer am Himmel entlangzuckten, in die Kronen der Bäume fuhren und das grüne Geäst bis hinab zum dichten Unterholz des Dschungels zu brennen schien. Es kam ihr vor wie der grüne, brennende Dornbusch in der biblischen Geschichte, wie sie Miss Britto erzählt hatte. „Und er sah, daß der Busch im Feuer brannte und doch nicht verzehrt wurde", sagte sie vor sich hin.

Sundri stand lange am Fenster ihres Schlafzimmers und sah in die Nacht hinaus. Es hatte aufgehört zu donnern und zu blitzen. Schwer und tief hingen die grauen Wolken am Himmel.

Da – plötzlich rissen sie auf –, der Vollmond schob sich durch. Aber er stand nicht still wie gewöhnlich, sondern er segelte so schnell vorbei, als ob böse Geister ihn jagten. Ein Geisterschiff, das einem unbekannten Ziele zueilte. Wohin würde der Wind sie, Sundri Valappan, einmal treiben?

Der Regen begann sichtlich nachzulassen. Die Tropfen

waren nicht mehr so schwer und gingen allmählich in ein
sanftes Rieseln über. Am Himmel erschien ein dreifacher
Regenbogen. Er überspannte den Horizont vom Westen
bis zum Osten. Die Sonne kam heraus, und der Himmel
strahlte plötzlich wieder in seinem tiefsten Blau. Nun wurde es feuchtwarm, und die Ähren der Reispflanzen wogten
grüngolden in der leichten Brise. Sie waren noch lange
nicht reif, aber man sah bereits, daß die Ernte gut und
reichlich werden würde. Hochauf schoß das Gras, Myriaden von Blumen in allen Farben, vom zarten Rosa bis zum
dunklen Purpur, vom Hellgelb bis zum tiefen Orange,
blühten darin.

Sundri machte mit ihrem Bruder Balan einen Spazier-
gang zu den Reisterrassen. Mit ihm konnte sie wenigstens
über alles das sprechen, was sie bewegte, denn er hielt sich
nicht daran, daß man mit den Frauen nicht sprach. Durch
die Schule und das Beisammensein mit den jungen Engländern war er sehr aufgeschlossen. Später wollte er studieren, in Delhi oder in Bombay.

Sie beneidete ihn um diese Freiheit. In einem verstand er
allerdings seine Schwester nicht, nämlich daß sie heraus
wollte aus der heimatlichen Enge. Ein Mädchen? Es war
einfach ihre Bestimmung, sich den Gesetzen zu fügen, die
hier galten. Den Gesetzen der Animisten.

Quit India!

Endlich waren die Schulferien vorbei. Morgen früh um
zwei Uhr sollte die Fahrt nach Bangle City angetreten werden. Rohini hatte Reis, Öl, Früchte und Gemüse in Körbe
packen lassen, und Chandu, der Dienerboy, und Amini, die
Dienerin, die sie begleiteten, hatten diese bereits im Segelboot verstaut. Obwohl es kaum mehr regnete, mußte man
für den Weg zum Fluß doch einen Schirm benützen.

Sundri und Balan gingen nebeneinander, das Regendach aus Bambusstäben, mit Palmblättern abgedeckt, war groß genug für zwei. Es war auch wasserdicht, aber es hatte den Nachteil, daß man es nicht zusammenklappen konnte. Dieses Monstrum war in der Stadt sehr hinderlich und im Bus kaum zu gebrauchen.

Zum Abschied hatte Rohini mit der Stirn die Füße ihres Mannes berührt und gesagt: „Wir gehen wieder nach der Stadt. Meine Gedanken werden sehr oft bei dir, mein Gebieter, weilen!"

Mit guten Wünschen hatte er sie auf den Weg geschickt. Sie würde ihm die Woche über sehr fehlen, und er nahm sich vor, sie wieder des öfteren freitags mit dem zweiten Segelboot selbst heimzuholen. Ein leichtes Schmunzeln ging über Valias Gesicht, als seine Frau „mein Gebieter" sagte. War er doch weiches Wachs in ihren Händen. Ein Gutes hatte Rohini jedoch: Sie nützte diese ihre Macht nicht über Gebühr aus.

Es war richtig, daß der sechzehnjährige Balan in die englische Schule ging. Valia Valappan hatte genau erkannt, daß sich die Zeiten und die Verhältnisse in Indien zu wandeln begannen. Daß man sehr viel mehr Wissen brauchte, wenn man mitkommen wollte. Valia konnte zwar weder lesen noch schreiben, aber es gingen so viele Parolen um, die Freiheit des Landes betreffend, die auch hinauf in die Ghats drangen. Zudem brachten die moslemischen Händler immer Neuigkeiten mit, wenn sie kamen, um bei ihm zu kaufen.

Eine neue Ordnung begann sich in den großen Städten anzubahnen. Von Mund zu Mund ging das Wort: „Frei sein von England durch passiven Widerstand." Der Führer dieser neuen Ordnung war ein Mann namens Gandhi, den man den Mahatma, den Heiligen, nannte. Einmal war dieser Mahatma auch in Bangle City gewesen, und das Volk hatte ihn bestaunt und ihm dann zugejubelt.

Balan sollte studieren und sich informieren, aber Sundri, was sollte sie mit allzuviel Weisheit anfangen? Sie würde ihr nur das Leben schwer machen. Rohini hatte sie nach Bangle City mitgenommen und dort in die Schule geschickt. Insgeheim bereute Valia das Versprechen, das er seiner Frau gegeben hatte. Es wäre doch am besten gewesen, Sundri möglichst rasch zu verheiraten. Sie ging in das vierzehnte Jahr, und je länger es sich hinzog, desto schwerer würde es sein, einen Mann für sie zu finden, und auch schwerer für sie, sich einzufügen in das, was ihre Eltern für sie bestimmten. Es war ein festes Gebot, daß die Eltern den Ehemann aussuchten, und dies hatte sich bis jetzt gut bewährt. Hatte er selbst nicht Rohini erst am Tage der Verlobung gesehen? Und trotzdem war seine Ehe gut geworden.

Die Frauen legten sich im Boot sofort auf die Kokosmatten und versuchten, wieder zu schlafen, während Balan und Chandu die Segel setzten. Durch die Stille der Nacht glitt das Boot den Fluß hinunter. Eine Meile vor der Mündung des Bangle mußten sie anlegen, weil die Brandung so stark war, daß sie das Boot zerschlagen hätte. Die Felsen fielen hier steil in das Meer hinab, und der Fluß öffnete sich wie ein Riesenrachen, in den die Wellen des Arabischen Meeres mit ungeheurer Wildheit hereinbrachen.

Von der Anlegestelle fuhr man mit dem alten klapprigen Bus, der hier den Dienst versah, nach dem Städtchen. Das Haus, das Valia Valappan gemietet hatte, lag am anderen Ende von Bangle City. Es war klein, aber es genügte für sie. Hauptsache war, daß Rohini die Speisen zubereiten lassen konnte. Sie hätte es niemals zugelassen, daß Balan oder Sundri in der Schule aßen, wo es täglich Fleisch gab. Für die Animisten waren die Tiere keinesfalls heilig, wie etwa die Kühe bei den Hindus oder die Affen. Man tötete oder quälte wissentlich aber kein Tier, weil sie einen Geist besaßen wie die Menschen. Ehe sie ihren Kindern erlaubte, Fleisch zu essen, nahm es Rohini lieber auf sich, die Woche über von zu Hause fort zu sein.

Miss MacDonald, die Vorsteherin der Schule, hatte Mabel Britto zu sich gerufen.

„Sie haben Sundri Valappan in Ihrer Klasse, meine Liebe", begann sie.

„Ja", erwiderte Miss Britto. „Sundri ist zweifellos ein sehr begabtes Mädchen. Ist irgendeine Klage gegen sie gekommen?"

„Wie man es nimmt!" Miss MacDonald machte eine sehr gewichtige Pause, ehe sie fortfuhr. „Sundri soll eine häßliche Bemerkung gemacht haben, weil der Vizekönig diesen Gandhi erst freigelassen hat, als er krank wurde. Ich möchte nun, daß Sie das Mädchen genau über seine Ansicht befragen und mir dann berichten. Sie können sich denken, daß es die Eltern der Mitschülerinnen nicht gern haben, wenn man solche Dinge tolerieren wollte. Man kann nicht in eine englische Schule gehen und gleichzeitig ‚Quit India‘ rufen! Schließlich, was haben wir in Jahrhunderten nicht alles für dieses Land getan!"

Miss Britto war empört, wenn sie auch äußerlich kühl blieb. Sie sollte also Sundri aushorchen! Das war ein Auftrag, der ihr nicht paßte. „Wäre es nicht besser, wenn Miss Cattle es tun würde? Sie gibt Literatur und kennt Sundri sehr genau, oder vielleicht Miss Smith, sie ist die Klassenlehrerin."

„Aber Sie sind des öfteren im Hause der Valappans eingeladen, es muß Ihnen also ein leichtes sein, die Einstellung herauszufinden!"

Miss MacDonald war keinesfalls, wie es zu sein schien, gegen die Familie, im Gegenteil, sie schätzte Rohini Sahib sehr. Aber es war einfach nicht angängig, daß Sundri derartig revolutionäre Gedanken ihren Mitschülerinnen gegenüber aussprach. Zudem, wie konnte sie über etwas urteilen, was sie nicht verstand.

Die Schulvorsteherin überlegte, ob es richtig war, Miss Britto für diese Sache einzusetzen, denn sie sah ihr an, daß ihr dieser Auftrag unangenehm war. Ihr fehlten auch gewisse Voraussetzungen dafür. Ihre Mutter war Engländerin gewesen, aber ihr Vater Portugiese, und Mabel Britto selbst war in Goa geboren. So hatte sie natürlich die Bindungen zum englischen Mutterland nicht in gleichem Maße wie die anderen Lehrerinnen.

„Ach, schicken Sie mir Sundri herauf. Ich werde selbst mit ihr reden", entschied Miss MacDonald kurzerhand. Mit einem kühlen Kopfnicken entließ sie Miss Britto.

Sundri hatte ein leicht beklommenes Gefühl, als sie an die Tür klopfte, die in das Zimmer der Vorsteherin führte. Sie war sich zwar keiner direkten Schuld bewußt, aber schließlich war immer etwas nicht im Lot, wenn man hier herauf beordert wurde.

Vielleicht war sie unangenehm aufgefallen, als kürzlich Schulinspektion gewesen war. Sie hatte fast immer vor den Engländerinnen geantwortet, einfach weil sie die Antwort auf die Fragen sofort bereit hatte, und – weil sie auffallen wollte. Man sollte wissen, was Sundri Valappan konnte, obwohl sie drei Jahre jünger war als ihre Klassenkameradinnen. Als deshalb später eine Auseinandersetzung zwischen Edith und Muriel erfolgte und diese Sundri als unfair hinstellten, hatte sie ziemlich heftig und angriffslustig zurückgegeben. Sicher hatten die zwei Mädchen sie verpetzt. Sundri klopfte an.

„Come in!" rief Miss MacDonald. Sundri trat ein und blieb an der Tür stehen, und die Vorsteherin betrachtete sie durch ihren Kneifer mit jenem kurzen, aber scharfen Blick, dem nichts entgeht. Sie sagte, wobei ihre Augen ein wenig freundlicher wurden: „Komm näher! Du kannst dich setzen!"

Sundris grüner Rock war aus feinstem Satin und fiel, reich gefältelt, bis zu den Knöcheln hinab. Man hatte an der Seide nicht gespart. Die gelbe Bluse war fleckenlos sauber. Es war wohl zu bemerken, daß Rohini Sahib gewohnt war, nach dem Rechten zu sehen und auf gutes Aussehen zu halten. Sie war nicht zu vergleichen mit den Inderinnen, die hier in Bangle City ein ärmliches Leben führten, oder gar mit den Hindufrauen in Bombay oder Delhi auf eine

Stufe zu stellen. Rohini Sahib war eine sehr stolze Frau, die genau wußte, was sie ihrer Familie schuldig war. Es stand eigentlich den Donovans oder den MacDaids nicht zu, immer wieder gegen die Aufnahme von indischen Tagesschülerinnen in das Internat zu protestieren. Schließlich konnten sich nur Mädchen aus den besten Familien das teure Schulgeld leisten.

„Wie ich höre, sprichst und schreibst du Malajalam", begann Miss MacDonald die Unterhaltung. „Könntest du mir dieses Gedicht hier sinngemäß ins Englische übersetzen?" Sie gab Sundri ein Blatt Papier. Die Vorsteherin sammelte indische Gedichte und übertrug sie in ihre Muttersprache. Was sie Sundri gegeben hatte, war ein Thullal, ein Lied, das besonders bei Hochzeiten gesungen wurde. Sundri las es.

„Wie kann ich ihm nur gefallen, ihm, der nicht zu mir kommt, um mit mir zu scherzen, sondern nur, um mit mir zu sprechen?

Wenn er unzufrieden mit mir ist, ist all mein Glück nichts wert gewesen. Wenn er unzufrieden ist."

„Du kannst das Ganze zu Hause übersetzen, Sundri. Schreibe es mir auf", unterbrach sie Miss MacDonald. „Wo hast du eigentlich Malajalam gelernt? Ich meine, wo hast du gelernt, es zu schreiben?"

„In der Dorfschule."

„Dorfschule? Ich habe nicht gewußt, daß es so etwas da droben in den Ghats überhaupt gibt. Warum sind dann fast alle Menschen hier des Lesens und Schreibens unkundig?"

Sundri erzählte von den beiden alten Männern, den weisen Gemeindeältesten, die ganz kahlköpfig waren und die in ihrem Heimatdorf die Schule betrieben. Glatzköpfig war bei den Animisten ein Zeichen großer Klugheit, und man kam dadurch in den Ruf, ein Gelehrter zu sein. Man traf kaum einen Weissager, der Haare auf dem Kopfe hatte.

Vierzig Kinder waren mit Sundri in dieser Dorfschule ge-

36

wesen, aber nur die wenigsten hatten das Ziel erreicht, lesen und schreiben und Malajalam zu lernen. Die meisten hatten es nur bis zu wenigen Buchstaben gebracht. Zudem sprachen sie den kanaresischen Dialekt der Gegend.

„Wir haben zuerst die Buchstaben mit dem Finger in den Sand geschrieben. Das war großartig", sagte sie stolz, als sie das zweifelnde Gesicht der Vorsteherin sah. „Natürlich war das großartig. Wenn man einen Fehler machte, konnte man ihn wegwischen. Einfach so!" dabei fuhr sie mit der Hand leicht mit den gespreizten Fingern über die Kante des Schreibtisches. „Fort ist er, und man fürchtet sich nicht länger vor ihm. Es ist ein lustiges Gefühl, wenn man den Sand glätten kann und wenn man selbst seinen Fehler wegzaubern kann."

„So ist das also!" Sundri glaubte eine gewisse Mißbilligung in den Worten von Miss MacDonald zu hören, deshalb fuhr sie schnell fort: „Die Lehrer schreiben natürlich nicht in den Sand. Sie ritzen die Buchstaben mit dem Stilett in ein Blatt, eine Ola nennen wir es." Sundri erzählte und erzählte und war stolz, als sie sagen konnte, daß sie bereits nach einem Jahr dem Geist der Weisheit geweiht worden sei. Das bedeutete, daß sie alle fünfundzwanzig Buchstaben des Malajalam beherrschte.

Mit einem Stück Gold, das man mit einer hölzernen Zange aus dem Erdreich genommen hatte, denn es mußte unberührt von Menschenhand sein, habe der Weise ihr neun Buchstaben auf die Zunge geschrieben. Während dieser Handlung schlüpfte der Geist der Weisheit in den Körper des Prüflings.

Sundri sprach so lebhaft, so begeistert und bildreich, daß Miss MacDonald aufmerksam zuhörte und dabei fast vergessen hätte, was sie eigentlich von ihr wollte.

„Als du zu uns kamst, warst du noch nicht ganz fünf Jahre alt und konntest doch auch schon Englisch lesen. Von wem hast du das gelernt?"

„Von meinem Bruder Balan!" Sundri lächelte bei dieser Antwort verschmitzt. Englisch lesen . . . sie konnte aber

37

damals nur jede Seite des buntbebilderten Lesebuchs auf-sagen. Hätte man sie nach irgendeinem Wort aus der Mitte heraus gefragt, hätte sie es nicht gekonnt. Mit einem hervorragenden Gedächtnis begabt, hatte sie einfach auswendiggelernt, was Balan ihr vorgelesen hatte. Meist konnte sie es schon nach dem zweiten Mal.

Was spielte das auch heute noch für eine Rolle? Sie hatte schnell richtig lesen und schreiben gelernt, hatte einmal eine Klasse übersprungen und hatte sich die ganzen Jahre über mühelos an der Spitze gehalten, obwohl ihre Mitschülerinnen alle zwei, manche sogar drei Jahre älter waren als sie selbst.

Was wohl Miss MacDonald von ihr wollte? Die Frage nach dem Malajalam war doch nur ein Vorwand, das hatte sie gleich gespürt. Wann würde sie endlich die Katze aus dem Sack lassen? Sundri sollte nicht mehr sehr lange darauf warten müssen.

„Was hast du dir eigentlich dabei gedacht, als du gestern die Bemerkung machtest, daß wir Engländer bald aus Indien fortzugehen hätten? Ist es fair, daß du gegen uns Hetzreden losläßt und dabei dein Wissen aus unserer Schule holst?"

Es verschlug Sundri einen Augenblick lang die Sprache, dann rief sie: „Miss MacDonald, das ist nicht wahr! Ich habe nicht gehetzt, sondern wir haben diskutiert, und dabei kam die Sprache darauf, was Mahatma Gandhi gefordert hat."

„Aber du hast zu Muriel doch gesagt: ‚Quit India! Haut ab aus Indien.'"

„Zuerst sagte ich, daß ich die Zusammenhänge nicht ganz verstehe, aber daß ich auch nicht verstehe, daß man einen Mann wie Mahatma Gandhi so lange einsperrt, bis er krank ist, nur weil er für sein Volk die Freiheit will."

„Du solltest wirklich nicht über Dinge reden, die du nicht begreifst, Sundri! Daß man dich bei den McDaids von nun an nicht mehr einladen wird, kannst du dir wohl denken, wahrscheinlich auch nicht mehr in anderen englischen

Familien!" schloß Miss MacDonald ihre Rede. „Ich wünsche, daß kein weiterer Mißton in der Klasse aufkommt, und muß dich bitten, dir äußerste Zurückhaltung aufzuerlegen, sonst müßte ich dich von der Schule weisen. So, jetzt kannst du gehen!"

Sundri erschrak erst sehr, dann stieg der Zorn in ihr hoch, und am liebsten hätte sie der Vorsteherin ins Gesicht gerufen: „Ja, verschwindet aus Indien, aber verschwindet sofort!" Sie hielt sich zurück, warf nur den Kopf in den Nacken und ging schweigend aus dem Zimmer.

Miss MacDonald biß sich nervös auf die Lippen. Was sollte werden? Drüben im Mutterland war Krieg, und die Nachrichten kamen spärlich. Sie war in größter Sorge um Verwandte und Freunde, und hier in Indien brodelte und gärte es, und es stand für die Engländer nicht zum besten. Die Zukunft war sehr ungewiß. Der gewaltlose Widerstand, wie ihn dieser Gandhi predigte, war ihr weit unheimlicher als offener Aufruhr, den man bekämpfen konnte. Inneren Widerstand spürte man auch bereits bei Sundri Valappan. Wie lange würde Englands Herrschaft über Indien noch andauern?

Chandu wartete am Portal der Schule. Gewöhnlich begleitete er Sundri, holte sie ab und trug ihre Bücher. Dann und wann ging auch die Dienerin hinter ihr drein, niemals durfte sie ohne Begleitung ausgehen. Heute machte Sundri einen Umweg.

„Warte hier!" befahl sie dem Boy, als sie an dem Tor zu dem alten Europäerfriedhof angekommen waren. Sie ging des öfteren hierher, denn man begegnete kaum einem Menschen, und es war so interessant, die Grabinschriften zu studieren.

Das Tor kreischte in den verrosteten Angeln, als sie es aufschob. Sundri ging zwischen den halbverfallenen Gräbern des seit langer Zeit nicht mehr benutzten Friedhofs umher. Auf den roh zubehauenen Grabsteinen mußte sie erst das grüne Moos wegkratzen, um die Namen der Begrabenen lesen zu können. Es waren meist Portugiesen, die hier ihre Ruhe gefunden hatten. Portugiesen, die während der Entdeckung und Annektierung vor einigen hundert Jahren in das Land gekommen waren.

Sundri liebte es, die fremdklingenden Namen zu entziffern, Namen wie Ribeiro, Costello, Teixeira und andere. Oft dachte sie sich eine ganze Familiengeschichte aus mit Manuel, Pedro oder Joao als Helden. Die schöne blonde Donna Isabella hatte Pedro geliebt, und Manuel hatte sie ihm streitig gemacht. Und Donna Isabella war aus Heimweh nach Portugal jung gestorben.

Miss Britto hatte einmal gesagt: „Wir Portugiesen haben das kleinste Land als Wiege und die ganze Welt als Grab." Sie hatte ihr dann von den Entdeckungsreisen ihrer Landsleute erzählt und wie in den Jahren 1505 bis 1515 Almeida und Albuquerque Ostindien entdeckt und Goa und Malakka für das Mutterland in Besitz genommen hatten. Wie auf den Grabsteinen noch zu lesen war, waren die meisten hier an den Pocken gestorben.

Es mußte sehr schwer sein, so fern der Heimat krank zu werden und zu sterben. Pocken, die gab es immer noch, und man fürchtete sie sehr. Sah man das Pockenzeichen, den weißgekalkten Stein, vor einem Haus stehen, machte man einen großen Bogen drum herum und mied es wochenlang.

Die Europäer waren jetzt alle gegen Pocken geimpft, aber die Landbevölkerung dachte nicht daran, sich impfen zu lassen. Sundri wußte es aus Erfahrung. Es hatte nahezu einen Aufruhr in der Familie gegeben, weil sie und Balan von der Schule aus geimpft werden mußten.

Sundri setzte sich auf die Erde und dachte über die Unterredung mit Miss MacDonald nach. Sie versuchte stets, alle Dinge von beiden Seiten zu sehen, so auch diese Angelegenheit vom Standpunkt der Schulvorsteherin aus. Aber sie konnte zu keinem Ergebnis kommen. Vielleicht, wenn sie einmal mit Miss Britto sprechen würde? In einem hatte allerdings Miss MacDonald richtig vorausgesagt: Sundri wurde nicht zu Muriel McDaids Geburtstagsparty eingeladen.

Erste Begegnung mit Ragan Ray

Morgen sollte Gopis Hochzeit sein. Rohini Sahib hatte gebeten, Sundri zwei Tage freizugeben. Die Vorbereitungen deuteten darauf hin, daß es ein sehr großes Fest werden würde. Von allen Freunden hatte man sich Dienerschaft ausgeborgt. Es waren etwa vierzig Frauen, die eigenen Dienerinnen nicht mitgerechnet, dazu noch einmal halb soviel Männer.

Die Frauen saßen, während die Männer vor dem Haus eine Art Festzelt aus Zweigen errichteten, in zwei Reihen in der großen Küche und bereiteten vor, was morgen die Köche kochen würden. Aus Hunderten von Kokosnüssen wurde das Fleisch herausgelöst mit einem primitiven, aber gut funktionierenden Werkzeug. Dann wurde es zwischen Steinen zermahlen und mit Safran zu einem dicken Brei verarbeitet. An die drei Zentner Kartoffeln sollten geschält, Buttermilch mit Bananen geschlagen und Ingwer und Lotosstengel kandiert werden. Während der ganzen Arbeit sangen die Frauen Thullals, die Liebes- und Hochzeitslieder.

„Er nahm mein Herz gefangen, als ich jung war.

Viel, unendlich viel könnte ich erzählen von unseren Tändeleien!

Viele Stunden haben wir zusammen verlebt!

O, ihr jungen Mädchen, wo ist mein Muvvagapala jetzt?

Wenn er unzufrieden mit mir ist, ist all mein Glück nichts wert gewesen.

Wenn er unzufrieden ist."

41

Es war die letzte Strophe eines alten Thullals, das sich von Generation zu Generation vererbt hatte.

Rohini Sahib begrüßte die Leute aus der Nachbarschaft, die während des Abends und der Nacht kamen, um die Hochzeitsvorbereitungen zu sehen und die Lieder zu hören, die gesungen wurden.

Es war ein ständiges Kommen und Gehen der Freunde, und die Trinkgelder, die die Besucher auf ein eigens dafür auf dem Boden ausgebreitetes Tuch warfen, flossen reichlich. Alle Landbesitzer von nah und fern, die Lehrer aus dem Dorfe, der Kaufmann, kurz alle, die die Valappans kannten, versäumten nicht, zu kommen. Es war sozusagen selbstverständlich, daß man ihnen die Ehre antat.

Während die Frauen in der Küche waren, um zu bewundern, was es alles gab, versammelten sich die Männer auf der Veranda.

Balan hatte einen jungen Mann mitgebracht, den er kürzlich in Bangle City kennengelernt hatte, Ragan hieß er.

Valia Valappan forderte den Gast auf, zu erzählen, was in der großen, so fernen Stadt Delhi, wo Ragan studierte, vor sich gehe. Daß irgendwo in der Welt ein Krieg war, wußte man, aber was kümmerte es die Leute hier oben in den Ghats. Sie spürten nichts davon, oder kaum etwas. Der weiße Zucker war etwas knapper geworden als sonst, und auch das Petroleum war manchmal nicht zu bekommen. Was tat es? Man heizte mit Kokosnußschalen oder mit getrocknetem Kuhdung, und man baute sein eigenes Zuckerrohr, das genügte.

Ragan erzählte von dem Abkommen, das auf Betreiben Mahatma Gandhis mit den Engländern zustande gekommen war, einem Abkommen, das Indien nach dem Krieg seine Selbständigkeit geben sollte. Und er erzählte von einem Mann namens Nehru, der in der Politik des Landes sicher noch eine große Rolle spielen werde.

„Nützt uns die Selbständigkeit?" fragte einer der ganz alten Männer des Dorfes. „Wir haben doch nie die Verwaltung von Delhi anerkannt, noch weniger die Engländer.

Wir sind immer frei gewesen und werden auch weiterhin unsere eigenen Herren bleiben!"

„Ja", fügte Valappan hinzu. „Wir haben unser Land, das wir bebauen, und unsere Frauen und unsere Kinder, das genügt uns."

Das war das Stichwort für Ragan, und er sprach und sprach und suchte die Männer davon zu überzeugen, daß es nicht genüge.

„Wißt ihr, daß es nicht allen Indern so gut geht wie euch, wißt ihr, daß Hungersnot und Seuchen sind, daß die reichen Maharadschas im Überfluß leben und hohe Steuern eintreiben, und auch die englischen Geschäftsleute sehen nur auf ihren eigenen Nutzen, während Hunderttausende, ja Millionen von Indern darben? Wißt ihr, daß es bei den Hindus Kasten gibt, die eine Schande für uns sind? Daß Indien durch so viele Sprachen und Religionen getrennt ist, daß man fünfzig Meilen von hier weg nicht mehr miteinander sprechen kann? Dabei sind wir doch ein Volk! Indien braucht Männer und Frauen, die studieren und die später andere erziehen und aufklären können, Indien . . ."

„Unsere Frauen gehören ins Haus! Sie sollen uns Kinder geben, sollen ein Heim bereiten, sich schmücken und zu unserer Freude da sein, mehr brauchen wir nicht!" sagte ein jüngerer Mann abweisend. „Es würde uns gerade noch fehlen, daß unsere Frauen aufgehetzt werden. Was sollen sie studieren, sie gehören in die Familie und sonst nirgendwohin!"

Ja, das war es. Eingeschlossen in die Familie, untertan dem Mann, der sie dafür mit Schmuck und seidenen Saris verwöhnte. Und irgendwo in dem großen Land starben Frauen und Kinder Hungers, nur weil sie nicht geschult, nicht aufgeklärt waren, mußten Kinder, kaum daß sie geboren waren, das Elend der Erde spüren. Begriffen denn die Menschen nicht, daß Indien ein Volk werden mußte, ein einziges Volk von dem Himalaja bis Kanya Kumari an der Südspitze des Landes?

Sundri stand hinter einer Bananenstaude verborgen und hörte, vor Aufregung fiebernd, zu. Was er über die Frauen sagte, nahm sie begierig auf, wenn sie auch nicht alles verstand.

Mit ihm sprechen können, mehr hören von dem, was im Norden Indiens vor sich ging, und fragen, fragen, fragen! Aber es wäre für sie unmöglich gewesen, das Wort an ihn zu richten. Man hätte sie weggeschickt, denn Frauen hatten im Kreise der Männer nichts verloren.

Sundri hatte aber das Gefühl, als ob Ragan seine letzten Worte nur für sie gesagt habe, denn sicher hatte er ihren hellen Sari durch das Grün der Bananenstaude schimmern sehen. Immer wieder hatte er zu ihr hergeblickt, als ob er sagen wollte: „Höre und begreife! Handle danach!"

In dieser Nacht konnte Sundri kein Auge schließen. Immer wieder sah sie Ragan auf der Veranda sitzen. Die Hochzeit ihrer Schwester Gopi war für sie völlig in den Hintergrund gerückt, sie berührte sie nicht mehr, obwohl Sundri sonst begeistert für Feste war. Sie beteiligte sich nicht an den Vorbereitungen, sondern saß wie im Traum entweder auf dem Stein in dem Bach oder droben auf dem Speicher, um nachzudenken.

Aber so sehr sie auch überlegte und plante, nie würde sie hier loskommen. Ihr Schicksal war vorbestimmt durch die Eltern, und ihr Los würde das ihrer Schwestern sein: den Mann zu heiraten, den man für sie aussuchte. Es war ja schon eine ganz große Besonderheit, daß man sie in die englische Schule gehen ließ.

Tagelang vor dem Fest war Valia Valappan bei den intimsten Freunden der Familie gewesen, um sie zur Hochzeit einzuladen. Die weiter entfernt Wohnenden hatte er schriftlich gebeten. Mit einem Stilett hatte er von Balan diese Einladung in ein Blatt ritzen lassen, das Diener austragen mußten. Es stand darauf: „Meine Tochter Gopi wird am ersten Tag nach dem kommenden Vollmond – dem Monat, ehe der Reis geerntet wird – um ein Uhr mittags mit Kumar, dem Sohn von Kadavath Chanduchan, verheiratet werden. Diese Zeit wurde nach ihren Horoskopen, den Sternen und den Geistern bestimmt. Ich bitte Euch, uns mit Eurer ganzen Familie die Ehre Eurer Anwesenheit zu geben."

Nahezu alle Eingeladenen kamen dieser Aufforderung nach. Da aber auch der Vater des Bräutigams seine ganze Sippschaft und Freundschaft einlud, mußte man mit Hunderten von Gästen rechnen. Nun, es machte den Valappans nichts aus. Verlobungen und Hochzeiten und auch Kindsgeburten waren eine Art Volksfest, die Abwechslung in das eintönige Leben brachten.

Am Hochzeitsmorgen erschienen zuerst die Armen. Meilenweit aus dem Umkreis rückten sie an und wurden gespeist. Mit Musik und dem durchdringenden Klang des Madalams erschien der Bräutigam mit seiner Verwandtschaft. Sie brachten die ganze Aussteuer mit, die Gopi von den Schwiegereltern bekommen sollte. Kadavath Chanduchan war ein wohlhabender Plantagenbesitzer, und er zeigte es an der Hochzeit seines Sohnes Kumar. Selbstverständlich war es, daß Gopi viele neue Saris erhielt, aber auch Valia und Rohini bekamen von den Chanduchans neue Kleidung geschenkt. Die Gegengabe an den Schwiegersohn bestand aus Gold.

Die Ältesten der Familien und die Ältesten des Dorfes scharten sich um das Paar. Kumar streifte eine schwarze Kordel um Gopis Hals, an der ein rechteckiger, mit einem alten Muster verzierter Anhänger aus Gold befestigt war. Diesen Anhänger würde sie erst nach dem Tode ihres Mannes wieder abnehmen. Er war das äußere Zeichen, daß sie nun eine verheiratete Frau war. Kein Mann, außer Kumar, würde es wagen, ihr direkt in das Gesicht zu sehen. Für alle Zeit war dies nun Kumars alleiniges Recht. Gopi blickte zum erstenmal auf und lächelte, als sich ihre und Kumars Augen begegneten.

Vielleicht, so dachte Sundri, ist das der Augenblick, in dem man beginnt, den Mann zu lieben, der einem bestimmt wird.

Wie lieblich Gopi aussah in dem weißen, golddurchwirkten Sari! Ihre Schwester Jamaki hatte ihre schwarzen
Haare zu Zöpfen geflochten und sie mit Zweigen von
weißen Jasminblüten besteckt.

Nun knüpfte Valia einen roten, golddurchwirkten Faden um Gopis kleinen Finger ihrer linken Hand und
schlang ihn um den kleinen Finger von Kumars rechter
Hand. Damit waren sie Mann und Frau geworden.

Auf einer Art Empore sitzend, nahmen sie nun die Geschenke entgegen, die die Gäste und Verwandten mitgebracht hatten. Es stapelten sich einfache, nützliche
und kostbare Dinge neben- und aufeinander, vom Kupferkessel bis zum feinsten Seidenstoff, natürlich auch Gold-
und Silbermünzen. Die mitgekommenen Kinder waren gespeist worden, und jetzt endlich konnte sich die Gäste-
schar zum Festessen niedersetzen. Es war reichhaltig, und
die Diener liefen von der Küche zum Festzelt hin und
her. Mit immer wieder neuen Speisen rückten sie an, dann
gab es Fruchtsäfte, Kokosmilch, Tee und Kaffee.

Gopi brannte darauf, ihre Aussteuer zu zeigen, die ein
allgemeines Ah und Oh erregte. Vater Valappan hatte
an der Ausschmückung des Zimmers, das seine zweit-
jüngste Tochter im Hause beziehen sollte, an nichts gespart. Er hatte Möbel aus Teakholz anfertigen lassen und
einen wunderbaren Spiegel dazu. Das Schaustück waren
aber die Steppdecken, deren Oberseite aus rotem, reich
mit Gold und Silber besticktem Samt bestand.

Geistesabwesend strich Sundri mit der Hand darüber.
Würde ein solches Prachtstück, das sie zweifellos auch von
ihrem Vater bekam, all das aufwiegen, was sie aufgab? Die
Freiheit, die Möglichkeit, in die großen Städte zu gehen,
weiterzulernen, die Welt zu sehen, die sie lockte? Sie
wußte keine Antwort.

Kurz vor dem allgemeinen Aufbruch zum Haus des jungen Ehemanns, dem sich alle Hochzeitsgäste anschlossen,
sprach Rohini mit einer Usha, die einen Vorschlag wegen
Sundri gemacht hatte. Nachdem sie die Aussteuer Gopis

bewundert hatte und beeindruckt von dem Wohlstand war, meinte sie, daß es wohl möglich sein könnte, Sukumira, den einzigen Sohn eines Pflanzers, zu bewegen, die Jüngste der Valappans zu heiraten. Sie bekam den Auftrag, sofort die notwendigen Schritte zu unternehmen.

„Valia Valappan wird es an nichts fehlen lassen", sagte Rohini mit Nachdruck. Welch ein Glück wäre es, wenn Sundri endlich einem Mann versprochen werden könnte, dachte sie. Sie schenkte der Usha eine außergewöhnlich schöne goldene Kette, sozusagen als Vorschuß für die Vermittlung.

In der folgenden Woche, die Gopi mit ihrem Mann im Hause der Schwiegereltern verbrachte, ehe sie zurückkehrte, um dann im Familienverband der Valappans zu leben, würde sie mit Valia sprechen, ihn bestimmen, daß er für Sundri mehr geben mußte als für die anderen Töchter. Valia würde einverstanden sein, zumal Sundri die letzte Tochter war, die er zu verheiraten hatte. Bei aller Unterwürfigkeit, zu der Rohini durch die jahrhundertealte Tradition gezwungen war, hatte sie doch eine Art, ihren Willen zur Geltung zu bringen, die bewundernswert war. Valia Valappan liebte seine Frau, wenn er dies auch nicht sagte, weil man über Liebe nicht sprach, man zeigte sie nur durch Zärtlichkeit und Güte. Wenn sie zu ihm sagte: „Lenke deine Augen auf mich", und wenn sie sich dabei ansahen, war er bereit, alles zu tun, was sie sich wünschte. Rohini war klug genug, bescheiden zu sein und nur von Zeit zu Zeit Dinge zu fordern, die ihr am Herzen lagen. Daß sie die uneingeschränkte Herrscherin im Hause war, hatte sie ihren Schwestern gegenüber zum Ausdruck gebracht.

Die Musiker, Madalamtrommler und Pfeifenspieler, setzten sich an die Spitze des Hochzeitszuges, und hinter dem neuvermählten Paar zog jetzt die ganze Gesellschaft mit bunten Laternen durch den Dschungel hinüber zu dem Hause von Gopis Schwiegereltern. Auch Ragan ging mit. Er hätte gern mit Sundri gesprochen, und wären sie in Delhi gewesen, wäre er an ihrer Seite gegangen, hätte sie vielleicht an der Hand gehalten und hätte sich mit ihr unterhalten, aber hier durfte er dies nicht wagen. Er mußte sich den Sitten der Animisten fügen, die streng an ihren alten Gesetzen festhielten. Voraus gingen die Männer, und in einigem Abstand folgten die Frauen. Was er sagen wollte, konnte er zwar zunächst durch Blicke ausdrücken. Blicke, die er heimlich auf sie richten mußte, denn es war verboten, einem Mädchen oder einer Frau in die Augen zu sehen, ausgenommen der eigenen.

Da stand das zierliche Persönchen in einem prächtigen grünen Sari, ihre schwarzen Haare hochgebunden, eine feuerrote Lilie hinter das Ohr gesteckt. Schwere goldene Ringe, die mit kleinen Rubinen und Saphiren verziert waren, baumelten an ihren Ohren. Sie hatte ein lebhaftes Mienenspiel, diese Sundri, die die Schöne hieß, und ihre Augen konnten oft aufleuchten wie die Sonne. Rehbraun waren sie, und manches Mal blitzten bernsteinfarbene Sternchen darin. Ob sie wohl bemerkt hatte, daß sie ihm gefiel? Er würde vermutlich niemals die Möglichkeit haben, es ihr zu sagen, wenigstens nicht, solange sie im Hause ihres Vaters lebte. Und wer konnte sagen, ob er jemals wieder nach Bangle City kommen würde?

Merkwürdig, daß sie noch keinem Mann versprochen war!

Sundri hatte wohl bemerkt, daß Ragans Blicke sie immer wieder heimlich umfaßten. Hoffentlich bemerkte es keiner, daß auch sie zu ihm hinsah. Sie wußte, daß es nicht erlaubt war, aber wer kann schon einem inneren Zwang gebieten, wenn er so mächtig ist.

Ja, er gefiel ihr sehr. Groß und schlank war er, mit einem Gesicht, das viel Energie verriet. Würde ihn der Schnitt seines Gesichts und die braune Haarfarbe nicht als Inder kennzeichnen, könnte man glauben, er sei ein Europäer. Er erinnerte sie an einen Engländer, der in Bangle City lebte. Die Art seiner Sprache und seines Benehmens war für Sundri faszinierend. Jeden Satz hatte Ragan mit einer Handbewegung unterstrichen, und sie hatte immer wieder bewundernd auf seine schlanken Hände gesehen. Sundri liebte Hände, sie teilte sie ein in gute und schlechte Hände, in edle und in gewöhnliche. Dieser Ragan war so ganz anders als die jungen Männer in den Ghats, verglichen mit ihm waren sie derb, Bauern und Bauernsöhne. Aber sie konnte niemals hoffen, näher mit Ragan bekannt zu werden. Morgen würde er abreisen, nach Delhi zurückfahren, und sie würde ihn niemals wiedersehen. Nie! Wie im Traum ging sie den Dschungelpfad entlang.

Ragan war wieder abgefahren, aber kurz zuvor war es ihm doch gelungen, einen kleinen Zettel in Sundris Hand zu schmuggeln. Fast wäre das Papier zu Boden geflattert, denn sie hatte einen so heftigen Schreck erlitten, daß sie im ersten Augenblick die Hand einfach nicht mehr schließen konnte, als sie das Fetzchen Papier darin fühlte. Der Gedanke, daß Ragan ihre Hand berührt hatte, ließ sie erschauern. Sundri lief auf den Speicher, wo sie ihre Lieblingsbücher und ihr Tagebuch versteckt hielt, und hier entfaltete sie das Stück Papier, das für sie so kostbar war. Es enthielt nichts als seinen Namen und seine Adresse in Delhi.

Delhi, ferne, unerreichbare Stadt. Nie, nie würde sie dorthin kommen!

Sundri und Sukumira werden verlobt

Der Usha war es gelungen, Sukumiras Familie für eine Heirat mit Sundri zu erwärmen, und sie hatte, nachdem Mutter und Schwestern mit ihr gesprochen hatten, keinen ernsthaften Widerstand mehr geleistet.

„Es ist unsere Bestimmung, zu heiraten und Kinder zu haben", hatten Jamaki und Gopi zu ihr gesagt. „Was willst du eigentlich? Du solltest froh sein, daß du ein Heim finden kannst und einen Mann, der dich ehren und lieben wird. Und", Jamaki hatte es besonders betont, „vergiß nicht, daß du uns, deiner Familie, eine Last wirst, wenn du dich wieder so kindisch benimmst wie das letzte Mal!"

„Du weißt", fügte Gopi hinzu, „daß es ein Wunder ist bei deinem Horoskop, daß Sukumira dich nehmen will!"

Rohini hatte zwar ihre beiden Töchter schnell zum Schweigen gebracht, aber sie fügte in ihrer sanften, doch bestimmten Art hinzu, daß es wirklich ein Unglück für die Familie bedeuten würde, wenn Sundri keinen Mann bekäme. „Du weißt, daß es hier oben in den Ghats viel mehr junge Männer als junge Mädchen gibt! Es ist doch nicht möglich, daß eine Valappan sitzenbleibt."

„Ama", begann Sundri, aber dann schwieg sie. Sie wagte nicht zu sagen, wie sehr sie sich wünschte, nach Delhi zu gehen und dort studieren zu dürfen. Sie fügte sich in das Unvermeidliche, und die erste Begegnung mit Sukumiras Familie war einigermaßen gut vorbeigegangen. Die Vorbesprechungen waren erfolgreich gewesen. Man hatte bereits die Mitgift ausgehandelt und den Tag der Verlobung bestimmt, ehe Sundri Sukumira gesehen hatte. Achunchan hatte auch den besten Termin für die Heirat berechnet. Sie sollte um Mitternacht stattfinden.

Es war anläßlich einer Hochzeit in der Nachbarschaft, daß Sundri ihren Zukünftigen von ferne sehen sollte.

Die Männer saßen auf Kokosmatten auf dem Boden. Sukumira griff nach einer Frucht, und Sundri, die ihn beobachtete, mußte die Lippen zusammenpressen, um einen Schrei zu unterdrücken. Seine Hand! Diese Hand war schrecklich. Sie wußte es selbst nicht zu erklären, aber sie flößte ihr Furcht und Schrecken ein. Es lag etwas darin, was sie abstieß, etwas Rohes, Tierisches. Bei dem Gedanken, daß diese Hand einmal nach ihr greifen könnte, verspürte sie Übelkeit.

Mit wem hätte sie darüber sprechen können? Mit ihren Schwestern bestimmt nicht. Nicht, daß sie sie etwa nicht gern hatten, im Gegenteil, es war immer der Stolz der

Valappans gewesen, daß man in der Familie zusammen-
hielt, trotzdem würden sie es nie begreifen, daß man eine
solche Abneigung empfinden konnte. Sukumira sah im
übrigen nicht übel aus. Er war gut gewachsen, hatte ein
freundliches Gesicht, er war nur etwas linkisch. Nun, Kumar, Gopis Mann, war es auch.

Oh, man kann Menschen schon nach ihrer Hand beurteilen, dachte Sundri. Ragans Hand war gut. Sie brauchte
nur die Augen zu schließen, und sie sah ihn wieder auf der
Veranda sitzen und seine Rede mit den eleganten Bewegungen unterstreichen. Auch Kates Hand war gut gewesen,
aber Muriel McDaids Hand hatte ihr nie gefallen. Und
stimmte etwa die Beurteilung bei den beiden Mädchen
nicht? Kate, die aufrichtige Freundin – Muriel, die nei-
dische Spötterin.

Es gab noch einmal eine letzte Besprechung wegen der
Verlobung, und Sundri mußte sich fügen. Das einzige, was
sie erreichte, war ein kleiner Aufschub. Achunchan hatte
den Hochzeitstermin neu berechnen müssen und die Zeit
um einige Monate verlegt. Bei Mitternacht war er allerdings geblieben.

„Im August, wenn der Mond zum erstenmal nach dem
Monsun wieder voll am Himmel steht", hatte er gesagt.

Das paßte Valia Valappan sehr. Eine Heirat in der
vollen Reife der Natur, das würde gut sein. Im August,
wenn die Reisfelder grüngolden in der Sonne wogten, das
brachte Glück. Obwohl es ihm unnötig erschien, nahm Valappan sein gegebenes Wort nicht zurück.

Fast noch ein Jahr, dachte Sundri. Ein Jahr war lang,
vielleicht . . . vielleicht kam etwas dazwischen. Törichter
Gedanke, aber er ließ sich nicht vertreiben, tauchte immer
wieder auf und tröstete sie auf eine seltsame Art.

Und die Zeit verrann!

Der Goldschmied war ins Haus gekommen, und Valia Valappan ließ für Sundri sechs goldene Armreifen anferti-

gen; die gleichen sollten es sein, wie sie Jamaki und Gopi bekommen hatten. Mit einer Ausnahme: In jeden Reifen sollte das Schwanzhaar von einem Elefanten gearbeitet werden. Elefantenhaare brachten Glück.

Am untersten Reifen, der an Sundris Handgelenk saß, wurde die Kralle eines Tigers, in Gold gefaßt, befestigt. Das würde die bösen Geister von ihr fernhalten. Diese Kralle hatte man von Achunchan erhalten.

Was hätten Rohini und Valia nicht gern getan, um das Schicksal ihrer jüngsten Tochter zu verbessern. Eine kleine Wende ließ sich unter Umständen von den Geistern erbitten. Rohini versäumte es nicht, in den Schrein die besten Leckerbissen zu tragen, um alle die Geister gutzustimmen. Lange und oft meditierte sie dort, und alle Wünsche umfaßten nur das Wohl und Wehe Sundris.

Der Tag der offiziellen Verlobung rückte immer näher und näher. Sundri versuchte zwar, jeden Gedanken daran wegzuschieben, aber es schien unausweichlich ihr Los zu sein, daß sie die Frau von Sukumira werden mußte. War sie erst einmal verlobt, gab es kein Entweichen mehr. Es wäre eine unerhörte Beleidigung gewesen, hätte sie versucht, das Verlöbnis zu brechen.

Tagelang hatten Rohini und die Schwestern ihr zugeredet und sie ermahnt, sich wie eine Valappan zu benehmen, und sie hatte es auch versprochen. Sie würde kein Wort sagen. Schweigen machte immer einen guten Eindruck.

Ihr Vater hatte eigens aus Bangle City einen blauseidenen Sari geholt, der mit einer goldenen und braunen Borte verziert war.

Gopi hatte ihr dazu eine Brokatbluse genäht, und Rohini hatte goldene Sandalen für sie anfertigen lassen.

Ihre älteste Schwester Kamala, die ein Kind erwartete, gab ihr einen Gürtel aus gehämmertem Gold, den sie von ihrem Mann bekommen hatte und den sie ihrer Umstände wegen selbst nicht tragen konnte. Kamala, die auch einen einzigen Sohn geheiratet hatte, verstand am besten, wie es ihrer kleinen Schwester zumute war. Aus der Familie zu gehen, unter der Fuchtel einer Schwiegermutter zu stehen, war nicht ganz leicht. Sie war glücklich, daß sie zur Entbindung heimkommen mußte, denn es war Sitte bei den Animisten, daß die Töchter ihre Kinder im Elternhaus zur Welt brachten.

Nachdem Sundri von zwei Dienerinnen gebadet und eingeölt worden war, wickelte sie den Sari und legte Kamalas Gürtel um. Jamaki brachte goldgelbe Dotterblumen und steckte sie ihr ins Haar. Jetzt sah sie wirklich bildhübsch aus. Wäre das Horoskop nicht gewesen, hätte sich ein anderer Mann finden lassen. Einer mit mehr Land und mehr Dienerschaft. Sukumiras Eltern besaßen nicht sehr viel Land, aber wenigstens gehörte das bißchen ihnen zu eigen. Sundris Mitgift würde eine große Hilfe für sie sein.

Die Dorfältesten und die Eltern kamen zusammen, um die Verlobung endgültig abzuschließen. Ohne Dokument war dies dann ein bindender Vertrag, so fest wie die Eheschließung.

Valappan hatte Musikanten bestellt, die während des Essens spielen sollten. Zuvor wurden noch die Geschenke bestaunt, die Sukumiras Eltern mitgebracht hatten. Obwohl sie sich nicht viel erlauben konnten, hatten sie getan, was in ihren Kräften stand, denn man wußte die Ehre zu schätzen, daß Suku, ihr Einziger, eine der Valappan-Töchter bekam. Die Usha hatte für Sukumiras Mutter einen Sari mit einem alten seltenen Muster ausfindig gemacht, der so teuer war, daß es beinahe ihre Mittel überstieg. Sundri sollte ihn bekommen.

„Nimm deine goldenen Armreifen ab", sagte die Schwiegermutter zu ihr. Sie streifte ihr dann fünf grüne Glasreifen über, dazwischen immer einen der goldenen Reifen, so daß stets auf einen Glasreifen ein goldener folgte. Dies zeigte an, daß das Mädchen einem Mann versprochen war. Von jetzt an würde die Schwiegermutter ihre Rechte geltend machen, das bedeutete, daß Sundri sich in die Familie ihres Mannes zu fügen hatte. Es war ein Glück, daß ihr Vater den weiteren Schulbesuch zur Bedingung gemacht hatte, denn Sukumiras Mutter war für eine schnelle Heirat. Sie konnte eine Hilfe im Haus gut gebrauchen.

Die allgemeine Fröhlichkeit bedrückte Sundri. Sie schämte sich selbst darüber, wie wenig sie für ihren zukünftigen Mann empfand. Er interessierte sie nicht einmal. Sie durfte zwar nicht mit ihm sprechen, ebensowenig wie es ihre Schwestern mit ihren Zukünftigen vor der Heirat gedurft hatten, aber Kamala, Jamaki und Gopi hatten doch andauernd über ihre Verlobten geplappert, wenn sie unter sich gewesen waren. Was hatte sie denn Gemeinsames mit Sukumira? Er mochte ein guter Mensch sein, aber er war primitiv. Konnte kaum lesen und schreiben und hatte außer seinen Reisfeldern, dem Zuckerrohr und seinen Kokospalmen für nichts Interesse. Sein Leben war begrenzt von dem Ablauf der Jahreszeiten. Er lebte in einer anderen Welt als sie. Er konnte sich nicht ausdrücken, fand für nichts Worte. Was sollte sie da mit ihrem eigenen Wortschatz anfangen? Etwa im Schrein die Geister damit unterhalten?

„Sundri, Sundri", mahnte ihre Mutter leise, die ihr die Gedanken im Gesicht abzulesen schien.

„Ama, ich bin so unglücklich", erwiderte sie traurig.

„Du mußt sehen, wie du mit deinem Leben fertig wirst, Kind, du kennst die Gesetze der Animisten!" Es war selten, daß Rohini so energisch mit ihrer jüngsten Tochter sprach.

Sundri fühlte sich gefangen wie eine Maus in der Falle. Es gab kein Entkommen mehr, denn die Verlobung war vollzogen. Der Vater hatte sie mit Sukumiras Eltern ausgehandelt, die Dorfältesten sie bestätigt.

Anderntags wanderte Sundri hinüber zum Rand des Dschungels, um in dem Schrein dort zu verweilen. Aus tiefen Gedanken fuhr sie plötzlich auf. Was hatte sie eben gewünscht? Das war schrecklich!

Sundri bedeckte die Augen mit beiden Händen und weinte, aber immer wieder kam dieser eine Gedanke und

ließ sich nicht wegschieben: Wenn Sukumira stürbe! Nein
– doch, ich wünsche es. Nein?

„Verzeiht mir, o ihr Geister, es ist nicht mein Wille,
dies zu denken", murmelte sie. „Nein, es ist nicht mein
eigener Wille, aber der Gedanke schleicht sich immer wieder in meinen Kopf. Ich will es nicht! Es ist ein böser
Dämon, der mir das alles einflüstert!"

Als Sundri aus dem Schrein heraustrat, flatterte eine
fette Krähe aus der Blaupalme, die wenige Meter entfernt
am Dschungelrand stand. Da sie aus diesem Baum kam,
zeigten ihr die Geister damit an, daß sie ihr nicht verzeihen wollten, daß Böses auf sie zukommen würde. Der
Frieden sollte ihrer bedrückten Seele nicht geschenkt werden.

Die Krönungsmedaille

Es war für Sundri eine wirkliche Erlösung, als sie wieder
nach Bangle City in die Schule gehen konnte. Aber sie war
still und in sich gekehrt.

Was mag sie so verändert haben, dachte Miss Britto,
aber sie stellte keine Fragen. Sie kannte Sundri zu genau
und wußte, daß sie warten mußte, bis sich ihr das junge
Mädchen selbst anvertraute.

Als Miss Britto wieder einmal bei Rohini Sahib vor-
sprach, erwähnte sie die Veränderung, die mit ihrer Schü-
lerin vor sich gegangen war.

„Oh, das hat nichts zu bedeuten", meinte Rohini.
„Sundri wird heiraten, sobald sie die Schule beendet hat.
Es ist an der Zeit, daß sie sich darauf vorbereitet."

Das war es also! Sundri sollte heiraten, vermutlich einen
jungen Mann, den sie noch nicht einmal gesehen hatte.
Auf alle Fälle würde es ein Mann sein, den die Eltern für
sie bestimmt hatten. Dabei war sie doch noch nicht einmal

den Kinderschuhen richtig entwachsen. So jung – Sundri war knapp über fünfzehn – heiratete man in England oder Portugal nicht. Ein Kind, und doch traf dies nicht in allem zu. Sie verfügte über ein beachtliches Schulwissen, das weit über den Durchschnitt hinausging. Welch ein Jammer, daß dies nun dort oben in den Ghats begraben würde. Armes Mädchen! Miss Britto kannte sich einigermaßen in den Sitten und Gebräuchen aus, und sie hielt es für dringend notwendig, daß man die jungen Menschen hier besser aufklärte, daß man den Frauen und Mädchen mehr Freiheit gewährte und sie aus dem Gestern, das so veraltet war, herausriß. Sundri hatte es noch verhältnismäßig gut, denn sie kam aus einem wohlhabenden Haus. Aber die armen Inderinnen, die von morgens früh bis spät abends in den Reisfeldern standen, über keinerlei Bildung verfügten, ganz zu schweigen von den Erleichterungen der Zivilisation, von denen sie keine Ahnung hatten, sie waren zu bedauern. Sie lebten zum Teil noch so primitiv wie vor Jahrhunderten. Untertan dem Manne, dem sie dienen mußten. Arbeit und wenig Nahrung, ein entsagungsvolles Dasein. Miss Britto ertappte sich dabei, diesem Mahatma Gandhi recht zu geben, der für ein besseres Leben kämpfte. Ein Glück, daß die Schulvorsteherin von diesen revolutionären Gedanken der Lehrerin nichts ahnte.

Der Gouverneur von Madras hatte sich zu einem Besuch angesagt, und in der Schule herrschte die größte Aufregung. Trotz des Krieges sollte der Coronation-Preis verteilt werden. Niemand hatte daran geglaubt, daß das Ergebnis jemals aus England eintreffen würde.

Dieser Coronation-Preis wurde jedes Jahr angekündigt, und wer sich um ihn bewarb, mußte eine bestimmte Aufgabe lösen. Diese Aufgabe kam im verschlossenen Umschlag aus London, und die Arbeit mußte auch dorthin zurückgeschickt werden, weil nur dort die Entscheidung fiel, wem der Preis zuerkannt werden würde.

Es handelte sich um einen Aufsatz, dessen Thema achtundvierzig Stunden vorher bekanntgegeben wurde. So lange hatte man also Zeit, darüber nachzudenken, nachzuschlagen und sich zu informieren. In der Klasse durften dann weder Bücher noch Aufzeichnungen verwendet werden. Um jede Beeinflussung auszuschließen, erhielt jedes abgegebene Blatt eine Nummer und keinen Namen.

Obwohl die Preisaufgabe bis jetzt nur von Primanerinnen gemacht worden war, konnten sich auch die Schülerinnen bis herunter zur Tertia beteiligen. Das war bis jetzt aber noch nie geschehen. Als Sundri sich meldete, gab es zunächst Staunen und dann Unbehagen. Die Schulvorsteherin war dafür, ihr die Teilnahme auszureden. Verbieten konnte man sie ihr allerdings nicht. Als Miss Britto davon sprach, stieß sie auf so viel Ablehnung, daß sie es aufgab. Sundri konnte und wollte nicht verstehen, weshalb sie sich nicht daran beteiligen sollte. Eine Abhandlung zu schreiben, wie sie verlangt wurde, bereitete ihr keine Schwierigkeiten. Einführung, Hauptthema und Ausklang, das wußte sie. Natürlich mußte auch statistisches Material verwendet werden, Daten, eigene Gedanken und Aussprüche berühmter Personen über das gegebene Thema. Dazu hatte man die achtundvierzig Stunden der Vorbereitung.

Sundri hatte sich vor Monaten, als die Aufgabe gekommen war, mit Begeisterung darangemacht und die ganze Nacht hindurch gearbeitet. Das Thema hatte gelautet: „Welche Erziehung sollte die indische Frau erhalten?"

Sie hatte geschrieben und geschrieben und hatte alle ihre eigenen Gedanken hineingewoben. Seit Ragan damals auf der Veranda darüber gesprochen hatte, hatte sie sich immer wieder mit den Fragen der besseren Aufklärung der Inderinnen beschäftigt. Ihr Ergebnis war, daß die indische Frau zwar eine bessere Schulung, bessere Lebensbedingungen erhalten sollte, daß aber ihre eigentliche Bestimmung die der Frau und Mutter bleiben müsse. Sie hatte als Schluß ein altes Sprichwort: „Die Hand, die die Wiege bewegt, bewegt die Welt."

Sundri hatte ihren Aufsatz mit großer Begeisterung abgeliefert, aber keine Hoffnung gehabt, daß das Ergebnis jemals Bangle City erreichen würde. Während des Schreibens war sie so sicher gewesen, den dafür ausgesetzten Preis zu bekommen, aber jetzt glaubte sie plötzlich nicht mehr daran. Wer sollte ihre einfachen Gedankengänge anerkennen? Trotz ihrer Zweifel wünschte sie sich mit allen Fasern ihres Herzens, diesen Preis zu erringen. Sie, Sundri Valappan, als erste Inderin!

Genausosehr wünschte aber Miss MacDonald, daß Anny McDaid, Muriels Schwester, ihn bekommen würde. Nicht auszudenken, wenn in der jetzigen unruhigen Lage ausgerechnet eine Inderin . . . Nein, das durfte wirklich nicht geschehen. Ob sie darüber mit dem Gouverneur sprechen sollte?

Am liebsten hätte Sundri ihren schönsten Sari zu der Schulfeier angelegt, aber sie mußte leider die vorgeschriebene Schuluniform tragen. Alle Schülerinnen, die mitgemacht hatten, saßen in den vorderen Reihen. Dann kamen die Eltern, die prominenten Bürger der kleinen Stadt und zuletzt die übrigen Schülerinnen.

Der Gouverneur, ein weißhaariger, sehr sympathisch aussehender Herr, setzte umständlich seine Brille auf, zog sein Manuskript aus der Tasche und begab sich zum Rednerpult. Das Schwirren und Summen der Stimmen hörte mit einem Schlag auf. Es war still, aber man spürte trotzdem die Erregung und Spannung über den Anwesenden lasten.

Sundri saß sehr aufrecht, sie hielt die Augen geschlossen. Sie würde den Preis der Auserwählten nicht neiden, nahm sie sich vor. Daß sie ihn selbst erringen würde, glaubte sie nun nicht mehr. Wie hatte sie nur einen Augenblick lang so vermessen sein können, sich das zu erhoffen? Aber sie hatte den Pfau im Geburtshoroskop, das Zeichen der Eitelkeit, der Einbildung. Sie beugte den Kopf tief herab und legte ihr Gesicht in beide Hände.

Der Gouverneur sprach und sprach und ließ sich über die

Schwere der Preisfrage und über die Schwierigkeit der Verbindung mit London aus. Er schien kein Ende finden zu können. Endlich nahm er eine kleine Schachtel aus blauem Samt vom Rednerpult auf und sagte: „Nach dem Willen der obersten Schulbehörde in London fiel der Preis auf Nummer . . ." Er machte eine kleine Pause, um die Spannung zu erhöhen. Sundri preßte die Hände an das Gesicht. Oh, ihr guten Geister, gebt mir die Kraft, darüber hinwegzukommen. Helft mir! Der Gouverneur sprach weiter: „. . . Nummer zweiundzwanzig, deren Arbeit die anderen weit überragt. Sundri Valappan, bitte komm heraus, damit ich dir die Urkunde und den Preis überreichen kann!"

Als Sundri aufstand, schien sie einen Augenblick zu schwanken. Alles drehte sich ringsumher, dann ging sie aber festen Schrittes auf das Podium und sah mit großen, vor Freude blitzenden Augen zu dem Gouverneur auf, während es im Saal tuschelte und raunte.

„Im Namen Seiner Majestät des guten Königs von England, des Kaisers von Indien und der Dominien über See zeichne ich dich mit dem Coronation-Preis aus."

Wie im Traum nahm Sundri die Medaille aus der Hand des Gouverneurs entgegen und ließ die Glückwünsche der Lehrerinnen über sich ergehen.

Jetzt hielt sie die begehrte Goldmünze, die vor ihr noch keine Inderin erhalten hatte, in der Hand. Es war ein großes, eigens dafür geprägtes Stück, das den Wert von fünf Sovereigns hatte. Nicht der Goldwert war es, denn Gold hatte ihr Vater genug, es war der ideelle Wert, der Sundri über die Maßen faszinierte. Sie, Sundri Valappan, hatte es vor den Engländerinnen geschafft!

Sie dachte an Ragan, der sie jetzt sicher bewundern würde. Es war ein großer Tag in ihrem Leben, und sie war so glücklich, daß sie die bevorstehende Heirat mit Sukumira vollkommen vergaß. Rohini saß aufrecht auf ihrem Stuhl. Auch sie war sehr stolz und nahm die Glückwünsche mit viel Würde entgegen. Aber, und das betrübte sie in ihrem Innersten: nun würde das Leben mit Sukumira für Sundri noch viel schwerer sein.

„Ama, es ist der schönste Tag meines Lebens, einen schöneren kann es wirklich für mich nicht mehr geben", sagte Sundri zu ihrer Mutter.

„Die guten Geister haben es so gewollt", erwiderte Rohini. Sie sehnte den Tag herbei, an dem sie nach Hause zurückfahren würden. Je eher Sundri die Schule verließ, desto besser für sie. Sie wußte, daß es für ihre Tochter fast unmöglich sein würde, sich in das Leben auf Sukumiras kleiner Plantage einzugewöhnen. Plötzlich kam er auch ihr roh und ungeschliffen vor.

Mit nachdenklichem Gesicht betrachtete sie später die schlafende Sundri, die ihre Urkunde fest ans Herz gepreßt hielt. Die Gesetze der Animisten und der Familie würden sehr hart für sie sein. Im Zeichen des Löwen und des Pfaus zu stehen, war nicht so schlimm, aber im Zeichen der Karim-pana zu sein bedeutete, daß sie nutzlos, wertlos für die Familie, also kinderlos bleiben würde, und das war schlimm. Sundri würde den Sticheleien und der Willkür ihrer Schwiegermutter ausgesetzt sein. Es gab nicht viel, das man tun konnte, um zu helfen. Rohini nahm sich vor, viel und oft zu dem Schrein zu gehen, um die Geister milde zu stimmen.

Die stille Empörung über den Ausgang der Preisverteilung, die unter den Engländern in Bangle City geherrscht hatte, verebbte. Man besaß so viel Fairneß, die Überlegenheit von Sundris Arbeit, die in der Schule bekanntgemacht wurde, anzuerkennen. Ja, man lud sie sogar wieder zu den kleinen Gesellschaften ein, selbst die McDaids schlossen sie nicht mehr aus, als sie vor den großen Ferien ihr alljährliches Gartenfest gaben.

Sundri trug den blauseidenen Sari mit dem alten Bortenmuster, und die Armreifen an ihrem Arm klirrten und klingelten mit jeder Bewegung. Sie lachte und tuschelte mit ihren besten Freundinnen, und sie aß sogar von den angebotenen Sandwiches, wiewohl ihre Mutter ihr geboten hatte, nichts anzunehmen, außer einer Tasse Tee. Der kleine rote Punkt auf ihrer Stirn, der Glück und Fröhlichkeit bedeutete, schien heute besonders gut zu Sundri zu passen.

Nach dem Monsun, wenn die Schule wieder begann, würde sie ihre Mutter bitten, auch einmal ein Fest zu geben. Ganz besondere Leckerbissen sollten dabei serviert werden, Speisen, von denen die Engländerinnen keine Ahnung hatten. Indische Delikatessen, seltene Fischeier, kandierte Lotosstengel zum Beispiel. Sie sollten alle staunen, welche Köstlichkeiten man ohne Fleisch zubereiten konnte.

Sundri wird verflucht

Ferien! Sundris Haar war noch feucht vom Bad, als sie auf die Veranda hinaustrat. Gopi war gerade dabei, im Hof ein Blumenmuster auszulegen. Eine Zeitlang sah sie ihr zu. Ihre Schwester hatte die schönsten Blüten gepflückt und legte jetzt auf den mit Wasser gesprengten Boden des Innenhofes ein kunstvolles Ornament aus Blumen. Jeden Tag dachte sie sich ein anderes Muster aus, einmal war es rund, einmal oval oder sternförmig. Auch Sundri liebte Formen und Farben. Sie liebte ganz besonders die Bilder von Pissarro, dem französischen Maler, dessen Kopien sie bei Miss Britto in einem Bildband gesehen hatte. Seine Farben waren wie diejenigen des Sonnenuntergangs, wenn die Tiefebene in eine blutrote Glut getaucht schien, während der Himmel ein zartes Grünblau zeigte.

Sundri holte sich ihr Töpfchen mit Hennapaste und begann, mit einem Stäbchen ihren Handrücken bis hinauf in die Fingerspitzen mit seltsam geformten Blütenmustern zu bemalen. Zuletzt entwarf sie noch einen winzigen kleinen Vogel dazu.

Nur noch wenige Tage, bis der Monsun einsetzte. Man wußte es fast auf den Tag genau; am vierten, fünften oder sechsten Juni mußte er kommen. Die ersten Regenschauer verloren sich meist auf dem weiten Weg bis zum Himalaja. Erst wenn der Monsunregen mit seiner ganzen Heftigkeit über das Land fegte, zogen die Regenmassen weiter nordwärts. Sundri wollte die regenfreien Tage noch ausnützen, so wanderte sie in den Dschungel und zu dem Flüßchen, wo sich ihre Trauminsel befand. Auf dem großen Stein, inmitten des Wassers, saß sie und dachte sich Dinge aus, erträumte etwas, was doch nie Wirklichkeit werden würde.

Hier saß sie mit angezogenen Knien oft stundenlang. Man wurde von keiner Zeit getrieben und konnte sich Zeit lassen.

Wo mochte dieser Ragan jetzt sein? Ragan Ray hieß er. Vielleicht war er gar nicht mehr in Delhi! Sicher hatte er längst das Animisten-Mädchen aus den Ghats vergessen. Aus welchem Grund er ihr wohl seine Adresse zugesteckt haben mochte? Vielleicht nur aus einer Laune?

Am späten Nachmittag ging Sundri nach Hause. Weit und breit war kein Mensch zu sehen. Auch das Haus schien wie ausgestorben zu sein, nur aus der Küche hörte man Stimmengewirr. Als sie eintrat, schwiegen alle. Es war seltsam.

Man sah auf sie, die nicht begriff, warum sich das Interesse so auf sie konzentrierte.

„Ama, was gibt es?" fragte sie, nichtsahnend von dem Unheil, das sich über ihr zusammenzog. Sie war noch so erfüllt von ihren Träumen, von dem herrlichen Tag, den sie draußen verbracht hatte.

„Sukumira", begann ihre Mutter. Rohini vermochte nicht sofort weiterzusprechen, und erst als Sundri drängte: „Was ist mit ihm?" fuhr sie fort. „Er hat die Pocken."

„Das . . . das ist nicht möglich! Woher wollt Ihr es wissen?" Man sagte Sundri, daß ein Läufer die schlimme Nachricht gebracht habe. Die Pocken, das war etwas, was

62

die bösen Geister brachten oder was einem jemand ins Haus gewünscht hatte.

„Vater hat nach der Pockentänzerin geschickt, und wir werden alle zu Sukumiras Haus gehen."

Als die Nacht angebrochen war, machte sich die ganze Familie auf. Die Diener trugen Fackeln, und gespenstig sah der Zug aus, der sich nach der Bootslände bewegte. Man mußte ein Stück mit dem Boot flußabwärts fahren und dann ein kurzes Stück durch ein Zuckerrohrfeld gehen. Trotz des warmen Wetters fröstelte Sundri, als sie von ferne den weißgekalkten Stein vor dem Haus stehen sah. Die Pockentänzerin war bereits da, und auch aus der Nachbarschaft waren Leute gekommen, um das Orakel der Tänzerin zu erfahren. Sie war in einen feuerroten Sari gekleidet und wirkte durch den Ernst und die Strenge ihres Gesichts geheimnisvoll, angsterregend. Viele Fackeln erhellten den Platz vor Sukumiras Haus.

Die Tänzerin füllte einen Tontopf randvoll mit Wasser und stellte ihn auf den Kopf. Nun begann sie zu tanzen. Die Rhythmen der Madalams begannen langsam und steigerten sich. Schneller und schneller tanzte das Mädchen. Machte kunstvolle Verrenkungen, tanzte genau vorgeschriebene Formen. Keine Pockentänzerin hätte es sich erlauben dürfen, eine andere Figur zu tanzen als die von den Vorvätern übernommene. Die Finger der Spieler trommelten auf die kupfernen Madalams, die Tänzerin bog und wand sich, immer den gefüllten Wassertopf auf dem Kopf balancierend. Jetzt und hier würde sich das Schicksal des Kranken erfüllen. Wurde auch nur ein Tropfen Wasser während des Tanzes verschüttet, würde Sukumira sterben.

Dumpfer und dumpfer dröhnten die Madalams, steigerten sich noch mehr im Rhythmus. Nahezu atemlos starrten die Menschen auf den Tontopf. Sie glaubten felsenfest an dieses Orakel, das seit Menschengedenken nicht getrogen hatte.

Auch Sundri ließ keinen Blick von der Tänzerin. In

diesem Augenblick wünschte sie sich nichts anderes, als daß Sukumira genesen würde. Bis jetzt war auch alles gutgegangen, es kam nur noch eine Figur, die allerdings einem Furioso glich. Wenn die gut vorbeiging, konnte nichts mehr passieren, denn dann würde der Tanz zu seinen Anfangsformen übergehen und langsam verebben, so gleichsam den Verlauf der Krankheit und den Heilprozeß ausdrückend.

Gebannt standen Sukumiras Eltern, sie schienen wie erstarrt. Ein jeder Mensch hielt den Atem an. Schon glaubte man, daß der Tanz zu einem guten Ende kommen würde; da – ein Aufschrei ging durch die Menge. Mit der letzten Wendung war ein Schwall Wasser über den Rand des Tongefäßes geschwappt.

Sukumira mußte sterben!

Seine Mutter fiel vornüber zu Boden. Auch Sundri sank zusammen. Sie bedeckte ihr Gesicht mit beiden Händen. Erst als ihr Vater sie aufhob, erfaßte sie ganz, was geschehen war. Sie war sich bewußt, daß sie von jetzt an keine glückliche Minute mehr haben würde. Als vor Jahren ihr Großvater gestorben war, hatte ihre Mutter gesagt: „Er wird weiterleben im Geist, der nie vergeht. Er wird also um uns sein, trauert nicht." Mit Sukumira war es etwas anderes, er war gestorben, ohne Kinder gehabt zu haben, und man würde sie, Sundri, dafür verantwortlich machen, daß er die Pocken bekommen hatte. Durch sie waren sie als Fluch eines bösen Geistes auf ihn gefallen, und sie würde er als böser Geist verfolgen, solange sie lebte. Wäre er verunglückt oder an irgendeiner anderen Krankheit gestorben, kein Mensch hätte ihr dafür die Schuld aufgebürdet. Aber die Pocken, sie kamen durch böse Geister.

Sundri hörte schon von ferne das Klagen von Sukumiras Mutter und ihrer Verwandtschaft. Nun würde sich das Unvermeidliche ereignen, das sie fürchtete. Alle wußten es, und Rohini weinte still vor sich hin. Sie hatte keine Möglichkeit, ihr Kind zu schützen, und sie mußte es geschehen lassen, weil es Gesetz war, Stammesgesetz. Sukumiras Mutter würde die grünen Glasreifen, die Zeichen der Freude und Fruchtbarkeit, einen nach dem anderen an Sundris Arm zerbrechen und das Mädchen dabei für immer verwünschen. Wäre sie doch mit ihrer jüngsten Tochter den Fluß hinuntergefahren, um sie in Bangle City zu verbergen. Aber was hätte es genützt, die altüberkommenen Gesetze erlaubten es nicht.

In einen groben grauen Baumwollsari gehüllt, saß Sundri wie ein Häufchen Unglück auf der Erde, um sie herum Sukumiras Familie. Zuerst erhoben alle noch einmal ein großes Wehklagen, das schrill anschwoll und wieder absank. Dann griff die Schwiegermutter nach Sundris Arm und zerbrach den ersten der grünen Glasreifen. Sie saß wie versteinert, als Sukumiras Mutter unter dem Wehklagen der anderen Frauen rief:

„Unser Sohn ist zu Asche geworden.
Die Geister werden Asche aus deinem Leben machen,
Sundri Valappan.
Der Fluch der Geister liegt jetzt auf dir!
Du sollst nie ein Kind gebären,
sollst unfruchtbar sein,
denn kein Mann, der hier in den Ghats geboren ist,
wird dich jemals mehr zur Frau nehmen.
Du bist wie die Blaupalme, unter deren Zeichen du geboren bist.
Niemals wirst du ein Kind in den Armen halten,
niemals werden kleine Hände nach deinen Brüsten greifen.
Sie sollen trocken sein, trocken für immer!
Unser Sohn ist zu Asche geworden.
Die Geister werden Asche aus deinem Leben machen!"

Es war schrecklich, dies einmal zu hören, aber es war nahezu unerträglich, daß fünfmal die gleichen Verwünschungen auf Sundris gebeugtes Haupt herniederprasselten. Erst als der letzte Glasreifen zerbrochen war und Sukumiras Mutter noch den roten Punkt von Sundris Stirn gewischt hatte, denn für sie durfte es keine Fröhlichkeit mehr geben, schwieg sie.

Sundri zitterte, aber sie hielt ergeben den Kopf gesenkt. Erst als die Frauen gegangen waren, kam sie langsam zu sich. Plötzlich sprang sie auf und lief schreiend und wie von Furien gehetzt hinaus in den Dschungel.

Niemand hielt sie zurück, niemand folgte ihr. Es war ihr Schicksal; und sie allein mußte damit fertig werden.

Sie lief und lief, so weit sie die Füße trugen. Zuletzt ließ sie sich völlig erschöpft ins Gras fallen. Wie lange sie so bewegungslos dagelegen hatte, wußte sie nicht. Die Sonne war in einer gloriosen Farbskala untergegangen, und die Tropennacht war hereingefallen. Erst war es stockfinster geworden, dann breitete sich ein dunkles Purpur aus, als der Mond kam. Sternbilder erschienen am Himmel und wanderten langsam von Westen nach Osten über die Sieben Hügel hinweg.

Und immer noch lag Sundri auf der Erde. Der Schrei der sie eng umkreisenden Hyänen ließ sie erschauern. Im Dickicht bellte heiser ein Fuchs, eine Schlange raschelte durch das hohe Gras. Sie kannte das langsam ziehende Geräusch. Über ihr, in der Krone des Banyanbaumes, kreischte ein Käuzchen. Weithin hallte der unglückbringende langgezogene Ton.

Was sollte werden?

Was sollte sie tun?

Vom heutigen Tag an war sie verfemt. Auf keiner Hochzeit, bei keiner Kindsgeburt oder sonstigen Feier würde man sie dulden, denn sie war eine Unglücksbringerin. Sollte sie von jetzt an im Hause ihrer Eltern nur so dahinvegetieren, sich mit dem Arrangieren von Blumen beschäftigen, geduldet von allen, aber auch gemieden von allen? Im ersten Augenblick ihrer seelischen Not hatte sie der Gedanke erfaßt, mit dem Segelboot den Bangle hinabzusegeln, sobald der Monsun eingesetzt hatte. Der Fluß schwoll dann zum reißenden Strom an und würde sie in einem ungeheuren Stoß in das tosende Meer hinausfegen. Irgendwo würde sie dann Ruhe finden und, wer weiß, vielleicht als guter Geist unsichtbar in der Welt der Lebenden weilen dürfen. Als guter Geist – nein. Wenn man sich das Leben selbst nahm, wurde man kein guter Geist.

Seltsam, je länger Sundri auf der Erde lag, so eng verbunden mit ihr, desto ruhiger wurde sie. Eine eigenartige Kraft strömte auf sie über und erfüllte sie mehr und mehr. Die Erde war gut, sie war wie eine Mutter.

Plötzlich glaubte Sundri ein feines Geräusch zu hören. War es das Gras, das in der Nacht wuchs? Waren die zarten Töne die Geisterstimmen der Blumen, der Blüten, die sie ringsherum umgaben?

Da war doch drängendes Leben zwischen Himmel und Erde und sie als Bindeglied dazwischen. Besaß nicht auch sie einen Geist, den sie nutzen konnte, einen Geist, den ihr auch der Fluch von Sukumiras Mutter nicht nehmen konnte?

Wie hatte Ragan gesagt: „So viele Mütter gibt es in den großen Städten, die Hilfe brauchen, so viele Kinder, die keine Mutter haben, die verhungern müssen, wenn sich nicht ein Mensch in Mitleid und Liebe ihrer annimmt."

Sollte sich da für sie nicht eine Pflicht finden, die ihr genügte, um wieder ein ganz klein wenig Freude am Leben zu haben?

So viele Mütter, die Kinder gebaren . . .

Es war doch genug Platz in dem großen Indien, das so uneins war, es würde auch irgendwo ein Platz sein, wohin ihr der Fluch nicht folgen konnte.

Plötzlich wußte Sundri, was sie tun mußte. Sie war jetzt frei von allen Familienbanden, frei, in die Welt hinauszugehen. Sie würde sich, wie der weise Achunchan gesagt

67

hatte, in der Weite der Welt verlieren. Aber alle Liebe ihres Herzens würde sie von jetzt an Indien geben, ihrem Heimatland. Vielleicht, daß sie dann den Bann der Blaupalme, den Fluch der Schwiegermutter vergessen konnte. Mit den ihr zugeschriebenen Charaktereigenschaften würde sie fertig zu werden versuchen. Sundri mußte den Weg gehen, der ihr am besten dünkte, denn daß sie so nicht weiterleben konnte, das war sicher. Über kurz oder lang würde sie dagegen rebellieren und nur noch mehr Leid über ihre Familie bringen, als sie schon getan hatte.

Der Gedanke, daß der Tod Sukumiras ihr die Freiheit gebracht hatte, schien ihr nicht mehr so verwerflich zu sein wie bisher. Sie hatte an diesen Tod zwar einmal gedacht, hatte ihn vielleicht im Unterbewußtsein sogar gewünscht, hatte ihn aber trotzdem nicht gewollt. Als die Pockentänzerin sich angeschickt hatte, das Schicksal Sukumiras zu bestimmen, hatte sie nichts sehnlicher gewünscht als seine Genesung. Sie wäre ihm dann vielleicht auch eine gehorsame Frau geworden. Vielleicht war es ein böser Geist gewesen, einer derjenigen, die sie im Schrein um Hilfe gegen die Heirat angerufen hatte. Die guten Geister hatten ihre Bitte abgelehnt, aber da waren immer andere, böse, denen man besser aus dem Weg ging.

Gegen den Willen der Dorfältesten, mit denen sich Valia Valappan besprochen hatte, und ganz gegen den Willen ihrer Familie verließ Sundri einige Monate nach dem Tod Sukumiras das Haus auf der Hochfläche der Westlichen Ghats bei den Sieben Hügeln.

Sie floh aus dem Gestern ihres Stammes in das Heute ihres Vaterlandes, das am Horizont heraufkam.

Indien ist frei

Ein Gewitterschauer prasselte auf die dichtgedrängte Menschenmenge herab, die vor dem Rundbau des Parlamentsgebäudes in Delhi stand. Auch Ragan Ray war darunter. Seine hochgeschlossene weiße Jacke war vollkommen durchnäßt, und trotz des schwülen Wetters fror er. Die letzten Regengüsse des Monsuns brachten schon kühle Winde vom Himalaja her.

Seit Stunden standen die Menschen vor dem Regierungsgebäude, um die Erklärung des ersten Ministerpräsidenten der Indischen Union zu hören. Im Februar dieses Jahres 1947 hatte England verkündet, daß es seine Kolonialherrschaft über das Land aufgeben wolle, und seit diesem Tag hatte eine große Spannung geherrscht, denn Indien sollte aufgeteilt werden zwischen den Moslems, denen Pakistan zugeteilt wurde, und dem Rest des Volkes, das zur Indischen Union werden sollte. Es hatte bereits vor einiger Zeit blutige Zusammenstöße zwischen Hindus und Moslems gegeben, und überall lauerte der Haß und der Aufruhr. Hunderte zuerst, dann Tausende und Hunderttausende flohen. Die Hindus aus Pakistan, die Moslems aus Indien.

Die Nacht war hereingebrochen, aber unentwegt harrte die Menge aus, und immer mehr Menschen strömten zu dem weißen, säulenverzierten Rundbau, in dem die beiden Häuser des Parlamentes tagten.

Zwölf feierliche Glockenschläge kündeten das Ende des Tages und auch das Ende der Kolonialzeit an.

Ein Aufschrei ging durch die Menge, als Jahwaharlal Nehru, der erste Ministerpräsident des neuen Staates, dessen Ansprache man durch Lautsprecher übertragen hatte, in den Säulengang heraustrat, um sich zu zeigen. Er rief ihnen den nationalen Wahlspruch zu:

„Satjam eva dschajate: Nur die Wahrheit siegt!"

Ragan war begeistert. Nie würde er diesen fünfzehnten August 1947 vergessen. Nur langsam verlief sich die Menge, und immer wieder jubelten sie auf. Ragan stand an einen Baum gelehnt und sah zu dem Parlamentsgebäude hinüber, das, jetzt in den silbernen Schein des aufgekommenen Vollmondes getaucht, das Schicksal seiner Nation in sich barg. Er nahm sich vor, getreu dem Versprechen, das er Mahatma Gandhi gegeben hatte, das Seinige beizutragen, daß sich die Verhältnisse für den großen Teil der Menschen, die so bettelarm waren, bessern würden. Es schienen ihm fast unüberwindliche Schwierigkeiten zu sein, aber das Problem mußte einfach angefaßt werden. Später würde er, so wie er es schon einmal getan hatte, eine Aufklärungsreise unternehmen, und zwar in Gebiete, die abseits des Geschehens der Hauptstadt waren. Er mußte junge Männer zu gewinnen suchen, solche wie diesen Balan Valappan. Nur durch sie konnte die Aufklärung erfolgen. Ob dies zierliche Mädchen, seine Schwester, nun schon verheiratet sein würde? Aller Wahrscheinlichkeit nach. Er ertappte sich manchmal dabei, daß er an sie dachte und an ihre braunen Augen, in denen kleine goldene Sterne aufleuchteten. Vielleicht würde er in den nächsten Semesterferien doch wieder in den Süden hinunterfahren und Balan besuchen.

Sundris Flucht

Langsam und mühselig überwand der Zug die Steigung und erreichte endlich die Paßhöhe auf den Östlichen Ghats. Nach kurzem Aufenthalt ging es weiter, und die Lokomotive fuhr schneller und jagte in die Ebene von Madras hinab.

Sundri saß am Fenster des Abteils und las. Ihr Gepäck samt dem Bettzeug war unter der Sitzbank verstaut. Sie war nur kurze Zeit allein in dem Abteil gewesen, da waren zwei französische Nonnen zugestiegen. Eine Unterhaltung kam nicht in Gang, so gern Sundri dies gehabt hätte, weil die Nonnen französisch sprachen und auf eine Anrede in Englisch nur den Kopf schüttelten. Ihrem eigenen Schulfranzösisch traute Sundri nicht viel zu. Dann und wann verstand sie ein Wort, und soviel hatte sie aus der spärlichen Unterredung, die die beiden miteinander hatten, herausgehört, daß sie nach Bombay fuhren.

Als es Schlafenszeit war, holte Sundri sich ihre Steppdecke und ihr Kopfkissen aus der Strohmatte unter dem Sitz und kuschelte sich auf ihre Bank. Die Nonnen blieben aufrecht sitzen. Sie lehnten sich nicht einmal an. Wie sie dies bis Bombay durchhalten wollten, war für Sundri ein Rätsel. Die Fahrt dauerte doch von Madras noch drei volle Tage. Vielleicht machten sie es sich später noch bequemer. Sie beteten leise, ja, eigentlich bewegten sie nur die Lippen und ließen dabei Perle um Perle ihres Rosenkranzes durch die Finger gleiten. Wie viele Male hatten sie dies wohl schon getan?

Sundri schlief nicht, aber sie hielt die Augen geschlossen. Sie liebte diesen Zustand zwischen Wachsein und Traum und durchlebte dabei in Gedanken noch einmal den Abschied von zu Hause. Sie sah den Teich hinter dem großen Steinhaus mit den weißen Lotosblumen, von denen sie oft gepflückt hatte. Sie sah ihr eigenes Zimmer mit all den Kleinigkeiten, an denen ihr Herz hing, die Fotografien ihrer Mitschülerinnen, ihre Bücher, die sie zurückgelassen hatte, um nicht mit zu viel Gepäck belastet zu sein. Eine Zeitlang würde ihre Mutter das Zimmer noch für sie bewahren. Ja, das würde Ama sicher tun, aber wenn man später Raum brauchte, wenn Gopi und Jamaki mehr Kinder hatten, würde man ihre Habseligkeiten in einen Korb aus Kokosmatten packen und ihn auf den Speicher stellen. Dieser Gedanke schmerzte sie einen Augenblick. Aber – waren eigentlich die Dinge dort oben nicht gut untergebracht? Hatte sie nicht selbst oft dort gesessen, hatte hier ihre besten Gedanken gehabt? Ihren Kummer ausgeweint und den Entschluß gefaßt, fortzugehen? Von hier aus waren ihre Wünsche oft hinausgegangen in die weite Welt, in die Welt, die auf der anderen Seite der Erdkugel gelegen ist. Hatte sie sich auf dem Dachboden nicht ihr eigentliches Leben erträumt? Jetzt war sie auf dem Weg in dieses neue Leben.

Stumm hatten die Eltern und die ganze übrige Familie, Schwestern mit ihren Männern, Onkel, Tanten, Vettern und Basen vor dem Haus gestanden, als es Zeit gewesen war. Sie handelte gegen den Willen der Familie, deshalb ließ man sie stumm ziehen. Aufschluchzend war sie weggelaufen, ohne sich noch einmal umzuwenden. Schweren Herzens und doch mit einem Gefühl der Erleichterung.

Als sie einige Zeit zuvor Kamalas Baby auf den Arm nehmen wollte, hatte diese es ihr sanft, aber doch energisch weggenommen. Beschützend gegen Sundri, die Unglücksbringerin, hatte die junge Mutter die Arme um ihr Kind gelegt, und man hatte deutlich in ihren Augen die Furcht gesehen.

Balan hatte an der Bootslände auf sie gewartet, um sie nach Bangle City hinunterzubringen. Dort hatte er sie in den Zug nach Madras gesetzt. „Good luck, sister", viel Glück, Schwester, hatte er kurz zu ihr gesagt, und von da an mußte sie auf eigenen Füßen stehen. Ihr endgültiges Ziel sollte Delhi sein.

Sundri schlief und träumte jetzt von Delhi, diesem seltsamen Gemisch von Antike und Moderne, der Stadt mit der faszinierenden alten Geschichte und der aufwärtsführenden Gegenwart. So hatte Ragan gesagt, und sie hatte jedes Wort behalten. Delhi habe eine Zukunft, eine verwirrende und aufregende, hatte er gemeint.

Der Zug fuhr durch die dunkle Tropennacht, die Petroleumlampe, die das Abteil spärlich beleuchtete, schaukelte hin und her und verlosch schließlich durch einen Luftzug.

In Madras stiegen zwei Frauen zu, und in Haidarabad, wo es einen längeren Aufenthalt gab, kam im letzten Augenblick eine in eine Purdah gekleidete Dame. Es mußte sich um eine ziemlich vornehme Dame handeln, denn sie wurde von mehreren Dienern begleitet. Eine Dienerin fuhr auch im Abteil des Zuges mit. Die weiße Purdah umgab die Dame in losen Falten, und durch die Augenschlitze des langen Gewandes sah man dunkle Augen, die sich voll Interesse umsahen. Jede einzelne der Mitreisenden wurde betrachtet.

Sundri hatte einen Petroleumkocher in ihrem Gepäck, und sie machte sich daran, ihr Essen zu wärmen. Die Nonnen sahen mißbilligend zu, sie aßen nur trockenes Brot und tranken aus einer Thermosflasche lauwarmen Kamillentee.

Nachdem das Gepäck der Neuhinzugestiegenen verstaut und die Dienerin gewohnheitsmäßig unter den Bänken nachgesehen hatte, ob sich auch kein Mann dort versteckt hielt, setzte sich diese auf den Boden. Es hätte sich nicht geschickt, sich neben ihre Herrin auf die Bank zu setzen.

Dies war ein Frauenabteil, und kein Mann hätte gewagt, hereinzukommen, aber es passierte häufig, daß sich ein Dieb unter der Bank versteckt hielt, um bis zur nächsten Station das Gepäck auszuplündern. Oftmals waren es Mitreisende aus der überfüllten dritten Klasse, die sich einschlichen.

Sundri las wieder, als sie ihre Mahlzeit beendet hatte, und die Nonnen beteten. Die Dame in der Purdah hatte zum Fenster hinausgesehen, nun gab sie ihrer Dienerin eine Anweisung. Sundri hatte leider kein Wort verstanden. Ah, das war es gewesen, dachte sie, als die Dienerin Nadel und Faden aus einer Tasche holte. Die Dame wollte nähen. Vielleicht hatte sie einen Riß in ihrer Purdah oder war eine Naht aufgegangen. War das aber ein langer Faden!

Warum fädelte sie denn nicht endlich ein? Vergebens versuchte die Dame es immer wieder. Es gelang ihr nicht. Schließlich hob sie die Nadel in Augenhöhe und zielte scharf, aber auch da ging es nicht. Es juckte Sundri, die gut nähen und sticken konnte, in den Fingern, aber sie wagte nicht, sich anzubieten. Zu dumm! Wie ungeschickt die Dienerin jetzt die Nadel in die Hand nahm. Bald war sie den Tränen nahe, weil es ihr nicht möglich war, den Faden durch das Nadelöhr zu schieben. Stumm reichte sie Nadel und Faden an die zwei anderen Mitreisenden weiter. Auch diese konnten es nicht. Vielleicht, daß eine der Nonnen, vielleicht die mit der Brille . . . dachte Sundri. Aber die beiden waren schon wieder so in ihr Gebet vertieft, daß es niemand wagte, sie zu stören.

Jetzt war die Reihe an Sundri. Man reichte ihr die Nadel. Ach, hier war das Licht doch viel zu schlecht, das ging nicht. Sie überlegte kurz, dann stieg sie auf die Bank, um möglichst nahe dem Licht der Ölfunzel zu sein. Mittels des Scheins der wieder brennenden Lampe und ihrer scharfen Augen müßte es ihr gelingen, den Faden einzufädeln. Immer wieder versuchte sie es mit der Ausdauer, die sie besaß. Sie würde nicht aufgeben, bis ihr Vorhaben geglückt war.

Sundri fuhr mit der Zunge über Zeigefinger und Daumen und spitzte damit den Faden an. So, jetzt! Vergebens!

Alle sahen ihr gespannt zu. Es war so still in dem Abteil, daß man das Rascheln der Nonnengewänder hörte, obwohl diese sich kaum bewegten. Also noch einmal und noch einmal, bis es ging.

Plötzlich sprang Sundri unvermittelt von der Bank herunter und lachte und lachte und wollte nicht mehr damit aufhören. Vier entsetzte Augenpaare sahen sie an, während die Nonnen empört zum Fenster hinausstarrten. Hatte das Mädchen den Verstand verloren?

Sundri sprudelte mit dem ihr eigenen Temperament heraus, daß die Nadel gar kein Öhr mehr habe, demnach nicht einzufädeln sei. Die Frauen begriffen nicht, und jede sagte dies in einer anderen Sprache. Sundri schwatzte in dem kanaresischen Malajalam-Dialekt ihrer Heimat, die Dame mit ihrer Dienerin sprach Urdu und die beiden anderen Frauen Telugu und Tamil. Es blieb Sundri, als sie merkte, daß man sie nicht verstehen konnte, nichts anderes übrig, als auf ein Stück Papier eine Nähnadel mit einem zerbrochenen Öhr zu zeichnen. Mit einer begleitenden Gebärdensprache drückte sie aus, daß dies der Grund ihres Lachens gewesen war. Nun begriffen sie alle, und plötzlich

74

lachten alle vier laut hinaus. Aber sie lachten, wie Sundri spürte, leider in vier verschiedenen Sprachen.

Man versuchte sich jetzt mit Zeichen und Gebärden zu verständigen, aber es war schwer. Hier begriff Sundri zum erstenmal, wie ungeheuer wichtig es war, sich ausdrücken zu können. Ragan hatte erzählt, daß es in Indien sechsundzwanzig Hauptsprachen gäbe, ganz zu schweigen von den besonderen Dialekten. Wie sollte es ein einiges Vaterland werden können, wenn man nicht einmal miteinander reden konnte! In Delhi, so hoffte sie, würde sie mit den meisten Leuten, zum mindesten mit denen, auf die es für sie ankam, englisch sprechen können.

Delhi? Was würde in Delhi auf sie warten?

Bislang hatte Sundri noch niemals ihr Bett selbst gemacht, sich niemals die Kleider gewaschen oder sonst irgend etwas gearbeitet. Jede Handreichung würde sie von nun an selbst tun müssen. Ob sie sich noch die schönen seidenen Saris würde leisten können? Sie würde auf eigenen Füßen stehen müssen, aber es würde schon irgendwie in Ordnung kommen. Sich jetzt und hier im Zug Sorgen zu machen, wäre ungeschickt. Bis jetzt hatte sie noch keinen Plan gefaßt, was sie beginnen würde. Sie hatte sich nur vorgenommen, sich sofort Arbeit zu suchen und die Summe, die ihr Vater ihr mitgegeben hatte, als Notpfennig auf die Seite zu legen.

Ja, sie wollte arbeiten, es mußte sich etwas finden, und wenn es auch eine niedrige Arbeit war. Vor Monaten hätte sich Sundri allerdings noch kaum vorstellen können, daß sie sich ohne Dienerschaft helfen müßte, und eine abhängige Stellung anzunehmen, wäre ihr undenkbar erschienen. Jetzt sah sie sich vor der Notwendigkeit, für sich selbst sorgen zu müssen.

Von Bombay, wo Sundri umsteigen mußte, lernte sie nur die schmutzige Bahnhofshalle kennen, wo sich viele Menschen zusammendrängten. Sie war froh, als sie wieder in ihrem Zug saß. Noch gute dreißig Stunden waren es bis Delhi.

Todmüde und zerschlagen kam sie endlich an ihrem Ziel
an. Trotz einer leisen Furcht vor der Ungewißheit und all
dem Neuen, das auf sie zukam, fieberte sie der Stadt entgegen, von der Ragan gesagt hatte, daß sie der Spiegel der
Geschichte Indiens sei.

Laja Rhadvani

Delhi!

Sundri stand allein auf der Straße. Wenn wenigstens
Chandu oder Amini bei ihr gewesen wäre, denn wie sollte
sie denn mit ihrem Gepäck fertig werden? Sie hatte mühselig den Bettpacken hinter sich hergeschleift. Menschen
hasteten an ihr vorbei, aber keiner nahm Notiz von ihr.
Niemand half ihr. Was sollte sie tun? Sie war eine Provinz-
lerin, die keine Ahnung von dem Leben in einer großen
Stadt hatte, ein Mädchen, dem man das Staunen und die
Neugier sicher an der Nasenspitze ablesen konnte.

Bereits in den ersten Minuten stürmte so viel auf Sundri
ein, daß sie vollkommen verwirrt war. Sollte sie links gehen, sollte sie sich rechts halten? Was sollte sie mit dem
Gepäck machen, das sie mit sich schleppte? Sie begann zu
frieren, denn es war Ende September und schon ziemlich
kühl. Wohl lastete tagsüber noch eine schwüle Hitze über
der Stadt, aber am Abend mußte man unbedingt einen
Mantel haben. Sundri warf energisch den Kopf zurück.
Nein, sie bereute es nicht, das Elternhaus verlassen zu haben. Nichts konnte schlimmer sein als das Schicksal einer
Verfemten. Sie würde sich durchbeißen, mochte es noch so
hart werden. Suchend sah sie sich um und entdeckte endlich eine Pferdetonga. Selten hatte sie ein magereres Pferd,
einen klapperigeren Wagen gesehen als diesen. Sundri
winkte den Kutscher herbei und gab ihm in Englisch die
Anweisung, sie mit Sack und Pack nach dem nächsten
Hospiz des Y.W.C.A., der Young Women's Christian

Association, zu fahren. Miss Britto, ihre Lehrerin, hatte ihr gesagt, daß man als Frau am allerbesten in diesen Hotels, die vom Verein Christlicher Junger Mädchen geleitet werden, aufgehoben sei. Sie zerrte ihren Packen mit dem Bettzeug in die Tonga. Das Fahrzeug zuckelte die Chelmsford Road entlang und bog dann in den äußersten Ring des Connaught-Platzes ein. Sundri schrak zusammen, als der Kutscher sagte: „Tote Stadt, Delhi!"

Eine düstere Stimmung schien auch über der Stadt zu liegen. Etwas Unheimliches in den Straßen, das sich Sundri nicht erklären konnte. Sie war froh, als sie vor dem Y.W.C.A. angekommen waren.

„Ein Zimmer? Wo denken Sie hin?" sagte die Leiterin des Hotels. Mißbilligend betrachtete Miss Roberts den Packen mit dem reichlich schmutzig aussehenden Bettzeug, das Sundri bei sich hatte. „Wir sind genauso überfüllt wie alle anderen Hotels, meine Liebe. Die Stadt ist voller Flüchtlinge, täglich, stündlich strömen neue herein. Das müßten Sie doch wissen, wenn Sie nicht gerade hinter dem Mond wohnten!"

„Ich komme aus dem Süden, aus den Ghats", versuchte Sundri ihre Unwissenheit zu erklären.

„Haben Sie denn nicht die Zelte auf allen freien Plätzen gesehen? Die Leute nächtigen im Freien und kochen im Rinnstein. Draußen vor der Stadt ist es noch viel schlimmer. Wie sollte ich Ihnen denn ein Zimmer geben können?" schloß Miss Roberts ihre ablehnende Rede. Sie öffnete die Tür, um Sundri möglichst schnell wieder loszuwerden.

Ein Glück, daß in diesem Augenblick Laja Rhadvani das kleine Empfangszimmer betrat. Als sie hörte, daß Sundri, der man wirklich die Provinz ansah, ein Zimmer suchte, und sah, daß sie mit den Tränen kämpfte, erklärte sie sich bereit, sie vorübergehend in ihrem eigenen Zimmer aufnehmen zu wollen. „Vielleicht bekommen wir irgendwo ein Feldbett für dich", meinte sie.

„Ich kann auf dem Boden schlafen", erwiderte Sundri.

Es würde ihr gar nichts ausmachen, solange sie nur nicht in dieser Stadt im Freien bleiben mußte. Im Dschungel hätte ihr das wirklich nichts ausgemacht, da wußte sie, daß sie allein war. Hier fürchtete sie sich, denn aus jeder Häuserecke oder hinter jedem Baum konnte jemand hervortreten. Da und dort hatte sie Gestalten und Schatten gesehen.

„Wir werden das schon hinkriegen", sagte Laja und legte den Arm um Sundri. In diesem Augenblick begann eine der seltsamsten und aufrichtigsten Freundschaften zwischen der siebzehnjährigen Sundri und der fast dreißigjährigen Laja Rhadvani, die als Abteilungsleiterin bei der Gesellschaft für indische Kunst und indisches Handwerk arbeitete.

Das Zimmer, das Laja bewohnte, war zwar nicht übermäßig groß, aber es war eines der besten im ganzen Haus. Laja war ein Dauergast, und sie wohnte bereits im dritten Jahr hier. Für nichts hätte sie ihr eigenes Heim aufgegeben. Sie hatte nicht sehr weit bis zu ihrem Büro, und sie hatte nicht weit zum Lakshmi-Narrayan-Tempel, den sie oft aufsuchte. Bis zum Park des Connaught-Platzes war es auch nur ein Katzensprung. Mit Möbeln, die dem englischen Geschmack entsprachen, aber mit sehr viel indischen Gebrauchsgegenständen ausgestattet waren, einem kleinen Badezimmer sowie einem Fenster in einen Park hinaus, war sie viel besser dran als ihre Mitarbeiterinnen.

Miss Roberts hatte schließlich Laja zuliebe noch eine alte Matratze aufgetrieben, und Sundri machte es sich in einer Ecke des Raumes bequem. Sie nahm sich vor, so wenig Platz wie möglich zu beanspruchen, um nicht zur Last zu fallen. Man sah ihr an, daß sie Fragen über Fragen stellen wollte, aber sie wartete, bis Laja Sahib sie zu fragen begann. Nachdem Sundri kurz ihre Geschichte erzählt hatte, sagte Laja: „Ich bin überzeugt, daß du in der englischen Schule eine Menge gelernt hast, viel über England und die westliche Welt weißt, aber von Indien wirst du am wenigsten wissen."

Wenn dies auch nicht ganz zutraf, stimmte es doch größtenteils. Sundri kannte nur Bruchstücke der Geschichte Indiens, gerade soviel, wie es die Schule eben im Interesse Englands haben wollte. Sie wußte, daß Vasco da Gama 1498 nach Indien gekommen war, sie wußte, daß 1590 das erste englische Geschwader nach Indien ausgelaufen war, daß die Engländer zuerst nur Faktoreien erworben hatten, das Gebiet von Madras gekauft und daß die East India Company von Karl II. gegen die jährliche Pachtsumme von zehn Pfund Bombay erhalten hatte. Karl II. wiederum hatte Bombay durch seine Heirat mit einer Prinzessin aus dem Hause der Braganza als deren Mitgift bekommen. Ja, das alles wußte Sundri und war stolz darauf. Von der jüngsten Vergangenheit und dem gegenwärtigen Umbruch wußte sie kaum etwas. Wie sollte sie auch! Kaum, daß die Männer in den Gebirgsdörfern ihrer Heimat etwas davon wußten, Frauen ging das doch nichts an.

„Erst wenn du begriffen hast, welch schattenhaftes Spiel von Einwanderungen, Aufstieg und Verfall von Königreichen und Kämpfen hier stattgefunden hat, erst dann verstehst du, was jetzt vor sich geht und welche Möglichkeiten in unsere Hand gegeben sind. Weißt du, wir haben schon im dritten Jahrhundert vor Christus hier eine so hohe Zivilisation gehabt wie kaum sonst irgendwo. Man hat Reste von kanalisierten Straßen gefunden, gekachelte Bäder und Schatzkammern, und es gab sogar eine Gesellschaft von Rittern."

„Bitte, erzähl noch mehr davon, Laja Sahib", bat Sundri.

„Oh, das würde Tage und Wochen dauern. Allein was ich dir von deinem eigenen Stamm, den Drawiden, zu erzählen hätte, könnte ich nicht an einem Tage tun. Für heute will ich dir nur sagen, daß wir durch die Teilung Indiens in den letzten Wochen furchtbare Aufstände gehabt haben. Tausende von Moslems und Hindus wurden hier in Delhi und auf dem Land getötet. Tausende von Hindus flüchteten aus dem neugeschaffenen Pakistan zu uns, und Tausende von Moslems flüchteten nach Pakistan. Und immer noch geht das Blutvergießen weiter."

Sundri begriff das nicht sofort. Indien war doch Indien, wer dachte daran, das Land zu teilen? Drunten in den Ghats lebten viele Moslems. Man mochte sie nicht übermäßig, aber man machte doch gegenseitig Geschäfte miteinander.

„Leg dich jetzt schlafen, du wirst müde sein", sagte Laja. „Morgen sprechen wir mehr darüber!"

Noch lange, nachdem Sundri eingeschlafen war, saß die junge Frau an ihrem kleinen Schreibtisch und arbeitete. Sie war dabei, eine Broschüre über die handwerkliche Kunst ihres Landes zu verfassen. Die Frauen auf dem Lande sollten durch den Verkauf ihrer handgefertigten Gegenstände eine Geldquelle erhalten. Dazu mußte man natürlich diese Handarbeiten bekanntmachen.

Von Zeit zu Zeit betrachtete sie das Gesicht der Schlafenden. Es war ein gut geschnittenes Gesicht, aber man sah, daß sehr eigenwillige Gedanken hinter dieser etwas gewölbten Stirn verborgen waren. Die leicht aufgeworfene Oberlippe und der energische Mund deuteten auf Energie. Sundri war viel dunkelhäutiger und kleiner als Laja Rhadvani. Die Drawiden, zu denen sie abstammungsgemäß zählte, sollten zwar aus dem Norden stammen und arisch gewesen sein, hatten sich aber mit den Ureinwohnern des Südens vermischt und waren dadurch dunkelhäutig geworden.

Laja, als Nordinderin, war sehr hellhäutig mit braunem Haar und hellbraunen Augen, dazu von großem, schlankem Wuchs. Dagegen war Sundri mit ihren pechschwarzen Haaren und dunkelbraunen Augen ein völlig anderer Typ. Verglichen mit Laja, wirkte sie beinahe klein.

Wie viele Rassen, wie viele Sprachen und wie viele Religionen gab es in Indien, und sie alle sollten jetzt zu einer Union vereinigt werden, die von Kanya Kumari, an der Südspitze, bis zu den Bergen des Himalaja, die im Norden das Land begrenzten, reichte. Sie sollten zu einer Nation verschmelzen. Es war fast eine Unmöglichkeit. Laja seufzte. Es war für einen Menschen ihres Bildungsgrades schon schwer, sich völlig auszukennen, selbst für sie, die sie sich so sehr für die Geschichte ihrer Heimat interessierte. Wie sollten einfache Menschen, die noch nicht einmal lesen oder schreiben konnten, damit fertigwerden?

„Ich will auf Zimmersuche gehen", sagte Sundri am anderen Morgen, nachdem sie mit Laja Rhadvani Tee getrunken hatte.

„Bemühe dich lieber darum, eine Arbeitsmöglichkeit zu finden", erwiderte diese. „Ein Zimmer wirst du so schnell nicht bekommen. Ich werde mit Miss Roberts sprechen, vielleicht kannst du wenigstens fürs erste bei mir bleiben. Ich muß eben ein wenig mehr Miete bezahlen. Suche deinen Freund Ragan, er mag dir raten, was du zunächst anfangen könntest. Vielleicht kann er dir auch auf die eine oder andere Weise helfen."

Freund, hatte Laja gesagt, dabei hatte sie noch kein Wort mit ihm gewechselt.

„Du mußt verstehen, Laja Sahib, wir Drawiden-Mädchen dürfen keinen Freund haben. Wir dürfen mit keinem Mann außer dem eigenen sprechen."

„Nun", meinte Laja, „er muß trotzdem dein Freund sein, sonst hätte er dir seine Adresse nicht gegeben. Wo wohnt er?" Als sie hörte, daß er ihr die Alipur Road aufgeschrieben habe, rief Laja: „Meine Güte, das ist am anderen Ende der Stadt, in Alt-Delhi. Du schreibst ihm besser, oder wir schicken einen Boten, damit er herkommen möge, denn mit dem Stadtverkehr klappt es noch nicht wieder so richtig seit dem letzten Aufstand."

Sundri fühlte sich aber gut ausgeruht, sehr zuversichtlich und voller Tatendrang. Irgendwie würde sie schon hinfinden. Sie konnte sich ja Zeit lassen. Allerdings hatte sie nicht mit der Sonne gerechnet, die seit ihrem Aufgang auf die Stadt herabbrannte. Die Menschen krochen in den Schatten.

Sundri war unsagbar müde, als sie endlich an ihrem Ziel ankam. Wie lange war sie wohl gegangen? Viele Stunden, so kam es ihr vor. Dabei waren es kaum zwei gewesen. Von dem Pflaster der Straßen schmerzten ihre Füße.

Ehe Sundri das Haus betrat, setzte sie sich in den Schatten eines blühenden Jakarandabaumes, um etwas auszuruhen.

Eine alte Frau kam unter die Tür. Als Sundri nach Ragan Ray fragte, schüttelte sie den Kopf. Was sie sagte, verstand sie nicht, aber sie begriff, daß er nicht mehr hier sei. Plötzlich ergriff sie eine große Mutlosigkeit. Sie bohrte sich die Nägel tief in die Handballen, um nicht laut aufzuschreien. Ragan, Ragan! Die alte Frau versuchte ihr etwas zu erklären, aber sie sprach Hindi. Erst als ein junger Mann geholt wurde, der Englisch sprechen konnte, erfuhr Sundri, daß Ragan vor wenigen Tagen weggefahren war. Er hatte sich freiwillig in ein Flüchtlingslager zum Dienst beim Roten Kreuz gemeldet. Es war ein Lager, das sich an der jetzt gezogenen Grenze zwischen Indien und dem neuen Staat Pakistan befand.

„Wo wohnst du, Sahib?" fragte der Inder. „Aber diesen Weg kannst du in der Mittagshitze nicht zurückgehen", meinte er, als er hörte, daß Sundri im Y.W.C.A. lebte. „Ich kann dir vielleicht eine Radrikscha besorgen, Sahib!"

Müde und deprimiert saß Sundri in der Rikscha. Die Enttäuschung war zu groß, um allein von ihr bewältigt zu werden. Dazu kam noch, daß der junge Mann sie so ganz einfach angesprochen hatte. Das war ihr so ungewohnt, daß es sie aufregte. Sicher war das Leben hier in der Stadt freier und ganz anders, aber sie war es noch nicht gewöhnt, und die alten Gesetze der Drawiden steckten noch in ihr. Dem Weinen nahe, kam sie im Y.W.C.A. an. Laja hatte alle Mühe, sie zu beruhigen. Aber ihre Sanftmut und ihr friedvolles, so gänzlich ausgeglichenes Wesen bewirkten zuletzt doch, daß Sundri sich wieder fing.

„Weißt du, wo sich dieses Lager befindet?" fragte sie Laja.

„Nein, aber das wäre leicht über das Rote Kreuz zu erfahren. Auf meinem Weg ins Büro habe ich die Anschläge an den Häusern gesehen. Das Rote Kreuz sucht Freiwillige."

„Dann melde ich mich sofort", rief Sundri und sprang auf. Verflogen war die Müdigkeit, wie weggewischt die Enttäuschung.

„Du bis viel zu jung und unerfahren", mahnte Laja. „Das laß also bleiben. Schreib an Ragan und frag bei ihm an, ob du überhaupt zu gebrauchen bist." Sie sprach ihr noch lange zu und warnte sie eindringlich vor einer übereilten Handlung. Ihre Worte schienen endlich auch auf fruchtbaren Boden gefallen zu sein, denn Sundri bestand nicht mehr darauf, in das Lager zu fahren. Sie war auch so müde, gähnte und bat, daß sie zu Bett gehen dürfe. In wenigen Augenblicken war sie fest eingeschlafen.

Dieses junge Mädchen, das geformt war von den Jahreszeiten und ihrem naturgemäßen Ablauf, den Naturgewalten ihrer Heimat und den Riten und Gesetzen ihres Stammes, war noch völlig unverbildet und nur gewohnt, zu tun, was der Augenblick eingab. Sie mußte gelenkt werden, bis sie es verstand, überlegt und richtig zu handeln.

Laja Rhadvani, die zwar noch dem Hinduglauben angehörte, aber so vieles über andere Religionen gelernt hatte, seit sie in Delhi lebte, war sehr tolerant. Für sie galt auch der Andersgläubige, sofern dieser nur nach dem Guten strebte. Als treue Anhängerin Mahatma Gandhis hatte sie die starre Bindung an den Kastengeist längst überwunden. Für sie gab es keine Harijani, keine Unberührbaren, mehr, sondern alle Menschen waren gleich. Aber trotz aller Aufgeschlossenheit für das Moderne glaubte sie für sich selbst daran, daß der Mensch viele, viele Leben durchleben müsse, ehe er zur höchsten Seligkeit gelangt. Je nach seinen Taten wurde man eingestuft. War es nicht schön, daran zu glauben, daß man als etwas Gutes und Wunderbares im nächsten Dasein weiterlebte, wenn man auf Erden ein guter Mensch gewesen war? Sie verehrte Lakshmi als die Göttin der Schönheit, des Glücks und der Fruchtbarkeit, deshalb wanderte sie oft hinüber zu ihrem Tempel, um ihr Blumen und Früchte zu bringen.

Laja sah es als ihre Pflicht an, für Sundri ein wenig zu

sorgen, und sie nahm sich vor, an ihrem nächsten freien Tag ihr beim Suchen einer passenden Stellung behilflich zu sein. Am besten würde sie sich eine der in Englisch erscheinenden Zeitungen kaufen und den Stellenmarkt studieren. Sundri hatte eine gute Schulbildung und sprach ein erstklassiges Englisch, deshalb konnte sie zunächst in einer Familie bei Kindern unterkommen. Hauslehrerinnen waren gesucht. Man mußte dann sehen, wie man Sundri später weiterbringen konnte.

Laja schrieb gerade an einer Abhandlung über die Stadt Delhi, die sie für ihre Broschüre brauchte. „Ein verwirrendes Gemisch von Antike und Moderne, von Prunk und Planung, von Mogul-Festungen und sonnenzerbröckelnden Erdwällen. Eine faszinierende Stadt mit einer noch faszinierenderen Vergangenheit, das ist Delhi", begann sie zu schreiben. War es nicht so? Ob man das Rote Fort betrachtete oder einen der zahllosen Tempel, jedes Bauwerk hatte seine Geschichte. Sie schrieb weiter: „Die Hindu-Periode, abgelöst durch die Herrschaft der Moslems, hat Delhi seinen Stempel aufgeprägt. Die schönsten Moscheen, die Dschuma Masdjid, das größte Minarett, nämlich das Qutab Minar, sind hier zu sehen."

Laja legte die Feder weg, für heute hatte sie genug. Sie schloß die eng beschriebenen Blätter weg. Ehe sie sich schlafen legte, faltete sie die Hände vor der Brust und gab sich einer völligen inneren Ruhe hin. Sie diente dazu, das Herz zu läutern.

„Morgen nehme ich frei", sagte Laja beim Frühstück. „Ich werde für dich auf verschiedene Anzeigen schreiben." Sie setzte Sundri auseinander, wie sie sich ihren weiteren Werdegang dachte. „Du hast keine Familie hier, deshalb muß ich für dich sorgen. Weißt du, bei aller Freiheit bestimmt doch immer noch die Familie über unser Leben."

„Weshalb tust du das alles für mich, Laja Sahib?"

„Nimm an, ich wasche meine Sünden fort mit dem geheiligten Wasser der Nächstenliebe." Als sie am Spätnachmittag vom Dienst nach Hause kam, fand sie das Zimmer peinlich sauber aufgeräumt vor und auf dem Tisch einen Zettel, von Sundri geschrieben. „Ich mußte es tun", stand darauf. „Sei mir bitte nicht böse und nimm mich wieder auf, wenn ich zurückkomme." Sie teilte ihr weiter mit, daß sie über das Rote Kreuz in Erfahrung gebracht habe, wo sich das Lager befinde, und daß sie sich freiwillig gemeldet habe. Sundri mußte mit nur ganz wenig Gepäck weggegangen sein, denn in der Ecke lag zusammengefaltet ihr Bettzeug und auch die große Bastreisetasche. Wie töricht, dachte Laja. Sie braucht warme Kleidung, und zudem ist sie viel zu jung und nicht kräftig genug. Wie konnte man sie überhaupt annehmen? Sie rief sofort das Büro an und erfuhr, daß Sundri ihr Alter mit zwanzig Jahren angegeben hatte.

„Aber sie ist knapp siebzehn, das mußten Sie doch sehen!" warf sie der Leiterin dort vor.

„Wir hatten gerade einen Transport nach Wuh, und das Mädchen war so entschlossen, daß wir sie schließlich mitfahren ließen. Man braucht zudem draußen noch viel mehr Hilfskräfte. Doktor Nayyar Sahib, die das Lager leitet, wird sie zurückschicken, wenn sie nicht tauglich ist."

Zur selben Zeit, als Laja Rhadvani diese Auskunft erhielt, stand Sundri bereits vor Dr. Sushila Nayyar, die sie kritisch betrachtete. Die Ärztin schüttelte den Kopf. Was wollte dieses junge, schmächtige Ding hier im Lager, wo man fest zupacken mußte und wo es hart herging?

„Wie alt?" fragte sie und sah Sundri dabei scharf an.

„Zwa . . zw . . zwanzig", stotterte diese.

„Unmöglich! Wie alt?" Dr. Nayyar hatte die Stimme nur ein klein wenig erhoben, und Sundri wagte es nicht mehr, zwanzig zu sagen. Jetzt mußte sie zugeben, daß sie erst siebzehn war, denn sie fühlte, daß sie vor diesen forschenden Augen mit Lügen nicht weiterkam.

„Wo bist du her?" wollte Dr. Nayyar weiter wissen.

„Aus dem Süden, nahe Bangle City. Dort bin ich in die englische Schule gegangen."

„Und was willst du hier?"

Sundri zögerte einen Augenblick, dann erwiderte sie: „Ich möchte helfen. Das Rote Kreuz hat doch aufgerufen!" Leider klang es nicht ganz aufrichtig, jedenfalls machte es auf die Ärztin keinen Eindruck. Sie sagte: „Du gehst mit dem nächsten Transport wieder nach Delhi zurück." Etwas weniger streng fügte sie hinzu: „Für die Arbeit hier bist du viel zu schwach."

Sundri verlegte sich sofort aufs Bitten, aber es nützte ihr nichts. Doktor Nayyar teilte sie einstweilen dem Küchendienst zu und gab ihrem Assistenten die Anweisung, daß das Mädchen mit einem der nächsten Transporte zurückgebracht werden müsse. Es ging ja nicht an, daß man hier mit untauglichen Kräften belastet wurde.

Sundri hatte tatsächlich keine Ahnung gehabt, wie es in Wuh zuging. Es war ein Auffanglager, gleichermaßen für Hindus wie Moslems. Die aus Pakistan vor der Verfolgung flüchtenden Hindus wurden verpflegt, die Verwundeten versorgt und sobald als möglich weitergeleitet nach Delhi und anderen Plätzen. Die in Indien aus dem gleichen Grunde flüchtenden Moslems wurden, ohne Unterschied, ebenfalls versorgt und nach Pakistan verfrachtet. Allermeistens waren es arme Leute, denn die Reichen waren in ihren Fahrzeugen geflüchtet. Das Elend und die Not waren unbeschreiblich groß. Der Zustrom wollte kein Ende nehmen, und ‘die Krankheiten machten den Ärzten viel zu schaffen. Auch der Verpflegungsnachschub klappte nicht immer, wie er sollte. Es drehte Dr. Nayyar manchmal das Herz um, wenn sie die abgemagerten Körper der Kinder sah. Viel zuviel Kinder waren in den Familien, die sie unmöglich ernähren konnten.

Sundri, der man eine Schlafstelle zugewiesen hatte, stand an der Essensausgabe und verteilte Suppe. Sie war zum Umfallen müde und konnte fast den Arm mit dem Schöpflöffel nicht mehr heben. Vor ihr stand noch eine riesige Menschenschlange. Der Anblick der Jammergestalten erschreckte sie immer wieder. Sie konnte es nicht begreifen, daß es hungernde Menschen gab, weil sie selbst immer im

Überfluß gelebt hatte. Natürlich waren in Bangle City auch Arme gewesen, aber ob sie hungerten, das wußte sie nicht, weil sie viel zuwenig in Berührung mit ihnen gekommen war.

Die Flüchtlinge starrten vor Schmutz. Zum erstenmal war es Sundri nicht möglich, ihr tägliches Bad zu nehmen, diese Leute aber hatten sicher seit Monaten nicht gebadet. Es war nur der eisernen Disziplin von Dr. Nayyar zu verdanken, daß keine schweren Epidemien aufkamen. Sie ließ alle Lagerinsassen sofort impfen. Auch Sundri war gegen Pocken geimpft worden, ehe sie ihren Dienst in der Suppenküche antrat, und morgen sollte noch eine Choleraimpfung dazukommen.

Dr. Nayyar arbeitete unermüdlich die halbe Nacht durch, und am frühen Morgen sah man sie schon wieder in den Zelten und Baracken von Bett zu Bett gehen. Ob die Verwundeten und Kranken Hindus oder Moslems waren, kümmerte sie nicht. Es kümmerte sie auch nicht, welcher Kaste sie angehörten, für sie waren das Kranke, Menschen, denen man helfen mußte. Sie hatte tiefe Ringe unter den Augen, und vor lauter Übermüdung ging sie stets etwas leicht nach vorn gebeugt.

Die meisten Helfer und Helferinnen des Lagers Wuh waren Freiwillige, denn das Personal des Roten Kreuzes reichte längst nicht mehr aus, mit der Lage fertig zu werden. Man schickte zwar die Flüchtlinge in großen Transporten so rasch wie möglich weiter, aber da der Strom nie versiegte, war Dr. Nayyar an manchen Tagen der Verzweiflung nahe. Es fehlte an so vielem, oft am Nötigsten. Die Flüchtlinge hatten meist nur das, was sie auf dem Leibe trugen, und das war durch die Flucht zerschlissen.

Die Impfstelle an Sundris Arm war geschwollen und leicht entzündet. Der ziehende Schmerz ließ sie nicht schlafen. Es war nahezu der erste körperliche Schmerz, den sie spürte, und er beunruhigte sie. Aber der Gedanke, ob sie Ragan hier finden würde, beunruhigte sie fast noch mehr als die Schmerzen. Noch nie im Leben hatte sie selbst einen

Mann angesprochen. Konnte sie das hier tun? Sie mußte ihn doch suchen, und wenn sie ihn gefunden hatte, was sollte sie dann tun? Ihn anreden oder warten, bis er mit ihr sprach? Wie sollte sie ihn anreden? Natürlich könnte sie einfach Mister zu ihm sagen, wenn sie Englisch sprach, Mister Ray. Aber in Malajalam würde es sich nicht schicken, ihn mit seinem Namen anzusprechen.

Endlich fiel Sundri für kurze Zeit in einen unruhigen Schlummer und fuhr erschreckt hoch, als die Helferinnen, mit denen sie im Zelt zusammen schlief, aufstanden. Es waren meist Medizinstudentinnen aus Delhi, die hier freiwillig arbeiteten. Um das kleine Bauernmädchen, als das sie sie betrachteten, kümmerten sie sich nicht viel. Sundri benahm sich auch ziemlich ungeschickt, denn sie war es nicht gewöhnt, Handreichungen selbst zu tun, für sich nicht und für andere schon gar nicht. Niemals hatte sie sich ihre Haare selbst gebürstet noch sonst irgend etwas getan, was Dienerinnen tun konnten. Man hatte sie stets bedient und versorgt. Einiges hatte sie in der letzten Zeit zwar schon gelernt, trotzdem war es ihr nicht möglich, alles so selbstverständlich zu erledigen, wie es die Studentinnen taten. Das einzige, was sie besaß, war ihr guter Wille und ein Geschick, den anderen abzusehen und nachzumachen.

Als bei der Essensausgabe für sie eine kleine Atempause eintrat, fragte sie eine der Helferinnen, ob sie vielleicht Ragan kenne. Ragan aus Delhi.

„Meinst du Ragan Ray, der Medizin studiert?"

„Medizin, ich weiß nicht, Ich weiß nur, daß er in Delhi studiert und in der Alipur Road gewohnt hat."

„Stimmt schon. Er arbeitet drüben bei den Moslems. Was willst du von ihm, kennst du ihn?"

„Ja", sagte Sundri. „Ich kenne ihn, und ich möchte mit ihm sprechen."

„Das wird schwer sein. Die jungen Ärztehelfer haben keine Zeit, und zudem sieht es Doktor Nayyar nicht gern."

„Wenn ihm wenigstens jemand sagen könnte, daß ich hier bin", sagte Sundri bittend.

„Vielleicht treffe ich ihn. Was soll ich zu ihm sagen?" bot sich eines der Mädchen an. „Wer bist du?"

„Sage ihm, Balans Schwester, Sundri Valappan aus Bangle City", erwiderte Sundri zögernd. Was, wenn er sich überhaupt nicht mehr an sie erinnerte? Wenn er sagen würde: Sundri Valappan, wer ist denn das überhaupt? Konnte er ihr nicht aus einer Laune heraus seine Adresse zugesteckt haben, so wie sie auch oft etwas aus einer Laune tat? Sundri quälte sich mit allen möglichen Gedanken, ja, sie bereute es schon ein klein wenig, daß sie hierher gekommen war. Man lief doch nicht hinter einem Mann her.

Der Tag schien kein Ende zu nehmen. Sie teilte Suppe aus, und es schauderte sie, wenn sie in die angsterfüllten, verweinten Gesichter der Frauen sah, an die abgezehrten Arme und Hände, die ihr das Gefäß zum Füllen entgegenstreckten, dachte. Was mußten diese Menschen an Leid, Elend und Entbehrung auf der Flucht erlitten haben?

Als Dr. Nayyar vorbeikam, versuchte sich Sundri zu verstecken, so gut es ging. Aber die scharfen Augen der Ärztin hatten sie schon erfaßt. Sie ging schweigend vorüber, und Sundri hoffte, daß sie es vergessen habe, sie nach Delhi zurückzuschicken.

Endlich – zwei lange, bange Tage später – kam Ragan, als sie gerade mit dem Austeilen des Essens fertig war. Sie sah ihn kommen, und es überlief sie heiß. Sie schlug die Augen nieder, als er auf sie zukam. Sie wußte nicht, was sie tun sollte, und am liebsten wäre sie weggelaufen. Im ganzen Leben hatte sie noch nie offen mit einem jungen Mann gesprochen. So kindlich fröhlich sie mit ihren Vettern herumgetollt war, als sie noch Kind gewesen war, so abgeschlossen hatte sie leben müssen, als sie heiratsfähig geworden war.

Es schien im ersten Augenblick wirklich, als ob Ragan nicht wisse, mit wem er es zu tun habe. Er überlegte, sah sie an, dachte nach und hob dann mit dem Zeigefinger Sundris Kopf so hoch, daß sie ihn ansehen mußte. „Aha, ja, du bist Balans Schwester, aber wie heißt du?"

Sie versank vor Scham fast in den Boden, denn so direkt hatte ihr ein Mann noch niemals in die Augen gesehen. Das durfte nur der eigene Ehemann tun und niemals vor der Hochzeit.

Ragan lächelte. Er wußte ganz genau, was in ihr vorging. Ja, dachte er, kleines Mädchen, du mußt noch viel lernen. Mußt deine Vergangenheit abstreifen, mußt aus dem Gestern in das Heute springen, und das ist nicht leicht. Wie viele Hunderttausende von Indern, Millionen wahrscheinlich, mußten jetzt aus dem Gestern in das Heute gehen. Sundri mußte ein moderner Mensch werden. Würde sie das fertigbringen, ohne Schaden zu nehmen? So ganz allein auf sich selbst gestellt, war es nicht leicht. Es interessierte Ragan sehr, was vorgefallen sein mochte, daß das junge Mädchen ihre heimatlichen Berge verlassen hatte.

„Ich habe manches Mal an dich gedacht", sagte er. „Aber wie heißt du?"

„Sundri."

„Sundri, die Schöne", sagte er lächelnd. Er freute sich an ihrer Verlegenheit. „Woher hast du gewußt, daß ich hier im Lager Wuh bin?" fragte Ragan.

„Du hast mir deine Adresse zugesteckt, weißt du es nicht mehr?"

„Natürlich weiß ich das noch." Ragan erinnerte sich, wie ihm das Mädchen in Balans Elternhaus aufgefallen war und er ihr aus einer seltsamen Regung heraus seine Adresse gegeben hatte. Vielleicht hatte er damals gefühlt, daß sie sich eines Tages befreien würde von den alten Gesetzen, von dem Zwang der Mußheirat.

In kurzen Worten erzählte ihm Sundri, was sich ereignet hatte, angefangen bei dem traurigen Tod von Sukumira, dem jungen Mann, dem sie versprochen worden war, bis zu ihrer Flucht nach Delhi. „Ich gehe nicht mehr zurück", erklärte sie. „Vielleicht später einmal, wenn ich etwas geworden bin. Kannst du mir raten, was ich beginnen soll?"

„Das kann ich hier nicht. Du gehst wieder nach Delhi zurück. Sobald ich ein wenig Zeit habe, komme ich, und wir besprechen, wie es weitergehen soll mit dir. Auf alle Fälle mußt du das letzte Schuljahr machen, sonst kannst du nicht studieren."

„Ich will aber nicht nach Delhi, solange du hier bist", erwiderte Sundri.

„Du mußt gehen! Doktor Nayyar hat es so bestimmt. Die Arbeit ist viel zu schwer für dich."

Sundri mochte dies nicht einsehen. Weshalb sollte nicht auch sie ihr Teil dazu beitragen dürfen, wenn Menschen Hilfe brauchten?

„Es wird in der Zukunft für dich noch genug zu tun geben. Erst mußt du lernen, das ist das Wichtigste. Morgen geht ein Transport zurück", schloß Ragan. „Ich fahre mit, und es ist die beste Gelegenheit, daß du sicher in die Stadt kommst." Er versuchte ihr auseinanderzusetzen, weshalb Dr. Nayyar so streng war. Man konnte es sich einfach nicht leisten, Menschen hier zu beschäftigen, die über kurz oder lang zusammenbrechen würden. „Weißt du übrigens, daß Doktor Nayyar die persönliche Ärztin Mahatma Gandhis ist? Sie arbeitet Tag und Nacht, und es kümmert sie nicht, wen sie versorgt, ob Brahmanenkaste oder Harijani, für sie gibt es keine Ausgeschlossenen. Für sie sind es alle nur Kranke, die sie brauchen. Ein großartiger Mensch. Du kannst das alles nicht verstehen. Vielleicht spreche ich später einmal ausführlich mit dir darüber. – Der Transport geht um zehn Uhr. Ich hole dich hier am Zelt ab!"

Ragan faltete die Hände vor der Brust und sagte zum Abschied: „Namaskaram."

Bei diesem Abschiedsgruß in Malajalam kamen Sundri die Tränen, und das Heimweh sprang sie an. Verstohlen wischte sie sich die Tränen aus dem Gesicht. Ama, der Vater, die Schwestern, ob sie auch noch an sie dachten, ob sie ihr noch böse waren, weil sie fortgegangen war?

Die Rückfahrt auf dem Lastwagen war alles, nur kein Vergnügen. Eingekeilt zwischen Flüchtlingen stand Sundri und wurde durchgeschüttelt und durchgerüttelt. Sie wurde hin- und hergeworfen und -gestoßen. Ein Wunder, daß der

Wagen auf den holprigen, nahezu unbefahrbaren Wegen nicht umstürzte. Unbarmherzig brannte dazu die Sonne vom Himmel herab.

Sundri war dem Umsinken nahe, als der Lastwagen endlich anhielt. Nun stand sie wieder da, wo sie vor einer Woche abgefahren war. Ragan winkte eine Radrikscha herbei. „Wenn es mir reicht, besuche ich dich heute abend", rief er ihr nach. Beinahe wären seine Worte in dem Geratter des wiederanfahrenden Lastwagens untergegangen. Ziemlich niedergeschlagen kam Sundri im Y.W.C.A. an, und sie war sehr klein, als sie Laja von dem Fehlschlag ihres Unternehmens berichten mußte.

„Wenn du mich vorher gefragt hättest, hättest du dir die Enttäuschung erspart. Aber es mag vielleicht ganz gut für dich sein, wenn du selbst Erfahrungen sammelst. Was willst du jetzt tun?"

„Ragan meinte, ich könnte hier in einem Krankenhaus tagsüber arbeiten und mich abends auf die Schule vorbereiten. Er will sehen, was er für mich tun kann."

Laja sagte nichts, aber als Ragan später kam und sie in dem kleinen Gästeempfangsraum des Hotels beisammensaßen, fragte sie ihn: „Halten Sie es für richtig, Ragan Sahib, daß Sundri in einem Krankenhaus arbeitet? Ich dachte daran, sie in einer Familie unterzubringen. Sie kommt doch aus dem engen Lebenskreis ihrer Sippe, und der Sprung in das selbständige Leben scheint mir zu groß und zu gewagt zu sein. Sollte sie nicht ein wenig darauf vorbereitet werden?"

„Vielleicht haben Sie recht, Sahib. Andererseits könnte es sehr gut sein, wenn sie sich sofort dem gegenüber sieht, was sie erwartet. Wir haben eine Tollwutepidemie in der Stadt, und in allen Krankenhäusern werden Hilfen gebraucht. Wir Inder müssen es jetzt lernen, einander zu helfen und für uns selbst zu sorgen, die Engländer tun es nicht mehr."

Ragan begriff nicht, weshalb man diese tollwütigen Hunde und vor allem die Schakale, die bis in die Parks der

Stadt hereinkamen und die Hunde ansteckten, nicht einfach abschoß. Es empörte ihn, daß nichts geschah.

„Das müssen Sie verstehen", erwiderte Laja. „Sie wissen doch, daß uns Hindus·alle Tiere heilig sind."

„Es ist ein alter Zopf, der leider auch bei den Drawiden noch gilt. Meiner Meinung gehört er bald und gründlich abgeschnitten", meinte Ragan zornig. „Sind denn die Menschen und ihr Wohl nicht mehr als die Tiere? Wir haben am Stadtrand eine Unzahl von Flüchtlingen, jeden Tag werden von dort Leute eingeliefert, die von tollwütigen Hunden gebissen worden sind!"

„Ein Menschenleben ist nichtiger als der Flügelschlag eines Insekts. Geburt und Tod, was wiegen sie? Wir werden doch wiedergeboren, millionenmal. Besser oder schlechter kommen wir auf die Erde zurück, je nachdem, wie wir gelebt haben. Man kann als ein Gott oder eine Göttin wiedergeboren werden, oder als ein Hund oder eine Giftschlange."

„Das ist ein törichter Aberglaube, daß man ein Tier nicht töten darf und ein Menschenleben geringer achtet, Laja Sahib!" Ragan sagte es mit Nachdruck.

„Man sollte überhaupt niemand töten", erwiderte Laja. „Keinen Menschen und kein Tier. Die Tiere gehen ihren Weg, wir müssen den unsrigen gehen."

Ragan wollte sich heute auf keine weiteren Diskussionen einlassen, deshalb bewunderte er Lajas Schal, den sie lose um die Schultern trug.

„Es ist ein Aschli, ein altes Erbstück", sagte sie stolz. „Meine Vorfahren waren nämlich Weber in Kaschmir."

„Ein prächtiges Stück!" Ragan nahm ein Ende des Schals spielerisch in die Hand. „Er ist leicht wie eine Flaumfeder."

„So muß er auch sein. Er ist zwar sechs Fuß lang und zweieinhalb Fuß breit, aber trotzdem muß man einen echten Aschli durch einen Ring hindurchziehen können." Ragan streifte seinen Ring vom Finger, und zu seinem größten Erstaunen ging der Aschli durch.

„Sie haben es wohl nicht geglaubt, Ragan Sahib", sagte Laja mit großem Stolz. „Meine Vorfahren haben mit an den sechs Schals gewoben, die die Königin von England seinerzeit als Tribut vom Maharadscha von Kaschmir jährlich bekam. Schal heißt übrigens Geschenk, deshalb verschenke ich gern welche. Mein Aschli ist, wie alle echten Kaschmirs, aus feinster Wolle von tibetanischen Ziegen. Darf ich erzählen, wie man diese Schals herstellt?"

Lajas Augen strahlten vor Freude, als Ragan zustimmte.

„Ehe mit der Arbeit begonnen wird, fasten alle, die daran arbeiten, von Sonnenaufgang bis Sonnenuntergang. Übrigens wird Tag und Stunde des Beginns genau nach dem Stand der Sterne festgelegt, damit das Werk auch gut gelingen möge. Es kann vorkommen, daß man mitten in der Nacht damit anfängt. Der Meister sagt als erstes zu seinen Gehilfen: ,Möge euer Gefühl so lebhaft sein, daß es vor Schönheit schmerzt. Möge euer Sinn frei sein von Habgier und Furcht. Möge Kette und Einschlag eurer Seele eingeprägt sein, auf daß eure Finger die Fäden in Mustern hinaussingen. Mögen eure Hände beredt sein wie Zungen, die Erhabenes aussprechen.'"

„Wunderbar, wie Sie das sagen, Sahib", sagte Ray. Diese Laja Rhadvani gefiel ihm immer besser. „Bitte, sprechen Sie doch weiter."

„Wenn die Arbeit nicht vorwärtsgehen will, singen die Weber: ,Komm, komm, wie der Strom aus dem Felsen. Komm, komm, wie die Schlange auf den Flötenruf des Zauberers.' Sie locken damit die Fäden. Sechs Wochen dauert es, bis ein echter Kaschmirschal gewoben ist, aber dann ist er ein Meisterstück, so wie mein Aschli, der das reinste Muster und den uralten Färbelack besitzt."

Sundri hatte zwar mit großer Aufmerksamkeit zugehört, aber es ärgerte sie doch ein wenig, daß Laja im Mittelpunkt des Interesses von Ragan stand. Sie hätte gern etwas gesagt, um seine Aufmerksamkeit auf sich zu lenken, aber im Augenblick fiel ihr nichts Gescheites ein.

Ragan hatte ihren Stimmungswechsel wohl bemerkt, und

er lächelte ein wenig, aber er sagte nichts. Dagegen forderte er Laja auf, ihm noch mehr zu erzählen. Alte Volkskunst war vielleicht ein Mittel, mit dem man den armen Menschen auf dem Land eine Einnahmequelle verschaffen konnte, später würde es dringend nötig werden, daß die Frauen etwas verdienen konnten, ohne in die Fabriken der Städte abwandern zu müssen. Es war genau das, was Laja auch anstrebte.

„Ihr solltet hören, wie die Webmeister ihre Schals preisen. ‚O du bestickter Zamewar, was bist du adlig! Du, Alawan, du Tschuddar, ihr Freunde und Erhalter unseres Körpers, ihr seid gleich der Milch einer Mutter. Du, Dosala, mit deinen wunderbaren Farben und du, Aschli . . .‘“

„Ach, entschuldigt, ich rede viel zuviel“, schloß Laja. Sie legte sich den Schal wieder um die Schultern. Das tat sie mit einer zarten Bewegung, aus der man den Stolz spürte, daß ihre Vorfahren ihn verfertigt hatten.

„Ich bin müde“, sagte Sundri. Wenn sie schon nur zuhören sollte, ging sie lieber schlafen. Sofort stand Ragan auf und entschuldigte sich, daß er zu lange geblieben war. Er versprach, sie wieder zu besuchen, wenn er aus Wuh zurückkam. Wie lange man ihn dort noch brauchte, konnte er allerdings nicht sagen. Vorläufig bestand kaum Aussicht, daß der Flüchtlingsstrom aufhören würde. Da und dort kam es auch wieder zu Zwischenfällen, bei denen es Verwundete gab. Indien war im Aufruhr und mußte erst zur Ruhe kommen. Nun, man würde sehen!

„Ich bin sehr froh, daß Sie sich Sundris annehmen, Laja Sahib. Es ist ein großes Glück, daß sie Sie kennengelernt hat“, sagte Ragan. Und zu Sundri sich wendend, fuhr er fort: „Du hast die beste Freundin gefunden, die es gibt!“

Sundri hatte sich nun daran gewöhnt, daß Ragan ihr ins Gesicht sah, wenn er mit ihr sprach. Trotzdem sah sie selbst ihn nur verstohlen an, und sie neigte immer noch den Kopf, wenn sie ihm antwortete. Ach, käme jetzt eine Usha und würde ihn ihr als Mann anbieten, sie würde bestimmt nicht nein sagen. Aber hier in Delhi schien er sie gar nicht ernst zu nehmen. Sie würde ihm aber schon noch beweisen, daß sie ernstgenommen werden wollte.

Ragan faltete die Hände vor der Brust und grüßte Laja mit „Namaste" in Hindi. Zu Sundri sagte er: „Namaskaram, kleines Mädchen." Das war eine Zärtlichkeit ganz allein für sie. Plötzlich strahlte sie wieder. Am liebsten hätte sie nun gesagt, daß sie nicht so sehr müde sei und er noch länger dableiben sollte, aber das konnte sie natürlich jetzt nicht tun. Man müßte in den Dschungel hinauslaufen können und den Bäumen, den Blumen und den Tieren zurufen, daß man doch so glücklich sei.

„Man hat mich im Krankenhaus als Schwesternhelferin angenommen", sagte Sundri am anderen Abend, als Laja nach Hause kam. „Obwohl ich von Krankenpflege nichts verstehe."

„Du wirst sehr schnell lernen und begreifen, was man von dir verlangt", erwiderte die Freundin. Sie schlug vor, noch in ein Teehaus zu gehen. Auch das würde nun zu Sundris neuem Leben gehören. Es kam ihr zunächst ungeheuerlich vor, daß man als Frau allein ausgehen konnte, daß sich Mann und Frau in der Öffentlichkeit an einen Tisch setzten.

Und dort, das junge Paar, es ging ja Hand in Hand über die Straße! Sundri starrte ihnen ungläubig nach. Zärtlichkeiten tauschte man doch nicht vor anderen aus, und das Berühren der Hand war für sie schon eine große Zärtlichkeit. Es würde geraume Zeit dauern, bis sie das moderne Leben in Delhi, das sich teilweise an die westliche Lebensform angeglichen hatte, gewohnt war.

Laja, die Sundris Blick beobachtet hatte, sagte: „Trotz dieser Freiheit sucht immer noch die Familie die Frau für ihren Sohn aus. Die Horoskope spielen eine viel zu große Rolle, und man richtet sich danach. Ich, als junge Witwe zum Beispiel, darf nicht wieder heiraten, und ich glaube kaum, daß mich ein gläubiger Hindu zur Frau nimmt."

Laja erzählte, daß sie schon vor Jahren ihren Mann verloren habe. Er sei als indischer Freiheitskämpfer gefallen. „Ich habe ihm keinen Sohn geboren und hätte deshalb im Haushalt meiner Schwiegermutter die niedrigsten Dienste tun müssen. So habe ich es vorgezogen, mich auf die eigenen Füße zu stellen."

Lajas Schicksal war also dem von Sundri ähnlich, nur daß sie bereits verheiratet gewesen war und daß die Schwiegermutter sie nicht verfluchen konnte. Aber sie hätte sich, wenn sie sich nicht von ihrer Familie losgesagt hätte, nicht weigern können, ihrer Schwiegermutter zu dienen.

„Schwiegermütter sind schrecklich", rief Sundri.

„Darüber muß man hinwegkommen. Du mußt umdenken lernen, wie wir es alle müssen!"

Das war leichter gesagt, als getan. Wieder glaubte Sundri die schrille Stimme von Sukumiras Mutter zu hören, die gerufen hatte: „Der Fluch der Geister liegt jetzt auf dir! Unser Sohn ist zu Asche geworden. Die Geister werden Asche aus deinem Leben machen!" Diese Stunde, da man die grünen Armreifen, die Fruchtbarkeit bedeuteten, an ihrem Arm zerbrochen, da man den roten Punkt auf ihrer Stirn, der Freude und Fröhlichkeit versinnbildlichte, weggewischt hatte, würde sie nie vergessen können. „Mein Horoskop ist so schlecht, daß es keine Schwiegermutter annehmen würde."

„Weißt du", tröstete Laja sie, „das kann man hier in Delhi mit einer kleinen Gebühr ein wenig korrigieren. Laß dir doch einfach ein neues Horoskop machen."

„Ach, Laja, was würde der Betrug schon nützen? Was Achunchan geweissagt hat, wird sich erfüllen. Er hat sich noch nie getäuscht."

Sundris Arbeit im Hospital bestand nur aus Hilfsarbeiten und kleinen Handreichungen, wie den Kranken die Pillen zu verabreichen und das Essen zu bringen oder Tupfer zu machen und Binden zu wickeln.

Die anglo-indischen Schwestern mochte Sundri nicht, sie waren ihr zu hochmütig. Aber Sundri war auch keine ideale

Hilfe für sie. Sie war es nicht gewohnt, sich Anweisungen geben zu lassen, und man sah es ihr sofort an. Es schien ihr sichtbar schwerzufallen, was sie tun mußte. Die Arbeit als Schwesternhelferin hatte sie sich anders vorgestellt, obwohl sie sich kein genaues Bild darüber machen konnte. Dazu kam noch, daß sie den Schwestern, die sie anfangs für ein Bauernmädchen hielten, das keine Ahnung von den Neuerungen der Zivilisation hatte, trotzdem an Wissen überlegen war und sie das auch spüren ließ.

Zu Hause bestand ein Bad darin, daß man warmes Wasser aus einem großen Kupferkessel über sich gießen ließ. Hier gab es eine richtige Badewanne und Hähne für heißes und kaltes Wasser. Zu Hause aß man mit den Fingern, hier benützten die Schwestern Messer und Gabel. Es machte Sundri Spaß, mit den Fingern zu essen, wenn sie die hochmütigen Gesichter der Schwestern sah. Sie hatte eine enorme Fertigkeit, den Reis zwischen Daumen, Zeige- und Mittelfinger zu einer Kugel zusammenzurollen, rasch damit durch die Tunke zu fahren und ihn dann in den Mund zu schieben. Fleisch aß Sundri nicht, es gab auch kaum welches für das Personal, ausgenommen für die Schwestern. Fisch konnte Sundri aber genausogut, vielleicht sogar noch besser als mit der Gabel, mit den Fingern von den Gräten lösen und essen.

„Laß ein Bad einlaufen!" wies Schwester Anne Sundri an. „Patient auf Nummer neun muß baden!" Sie gab noch die Temperatur an und fügte hinzu, daß es sich um einen Brahmanen handle, einen Hindu der höchsten Kaste, folglich brauchte sie mit Wasser, das in Delhi sehr knapp war, nicht allzusehr zu sparen.

Sundri war das ganze Kastenwesen unverständlich. So etwas gab es bei den Drawiden nicht. Alle Menschen waren gleich, die einen waren reicher, die anderen ärmer. Die einen waren die Herren, die anderen die Diener, aber es waren alles Geschöpfe, die einen Geist besaßen. Keiner hatte das Recht, sich so viel besser zu dünken, daß schon eine Berührung verboten war.

Was allerdings ein Brahmane war und welche Macht er besaß, sollte Sundri zu ihrem Leidwesen bald erfahren. Sie hatte die Badewanne halbvoll laufen lassen und war gerade dabei, mit dem Thermometer die richtige Temperatur abzumessen, als sie sah, daß auf dem Boden Papierschnipfel lagen. „He, du", rief sie einem der Boys auf dem Gang zu, „kehre mir rasch das Badezimmer aus!"

Sie legte inzwischen das Badetuch und die Seife zurecht. Sundri hatte dabei nicht gesehen, daß der Junge seinen Finger in die Badewanne gesteckt hatte, vielleicht aus Übermut, vielleicht nur, um warmes Wasser zu spüren, aber der Patient, der unter die Tür gekommen war, hatte es bemerkt. Er gab seiner Entrüstung laut und deutlich Ausdruck.

„Das Wasser muß sofort abgelassen werden", befahl er.

„Ablassen? Ich bin froh, daß wir heute überhaupt heißes Wasser haben", erwiderte Sundri.

„Dieser Unberührbare hat es beschmutzt! Hast du denn nicht gesehen, daß er mit dem Finger hineingegriffen hat?"

„Und wenn, da ist doch nichts dabei", sagte Sundri. Wasser war in diesen unruhevollen Tagen in der Stadt so kostbar, daß man es nicht so mir nichts, dir nichts verschwenden konnte, nur weil ein Mensch es mit dem Finger berührt hatte. Er war wohl nicht ganz bei Trost, dieser hohe Herr.

„Du weißt nicht, was du redest! Das Wasser muß abgelassen werden!"

„Das geht nicht", erklärte Sundri zornig. „Was glauben Sie denn, eine solche Verschwendung können wir uns nicht leisten. Es ist ohnehin ein großer Vorzug, daß Sie ein Bad bekommen", fügte sie ernsthaft hinzu.

Der Brahmane warf ihr einen drohenden, finsteren Blick zu. Er wollte sie noch einmal zurechtweisen, aber sie ließ ihn gar nicht zu Wort kommen: „Stellen Sie sich nicht so an! Sie sollten anderen Leuten in dieser Zeit ein Vorbild sein, Sahib!" Sie nahm das Thermometer mit einem energischen Schwung aus dem Wasser, sah darauf und meinte:

„Die Temperatur ist richtig, Sie können baden!"

Befriedigt ließ sie die Tür des Baderaumes hinter sich zuknallen. Man mußte es den Leuten nur richtig sagen.

Es dauerte nur wenige Minuten, bis Schwester Anne, hochrot im Gesicht, angeschossen kam und Sundri abkanzelte, daß es nur so eine Art hatte.

„Wenn du Bauerntrampel nicht weißt, was sich gehört, dann halte gefälligst den Mund! Noch so ein Verstoß, und du kannst gehen!"

Sundri kochte innerlich, aber sie schwieg. Dies sollte aber an diesem Tag nicht die einzige Erfahrung bleiben, die sie mit den Hindukasten machte. Als sie in einem der Krankensäle die Teetassen einsammelte, um sie in die Teeküche zum Abspülen zu bringen, sah sie eine Tasse auf dem Boden liegen. „Warum hat sie die Putzfrau vorhin nicht aufgehoben?" fragte sie.

„Wir würden niemals aus einer Tasse trinken, die eine Harijani beschmutzt hat." Sundri schüttelte den Kopf. Das begriff, wer mochte, sie konnte es nicht.

An ihrem ersten freien Abend fragte sie Laja, was es nun eigentlich mit diesen Harijani, den Unberührbaren, auf sich habe.

„Ich will es dir auf eine ganz einfache Weise zu erklären versuchen", sagte Laja. „Wir haben vier Hauptkasten. Die obersten, die Brahmanen – es sind die Priester und Gelehrten –, stammen vom Kopf Gottes, von seinem Hirn; die Krieger von seinen Armen; die Kaufleute, Bauern, Handwerker und Arbeiter aus dem Rest seines Körpers, die Diener zum Beispiel aus seinen Füßen."

„Aber woher stammen die Unberührbaren?" fragte Sundri. Da war doch nichts mehr übrig. „Wer sind sie?"

„Sie sind der Staub unter seinen Füßen, und sie sind Gassenkehrer, Abortreiniger, Abdecker, eben alle, die unreine Berufe haben."

„Und wie kommt man aus einer Kaste heraus?"

„Überhaupt nicht, sie sind Dschat, das heißt, man wird in sie hineingeboren."

„Das ist schrecklich", rief Sundri aus.

„Weißt du, es ist nicht mehr so schlimm, wie es früher war, wo man die Harijani überall gedemütigt hat. Das verdanken wir allein Mahatma Gandhi. Es ist sein Verdienst, daß man im April dieses Jahres die Kasten wenigstens gesetzlich abgeschafft hat. In den Fabriken nimmt man bereits keine Rücksicht mehr darauf, hier stehen Reine und Unreine nebeneinander an den Maschinen. Aber es wird noch lange Zeit dauern, bis sich das überall durchgesetzt hat. Gandhi wird deshalb auch von vielen Hindus, hauptsächlich von den Brahmanen, angefeindet."

„Ich weiß fast gar nichts über den Mahatma."

„Du mußt einmal mit mir zusammen zu einer Versammlung kommen, damit du mehr über ihn erfährst. Ihm verdanken wir letzten Endes die Freiheit Indiens. Er ist wahrhaftig ein Mahatma, ein großer Geist."

Sehr nachdenklich ging Sundri in das Hospital zurück. Sie hatte nicht alles begriffen, was Laja ihr gesagt hatte, aber sie hatte begriffen, daß eine neue Zeit anbrach, mit der man sich auseinandersetzen mußte. Das, oder so etwas Ähnliches, hatte doch Ragan damals auf der Veranda ihrer Eltern gesagt, als sie im Schatten der Bananenstaude zugehört hatte. Die Not muß den Bann brechen, hatte er gemeint. Sundri wollte auf ihre Art etwas dazu beitragen. Sie nahm am anderen Morgen Putzkübel und Scheuertuch und wusch den Boden auf. Wenig später begann sie das Frühstück auszuteilen. Es gab unter den Kranken einen solchen Aufruhr, daß Schwester Anne, die Sundri ohnehin nicht ausstehen konnte, diese kurzerhand hinauswarf.

„Ich bin einfach zu nichts nütze", jammerte Sundri. „Es ist mein Horoskop, ich bin und bleibe eine Karim-pana."

„Ganz dumm bist du!" erwiderte Laja lachend. Sie nahm eine Tageszeitung aus ihrer Aktenmappe und schlug die Seite mit den Stellenangeboten auf. Das war nichts und das hier auch nichts. Mit dem Finger fuhr sie die Reihen entlang. „Hier, sieh dir das an!" Die Anzeige erschien ihr die richtige zu sein.

„Junges, gebildetes, Englisch sprechendes Mädchen zur Unterrichtung eines vier Jahre alten Jungen und zur Beaufsichtigung eines ein Jahr alten Mädchens von moderner indischer Familie gesucht.
Angebote an Lal Anand. Postfach 710."

Die Leute waren tatsächlich modern, denn sonst würden sie sich kein Englisch sprechendes Mädchen suchen. In einer solchen Familie würde Sundri sich allmählich an eine veränderte Lebensform gewöhnen und sich auf ihr Studium vorbereiten können.

„Ich werde für dich schreiben", sagte Laja. Sie tat es sofort und gab ihren Namen als Referenz und ihr Büro als Adresse an. Es würde gut sein, wenn sie selbst zuerst mit Anand sprechen und ihm eine kurze Erklärung über Sundri geben würde.

Lal Anand kam schon am nächsten Tag und gefiel ihr gut. Er war wie sie Hindu, groß und schlank und mit dem hellbraunen Teint seiner Rasse. Anand erzählte, daß er zwölf Jahre in Europa verbracht habe, einige davon in Deutschland, wo er auch studiert habe. Jetzt sei er im Begriff, wieder eine Fabrik für Glühbirnen und Radioröhren einzurichten, so wie er sie in Quetta gehabt habe. Er sei bereits vor einem Jahr von dort nach Delhi gezogen, gerade noch rechtzeitig, ehe Quetta zu Pakistan gekommen und über die Stadt das Flüchtlingselend hereingebrochen sei.

Laja Rhadvani unterrichtete ihn ihrerseits, wie Sundri zu ihr gekommen und was sie von sich erzählt habe. Ragan Ray, ein Medizinstudent, habe bestätigt, was sie gesagt habe.

„Es ist staunenswert, wie beschlagen diese Hinterwäldlerin in Literatur und Kunst und auch im Schulwissen ist, wie sie aber auf der anderen Seite noch voll Aberglauben steckt. Sie ist so verbunden mit der Erde und der Landschaft, aus der sie stammt, daß sie in mancher Hinsicht einfach noch als primitiv gelten muß."

„Ich würde sie trotzdem gern in mein Haus nehmen. Sa-

vi, meine Frau, wird ihr schon beibringen, was sie braucht",
erwiderte Anand. Ihm kam es in der Hauptsache darauf an,
daß sein Sohn ein gutes Englisch lernte, denn er sollte in
eine englische Schule gehen und möglichst bald in einem
englischen Internat erzogen werden.

„Sprechen Sie mit Sundri, und wenn sie einverstanden
ist, holen wir sie morgen ab. Wir wohnen einige Meilen
außerhalb der Stadt, aber es fährt ein Bus."

Das Mangobaumwunder

Sundri hatte es gut getroffen mit den Anands. Savi war
eine sehr sanfte Frau mit vielen künstlerischen Neigungen.
Sie beherrschte die bildhaften Posen des Tanzes, die Bewegung des Oberkörpers, der Arme und Hände mit solcher Grazie, daß sie zu einer rhythmischen Einheit wurden.
Es tat Sundri leid, daß sie nur mangelhaft verstand, das
Veenapeti zu spielen, denn sie hätte Savi stundenlang zu-
sehen können. Diese mit Hennapaste fein bemalten Hände
– es waren Wunderwerke, die sie mit einem Stäbchen voll-
brachte – wirkten wie Blumen, die sich im Winde bewegten.

Der kleine Harish war ein munterer Bursche, mit dem
sich Sundri sofort gut verstand. Sushi war ein hübsches
Baby, das die Sanftmut der Mutter besaß und nicht viel
Arbeit machte. Die Verständigung mit Harish war in den
ersten Tagen schwierig gewesen. Er sprach nur Hindi und
einige Brocken Englisch, aber er lernte sehr schnell, denn
Sundri hatte ein ganz fabelhaftes Talent zum Unterrichten.
Sie brachte ihrem Schüler spielend bei, was er zu lernen
hatte. Schon nach wenigen Wochen konnte sie ihm Märchen erzählen. Er saß dann mäuschenstill dabei und hörte
zu, besonders, wenn sie von dem König Bali sprach, den die
eifersüchtigen Luftgeister um sein Land betrogen hatten.

„Und der böse Geist hat dann den König in die Erde gedrückt?" fragte Harish. „Warum hat er sich denn nicht gewehrt? Ein König ist doch mächtig!"

„Wohl, aber mächtiger sind die Geister", erwiderte Sundri schnell. „Bali war ein guter und gerechter König, und er half allen armen Leuten. Und weil ihn alle liebten und verehrten, wurden die Luftgeister böse. Eines Tages kam einer von ihnen in Gestalt eines jungen Mannes und bat den König um drei Handbreit Land. Und weil der König so gut war, wollte er sie ihm auch geben. Drei Handbreit, das war nicht viel für einen König. ‚Ja', lachte er, ‚die will ich dir gern schenken.' Plötzlich sah er eine Riesenhand, so groß, wie man sie sich gar nicht vorstellen kann. Und mit dieser Hand umspannte der Bittsteller den Himmel, und mit einer zweiten umfaßte er die ganze Erde mitsamt der Unterwelt. ‚Das alles gehört jetzt mir', rief er. Wie erschrak da der arme König. Aber so war es, er hatte sein Wort gegeben und mußte das Versprechen halten. Ihm gehörte nichts mehr. Mit einem Finger drückte ihn der böse Geist tief unter die Erde hinab. Nur einen Wunsch gestand er ihm zu. Was konnte sich der König schon groß wünschen! Aber König Bali wünschte sich, daß er jedes Jahr einmal zur Erntezeit auf die Erde zurückkommen dürfe. Er wollte sein Land sehen, wenn es in der Fülle der Fruchtbarkeit stand. Der böse Geist mußte diesen Wunsch erfüllen, denn er hatte es dem König zugesagt. Alle Leute bei mir zu Hause warten sehnsüchtig auf den Tag der Ernte, wenn König Bali kommt. Sie singen und tanzen, und sie tragen neue bunte Kleider für ihn, und sie streuen ihrem König Blumen auf alle Wege."

Harish lag bäuchlings auf dem Boden und sah Sundri, die neben ihm hockte, ernsthaft an. „Warum haltet ihr den König nicht fest, wenn ihr ihn so liebt? Ich würde ihn nicht mehr fortlassen, ich würde gegen die bösen Geister kämpfen!"

„Das kann man nicht, Harish. Böse Geister sind viel zu mächtig. Man darf sich nicht mit ihnen einlassen."

„Geister, pah, gibt's ja keine", sagte Harish plötzlich laut, so als ob er sich Mut machen wollte. „Ama hat es gesagt!"

Sundri widersprach ihm nicht, obwohl sie selbst an die guten und bösen Geister glaubte. Savi Sahib hatte es aber nicht gern, wenn sie zuviel darüber erzählte, Harish sollte ruhig schlafen und sich nicht mit Geistern und Dämonen beschäftigen.

Die Zeit verging so schnell, Sundri konnte es kaum glauben, daß sie bereits drei Monate im Hause der Anands zugebracht hatte. Unter Anleitung von Savi Sahib lernte sie des Abends nicht nur die Hindisprache, die im Norden Indiens gebräuchlich ist, sondern auch Sanskrit, das früher die Sprache der Götter, Priester und Dichter gewesen war. Wenn man die Epen kennenlernen wollte, mußte man es verstehen. Jeder gebildete Hindu beherrschte Sanskrit. Sundri entdeckte sehr viel Verwandtschaft mit Malajalam, und es fiel ihr leicht, es zu lernen. Sie begeisterte dagegen Savi für die europäische Malerei und Literatur. Von ihrem ersten verdienten Geld hatte sie sich ein Buch über van Goghs Leben gekauft, und sie las daraus vor.

„Zieht warme Mäntel an", sagte Lal Anand, „wir fahren nach Delhi." Man durfte sich nicht von dem hellen Sonnenschein täuschen lassen, abends sank die Temperatur steil ab, und der Schneewind vom Himalaja her war kalt. Lal hatte kürzlich einem englischen Offizier, der nach London zurückversetzt worden war, sein Auto abgekauft, und dies war die erste Fahrt, auf die er Savi und Sundri mitnahm.

Die Fahrt an den primitiv gebauten Behausungen vorbei, die sich die Flüchtlinge am Rand der Stadt errichtet hatten, bedrückte sie alle sehr. Aus leeren Kanistern, Kisten und Stoffetzen hatten sich die Leute Hütten gemacht, die sie mit ein wenig Reisstroh bedeckten. Der Monsun würde sie wegfegen wie ein Stück Papier. Abgerissen, verwahrlost und halb verhungert, saßen die Menschen herum, geduldig wartend, bis die Regierung etwas für sie tun würde. Aus eigenem Antrieb waren sie nicht fähig, auch nur irgend etwas zu unternehmen. In den kalten Nächten froren sie vermutlich sehr.

„Kann man ihnen denn gar nicht helfen?" fragte Savi erschüttert.

„Wie konnte man es überhaupt zulassen, daß sie von Haus und Hof vertrieben wurden? Wer hat denn ein Recht, ihnen ihre Heimat zu nehmen?" entrüstete sich Sundri. Ja, wer hatte ein Recht, irgendeinem Menschen die Heimat zu nehmen? Das war eine Frage, die niemand beantwortete. Sundri konnte sich niemals vorstellen, daß ihr Vater und ihre Mutter das Haus verlassen und flüchten müßten, nur weil Regierungen dies so bestimmten. „Es muß doch etwas geschehen!" rief sie heftig.

„Wir werden auf irgendeine Weise damit fertig werden", erwiderte Anand, „aber wir brauchen Zeit."

Das Leben in Delhi ging fast wieder seinen normalen Gang. Laja, die sie im Büro aufsuchten, erzählte, daß dies Mahatma Gandhi zu verdanken sei. Er war von Bombay nach Delhi, wo der Aufstand am schlimmsten gewesen war, gekommen und hatte erklärt, daß er total, bis zum Tode, fasten würde, und zwar so lange, bis die Stadt zum Frieden zurückgefunden und die Verfolgungen aufgehört hätten. Es war so gewesen, daß die kleinste Kleinigkeit genügt hatte, um immer wieder Tumulte hervorzurufen. Zogen die Hindus mit einem Festzug an einer Moschee vorbei, behaupteten die Moslems, dies geschehe, um ihre Andacht zu stören, und auch die Hindus fanden immer wieder einen Grund, um die verhaßten Moslems zu verfolgen.

„Glaubt mir, der Mahatma hätte durchgehalten mit dem Fasten, aber am 18. Januar haben sich die Führer der feindlichen Gruppen an seinem Bett verpflichtet, daß sie brüderliche Eintracht üben wollen, daß es auch den Moslems freistehen solle, in Delhi zu leben, daß man ihnen die Moscheen, die ihnen weggenommen worden waren, zurückgeben wolle. Es ist die Wendung gewesen, und wir kommen hoffentlich jetzt zur Ruhe! Wollt Ihr heute abend mit mir zu einer Versammlung zu Ehren Gandhijis kommen?" fragte sie. Laja sprach den Namen des Mahatma mit dem angehängten Ji, das eine große Verehrung ausdrückte, zärtlich aus. Sie liebte und verehrte ihn, und ihr ganzes Vertrauen galt ihm.

Im Hofe des Versammlungshauses trafen sich viele Anhänger Gandhis zu Gesprächen und einfachen Gebeten. Hier las man aus der Bibel genausogut vor wie aus dem Koran oder den indischen Veden, jenen Götterhymnen der einmal nach Nordindien eingedrungenen Arier. Hier übte man die größte Duldsamkeit.

Auf dem Wege sagte Laja zu Sundri: „Am vergangenen Wochenende war Ragan kurz bei mir, aber seine Gedanken weilten bei dir."

Sundri strömte das Blut zum Herzen. Auch ihre Gedanken waren mehr bei ihm gewesen als gut war. Manches Mal war sie so geistesabwesend gewesen, daß der kleine Harish es merkte. Er fragte sie: „Wo fliegst du denn schon wieder hin? Zu deinen Geistern, oder wartest du auf König Bali?"

Ihre Gedanken flogen zu Ragan. Wie oft hatte Sundri sich gewünscht, von ihm zu hören. Wahrscheinlich machte er sich nichts aus ihr.

„Die Liebe ist wie die Blüte des Jasmin. Sie braucht nichts zu reden, sie strömt einfach ihren süßen, betörenden Duft aus. Selbst der Blinde, der sie nicht sehen kann, spürt ihn." Laja, die Sundris Gefühle in ihrem Gesicht abgelesen hatte, sagte es mit viel Zuneigung. Sie fuhr fort: „Ragan sendet dir diese Botschaft der Jasminblüten."

„Ich wünschte, es wäre Frühling und die Jasminsträucher stünden in Blüte", erwiderte Sundri.

Sie erreichten das Versammlungshaus, als einer der Sprecher gerade einen Lieblingsvers Mahatma Gandhis zitierte, den dieser sich zur Richtschnur seines Handelns gemacht hatte:

„Für einen Trunk gib gleich ein volles Mahl, für einen
Gruß der Ehren ohne Zahl. Gib blankes Gold für einen
Pfennig klein, für deinen Retter setz dein Leben ein. Für
eine Guttat zehnfach geben, das, wisse, ist der Weisen Stre-
ben. Der wahrhaft Edle aber kennt nur Brüder, für Böses
gibt er Gutes wieder."

Wenige Tage, nachdem Sundri mit Laja und den Anands
zusammengewesen war, wurde Gandhi in Delhi von einem fanatischen Hindu, der sich nicht mit der Abschaffung
der Kasten abfinden wollte, vor dem Birla-Haus erschos-
sen. Aber anstelle neuen Aufruhrs, wie ihn Anand und viele Inder befürchtet hatten, hörte alle Gewalt, aller Ter-
ror auf, und der Friede trat ein. Gandhijis Opfertod lag wie
ein Segen über dem Land.

Sundri hatte gelernt und gelernt und war sicher, daß sie
bald das Abschlußexamen machen konnte. Die Anands
hatten jetzt die Möglichkeit, nach Delhi hineinzuziehen.
Sie konnten ein kleines Haus mieten, vielleicht später sogar
kaufen, wenn der englische Beamte, dem es gehörte, nicht
mehr auf seinen Posten zurückkehren würde. Die Woh-
nungsnot wurde, wenigstens für die, die Geld hatten, ein
wenig leichter, weil die englischen Truppen abrückten und
auch viele Regierungsbeamte in das Mutterland zurück-
kehrten. Indien war jetzt ein selbständiges Dominion geworden.

Sundri war sehr stolz darauf. Das hätte sich Miss Mac-
Donald auch nicht träumen lassen! Ob sie wohl noch der
Schule in Bangle City vorstand? Vielleicht gab es die Schule nicht mehr. Sundri nahm sich vor, einmal an Miss Britto
zu schreiben.

Sie hatte nach einem genauen Plan gearbeitet, den Laja
für sie aufgestellt hatte. In den Abendstunden bereitete sie
sich auf die Abschlußprüfung vor und arbeitete mit fana-
tischem Eifer oft bis lange nach Mitternacht. Hatte sie die

Prüfung bestanden, würde sie sich an der Universität einschreiben lassen.

Ragan hatte versprochen, ihr einen Lehrplan mitzubringen und sie zu beraten, welche Fächer sie nehmen sollte. Sie wollte Lehrerin werden, weil sie nicht nur fühlte, daß es für Indien notwendig war, gute Lehrkräfte zu haben, sondern weil es ihr lag, andere Menschen zu unterrichten. Sie hatte eine seltene Überzeugungskraft und wußte das auch.

Sie könnte auch während des Studiums bei den Anands wohnen bleiben, wenn sie nebenher den kleinen Harish auf die Schule vorbereitete. Wie gut hatte sich doch ihr Schicksal gewendet. Man durfte nur nicht zurückdenken, sondern mußte vorwärtsschauen.

Heute am Divali, dem Lichterfest, wollte Ragan sie abholen, und sie würden zusammen durch die Straßen wandern, um die Illumination der Häuser, Paläste und Tempel anzusehen. Die erste Neumondnacht des indischen Winters war Divali, Fest des Lichtes, zu Ehren der Göttin Lakshmi. Zu dieser Zeit kam sie auf die Erde zu Besuch, um da und dort einzukehren.

Sundri war glücklich wie ein Kind, denn so etwas hatte sie noch nie gesehen. Hunderttausende, nein Millionen Lichter brannten und bereiteten Lakshmi einen strahlenden Empfang. Mit Öl gefüllte Ton- und Messingschalen brannten in allen Fenstern. Vor den Häusern standen Bilder der Göttin, und davor waren Geld- und Silbermünzen aufgeschichtet und Weizenkörner verstreut. Weizen war viel kostbarer als Reis.

Auf den Straßen herrschte ein reger Betrieb. Jung und alt schien auf den Beinen zu sein. Aus allen Lautsprechern tönten indische Lieder und heilige Gesänge, dazwischen hörte man aber auch Filmschlager.

Plötzlich schossen rote und grüne Leuchtkugeln hoch in den Himmel. Es war das Zeichen für ein allgemeines Abbrennen von Feuerwerkskörpern. Kaskaden von Lichtraketen erleuchteten alles ringsumher, und überall krachte und knallte es. Selbst draußen in den Elendsquartieren der

Flüchtlinge brannten bescheidene kleine Ölfunzeln zu Ehren der Göttin Lakshmi.

Hand in Hand wanderten Ragan und Sundri durch die Stadt. Sie liebte es, wenn er sie bei der Hand nahm. Es gab ihr ein Gefühl der Sicherheit und des Schutzes. Sie schmiegte ihre kleine zarte Hand in die seine, und seine schlanken Finger umschlossen sie ganz fest. „Gefällt es dir?" fragte er.

„Ja, und ich bin so froh wie schon lange nicht mehr", erwiderte Sundri. Es war ein so herrliches Gefühl der Zusammengehörigkeit, wenn sie Hand in Hand nebeneinander gingen. Für nichts in der Welt wollte sie wieder in Bangle City oder auf den Eghi-malas, den Sieben Hügeln ihrer Heimat, leben. Hier, das war schön. Verzaubert betrachtete Sundri den Lakshmi-Nayaran-Tempel, der von Tausenden flackernder Lichtlein umgeben war. Ringsherum hatten Frauen und Mädchen bunte Blumenteppiche ausgelegt.

„Diese Lichter sind ein uraltes Symbol des Glaubens und der Hoffnung. Heute kehrt Lakshmi als Göttin des Wohlstandes und der Schönheit bei einigen Bevorzugten ein, und dort, wo sie erscheint und zu Gast bleibt für die Nacht, dort bleibt auch Segen das ganze kommende Jahr über."

„Zu Armen und Unglücklichen wird sie nicht kommen, weil sie eurem Glauben nach selbst an ihrem Schicksal schuldig sind", sagte Sundri.

Nachdenklich betrachtete Ragan das Mädchen, das solche Überlegungen anstellte. Er mußte ihr zustimmen, daß das nicht gerecht war. Alle diese Flüchtlinge konnten niemals in ihrem früheren Leben so böse gewesen sein, daß es ihnen jetzt so schlecht ging.

„Ich wünschte, daß Lakshmi zu Laja kommt und zu den Anands und . . . und . . ."

„Zu uns, willst du sagen." Ragan drückte ihre Hand. „Wenn sie uns Glück bringt, soll sie willkommen sein." Erst spät brachte er Sundri nach Hause.

Savi hatte die Haustür und das Gartentor mit Mangobaumblättern und Blumengirlanden geschmückt, und sie hatte auch alle Vorbereitungen für ein festliches Mahl getroffen, denn man erwartete Besuch von Freunden, die nach der Divali-Nacht ins Haus kommen würden.

Es war Sitte, daß man sich zu Divali gegenseitig Süßigkeiten schenkte. Savi trug ein neues Kleid im europäischen Schnitt, sie trug es zum erstenmal, und Sundri hatte ihren schönsten Sari angelegt. Es war der Blauseidene mit den Goldborten, den sie bekommen hatte, als man sie mit Sukumira verlobt hatte. Einen Augenblick überschattete die Erinnerung ihre Freude. Sie fuhr mit einer ausholenden Bewegung ihrer Hände über ihr Gesicht, gleichsam das Geschehene auslöschend. Das alles lag hinter ihr und mußte vergessen sein.

Ihr Haar hatte sie sich zu einem Knoten in den Nacken geschlungen und darin zwei goldene Pfeile befestigt. Sundri zuliebe hatten die Anands auch Ragan zum Essen eingeladen. Lal unterhielt sich gern mit ihm. Sie waren einer Ansicht, was den Aufbau Indiens anbetraf. Was das Land brauchte, waren Schulen und Ärzte. Es nützte nichts, wenn einzelne studierten und als kluge Leute die anderen herumkommandierten. Das Volk mußte von unten herauf gelehrt werden. Es mußte die Möglichkeit haben, lesen und schreiben zu können, ein wenig Geld zu verdienen, einen bescheidenen Wohlstand zu erreichen, und es mußte die einfachsten Grundbegriffe der Hygiene beigebracht bekommen, damit endlich Pocken und Cholera aufhörten, zahllose Opfer zu fordern.

„Ganz Indien ist eines Geistes, so verschieden auch rassische und religiöse Unterschiede sein mögen", sagte Lal Anand.

„Man muß mit dem Aberglauben aufräumen, und dies gründlich", war Ragans Ansicht.

„Du wirst einmal ein großer Arzt werden", sagte Savi. Sie sah ihn bereits in einem der neuen modernen Bürohäuser mit einer gutgehenden Praxis.

„Ich werde nichts als ein kleiner Landarzt sein", erwiderte Ragan. „Irgendwo am Rande des Dschungels, wo sonst keiner hingehen will. Dort werde ich gebraucht, und dort wird es meine Aufgabe sein, zu helfen."

„Das ist es, was wir am meisten nötig haben", bestätigte Lal Anand. Es war nicht ganz nach Sundris Geschmack. Ihrer Ansicht nach müßte Ragan an der Universität lehren. Er war ein guter Redner, er konnte überzeugen, und er würde eine glänzende Zukunft vor sich haben. Sich selbst sah sie ebenfalls in einer Stellung, die ihren ehrgeizigen Wünschen entsprach. Je sicherer sie im Leben wurde, desto mehr bildete sie sich ein, daß sie etwas Besonderes sei.

Manches Mal verfolgte Laja Rhadvani diese Entwicklung ihres Schützlings mit Besorgnis. In einer Beziehung hatte das Sundri gestellte Horoskop Achunchans doch recht: Sie war eitel wie ein Pfau. Vielleicht war es ihr Schicksal, daß sie diese Entwicklung durchmachen mußte, um durch Leid und Kummer, der ihr sicher nicht erspart bleiben würde, zu sich selbst zu finden.

Der kleine Harish stürzte mit der Neuigkeit ins Zimmer, daß draußen auf der Straße ein Fakir sei, der Zauberkünste zeigen werde. „Darf ich hinausgehen?"

Sie gingen alle mit ihm auf die Straße. Da stand ein überschlanker Inder, nur mit einer Lederschürze bekleidet, und forderte die Zuschauer auf, sich in einem Halbkreis aufzustellen. Außer Ragan, der sich im Vorgarten an einen Baum lehnte, folgten sie alle der Aufforderung.

In die Mitte des Halbkreises stellte der Fakir einen leeren Blumentopf, daneben schaufelte er aus einem Korb ein Häufchen Erde. Jetzt hockte er sich nieder, füllte vor aller Augen den Topf mit der Erde und versenkte, nicht ohne ihn vorher zu zeigen, den Kern einer Mangofrucht darin.

Alles blickte gespannt auf die Hände des Inders. Ragan dachte belustigt: Jetzt kommt der Trick, auf den sie alle hereinfallen werden.

Der Fakir blickte sich im Kreise um. Jeden einzelnen der Zuschauer erfaßte er mit den Augen. Durchdringend sah er sie alle an und forderte sie auf, unablässig auf die Stelle zu sehen, wo der Kern in der Erde verschwunden sei. Monoton und beschwörend begann er jetzt zu sprechen: „Der Kern beginnt zu keimen. Er durchstößt langsam die Erde, er kommt . . . er kommt . . . er kommt ans Licht. Da ist er!

Zartgrün und schwach. Aber der Stengel reckt sich, reckt sich hoch und höher. Noch höher. Blattzweige wachsen heraus. Blätter schieben sich vor, Blätter entfalten sich. Der Mangobaum trägt Blüten. Eine Frucht wächst! Sie ist noch grün, färbt sich dunkler und dunkler der Reife entgegen. Eine Mangopflaume."

Der Fakir schwieg. Er schien erschöpft zu sein. Dann trug er behutsam, als hielte er einen kleinen Baum mit einer fast überreifen Frucht im Arm, den Topf hinweg.

Ragan hatte nichts gesehen als den leeren Topf, der auf dem Boden stand, bis ihn der Inder aufhob und wegtrug. Er hatte aber auch den starren Blick all der Zuschauer bemerkt. Lal Anand war es, als erwache er aus einem kurzen, tiefen Schlaf. Er kniff sich in den Arm, um festzustellen, ob er auch wirklich wach sei und nicht geträumt habe. Er war genauso verwirrt wie Savi, seine Frau, und wie Sundri und alle anderen, die der Zauberei zugesehen hatten. Ragan stand immer noch an den Baum gelehnt, er lächelte ein wenig spöttisch, obwohl er zugeben mußte, daß ein hoher Grad von Konzentrationsfähigkeit dazu gehören mußte, um seine Zuschauer derart bannen zu können. Es war nicht das erstemal, daß er das Mangobaumwunder gesehen hatte, das auf die Europäer einen so großen Eindruck machte.

Auch Lal Anand wußte, daß hier etwas nicht mit rechten Dingen zugegangen war, aber ehe er ein Wort sagen konnte, war ein zweiter Fakir in den Kreis getreten. Er trug einen dichten Vollbart und hatte durchdringende kleine Augen. Sie waren fast stechend. Ein Junge – er mochte etwa zehn Jahre alt sein – folgte ihm. Um die Hüften und die Schulter hatte der Fakir sich ein dickes Seil geschlungen, ein ganz gewöhnliches Seil aus Hanf, wie man bemerken konnte. Auch er sah jeden einzelnen fest an, drehte sich dabei langsam nach links und rechts, damit auch keiner seinem Blick entging. Ragan hatte kurz die Augen geschlossen. Er wollte sich nicht beeinflussen lassen, und übrigens war er wahrscheinlich zu weit entfernt von der Szene.

„Seht alle hierher!" erklang der Befehl. „Ihr dürft nicht abschweifen, sonst kann ich das Wunder nicht vollbringen!"

Langsam, mit wohlbedachten Bewegungen löste er das Seil von seinem Körper. Er hielt es wie eine Schlange über seinem Kopf und drehte sich damit um sich selbst. Er ließ es von einem Ende zum anderen durch seine Hände laufen und wieder zurückgleiten, dazu murmelte er Beschwörungen. Plötzlich schnellte er das Seil mit einem kräftigen Ruck in die Höhe, so daß es steif in der Luft hängen blieb.

„Klettere hinauf!" gebot er dem Jungen. Geschmeidig wie eine Katze kletterte dieser hoch und war verschwunden. Auch das Seil war mit einemmal nicht mehr da, so, als ob es in die Weite des Himmels geflogen wäre.

Der Fakir beschrieb mit der rechten Hand einen Bogen, und es war, als ob er jedem Einzelnen das Bewußtsein wiedergeben würde. Die Zuschauer erwachten wiederum aus ihrem seltsamen Traumzustand. Es regnete Silbermünzen in einen bereitgestellten Korb. Wenige Minuten darauf hatten sich die Zuschauer zerstreut, die Zauberkünstler zogen weiter.

„Er hat euch ganz schön in seinem Bann gehabt, der alte Schwindler", sagte Ragan lachend. „Das Mangobaumwunder und der Trick mit dem Seil sind Attraktionen, die immer wieder Eindruck machen. Für die Europäer stecken sie meistens noch einen Jungen in einen Korb und zersäbeln ihn so, daß das Blut in Strömen fließt. Wir Inder sollten eigentlich nicht mehr darauf hereinfallen!"

„Was heißt hereinfallen?" fragte Sundri. „Ich habe ganz deutlich gesehen, wie aus dem Mangokern ein Bäumchen wuchs, wie es blühte und die reife Frucht daran hing." Es war für sie einfach Zauberei, und es ärgerte sie, daß Ragan daran zweifelte.

114

„Ich habe es auch gesehen", stimmte ihr Savi bei. Und Lal Anand gab zu, daß er mindestens glaube, alles so gesehen zu haben, wie Sundri sagte. „Aber", meinte er, „irgend etwas ist dabei mit mir geschehen. Er hat mich gezwungen, und ich konnte mich nicht dagegen wehren."

„Die beiden haben euch hypnotisiert, das ist alles. Ich stand außerhalb des Bannkreises, und was ich sah, war zum Lachen. Der junge Fakir stellte den Topf auf den Boden und trug ihn später genauso leer hinaus, wie er ihn hereingebracht hat. Mit seinen Worten hat er euch das ganze Wunder nur suggeriert."

Sundri sah ihn zornig an. „Das ist nicht wahr. Ich glaube an Geister und übersinnliche Kräfte. Ich glaube, daß es sie gibt!"

„Damit hast du recht! Trotzdem sind die beiden Fakire handfeste Schwindler."

„Es ist immerhin beachtlich, was sie geleistet haben", sagte Lal Anand.

„Das stimmt", gab Ragan zu. „Es ist ein hoher Grad an Konzentrationsfähigkeit, die den Fakiren die Kraft der Hypnose und Suggestion gibt. Wunder können sie keine vollbringen, sie können sie nur suggerieren."

„Du verstehst nichts von den Geheimnissen und Kräften der Natur. Wie solltest du auch, du bist in Bombay aufgewachsen. Um das zu begreifen, muß man den Dschungel kennen. Es gibt Geister, es gibt Erscheinungen und Voraussagungen der weisen Männer. Sie allein können die feinen Schwingungen dieser Geister aufnehmen."

Sundri sagte es mit einer tiefen Überzeugung, und dabei lag in ihren dunklen Augen etwas Abgründiges, ein Fanatismus, der Ragan Sorge machte.

War es denn möglich, daß neben so viel Wissen, neben einem so klaren Verstand so viel Unwissenheit und so viel Aberglaube bestehen konnte? Aber – durfte er Sundri übelnehmen, was in seiner eigenen Familie anzutreffen war? Bei ihr waren es die Geister, dort waren es die Götter.

Sein Vater, ein Hindu aus der Kaste der Kaufleute, hatte

eine Frau aus der Kaste der Brahmanen geheiratet. Es war etwas Ungewöhnliches, denn ein Mann konnte zwar eine Frau aus einer niedereren Kaste heiraten, sie zu sich heraufziehen, aber eine Frau sollte es nicht tun. Sie mußte immer höher hinaufstreben und nicht hinabsteigen.

Im Hause seiner Eltern herrschten noch sehr strenge Ansichten, und Ragan war sich durchaus bewußt, daß er sich auf einen harten Kampf gefaßt machen mußte, wenn er Sundri, eine Kastenlose, heiraten wollte.

Er hatte keine Lust, weiter bei dem Thema über die Kräfte der Natur zu bleiben, er wußte genau, daß man Schlangenbisse nicht mit Beschwörungen heilen konnte und daß der Tod eines Menschen nicht von einer Tänzerin abhängig sein durfte. Sundri war streitlustig, sobald die kleine steile Falte auf ihrer Stirn stand. Aber er wollte sich heute nicht mit ihr streiten, deshalb wechselte er das Thema. Eine gute Stimmung kam aber leider nicht mehr auf, und er verabschiedete sich bald darauf.

Ein Stück seines Weges ging er zu Fuß und gelangte, unbeabsichtigt oder nicht, in die Nähe des Y.W.C.A. Vielleicht war Laja Rhadvani zu Hause. Es drängte ihn, einmal allein mit dieser klugen Frau zu sprechen. Ragan hatte Glück, sie war vor einer halben Stunde nach Hause gekommen und war gerade dabei, sich ihren Tee zu bereiten, als er sich über das Haustelefon meldete. „Kommen Sie herauf, trinken Sie Tee mit mir, Ragan Sahib!"

„Namaste, Laja Sahib", begrüßte er sie.

„Ich freue mich, daß Sie mich besuchen, Ragan. Setzen Sie sich hierher an das Fenster!" Sie schob einen kleinen Tisch hinzu. Als sie ihm gegenübersaß und ihm, nachdem sie die Teeschalen gefüllt hatte, Konfekt anbot, bemerkte er die feine Malerei auf ihren Händen.

„Mehndi", sagte sie. „Ich habe mir heute frische Hennapaste angerührt und zu Ehren Lakshmis meine Hände bemalt."

„Sie haben ein Wunderwerk an Feinheit vollbracht, Laja Sahib."

Sie lächelte. Sicher war der junge Mann nicht nur gekommen, um ihr Komplimente zu machen oder über Hen-
namalerei zu sprechen, die seit uralten Zeiten zur Verschö-
nerung der Frauen gehörte.

Man sah es Ragan an, daß ihm irgend etwas auf dem
Herzen lag, daß ihn etwas bedrückte. Laja glaubte auch zu
wissen, was es war, aber sie wartete geduldig, bis er von
selbst zu sprechen anfing. Er schien noch mit sich zu kämpfen, aber dann fragte er plötzlich: „Was halten Sie von
Sundri? Bitte, seien Sie ehrlich, Laja Sahib. Sie wissen, daß
das Mädchen mir sehr teuer ist, daß ich daran denke, sie zu
heiraten, aber manches Mal zweifle ich, ob sie die richtige
Frau für mich sein wird. Mein Weg wird nicht leicht sein,
und ob sie mir darauf folgen kann, weiß ich nicht!"

Laja sah einen Augenblick in ihren Schoß. Sie fühlte,
daß Ragan ihr Urteil ernst nehmen würde. Eine Sekunde
lang schwankte sie, ob sie ihm nicht sagen sollte: ‚Geh fort,
vergiß Sundri, denn du wirst es schwer mit ihr haben.' Aber
es steckte doch ein so guter Kern in dem Mädchen, und
Liebe konnte viel erreichen. Vielleicht würde es Ragan gelingen, sie zu dem zu machen, was sie werden konnte, wenn
man sie behutsam aus dem alten Aberglauben herausriß.
Wenn man ihr mit viel Verständnis aus dem heraushalf,
was auf ihr lastete.

„Sundri hat eine gute Seele", sagte sie. „Sie müssen sie
nur aus dem Gestern lösen und sie in die Zukunft führen.
Sie müssen den Bann brechen, daß ihr Leben von ihrem
Horoskop beeinflußt werde. Es ist so sehr zur fixen Idee
bei ihr geworden, daß sie wirklich angriffslustig und eitel
geworden ist. Nur für die Karim-pana hat sie noch nichts
gefunden, denn sie weiß, daß sie mit ihrer Klugheit im Leben viel erreichen kann, also niemals nutzlos sein wird."

„Gerade das ist es, was mir Sorgen macht", erwiderte
Ragan. „Mit dem Aberglauben will ich schon fertig werden, aber Sundri ist zu ehrgeizig. Von mir erwartet sie eine
glanzvolle Karriere. Übrigens genau wie meine Mutter. Ich
denke aber nicht daran, diesen Wunsch zu erfüllen, ich will

etwas ganz anderes. Auch für sich selbst hat Sundri so ehrgeizige Pläne, die sie ohne Zweifel erreichen kann, aber sie liegen nicht auf meiner Linie."

Laja wollte einen Einwand machen, aber Ragan fuhr fort: „Glauben Sie ja nicht, daß ich rückständig bin oder an altmodischen Sitten hänge und mir Sundri ausschließlich nur als Frau und Mutter vorstelle. Durchaus nicht, aber ich brauche eine Kameradin, die mir hilft, meine Pläne durchzuführen. Es macht mir die größte Sorge, wie erhaben sie sich über andere dünkt, die nicht so gescheit sind wie sie selbst. Sie sollten einmal sehen, liebste Laja Sahib, wie Sundri vor den jungen Leuten der Universität auf- und abspaziert und ihre Weisheit verstreut wie Reiskörner vor die Vögel. Wie sehr es ihrer Eitelkeit schmeichelt, wenn man sie bewundert, wenn man sie für etwas Außerordentliches hält. In solchen Augenblicken zweifle ich daran, ob sie die richtige Frau für mich sein wird."

„Das dürfen Sie nicht", sagte Laja mit sehr viel Wärme in der Stimme. „Sie müssen bedenken, wie Sundri aufgewachsen ist, und Sie müssen ihr helfen, daß sie die rechte Balance im Leben findet. Bis jetzt hatte sie als Mädchen überhaupt nichts zu sagen, und nun ist sie plötzlich jemand, darf sie reden, kann sie auftreten und sich hervortun. Es ist schwer, hier das Richtige zu tun. Halten Sie ihr einen Spiegel vor, damit sie sich erkennt, zeigen Sie ihr die Grenzen, und haben Sie viel Geduld. Glauben Sie mir, Sundri ist es wert."

„Ich danke Ihnen, Laja Sahib", erwiderte Ragan. Er legte seine gefalteten Hände an die Stirn und verneigte sich tief vor Laja Rhadvani.

Sundri sieht den Marut mit dem Goldhelm

Erschöpft von der glühenden Hitze, die seit Wochen über Delhi brütete, schlichen die Menschen durch die Straßen. Vor der unbarmherzig sengenden Sonne kroch in den Schatten, wer konnte. Es war höchste Zeit, daß der Monsun den erlösenden Regen brachte, denn jedermann war auf das äußerste gereizt. Die Flußtäler, die den Ganges und den Brahmaputra mit Wasser versorgen, waren vollkommen ausgetrocknet. Der heilige Jamuna war nur noch ein Rinnsal. Die Gärten, soweit sie nicht künstlich bewässert werden konnten, waren mit einer grauen Staubschicht bedeckt. Grau und öde war auch das Land ringsumher. Staub lag über den Straßen.

Hoch über dem Flachland und den Hügeln wurden grenzenlose Wolkenmassen durch die Luft gejagt, die mit Feuchtigkeit vollgesogen waren wie ein Schwamm. Aber erst wenn die Ebene glühend wie ein Backofen war, würde es zu regnen beginnen. Und wenn die Wolken die Himalajas erreicht hatten, würden sie dort, zu Schneestürmen abgekühlt, um deren Gipfel jagen. Dann würde der kühlende Abendwind das Klima in Delhi wieder erträglich machen.

Als die ersten schweren Tropfen fielen, wurde es so feuchtwarm, daß es unmöglich schien, die Kleider anzubehalten. Fast über Nacht grünte es in allen Gärten, es war ein Grün von einer so satten Farbe, daß es zu leuchten schien.

„Gestern ist mir der Marut erschienen", sagte Sundri zu Ragan. „Der Marut mit dem Goldhelm, ich habe ihn ganz deutlich gesehen. Es bedeutet nichts Gutes!"

„Glaube nicht daran!" erwiderte er.

„Du wirst sehen", sagte sie. „Wenn der Marut erscheint, gibt es einen Todesfall, oder es geschieht ein Unglück." Und sie sollte ausnahmsweise leider recht haben. Für Ragan stand es trotzdem fest, daß der Brief, den Sundri von ihrem Bruder Balan bekam, in keiner Beziehung zu der Erscheinung des Marut stand, die sie gehabt haben wollte. Balan schrieb: „Komm nach Hause, Sundri. Es ist der Wunsch des Vaters, Dich noch einmal zu sehen. Er ist krank!"

„Natürlich mußt du sofort reisen", sagte Ragan. „Ich begleite dich bis Bombay und erwarte dich dort wieder. Du wirst dann auch meine Familie kennenlernen."

Ragan hatte die feste Absicht, Sundri zu seinen Eltern zu bringen. Sie mußten es schließlich erfahren, daß er seine Wahl getroffen hatte.

Ragan hatte Flugscheine bestellt, weil er keine Lust hatte, drei Tage in einem stickigen Eisenbahnabteil zu verbringen. Auf der kurzen Strecke von der Transithalle bis zum Flugzeug wurden sie bis auf die Haut durchnäßt, denn der Wind jagte die Regenböen über den freien Platz. Es war nicht möglich, einen Schirm aufzuspannen. Voller Bange klammerte sich Sundri an Ragan, dies war ihr erster Flug. Der große Vogel war ihr unheimlich, gemahnte sie an die Boten der Geister in der Luft. Es bedurfte einigen Zuspruchs, bis sie seine Hand losließ.

Leider verhängte eine dichte schwarzgraue Wolkendecke den Himmel, und man hatte keinerlei Sicht. Unaufhörlich prasselte der Regen auf die Tragflächen des Flugzeugs. Man konnte nicht einmal die vielen Lichter von Bombay sehen, als die Maschine einschwebte. Es hatte so starker Gegenwind geherrscht, daß das Flugzeug nicht planmäßig eintraf und die Zeit knapp reichte, um vom Flugplatz zum Victoria-Bahnhof zu gelangen. Ragan machte sich große Sorgen, wie Sundri nach Hause kommen würde, denn der Monsun wütete immer noch. Allerdings war er dort unten in den Ghats bereits im Abflauen begriffen.

„Schick mir ein Telegramm, wenn du angekommen bist", bat er sie.

Während Sundri in die Nacht hineinfuhr, nahm Ragan sich ein Taxi nach Hause. Trotz des strömenden Regens genoß er die Fahrt über die Seepromenade hinauf auf den

Malabarberg in das Villenviertel von Bombay. Hier wohnten die reichsten Familien in prunkvollen, teilweise palastartigen Besitzungen.

Ragan hatte seine Familie zwar verständigt, daß er komme, weil seine Mutter keine Überraschungen liebte, aber er hatte keine genaue Zeit angegeben.

„Willkommen zu Hause, mein Sohn", sagte Pramila Ray. Man sah ihr die Freude an und auch den Stolz auf ihren Sohn. Pramila war eine sehr vornehme Dame, und sie sah noch jung aus. Keinesfalls glaubte man ihr die erwachsenen Kinder. Sie hatte sehr jung geheiratet und war heute neununddreißig Jahre alt. Man konnte sie gut und gern für die ältere Schwester ihres Sohnes halten, der jetzt fünfundzwanzig war.

Sarla, Ragans Schwester, begrüßte ihn nicht weniger herzlich. Die Geschwister hatten sich immer gut verstanden.

„Ich bin sehr glücklich, dich so wohl vorzufinden, Mama. Wo ist Vater?"

„Dein Vater, mein erhabener Gatte, ist auf einer Geschäftsreise, aber wir erwarten ihn bald zurück. Du bleibst doch wohl einige Wochen bei uns?" fragte sie.

„Ich denke schon, Mama." Ragan war ganz froh, daß er es zunächst nur mit seiner Mutter zu tun haben würde. Der erste Sturm der Enttäuschung war dann vorüber, bis sein Vater zurückkehrte. Er hoffte, daß sie ihm, wenn sie sich beruhigt hatte, helfen würde, denn er war immer ihr Liebling gewesen.

Als habe sie geahnt, was ihren Sohn nach Hause geführt hatte, begann Pramila, kaum, daß die Abendmahlzeit beendet war, von ihren Plänen für ihn zu sprechen.

„Wir haben eine passende Frau für dich ausfindig gemacht, Ragan. Dein Vater ist der Ansicht, daß es höchste Zeit für dich wird, zu heiraten."

„Verzeihe, Mama, aber ich muß doch erst meine Studien beenden. Wie sollte ich mich mit einer Familie belasten können!"

„Das verstehe ich nicht. Du wirst Geld genug bekommen, um zu heiraten."

„Ich hätte keine Zeit für eine Frau, deshalb möchte ich lieber noch etwas warten", sagte Ragan ausweichend.

„Dein Vater hatte in deinem Alter bereits einen sieben Jahre alten Sohn, nämlich dich, Ragan!"

Es war nicht möglich, Pramila vom Thema abzubringen. Sie wollte ihrem Sohn die Frau, die sie für ihn erwählt hatten, schmackhaft machen. Zu ihrer Zeit hatte man nicht so viel Aufhebens gemacht, da bestimmten die Eltern, und die Kinder hatten sich zu fügen. Ja, sie hätten es nicht gewagt, überhaupt einen Einwand zu machen.

„Das Mädchen ist nicht nur hübsch und von erstklassiger Familie, sie erhält dazu auch noch eine sehr große Mitgift."

„Ich will noch nicht heiraten, Mama, aber wenn ich es einmal tue, will ich mir meine Frau selbst auswählen."

„Unmöglich. Du kannst nicht so aus der Reihe tanzen. Äußere diese Ansicht bitte nicht vor deinem Vater!"

„Warum nicht, Mama? Es ist heute doch so, daß wir jungen Menschen auch etwas zu sagen haben."

„Davon will ich nichts wissen. Der Fortschritt will nur die Familienbande sprengen, und das darf nicht sein!" Sie sah ihn forschend an. Irgendwie kam er ihr verändert vor. Vermutlich hätte man ihn nicht so lange in Delhi lassen sollen. Warum hatte sie es nicht durchgesetzt, daß er in Bombay studierte. Die Universität war zum mindesten genausogut. Er hatte sich doch sehr verändert. In seinem Gesicht spiegelten sich zwar Geist und Gesittung eines uralten Volkes, und doch sah sie etwas darin, das sie beunruhigte.

„Du siehst an deiner Schwester Sarla, wie vortrefflich eine Ehe werden kann, wenn die Eltern sie bestimmt haben. Sie ist glücklich mit Hemen. Ihre beiden Horoskope haben schon gezeigt, daß sie gut zueinander passen würden", sagte Ragans Mutter befriedigt.

„Auf Sarlas Gefühle habt ihr keine Rücksicht genommen?" fragte er ein wenig ironisch. „Vielleicht ist sie gar nicht so glücklich, wie ihr glaubt, Mama. Hemen . . ."

„Erlaube, Ragan, sie ist glücklich. Hemen ehrt und achtet sie, das ist viel. Wir wollen nichts von den neumodischen Ideen wissen. Worin soll denn der Fortschritt bestehen, wenn das Gesetz sogar die Scheidung erlaubt", sagte sie böse. „Niemals wird es das in unserer Familie geben!"

„Es wird sich vieles in Indien ändern, Mama, ob ihr es wollt oder nicht!"

„Nicht bei uns. Mir wurde dein Vater von meinen Eltern und meinen Schwiegereltern bestimmt, und du weißt, daß wir eine sehr glückliche Ehe geführt haben. Deine Schwester hat sich bereits durch Klugheit ihre Stellung in der Familie selbst geschaffen."

„Mag alles sein, aber ich suche mir meine Frau selbst aus", erklärte Ragan so bestimmt, daß seine Mutter beschloß, das Thema vorläufig fallen zu lassen. Sein Vater würde ihm schon beibringen, daß er sich der Familientradition zu beugen hatte.

Natürlich war es im Hause der Rays nicht mehr so, daß seine Mutter erst aß, wenn der Vater gegessen hatte, oder daß sie auf der Straße zwei Schritte hinter ihm gehen mußte, diese alten Sitten hatten sie abgelegt, aber unverrückbar hielten sie an der Kaste fest. Zwar mußte die Braut immer noch bei der Hochzeit verschleiert sein und durfte dem Gatten ihr Gesicht erst zeigen, wenn sie siebenmal aneinandergeknotet, barfuß zusammen um das heilige Feuer geschritten waren, es war nur noch eine Geste. Die jungen Leute sahen sich und sprachen vor der Hochzeit miteinander. Man ging aus, und man tanzte zuweilen auch zusammen. Das war ein sehr großer Fortschritt, den es vor wenigen Jahren noch nicht gegeben hätte.

Der Vater der Braut, die sie Ragan zugedacht hatten, gehörte zur höchsten Kaste. Wäre Ragan nicht der Sohn des reichen Handelsherrn Ray gewesen und würde er nicht studieren und eine akademische Würde erreichen, wäre die Werbung der Eltern, trotz des guten Horoskops, das er hatte, abgewiesen worden. Die Familien hier auf dem Malabarberg hielten sehr zusammen.

Ragan begleitete seine Schwester zu ihrem Haus, das neben dem elterlichen Besitz gelegen war, und nachdem seine Mutter zu Bett gegangen war, stand er noch lange am Fenster seines Zimmers. Er hatte den europäischen Anzug mit einem bequemeren indischen Gewand vertauscht.

Die Villen hier oben auf dem Berg waren schön. Wunderbar angelegte Parks und Gärten zeugten von dem Reichtum ihrer Besitzer. Hier herrschte keine Not, aber drunten in der Stadt gab es eine halbe Million Arbeits- und Obdachlose. Er nahm sich vor, in den nächsten Tagen die Elendsviertel einmal anzusehen. Auf dem Bahnhofsgelände hatte er sehr wohl die bettelnden Kinder bemerkt, und die verhärmten und ausgemergelten Gesichter der Frauen hatten sein Mitleid erregt. Wie könnte er jemals eine Millionärstochter heiraten, die von allen Problemen, die auf ihn zukamen, nichts verstand und auch nichts verstehen wollte. Er würde sich in keine Stellung drängen lassen, die ihm sein Vater durch seine Beziehungen verschaffte. Er wollte seinem Land dienen nach seiner eigenen Fasson. Nicht nur aus innerster Überzeugung, sondern auch, weil er wußte, daß Indien über kurz oder lang untergehen würde, wenn sich nicht Frauen und Männer bereitfanden, zu helfen und aufzubauen.

Was ging ihn die Kaste der Brahmanen an? Überhaupt alle Kasten, mochten sie in den Familien noch so hoch gehalten werden, sie waren durch das Gesetz abgeschafft, und in den Fabriken standen bereits Harijanis, Unberührbare, und Angehörige einer Kaste nebeneinander an den Maschinen.

Ragan dachte an Sundri. Hoffentlich kam sie bald zurück. Sie hatte die Kraft, aus der Fülle ihres Herzens zu leben. In ihrem Lächeln lag noch ein Zauber, der aus dem dunklen Grund ihrer Seele kam. Daß noch viel an ihr abzuschleifen war, störte ihn nicht. Sie war so jung, und ihre Augen hatten die Farbe von Topasen.

Ein Wort von Rabindranath Tagore fiel ihm ein, als er aus seiner Träumerei langsam in die Wirklichkeit zurückkam. „Der Schmetterling, der von Blume zu Blume flattert, bleibt immer mein, den ich im Netz gefangen, verliere ich."

Sundri sollte soviel wie möglich ihre Freiheit und Eigenart behalten. Ihre Klugheit würde ihr hoffentlich bald gebieten, sich ihm anzupassen.

„Gute Nacht, meine Jasminblüte."

Der Tod des Vaters

Sundri war endlich in Bangle City angekommen. Meilenweit hatte sie zu Fuß gehen müssen, weil der Regen die Eisenbahngleise so unterwaschen hatte, daß kein Zug mehr passieren konnte. Todmüde war sie endlich angelangt. Jetzt wartete sie an der Bootslände auf ihren Bruder Balan. Hoffentlich hatte man vom Dorfladen aus sofort einen Läufer nach Hause geschickt, als ihr Telegramm dort eintraf.

Wie ein grauer, brodelnder Kessel war das Meer aufgewühlt von den Winden, die über das Arabische Meer herbrausten. Es würde eine sehr stürmische Fahrt werden, aber Balan konnte es schaffen. Er war kräftig und brachte vermutlich Chandu oder sonst einen der Diener mit.

Sundri wartete stundenlang vergebens. Balan kam noch immer nicht. Endlich, sie wollte schon wieder in die Stadt zurückgehen, entdeckte sie das Segelboot. Chandu und ein anderer Inder hatten Mühe, es an das Ufer zu bugsieren. Amini war mit dabei. Sie winkte herüber. Es dauerte einige Zeit, bis das Boot fest vertäut an der Lände lag.

„Namaskaram!" Amini verbeugte sich. Sie hielt die Hände zum Gruß gefaltet. „Wir konnten nicht früher kommen, verzeih, Sundri Sahib", sagte sie.

„Wie geht es meinem Vater? Wo ist Balan, mein Bruder, weshalb ist er nicht gekommen, mich abzuholen?" sprudelte Sundri heraus. „Verbirg mir nichts, Amini!"

125

Die Dienerin senkte den Blick. Was sollte sie tun? Die Herrin, Rohini Sahib, hatte ihr eingeschärft, nichts zu sagen. Und hier stand die junge Herrin und forderte, zu wissen, was sich ereignet hatte.

„Chandu, sprich du! Weshalb ist mein Bruder nicht hier?"

„Die Sorge um den Herrn hielt ihn zurück", sagte Chandu. Aber er sah sie nicht an dabei, sondern beschäftigte sich mit den Segeln. Demnach stand es nicht zum besten mit dem Vater. Sundri setzte sich in das Boot, sie war plötzlich müde, und Amini deckte sie mit einer Plane zu. Es würde nicht viel nützen, wenn sie Chandu zur Eile antrieb, das Wetter war so schlecht, daß sich nichts erzwingen ließ. Wenn doch endlich dieses entsetzliche Stürmen nachlassen würde!

Es wurde eine Heimfahrt, die Sundri nicht so schnell vergessen würde. Als sie angelegt hatten, wartete sie nicht, bis das Boot festgemacht war, sondern lief durch den Dschungel dem Hause zu. Hier hätte es stockdunkle Nacht sein können, sie kannte noch jeden Baum und jeden Strauch.

„Ama, Ama", rief sie der Mutter entgegen, die unter den Torbogen getreten war, um Ausschau zu halten. „Wie geht es? Hoffentlich besser. Weiß der Vater, daß ich komme?" Rohini nickte mit dem Kopf und dachte bei sich: Sein Geist weiß es. Jetzt weiß er mehr als früher, da er noch lebte. Rohini schloß ihre Tochter stumm in die Arme. Sie sah dabei starr hinüber an den Rand des Dschungels, wo unter einem primitiv aufgerichteten Dach aus Kokosmatten ein Feuer brannte.

Als Sundri sich endlich von der Mutter löste und ihrem Blick folgte, mußte sie die Hand auf den Mund pressen, um nicht laut aufzuschreien. Sie hatte sofort erfaßt, was dort vor sich ging. Jetzt wußte sie auch, warum Balan sie nicht abgeholt hatte. Er stand mit gesenktem Kopf und sah einigen Männern zu. Es waren Diener und ihre Schwäger, die in einem Feuer stocherten und immer wieder neue getrocknete Kokosschalen und Zweige in die schwelende Glut

126

warfen. Dort verbrannte man also den Leichnam ihres Vaters. Balan stand mit gesenktem Kopf dabei, er hielt die Hände vor die Stirn gefaltet, um dem Toten einen Gruß zu erweisen.

Sundri wollte im ersten Überschwang des Gefühls hinüberlaufen, aber ihre Mutter hielt sie zurück. „Komm ins Haus", sagte sie sanft. „Laß tot sein, was tot ist, mein Kind. Was dort verbrannt wird, ist nur die leere Hülle. Der schöne und gute Geist deines Vaters hat sie längst verlassen." Das war der alte Glaube der Drawiden, aber es war schwer, sich daran zu halten. Sundri machte sich im stillen Vorwürfe. War der frühe Tod, war ihr Zuspätkommen die Strafe dafür, daß sie von zu Hause fortgegangen war? Hätte sie nicht doch ihr Schicksal auf sich nehmen sollen?

Als Balan mit seinen Leuten zurückkam, waren sie alle bis auf die Haut durchnäßt. Bei diesem Regen war es sehr schwer gewesen, das Feuer in Gang zu halten. Immer wieder hatten sie darin stochern müssen, und wäre nicht der Glaube, daß die leibliche Hülle wertlos war, so stark in ihnen verwurzelt, sie hätten es nicht fertiggebracht, zu tun, was sie tun mußten.

Endlich, nach der Abendmahlzeit, berichtete Rohini, daß sich der Vater bei der Kontrolle der Reisfelder erkältet hatte und sehr rasch gestorben war. Einen Arzt aus Bangle City hätte man nicht herbeiholen können, weil der Monsun zu stark gewesen war. Der Dorfquacksalber hatte sich zwar mühsam durch den Dschungel und das Wetter gekämpft, aber was er verordnet hatte und seine Zaubersprüche hatten nichts mehr genutzt.

In Sundris Zimmer wohnte jetzt Gopi mit ihrem Mann, und man hatte für sie ganz schnell eines der Zimmer im ersten Stock gerichtet. Rohini hatte wohl einen Teil ihrer Sachen vom Speicher geholt, aber es war trotz allem jetzt nicht mehr die vertraute Umgebung von einst. Es war ein fremdes Zimmer für sie.

„Das mußt du verstehen", entschuldigte sich Gopi erst etwas verlegen, dann wurde sie aber, je länger sie sprach, entschiedener: „Du bist fortgegangen, und niemand wußte, ob du jemals wiederkommen würdest. Mit dem Baby ist es für mich viel praktischer, hier unten zu wohnen. Zudem . . ." Sie brauchte nichts weiter zu sagen, Sundri sah, daß Gopi bald ein zweites Kind haben würde.

„Ja, ich verstehe", erwiderte Sundri. „Ich bleibe auch nicht lange hier, und deshalb ist es gleichgültig, wo ich wohne." Sie hätte am liebsten irgendwo auf der Erde geschlafen, denn in diesem Zimmer fühlte sie sich nicht heimisch. So saß sie die halbe Nacht über ihren Büchern und las.

Sie fand auch ihr altes Tagebuch wieder und blätterte darin. Da stand die Geschichte von der nicht zustande gekommenen Verbindung mit Kaman Puthiyapurayil. Bei der Erinnerung, wie die Usha damals davongerannt war, mußte sie beinahe lachen.

Und hier stand die Verlobung mit Sukumira. Niemals würde sie die Furcht und den Schrecken vergessen, der sie erfaßt hatte, als sie seine Hände gesehen hatte. Bis auf den heutigen Tag konnte sie es sich nicht erklären, aber es war so. Ja, hier hatte sie es geschrieben, daß sie wünschte, irgendein Ereignis befreite sie von Sukumira. Sein Tod hatte sie befreit, aber so hatte sie es nicht gewollt. Nein, befreit hatte sie sein Tod doch nicht, im Gegenteil, er hatte sie belastet und tat es noch heute; vielleicht kam sie nie ganz darüber hinweg.

Hier fühlte sie es wieder, und hier empfand sie den Aberglauben als lästig. Wenn sie nur dies alles abschütteln, alles vergessen könnte! Wie gut, daß es Ragan gab, der ihr dabei helfen würde.

Wenn sie könnte, würde sie ihm jetzt auf einer Monsunwolke einen Gruß zuschicken, wie seinerzeit der verbannte Yakscha seiner Geliebten Grüße auf den nach Norden zu den Himalajas ziehenden Wolken schickte. Der Himalaja war die Schneewohnung der Hindugötter. Aber auch für die Drawiden waren die Berge des Himalaja heilig und der Sitz ihrer Sagenkönige und Geister.

Sundri hatte das Gefühl, als ob es ihren Geschwistern

lieber gewesen wäre, wenn sie nicht nach Hause gekommen wäre. Gopi ließ sie ihr Baby nicht auf den Arm nehmen, sie trug es sofort weg, wenn sie kam. Die Kinder drückten sich scheu in eine Ecke der großen Küche und gaben keine Antwort, wenn sie etwas fragte. Im Freien liefen sie vor ihr davon. Sie war und blieb doch die Unglücksbringerin für alle. Auch die Verwandtschaft ließ sich nicht blicken.

Sie mußte fort, und sie würde nicht so schnell wiederkommen. Zusammen mit Ragan Ray würde sie in eine bessere Zukunft gehen. Ragan würde eine Stellung als berühmter Arzt haben, und auch sie würde hinaufgetragen werden, denn den Frauen Indiens standen jetzt so viele ungeahnte Möglichkeiten offen. Sarijini war Gouverneurin von Uttar Pradesh geworden, dem größten Staat der Indischen Union. Pandit war Vijaya Lakshmi, Mitha Lam Landrätin von Bombay, Mary Clubwala Abgeordnete von Madras, Hansa Mehta war Protektorin der Universität Baroda. Und das war erst der Anfang.

Was sollte sie, Sundri Valappan, noch hier auf der Plantage in den westlichen Ghats tun? Auch ihr Weg würde nach oben führen. Sie fühlte sich losgelöst, fühlte, daß sie dem Leben hier völlig entwachsen war. Selbst wenn sie nicht von der Schwiegermutter verflucht worden wäre, hätte sie nicht mehr heimisch werden können. Jamaki, Gopi und Kamala waren so anders als sie. Sie konnten nicht lesen und nicht schreiben, interessierten sich für nichts anderes als das Leben in ihrer Familie, so wie sie es bis jetzt geführt hatten.

Kamala würde allerdings nicht mehr lange hier sein. Durch die neue Gesetzgebung waren alle Kinder gleich erbberechtigt, und ihr Mann hatte im Sinn, in Militärdienste zu gehen, wenn Balan ihn ausbezahlen konnte. Sie würde dann mit ihm in seine Garnison ziehen. Es brachte viel Verwirrung mit sich, dieses neue Gesetz, das alles umwarf, was seither an Familientradition gegolten hatte. Früher hatte man nur den Steuereintreiber als Vertreter des Gesetzes gekannt, jetzt war alles so ganz anders. Ein Glück, daß Balan dies alles verstand. In der Erbschaftssache war er zu einem Rechtsberater nach Bangle City gegangen. Rohini und ihre Kinder würden den ganzen Besitz als gleichberechtigt unter sich aufteilen können, wenn sie wollten. Was immer der Ältestenrat beschloß, brauchte nicht mehr anerkannt zu werden, wenn es gegen das Gesetz ging, was er anordnete.

Sundri hatte eine lange Unterredung mit ihrer Mutter, die wiederum Balan bestimmte, seiner Schwester zunächst eine monatliche Summe zu schicken, die später mit ihrem Erbteil verrechnet werden würde. Man würde vielleicht die Plantage halbieren. Eine Hälfte sollten Gopi und Jamaki erhalten, die andere Hälfte sollte Balan bewirtschaften, dazu mußte er Sundri auszahlen, die Mutter und die Schwesternfamilien bei sich behalten, die man ja nicht einfach auf die Straße setzen konnte. Sie würden mit Balan also noch weiter im Familienverband zusammenleben. Nicht mehr aber deren Kinder, die sich eine eigene Existenz aufzubauen hatten. Kamala sollte von Gopi und Jamaki ausbezahlt werden. Dies alles sollte aber nicht von heute auf morgen, sondern im Lauf der Zeit geändert werden.

Sundri entschloß sich, noch bis zum September zu bleiben, obwohl es sie mit Macht zurück nach Delhi zog. Sie hatte von Bangle City aus mit Ragan telefoniert, und er hatte ihr versichert, daß er in Bombay auf sie warten würde. Sie war froh, diese kurze Zeit noch zu Hause verbringen zu können, weil sie fühlte, daß es für lange, sehr lange Zeit ihr letzter Besuch sein würde.

Wenige Tage vor ihrem Abschied hörte der Regen nach einem letzten ungeheuren Gewitter auf. Ein riesiger Regenbogen umspannte den Himmel, und bald lockte die strahlende Sonne sie hinaus ins Freie. Betörend war der Duft der Blumen und Blüten, vermischt mit dem Brodem der feuchtwarmen Erde. Herrlich die Farben, die wie bunte Tupfen in dem Grün des Grases und der Bäume aufleuchteten. Sundri wanderte hinüber zu dem Schrein am Rande des Dschungels. Sie hatte ein reiches Opfer für die Geister ihrer Vorfahren mitgenommen. Aus einem Korb verstreute sie handvollweise den Reis und freute sich, daß so viele Vögel kamen, ihn aufzupicken. Da war ein ganz bunter, fremdartiger, einen solchen hatte sie noch nie gesehen. Es war ein gutes Zeichen, und er würde als Bote melden, daß sie hier war und daß sie die guten Geister um gnädiges Gehör bat. Sundri hatte die auserlesensten Früchte mitgenommen, die schönsten Blüten gepflückt, um sie hier niederzulegen. Hell klingelte das silberne Glöckchen, mit dem sie ihren Eintritt in den Schrein meldete. Hier war sie wieder ganz die Tochter ihres Stammes, sie glaubte es nicht nur, sondern sie empfand es auch und holte sich aus der Tiefe ihres Herzens die Kraft, die sie von nun an für ihr weiteres Leben brauchen würde. Nichts war in diesem Augenblick übrig von der modernen Studentin, die der Zukunft entgegenlaufen wollte. Am Abend, ehe Sundri wieder abreiste, sprach sie lange mit ihrer Mutter. Sie erzählte von ihrer Freundschaft mit Laja Rhadvani und von Ragan. „Du wirst dich kaum mehr an ihn erinnern, Ama. Er war einmal mit Balan hier, damals, als Gopi Hochzeit hatte."

„Ja, ich weiß", erwiderte Rohini mit feinem Lächeln. Sundri war damals seltsam gewesen, und sie hatte sich gedacht, daß es mit diesem jungen Mann zusammenhing, obwohl sie nichts mit ihm gesprochen hatte. Zuneigung ging oft seltsame Wege.

„Später, Ama, wenn ich mein Studium beendet und eine gute Stellung habe, mußt du mich besuchen. Ich will Ragan heiraten", sagte sie und neigte sich dann mit gefalteten Händen zum Gruß vor ihrer Mutter.

„Die guten Geister mögen dich begleiten", erwiderte Rohini. Ihr Sorgenkind mußte seinen eigenen Weg gehen, sie konnte nur für es hoffen und wünschen.

Herzlich nahm Sundri Abschied von der ganzen Familie, denn es war heute keine Flucht mehr, wie es das erste Mal gewesen war. Sie ging in Frieden aus dem Hause ihrer Kindheit. Es fiel ihr nicht allzu schwer, weil sie hinter sich die Kinder wieder lachen hörte.

Balan brachte seine Schwester wieder nach Bangle City, wo sie noch einen oder zwei Tage bleiben wollte.

Wie hatte sich doch hier alles verändert! Ihre alte englische Schule bestand nicht mehr, und auch Miss Britto war weggegangen. Sie sei in das benachbarte Goa gezogen, sagte man Sundri. Man sah keine englischen Soldaten mehr, dafür gab es eine große Anzahl Arbeitslose, Menschen, die früher für das Militär gearbeitet hatten. Sie standen auf den Straßen herum oder saßen im Schatten der Häuser.

Nur den alten portugiesischen Friedhof fand Sundri unverändert vor. Die Grabsteine mochten, ausgewaschen vom Monsunregen, noch verwitterter sein, das Moos darauf dichter und das Unkraut mochte üppiger wuchern als früher. Außer ihr kam wohl kaum jemand mehr hierher. Noch einmal ging sie zwischen den zerfallenen Gräbern umher und las wieder die Namen der Ribeiros, Costellos, Teixieras und wie sie alle hießen. Manchen Namen fand sie nicht mehr, er war vom Moos jetzt vermutlich ganz überwuchert. Aber auch der alte Zauber der Liebesgeschichten, die sie sich zwischen João und Isabella ausgedacht hatte, wollte nicht wiederkehren. Liebe war doch ganz anders, als sie es sich in ihren kindlichen Phantasien vorgestellt hatte.

Sundri träumte noch eine Zeitlang vor sich hin. Plötzlich glaubte sie eine Stimme zu hören, die ihr zuflüsterte:

> „Ich schlief und träumte,
> das Leben sei Freude.
> Ich erwachte und sah,
> das Leben war Pflicht.
> Ich handelte und begriff,
> die Pflicht ist Freude."

War es der Geist Rabindranath Tagores, der zu ihr gesprochen hatte? Es war eine übernatürliche Kraft, die sie daran erinnerte, keine Zeit zu vergeuden. Sie sprang auf und lief in die Stadt zurück. Auf dem Postamt meldete sie ein Gespräch mit Bombay an, aber es schien ihr eine kleine Ewigkeit zu dauern, bis sie endlich die Verbindung bekam.

Indira

„Rufe meinen Sohn", sagte Uday Sahib zu dem Diener, der ihm den Tee gebracht hatte. Dieser verneigte sich stumm und ging so lautlos aus dem Zimmer, wie er gekommen war.

Seit Ragans Vater von der Reise zurück war, war er in einer denkbar schlechten Laune. Er hatte das, was er sonst so stolz als seine Haltung ansah, einfach verloren, seit dem Augenblick, da ihm seine Frau gesagt hatte, daß Ragan sich nicht den Wünschen und dem Rat der Eltern zu fügen gedachte.

Bis jetzt hatte er es vermieden, mit seinem Sohn darüber zu sprechen, aber die Sache ließ sich nun nicht länger aufschieben. Sein Freund Prasad hatte ihn heute daraufhin angesprochen. Er wollte endlich das Datum für die Verlobung festlegen lassen, dazu brauchte er Ragans Horoskop. Es mußte vom Astrologen mit dem Horoskop seiner Tochter Indira abgestimmt werden. Teilweise hatte man schon die Mitgift ausgehandelt. Es war ein Meisterwerk an Geschäftstüchtigkeit gewesen, aber auch Uday Ray hatte es verstanden, alles in die Waagschale zu werfen, was günstig war. Besonders den hohen akademischen Grad, den Ragan eines Tages erreichen würde, hatte er hervorzuheben gewußt. Es war das Begehrteste an einem Schwiegersohn, daß er als Akademiker in eine Regierungsstelle gelangen konnte. Es würde später durch die gemeinsamen Beziehungen beider Familien ein leichtes sein, Ragan eine Professur zu verschaffen. Sicher war, daß er nicht als Taxichauffeur oder Straßenarbeiter würde gehen müssen, wie so viele studierte junge Leute, die keine Beziehungen hatten.

Prasad hatte durchblicken lassen, daß er dem jungen Paar eine Villa auf dem Malabarhügel als Hochzeitsgeschenk kaufen würde.

Es wurde höchste Zeit, daß man ins reine kam, denn die Vorbereitungen würden Zeit in Anspruch nehmen.

Man rechnete doch mit Hunderten von Gästen zur Verlobung wie zur Hochzeit.

Daß es Prasad bei seiner einzigen Tochter würde an nichts fehlen lassen, das wußte Uday. Sein Freund hatte vorgeschlagen, ein eigenes Büro dafür einzurichten. Dieses Hochzeitsbüro sollte alles erledigen, Juweliere und Schneider sowie die Lieferanten bestellen. Prasad mußte ja nicht nur seine Tochter, sondern nach indischer Sitte auch den Schwiegersohn ausstatten. Er hätte dies ablehnen können, denn nach dem Gesetz waren die Töchter jetzt auch erbberechtigt, und somit mußten sie von den Eltern nicht mehr bevorzugt ausgestattet werden. Aber er hatte nur dies einzige Kind, und er hing auch noch sehr an der alten Tradition. Ein Prasad ließ sich nichts nachsagen.

Alles schien demnach auf das beste arrangiert, und jetzt kam sein Sohn daher und weigerte sich, Indira zu heiraten. Vermutlich hatte er irgendein Mädchen kennengelernt, eine Studentin oder eine Krankenschwester. Doch daraus würde nichts werden. Dieses Mal sollte er seinem Vater gehorchen. Leider hatte er bislang Ragan viel zuviel Freiheit gelassen. Was Gandhi gepredigt hatte, war schön und gut, aber für Uday Ray schien es nicht zu existieren. Er hatte nie viel für Phantasten übrig gehabt. Gut, man hatte die Freiheit von England erhalten, das war das Verdienst dieses Gandhi, aber was er sonst wollte, das war sicher nicht erstrebenswert. Jahrtausendelang hatte es in Indien Kasten gegeben, und diese wollte man jetzt so ohne weiteres abschaffen. Und wie käme er dazu, plötzlich mit den Armen zu teilen? Sollte er etwa seine Teepflanzungen verschenken? Uday zwang sich, ruhig sitzen zu bleiben. Er mußte sich seinem Sohn überlegen zeigen.

Ragan, der nur das Dhoti trug, denn der Hitze wegen war dieses Hüfttuch bequemer als ein Anzug, grüßte seinen Vater ehrerbietig und blieb stehen, bis dieser ihn mit einer Handbewegung zum Sitzen aufforderte.

„Du wirst dir denken können, weshalb ich dich zu einer ernsten Besprechung habe rufen lassen", begann er.

Einen Augenblick schwankte Ragan, ob er sich unwissend stellen sollte oder nicht. Aber er hielt es für besser, gleich zur Sache zu kommen, deshalb erwiderte er: „Wahrscheinlich willst du über deine Pläne, die mich betreffen, mit mir reden. Du hast mit meiner Mutter darüber beraten!"

„So ist es, Ragan! Du weißt, daß uns Eltern das Wohl unserer Kinder wichtig ist und daß wir die größere Erfahrung haben, deshalb bestimmen wir auch eure Heirat. Mein Freund Prasad Sahib hat eine Tochter, du kennst sie."

„Indira, ja, ich kenne sie!"

„Nun, wir sind übereingekommen, daß ihr beide heiraten werdet. Wir wollen den Verlobungstermin festsetzen, und ich hoffe, daß es der Astrologe bald tun wird. Auf alle Fälle, ehe du nach Delhi zurückgehst, soll die Verlobung stattfinden. Prasad Sahib wünscht, daß du in Bombay weiterstudierst, sobald die Eheschließung vollzogen ist. Daß alle Bedingungen nur zu deinem Besten und zu deinem Vorteil ausgehandelt worden sind, brauche ich dir wohl nicht zu sagen!"

„Nein, dazu bist du ein viel zu geschickter Handelsherr, selbst einem so ausgezeichneten Kaufmann wie Prasad Sahib gegenüber. Aber ich werde Indira nicht heiraten!" sagte Ragan ruhig. „Ich liebe sie nicht!"

„Liebe, Liebe, was hat das zu sagen? Sie stellt sich in der Ehe von selbst ein. Ich habe deine Mutter vor der Verlobung nicht einmal zu Gesicht bekommen und vor der Heirat kein Wort mit ihr gewechselt. Du kennst Indira wenigstens und weißt, was du bekommst, in jeder Beziehung", fügte Uday hinzu. „Du wirst dich den Wünschen deiner Eltern fügen, mein Sohn!"

„Nein, Vater", gab Ragan ruhig zurück. „Ich kann dir nicht gehorchen, weil ich ein anderes Mädchen liebe."

„Dachte ich es mir doch!" Uday Ray sagte sehr leise, aber mit Nachdruck: „Du wirst dich fügen, weil es zu deinem Besten ist. Die Heirat mit Indira wird dir eine glänzende Karriere sichern und eine gesellschaftliche Stellung geben, um die dich viele beneiden werden. Deine zukünftige Frau ist nicht nur schön, sie ist europäisch erzogen und bietet dir sehr viel. Sieh hinaus", Ragans Vater schritt rasch zu dem großen Fenster: „Da wohnen die Menschen, die deine Zukunft sind!"

Hier lag der Hügel der Millionäre vor seinen Blicken, aber im Geiste sah Ragan die Perlenstraße drunten in Bombay, jenes Elendsviertel hinter einer Mauer, wo die Kinder zu Dutzenden starben, wo es Tausende von Ratten gab und wo sie in primitivsten Hütten hausten und hungerten. Wo sie ertranken, wenn der Monsun kam. Er war der Ansicht, daß diese Menschen seine Zukunft sein mußten, denn wenn man ihnen nicht half, wenn es zu einem Aufruhr kam, starb dabei die indische Seele.

„Du bist ein erfolgreicher Kaufmann, bist für den Fortschritt und das neue Zeitalter, und nur was die Eheschließung anbetrifft, hängst du an der alten Tradition. Aber ich lasse mir keine Frau aussuchen, ich heirate nur ein Mädchen, das ich liebe, Vater."

Uday empörte sich über seinen aufsässigen Sohn. Dieser Ton war unerhört, wiewohl Ragan sehr ruhig gesprochen hatte. Niemals würde ein Inder in einer Auseinandersetzung seine Stimme so erheben, wie es etwa ein Europäer tat. Man beherrschte sich und war stolz darauf, aber bis jetzt hatte noch kein Sohn gewagt, sich so zu widersetzen wie Ragan.

„Überlege dir genau, was du tust! Solltest du auf deiner Weigerung bestehen, wirst du von mir kein Geld für dein weiteres Studium mehr erhalten! Morgen abend will ich deine endgültige Antwort haben!"

Ragan verbeugte sich stumm und ging hinaus. Niemals würde er Indira heiraten, dieses verwöhnte Luxusgeschöpf, das ihn weder verstehen würde noch ihm auf seinem Weg folgen könnte. Im Garten traf Ragan seine Schwester. „Nun, hast du zugestimmt?" fragte ihn Sarla.

„Nein."

„Wie töricht du bist, Ragan! Heirate Indira und tue nach

der Hochzeit, was du willst. So mache ich es. Es hat doch keinen Zweck, gegen Vater anzugehen. Du weißt, daß er streng an der Kaste festhält und daß er sich niemals dem Neuen beugen wird."

„Leider sieht er das Neue nicht so, wie ich es sehe", erwiderte Ragan. „Komm, laß dir erzählen, was ich alles erlebt habe und wie es in den Großstädten und auf dem Land aussieht." Er berichtete ihr ausführlich, wie es im Lager Wuh gewesen war und wie armselig die Flüchtlinge am Rande Delhis hausten. „Viel, viel schlimmer noch als hier. Aber das siehst du nicht, oder bist du jemals hinter die Mauer in der Perlenstraße gekommen?"

„Was sollte ich dort, ich kann den Leuten doch nicht helfen!" sagte Sarla. Sie hatte ihren Bruder immer sehr gern gehabt, aber jetzt verstand sie ihn wirklich nicht.

„Weißt du, daß Bauern in der sengenden Hitze auf den Feldern arbeiten müssen, nur um das Notwendigste zu haben, oder daß sie knietief im Wasser stehen, um den Reis zu pflanzen? Daß Büffel in ledernen Säcken das Wasser aus den Brunnen hochziehen und die Ölmühlen von ihnen gezogen werden, wie vor tausend Jahren. Diesen Leuten muß man helfen, und deshalb werde ich mich in einem Dorf niederlassen, werde ein kleiner Landarzt sein und nicht Professor an der Universität oder gar Modearzt für die Millionäre des Malabarhügels." Ragan hatte sehr schnell und mit solcher Bitterkeit gesprochen. Wollte ihn denn keiner verstehen, wollte denn keiner sehen, wie es hier aussah, daß schnelle Hilfe nottat?

„Was willst du denn bei diesen einfältigen, schmutzigen Bauern, Leuten, die weder lesen noch schreiben können, die den Kuhdung mit den Händen kneten, um ihn in der Sonne zu trocknen? Leuten, die immer wieder die Pocken und die Cholera kriegen?"

„Oh, Sarla, wir reden aneinander vorbei. Doktor Nayyar hat einmal zu mir gesagt: ‚Auch diese Menschen hat Gott am sechsten Tag geschaffen, aber sie haben kraftlose Hände, und wir müssen ihnen helfen.'"

„Weshalb gerade du, Ragan?"

„Weil ich mich dazu aufgerufen fühle."

„Diese Kuhdungpatscher . . ."

„Es ist das einzige Heizmaterial, das sie haben. Womit sollen sie kochen?"

„Weshalb benutzen sie kein Petroleum?"

„Weil sie es nicht bezahlen können. Du hast ja keine Ahnung von der Armut in unserem Lande, weil du im Überfluß und Reichtum lebst. Wüßtest du, wie viele Inder Hungers sterben, du würdest anders denken."

Sarla schüttelte den Kopf. Was mußten diese Leute in ihrem vorherigen Leben schlecht gewesen sein, daß sie solch ein Los traf! Man erhielt doch immer nur das, was man verdiente.

„Hör mir doch auf mit diesem Unsinn!" rief Ragan. „Diese Inder waren nicht schlechter als ihr. Mahatma Gandhi hat genau gewußt, weshalb er mit dem Unfug der Kasten Schluß gemacht hat."

„Vater hat gesagt, daß er getötet worden ist, weil er die heilige Ordnung der Hindus angegriffen habe, und daß ihm recht geschehen sei!"

„Sag das nicht, Sarla", bat Ragan. Er konnte es nicht ertragen, daß der von ihm so verehrte Mahatma beschimpft wurde. Es würde zwar noch lange dauern, bis die Saat aufging, die Gandhiji gesät hatte, aber sie mußte aufgehen, sonst war Indien verloren.

„Erzähl mir lieber von dem Mädchen", sagte Sarla.

„Von welchem Mädchen?"

„Du hast doch eine, sonst würdest du Indira heiraten. Mutter ist auch überzeugt, daß du eine hast. Wie heißt sie, was ist sie?"

„Sie studiert in Delhi und heißt Sundri", sagte Ragan. Er wußte, daß seine Schwester nun nicht mehr aufhören würde mit Fragen, bis sie alles über ihn und Sundri wußte.

„Ich hole sie heute mittag an der Bahn ab."

„Ich komme mit, das heißt, wenn es dir recht ist", bot sich Sarla an.

Es war Ragan sehr recht. Weil er Sundri nicht in sein Elternhaus mitbringen durfte, war es nicht ganz so schlimm, wenn wenigstens seine Schwester sie am Bahnhof begrüßte. Er bestellte telefonisch ein Zimmer für Sundri im Waldorf-Hotel. Es war eines der wenigen Hotels, in dem man Zimmer mit Frühstück bekam und keine volle Verpflegung nehmen mußte.

Zum Lunch war Ragan heute mit seiner Mutter und seiner Schwester allein. Uday Ray war in der Stadt geblieben. Lustlos stocherte Ragan in der Zitronensüßspeise herum, die sonst zu seinen Lieblingsgerichten gehörte. Den in Kokosmilch gekochten Reis schob er beiseite.

Seine Mutter beobachtete ihn heimlich. Ihr Sohn tat ihr leid, aber sie konnte ihm nicht helfen, und was die Eheschließung betraf, stand sie ganz auf der Seite ihres Mannes. Sie hatte allerdings im Sinn, die Sache anders anzufassen. Man mußte mit Ragan sehr diplomatisch sein. Pramila wußte, daß ihr Mann am nächsten Tag draußen auf der Pferderennbahn von Mahalakshmi sein würde, und so wollte sie das Mädchen sehen, um dessentwillen ihr Sohn gewillt war, seine ganze Laufbahn zu opfern. Sie würde sie einladen, um sie dann später mit feinen Nadelstichen heruntersetzen zu können. Das würde besser wirken als alle Verbote Udays.

„Bring sie morgen zum Lunch", sagte sie nebenbei.

„Hat Sarla dir gesagt . . ."

„. . . daß du sie heute erwartest. Ja, das hat sie mir gesagt. Morgen ist Vater nicht da, und ich möchte sie gerne hier haben, um sie kennenzulernen."

„Du wirst unseretwegen Schwierigkeiten mit ihm bekommen", gab ihr Ragan zu bedenken. Aber Pramila lächelte fein und erwiderte: „Überlaß das ruhig mir!" Uday war zwar der Herr und Gebieter im Hause, nach außen hin. Im geheimen regierte jedoch Pramila.

Sarla bestellte bei dem Diener ihren Wagen auf vier Uhr. Es war ein Glück, daß man nicht in der allergrößten Hitze in die Stadt hinunterfahren mußte, am Nachmittag kam schon eine leichte Brise vom Meer herauf. Zudem wurde jetzt von Tag zu Tag das Wetter angenehmer.

Als der bärtige Sikh-Chauffeur, der in blütenweißer Uniform mit einem weißen Turban auf dem Kopf den Wagen vorfuhr, sagte Sarla: „Ich fahre selbst!" Sie wußte, wie neugierig die Dienerschaft war, und wollte vermeiden, daß man mehr als nötig klatschen würde.

„Seit wann fährst du denn?" fragte Ragan sie verwundert.

„Da staunst du, Brüderchen, nicht wahr? Aber trotz allem Kastengeist sind wir sehr modern. Vater hat es zwar nicht gern, wenn ich ohne Chauffeur und ohne Diener fahre, aber ich bin jetzt verheiratet, und Hemen hat nichts dagegen."

Sie steuerte den Wagen gewandt durch das Verkehrsgewühl zum Florabrunnen, dem Geschäftszentrum der Stadt, und fuhr durch die Dadabhoi-Naoroji-Straße zum Bahnhof.

„Ich warte im Wagen", sagte Sarla, als sie endlich einen Parkplatz gefunden hatte. Karren und Pferdetongas versperrten die Straßen, dazu hockten die vielen Arbeitslosen überall in den Rinnsteinen herum und wichen nicht. Man mußte sehr achtgeben, damit man keinen anfuhr.

„Willst du wirklich im Wagen bleiben?" fragte Ragan. Man hätte doch einen Diener zum Schutz mitnehmen müssen. Er sah sich um und fürchtete, daß die vielen Bettler seine Schwester belästigen würden. Der weiße Wagen, die ganz weiß gekleidete Sarla, das wirkte schon aufreizend.

„Mach dir keine Sorgen. Ich warte hier. Das ist doch selbstverständlich, du verliebter Tor", antwortete sie mit leisem Lachen. Im Grunde beneidete sie ihren Bruder um dieses Gefühl. Hemen war ihr wohl ein aufmerksamer Gatte, aber von Liebe war kaum die Rede.

Ungeduldig lief Ragan den Bahnsteig auf und ab. Er haßte nichts so sehr, als auf einem Bahnhof warten zu müssen, besonders hier in Bombay, wo die kleinen Buben bettelten, daß man sich die Schuhe putzen ließe. Sie hatten einen so hungrigen Blick, daß es ihm weh tat, sie abweisen zu müssen. Am liebsten hätte er sich zehnmal nacheinander seine Schuhe auf Hochglanz polieren lassen, wenn er Zeit und Geduld gehabt hätte. Er konnte die Bürschchen auch nicht mit kleinen Almosen abspeisen, weil sich sonst die ganze Meute der Bettelnden an die Fersen des großmütigen Sahib geheftet hätte.

In der Bahnhofshalle war es noch sehr schwül, und in wenigen Minuten klebte ihm das Hemd am Körper. Endlich stampfte der Zug herein. Aus den aufgestoßenen Wagentüren quoll eine solche Anzahl von Reisenden, daß er Mühe hatte, Sundri zu entdecken.

„Sahib, dort!" machte ihn ein alter Mann aufmerksam. Sundri winkte aus einem der Zugfenster. Sie reichte ihm dann das Gepäck hinaus und dazu einen verschnürten Ballen, in dem sich, wie sie stolz sagte, ihre „quilts" befanden, jene Steppdecken, die aus rotem Samt und mit Gold- und Silberfäden bestickt waren. Ragan wußte nicht, sollte er sich darüber ärgern oder sollte er lachen. Kleine, törichte Jasminblüte! Er winkte einem jungen Burschen und übergab ihm das Gepäck.

Sundri sah nach der langen Reise etwas mitgenommen aus. Sie hatte nur den einen Wunsch: rasch ein Bad nehmen zu können.

„Meine Schwester wartet draußen im Wagen", sagte Ragan, nachdem er sie begrüßt hatte. „Wir bringen dich in das Hotel und beraten, was wir später unternehmen werden."

Sundri wunderte sich darüber, daß sie in einem Hotel wohnen sollte, Ragan hatte ihr doch von dem Haus erzählt, das seine Eltern auf dem Malabarhügel bewohnten. Durch den großen Menschenstrom, der in der Bahnhofshalle hin- und herwogte, kam sie nicht dazu, ihn zu fragen. Auch hier war es so, daß die wartenden Menschen teilweise mit Sack und Pack auf dem Boden saßen und man sich vorsehen mußte, daß man über keinen stolperte. Sundri vertraute auf Ragan, er würde alles zum besten machen.

Sarla stand die Neugier auf die Freundin ihres Bruders im Gesicht geschrieben. Sie begrüßte den Gast mit „How do you do", weil sie von ihrem Bruder wußte, daß Sundri Englisch sprach und nicht anzunehmen war, daß sie Gujarati, die Sprache dieser Gegend, beherrschte. Sie hatte ein kluges Gesicht, diese Sundri, und sehr schöne Augen. Äußerlich konnte sie sich allerdings nicht mit Indira messen. Indira war groß und schlank, von ganz heller Gesichtsfarbe. Wenn sie in ihrem weißen Tennisdreß im Club erschien, konnte man sie füglich für eine Europäerin halten.

„Wollen wir heute abend zusammen in den Gymkhana-Club gehen?" schlug Sarla vor. „Ich habe mich dort mit Hemen verabredet, und es wäre nett, wenn ihr euch anschließen würdet."

Ragan schien zunächst unentschlossen. Er kannte den Gymkhana-Club und fürchtete, daß Sundri nicht hinpassen würde, aber dann sagte er doch zu. Sein Schwager Hemen hatte Einfluß auf seine Eltern, und er konnte ihm unter Umständen nützlich sein.

Er schlug Sundri vor, sich auszuruhen. Zum Abendessen wollte er sie abholen, und um zehn Uhr würde man sich mit Hemen und Sarla treffen. Das Bündel mit den Steppdecken ließ Ragan absichtlich im Wagen liegen. Er würde es als Paket nach Delhi weiterschicken. Als sie Sundri ins Hotel gebracht hatten, sagte er zu seiner Schwester: „Kannst du mich noch zum Haffkine-Institut hinausfahren?"

„Mit Vergnügen!" Sarla wußte, daß ihr Bruder ihre Unterstützung suchte und sie deshalb gebeten hatte, ihn die acht Kilometer nach Parel hinauszufahren.

„Frage mich nicht, wie ich sie finde", sagte sie. „In der kurzen Zeit kann man einen Menschen nicht beurteilen. Sie ist mir sympathisch, mehr kann ich dir vorerst nicht sagen." Aber Sarla verschwieg ihm, daß weder Vater noch Mutter jemals mit Sundri einverstanden sein würden.

„Sie ist wertvoller als Indira", verteidigte sich Ragan.

„Dazu gehört nicht viel. Indira ist sehr schön, sehr vornehm, doch Geist besitzt sie leider wenig. Aber vergiß den

Wert der Verbindungen nicht, den sie mitbringt, ganz abgesehen von ihrem Reichtum. Ihre gesellschaftliche Stellung . . ."

„Darauf pfeife ich", unterbrach Ragan seine Schwester. „Ich habe einen genauen Plan für mein Leben, und der paßt nicht zu Indira. Sie hat keinen Platz in meiner Zukunft. Ich weiß, daß wir unseren Eltern Liebe und Ehrerbietung schulden, deshalb bedrückt es mich, daß ich ihnen nicht zu Willen sein kann."

„Alles wird sich arrangieren", sagte Sarla leichthin. „So oder so! Soll ich dich wieder abholen?"

Ragan dankte. Er würde mit einem der Omnibusse zurückfahren, weil er nicht genau sagen konnte, wie lange er sich im Institut aufhalten würde. Hier war das wissenschaftliche Zentrum für die Behandlung aller Tropenkrankheiten, und hier gab es die Seren, die man gegen Tollwut und Schlangenbisse brauchte. Dieses Wissen würde er später sehr nötig haben, denn es gab mindestens achtzig giftige Schlangenarten, und jährlich starb eine beträchtliche Zahl Menschen an ihren Bissen. Es war großartig, wie das Haffkine-Institut sich entwickelt hatte, das Dr. Waldemar Mordekai Haffkine, ein Russe, vor sechzig Jahren in einer kleinen Hütte begonnen hatte.

Ragan sah mit Interesse zu, wie den Schlangen das Gift entnommen wurde. Er sollte eigentlich versuchen, einige Monate hier zu arbeiten. Unwillkürlich seufzte er bei dem Gedanken, welche Fülle von Studien noch vor ihm lag.

Auf einem der zweistöckigen Omnibusse fuhr er in die Stadt zurück, wo Sundri schon ungeduldig auf ihn wartete. Sie sah jetzt frisch und erholt aus, und ein wenig von der Badefeuchtigkeit war noch in ihrem Haar, denn sie hatte die Dusche ausgiebig benutzt.

In der kühlen Halle des Hotels sprachen sie zuerst miteinander. So schmerzlich der Tod des Vaters für Sundri im ersten Augenblick gewesen war, so hatte sie sich jetzt damit abgefunden und wollte nicht weiter darüber reden. Der Körper war nichts, der Geist alles, und dieser lebte weiter.

143

Es interessierte sie natürlich sehr, was Ragans Eltern gesagt hatten. Sie fragte ihn direkt danach.

„Du kennst die Sitten in den alten Familien", wich er zunächst aus. „Unsere Eltern wollen die Ehepartner für ihre Söhne und Töchter aussuchen, das ist bei den Hindus ein genauso strenges Gesetz wie bei euch Drawiden. Wir müssen ihnen Zeit lassen, sich an das neue Leben zu gewöhnen. Aber meine Mutter erwartet dich morgen zum Lunch, sie möchte dich kennenlernen, und das ist kein schlechtes Zeichen. Doch laß uns jetzt über etwas anderes sprechen, Liebe. Ich habe dich ernstlich überhaupt noch nicht gefragt, ob du meine Frau werden willst, wenn ich promoviert habe. Sag, Sundri, willst du?"

Eigentlich wäre jede Antwort überflüssig gewesen, denn aus Sundris Augen strahlte so viel Freude und Zuneigung, daß es Antwort genug war. Auch ein wenig Befriedigung und Stolz war dabei. Sie hob den Kopf und sagte: „Ja, ich will es! Ich habe es mir schon gewünscht, als ich dich auf unserer Veranda sitzen sah!"

„Unsere Liebe soll das vollkommene Vergessen des Ichs sein, damit wir Gott erreichen." Das war das stillschweigende Versprechen Ragans, daß es von jetzt an keine andere Frau mehr für ihn geben werde. Für Sundri war es gut, dies zu wissen, und sie konnte ihm in jeder Beziehung vertrauen, denn ein indischer Mann würde der Frau, die er zu heiraten beabsichtigte, niemals zu nahe treten, ehe die Eheschließung erfolgt war.

Ein Schrei des Entzückens entfuhr Sundri, als sie im Mondenschein über den Apollo Bunder schritten, diesen großen offenen Platz, der vom Indien-Tor beherrscht wird. Daneben lag das Tay-Mahal-Hotel, das aussah wie der Palast eines Maharadschas. Die großen Bogen des Indien-Tores im Guajarati-Stil schimmerten silbern, davor schlugen die Wellen des Meeres mit leisem Plätschern an die Ufermauern. Hier waren im Jahre 1911 König Georg V. und Königin Mary gelandet, zu deren Ehren man dieses Gebäude errichtet hatte. Es mußte für die Majestäten ein großartiges Erlebnis gewesen sein, durch dieses Tor Indien zu betreten.

Sundri mochte sich gar nicht trennen, am liebsten wäre sie noch lange hiergeblieben, aber Ragan wollte gehen. Es war höchste Zeit, daß sie in den Gymkhana-Club kamen, wenn sie noch einen Platz bekommen wollten. Es wäre schön gewesen, die Seepromenade in einer Pferdetonga zu befahren, aber Ragan nahm ein Taxi. Auf der breiten Uferstraße drängten sich die Menschen, als ob hier ein Volksfest wäre.

Die Uferstraße war durch viele Kandelaber hell erleuchtet. Myriaden von Insekten schwirrten um diese Lampen. Nach der schwülen Hitze des Tages war die Brise von der See her angenehm frisch. Sarla und Hemen waren bereits im Club. Sie saßen an einem Ecktisch, von dem aus sie den Eingang überblicken konnten.

Hier im Gymkhana-Club verkehrten nicht nur reiche Inder, sondern auch Ausländer, die vorübergehend Mitglieder werden konnten. Und da in Bombay striktes Alkoholverbot für die Bevölkerung bestand, durften die Ausländer nur gegen Vorlage einer Kontrollkarte Wein und Spirituosen trinken. Natürlich luden sie oft ihre indischen Freunde zu einem Cocktail ein.

Heimlich betrachtete Hemen das junge Mädchen, das sein Schwager mitgebracht hatte. Sarla hatte ihm davon erzählt.

Recht hübsch, stellte er fest. Wäre mir aber zu braun und zu zierlich. Auch Sundri machte ihre Feststellungen, die nicht gerade sehr schmeichelhaft für Hemen waren. Dick, dumm, aber reich.

Dumm war Hemen zwar nicht, nur sehr bequem. Was sollte er sich auch groß anstrengen? Sein Vater hatte Geld und hatte ihm eine gute Beamtenposition verschafft. Diese versah er recht und schlecht. Wer Beziehungen hatte, wurde schnell bedient. Wer keine hatte, mußte warten – oft monatelang, ehe die Eingaben erledigt wurden.

Als die Musikband einen Slowfox spielte, tanzte Hemen

mit Sarla auf der kleinen Tanzfläche in der Mitte des Raumes.

„Staune nicht, kleines Mädchen, auch das ist die neue Zeit", sagte Ragan.

Sundri konnte es nicht fassen, daß man sich vor anderen Leuten so eng umschlungen halten durfte und daß auch Paare darunter waren, die nicht einmal verheiratet waren. Als Hemen mit ihr tanzen wollte, lehnte sie ab. Nein, so etwas würde sie nicht tun.

Ragan war mit seiner Schwester zur Tanzfläche gegangen und, nachdem sie kurze Zeit getanzt hatten, sah Sundri, wie er die Partnerin wechselte. Oh, sie war schön und sehr stolz, die Frau, mit der er tanzte. Sicher war es eine Engländerin. Woher sie Ragan wohl kannte? Sundri ließ kein Auge von dem tanzenden Paar. Es war aber recht gut, daß sie die Unterhaltung nicht hören konnte, die Ragan mit seiner Partnerin führte.

„Ein Glück, daß ich dich hier getroffen habe, Ragan", sagte Indira. „Ich hätte dich sonst morgen angerufen. Was sagst du zu den Plänen unserer Eltern?"

„Wäre ich ein gehorsamer Sohn, würde ich ja sagen. Wenn ich aber nein sage, hat es nichts mit deiner Person zu tun, Indira. Du bist schön und liebenswert, aber du wärst niemals die richtige Frau für einen kleinen Dschungeldoktor. Ich könnte dich mir wenigstens nicht als solche vorstellen. Du brauchst einen Rahmen für deine Schönheit, den ich dir nie geben könnte. Aber, laß mich die gleiche Frage stellen: Was sagst du dazu, daß du mich heiraten sollst?"

„Du weißt, daß ich dich immer gern gemocht habe, Ragan, und daß Sarla meine beste Freundin ist, aber – ich will dich nicht zum Manne haben!"

„Dem Himmel sei Dank", entfuhr es Ragan.

„Du bist nicht sehr höflich, mein Lieber!"

„Verzeih, so war es nicht gemeint. Es ist nur eben, daß wir beide so ganz verschiedene Ansichten vom Leben haben, die niemals zusammenpassen würden. Du wärst an

146

meiner Seite unglücklich, und ich wäre es mit dir. Wir beide wollen doch ehrlich miteinander sein, oder nicht?"

„Ja, Ragan. Jetzt heißt es für uns nur, die ganze Angelegenheit auf die beste Art in Ordnung zu bringen. Läßt du mich im Stich, ist mein Vater auf ewig mit dem deinen böse. Die Beleidigung wäre zu groß. Es ist also schon besser, ich lasse dich sitzen."

Ragan wollte dieses Opfer unter keinen Umständen annehmen. Zudem wollte er seinen Eltern beweisen und auch Indira, daß er Manns genug sein würde, sich durchzusetzen.

„Das ist töricht, Ragan", sagte Indira energisch. „Warum willst du eine so jahrelange Freundschaft wie die unserer Väter zerstören. Es ist nicht halb so schlimm, wenn ich nein sage. Dein Vater wird selbstverständlich auch böse sein, aber die Beleidigung ist nicht so tödlich, wie wenn du mich sitzenließest."

„Ich weiß nicht, ich finde es einfach unfair!"

„Laß mich bitte machen. Ich habe einen Plan, aber du mußt verstehen, daß ich noch nicht darüber sprechen will. Verlaß dich auf mich! Wenn dein Vater morgen mit dir spricht, erbitte dir noch einen Tag Bedenkzeit. Dann wirst du erfahren, was ich geplant habe."

Ragan führte Indira zu ihrem Tisch zurück und verbeugte sich leicht vor ihr.

„Leb wohl, Ragan!" sagte sie. „Wir werden uns nicht so schnell wiedersehen!"

Sie war ein schönes Mädchen, das gab er zu, trotzdem war ihm seine kleine Dschungelblume lieber. Er war sich zwar durchaus im klaren darüber, daß er mit Sundri noch allerhand Schwierigkeiten haben würde, aber im Grunde ihres Wesens war sie doch ein so klarer und aufrichtiger Mensch, daß man ihr alles vergeben mußte, was sie im Überschwang der Gefühle und des Temperaments tat. Indira war ein Luxusgeschöpf, dazu gemacht, an der Seite eines reichen Mannes zu repräsentieren. Sundri dagegen würde in die Dorfgemeinschaft passen, und sie würde mit der ihr eigenen Energie die Frauen auf dem Lande anler-

147

nen und leiten. Sie mußte nur begreifen, daß das Glück nicht in einer hohen Position oder einem akademischen Titel bestand.

„Mit wem hast du getanzt?" wollte Sundri wissen.

„Das war Indira Sahib, die Tochter von Prasad, einem Freund meines Vaters", erwiderte er.

„Ich möchte jetzt auch tanzen, aber nur mit dir", verlangte Sundri. Sie hatte zwar keine Ahnung von dieser Art Tanz, aber sie schritt, lose von Ragan geführt, mit viel Grazie über die Tanzfläche, immer darauf bedacht, daß er sie nicht zu eng an sich zog. Hemen, der sie beobachtete, lachte und meinte: „Sieh dir mal diese Kleine an! Es wird nicht allzulange dauern, bis sie sich an das moderne Leben gewöhnt hat. Und sie wird es bequemer und leichter finden, als nach den alten verstaubten Gesetzen zu leben."

„Mag sein", sagte Sarla. Weshalb konnte ihr Bruder nicht Indira heiraten? Es wäre ihr lieber gewesen, denn der Friede der Familie stand auf dem Spiel.

„Was hast du mit Indira besprochen?" fragte sie ihren Bruder bald darauf.

„Zerbrich dir nicht deinen Kopf über meine Probleme, Schwesterchen. Ich glaube, es wird sich alles regeln", erwiderte er. Damit mußte sie sich zufriedengeben.

Uday Ray verstößt seinen Sohn

Lautlos servierten die Diener den Lunch. Ragans Mutter hatte Sundri sehr höflich empfangen, als er sie ihr präsentiert hatte, aber sie blieb kühl und ließ keinerlei Vertrautheit aufkommen. Man konnte ihr im Gesicht ablesen, was sie dachte. Welche Wildkatze hat sich mein Sohn zugelegt! Wie kann er diese kleine dunkelhäutige Person der schönen Indira Prasad vorziehen! Nie und nimmer würde Uday einer Heirat zustimmen.

Allerdings, das gestand sich Pramila insgeheim zu, diese Sundri schien sehr klug zu sein und, was die Zukunft Ragans anbetraf, auch mit ihr einer Meinung zu sein. Sie wollte, daß er sich eine Karriere aufbaute, die dem entsprach, was sie sich selbst für ihren Sohn wünschte, eine Karriere, die ihm Rang und Titel geben würde. Die Kleine strebte danach, später einmal selbst in die Regierung zu kommen. Sie faselte etwas von Unterrichtsministerium und Schulzwang für alle Inder. War es klug, wenn das Volk so viel wußte? Pramila hielt nichts davon.

Immer wieder betrachtete sie Sundri. Niemals würde sie in die Familie von Uday Ray passen, deren Frauen alle groß und hellhäutig waren.

Ragan mußte zur Vernunft gebracht werden. Pramila wußte nur noch nicht, wie sie es bewerkstelligen konnte. Mit Zwang war nichts zu erreichen, denn Ragan hatte den starren Sinn seines Vaters. Als das Gespräch zu stocken schien, schlug Sarla vor, irgendwo hinaus an den Strand zu fahren, das heißt, gegen Abend, wenn die schlimmste Hitze vorüber sein würde.

„Das geht nicht", erwiderte die Mutter. „Wir sind heute bei den Prasads eingeladen. Deine Freundin, mein Sohn, muß den Abend allein verbringen, aber in Bombay gibt es Kinos genug, wo sie sich vergnügen kann. Ihr modernen jungen Leute geht ja überallhin heutzutage", fügte sie ein wenig spöttisch hinzu.

Sie standen noch in dem kleinen Empfangsraum beisammen, gerade im Begriff, sich zu verabschieden, als Uday Ray eintrat. Er war zu einer viel früheren Zeit zurückgekommen, als vorgesehen. Überrascht sah er von einem zum anderen, grüßte mit zusammengefalteten Händen, die er mit leichtem, elegantem Schwung nach unten auseinandergleiten ließ. Hatte es Ragan also doch fertiggebracht, dieses Mädchen ins Haus zu bringen, und Pramila hatte es unternommen, sie hinter seinem Rücken zu empfangen! Uday kochte innerlich. Mochte es Pramila noch so diplomatisch gemeint haben, ein wenig Neugier war bestimmt auch mit im Spiel gewesen. Das hätte sie nicht tun dürfen. Mit einem kurzen Blick hatte er Sundri von Kopf bis Fuß gemustert, unauffällig zwar, wie es sich gehörte, aber ihm war nichts entgangen. Unmöglich, er würde es nie zugeben, daß sein Sohn sie heiratete. Im übrigen hatte er vor einer halben Stunde noch einmal mit seinem Freund Prasad gesprochen, und man war sich so ziemlich über alle Bedingungen einig gewesen und hatte verabredet, heute abend alles verbindlich festzulegen, insbesondere, da auch der Haussterndeuter anwesend sein würde, um den genauen Hochzeitstermin festzulegen.

„Vater, das ist Sundri Sahib. Wir studieren zusammen in Delhi", sagte Ragan. Uday verbeugte sich leicht. Ragan war drauf und dran, zu sagen: „Es ist das Mädchen, das ich heiraten werde", aber zum Glück fiel ihm ein, daß ihn Indira um einen Tag Aufschub gebeten hatte. Er mußte also diesen Tag Bedenkzeit herausschlagen, wenn sein Vater sofort auf einer Einwilligung bestand.

Uday sagte zu Ragan, und er wechselte dabei vom Englischen in Gujarati: „Schick das Mädchen in die Stadt zurück, und dann wünsche ich dich zu sprechen!" Ohne sich noch einmal umzusehen, ging Uday Ray hinaus.

„Bringe du Sundri ins Hotel", bat Ragan seine Schwester. „Ich möchte sofort mit Vater sprechen."

Sundri war das Blut ins Gesicht gestiegen, sie fühlte die unausgesprochene Beleidigung durch Ragans Vater gut genug. Man wollte sie hier nicht haben. Aber dies in Ordnung zu bringen, war Ragans Sache. Ohne ein Wort zu sagen, folgte sie Sarla zum Wagen.

Pramila saß im Schatten eines kleinen Tempels im Garten und wartete, bis Ragan aus dem Haus kam. Sie war sich bewußt, daß sie einen großen Fehler gemacht hatte, indem sie Sundri heimlich einlud, obwohl sie es in der besten Absicht getan hatte. Uday hatte recht, wenn er jetzt böse mit ihr war, denn Mann und Frau sollten eins sein in allen Fragen.

Es dauerte nicht lange, bis Ragan kam. Man sah ihm nichts an, obwohl sein Vater ihn tief gekränkt hatte.

„Was hat es gegeben?" fragte Pramila ängstlich. Sie wußte, wie unnachgiebig Uday sein konnte.

„Ich habe Vater um eine kurze Bedenkzeit gebeten", sagte Ragan.

„Es ist unmöglich, daß du nein sagen kannst, wenn wir mit Prasads alles abgemacht haben. Sei doch vernünftig, Ragan! Sundri ist nichts für dich. Du könntest dich unmöglich mit ihr auf dem Malabarhügel sehen lassen. Indira ist das schönste Mädchen weit breit und das reichste dazu. Man verwöhnt sie auf allen Gesellschaften, auch bei den Engländern. Ich bitte dich, was willst du mehr?"

Ragan schwieg. Fast tat ihm seine Mutter leid, als sie in den kleinen Tempel eintrat, um für ihn zu beten.

Sarla ließ eine ziemlich verzweifelte Sundri im Hotel zurück. Sie hatte ihr in bezug auf Indira reinen Wein eingeschenkt, denn sie hielt es nicht für richtig, um die Sache herumzureden.

„Aber gestern hat mich Ragan gefragt, ob ich seine Frau werden will", erwiderte sie dem Weinen nahe. „Warum hat er das getan?"

„Du mußt darauf vertrauen, daß sich Ragan für dich entscheidet", sagte Sarla. „Aber wenn du ihn liebst, Sundri, dann stehe ihm nicht im Wege, denn der Vater wird unnachgiebig sein!" Sarla stieg in ihren Wagen und fuhr weg.

Sundri saß in ihrem Zimmer zusammengekauert auf dem Boden. Sie suchte zu einer inneren Sammlung zu kommen. Vertrauen – Vertrauen! Sie hatte es zu Ragan, denn sie wußte, er brach sein gegebenes Wort nicht. Aber was würden die Auswirkungen sein? Das bekümmerte sie doch sehr. Mußte nicht sie, wenn sie ihn liebte, auf ihn verzichten, wie Sarla gesagt hatte?

Das palastartige Haus der Prasads war hell erleuchtet. Diener trugen ein reichhaltiges Mahl auf, und Uday Prasad war bester Laune. Indira und Ragan waren ein schönes Paar, und alles schien auf das beste geregelt zu sein. Es gab da zwar noch einige Kleinigkeiten, aber die würden in Ordnung kommen. Das Hochzeitsbüro sollte jetzt in Funktion treten, und als erstes war geplant, für Ragan und Indira die Ausstattung mit Kleidern zu besorgen. Fünf Sekretäre sollten nur damit beschäftigt werden, alles zu regeln.

Auch das Haus, das Prasad auf dem Malabarhügel für das junge Paar kaufen wollte, war schon bestimmt. Es sollte nur noch umgebaut werden. Ragan sollte, sobald er mit dem Studium fertig war, eine vornehme eigene Praxis bekommen. Prasad hatte dafür eine Etage in seinem Bürohaus in der Stadt vorgesehen, und sobald es möglich wäre, würde man ihm eine Professur verschaffen.

Prasad klatschte leicht in die Hände und befahl dem eintretenden Haushofmeister, daß noch Mokka serviert werde. Der Astrologe zog sich jetzt zurück, um die Horoskope zu vergleichen und noch einmal aufeinander abzustimmen, danach würde er den endgültigen Hochzeitstermin festsetzen. Pramila und Prasads Frau zogen sich in den kleinen Salon zurück, während Prasad und Ray sich unterhielten. Ragan hatte um die Erlaubnis gebeten, Indira in den Garten führen zu dürfen. Prasad hatte ihnen lächelnd nachgesehen. Diese Jugend . . . Früher wäre so etwas nicht möglich gewesen. Er hatte seine Frau nicht von Angesicht zu sehen bekommen bis zum Tage der Hochzeit, und erst als sie siebenmal um das heilige Feuer geschritten waren, hatte sie ihren Schleier gelüftet. Man hielt auch heute noch an den Zeremonien fest, aber es war nur noch ein Schauspiel. Die Jugend kannte sich längst, ging zusammen aus, spielte Tennis und tanzte zusammen. Nun ja, man mußte ein Auge zudrücken, das war eben die neue Zeit. Wenn Ragan nicht warten konnte, sollte er jetzt schon seine Braut im Garten umarmen dürfen.

„Indira, ich mache das nicht länger mit", sagte Ragan. „Im Hotel sitzt das Mädchen, dem ich die Ehe versprochen habe, und hier wird meine Hochzeit mit dir bereits als feste

Tatsache behandelt. Warum hast du nicht protestiert? Du konntest das, während ich dir diese Beleidigung nicht antun durfte. Wenn erst das Hochzeitsbüro zu arbeiten beginnt, sehe ich keinen Ausweg mehr. Man verhandelt uns wie eine Ware, und wir lassen uns das gefallen!"

Indira legte ihm beruhigend die Hand auf den Arm. „Bitte, bitte, Ragan, gedulde dich nur noch kurze Zeit. Alles wird gut werden, glaube es mir!" Er sah sie mißtrauisch an. War sie ehrlich, oder wollte sie nur Zeit gewinnen, bis er wirklich nicht mehr zurücktreten konnte, ohne ein Familiendrama heraufzubeschwören?

„Bitte, Ragan, bleibe noch eine halbe Stunde hier im Garten. Höre nichts, sieh nichts und wundere dich über nichts! Wenn du dann in das Haus zurückgehst, sage, ich sei schlafen gegangen!" Gleich darauf glitt sie geräuschlos in das Dunkel der Nacht. Er hörte nur noch das Rascheln ihres seidenen Mantels.

Ragan sah auf seine Armbanduhr. Er ging unruhig auf und ab, und als die halbe Stunde um war, ging er ins Haus zurück. Durch den Haushofmeister ließ er sagen, daß Indira Sahib schlafen gegangen und er selbst sich auch zurückgezogen habe. Prasad und Uday sahen sich verständnisvoll an.

Ragan konnte die ganze Nacht keinen Schlaf finden, und als der Morgen heraufkam, hatte er sich entschlossen, mit seinem Vater zu sprechen. Er wollte sich nicht auf Indiras Andeutungen verlassen, sondern selbst handeln. Schließlich war er Manns genug, für sich selbst einzustehen.

Uday Ray saß an seinem Schreibtisch, als Ragan bei ihm eintrat. Mit einer Handbewegung deutete er an, daß sich sein Sohn setzen möge. Ragan zog es aber vor, stehen zu bleiben, bis sein Vater den Brief weglegte, mit dem er sich beschäftigt hatte.

„Du wolltest mich sprechen", begann Uday. Wenn er Ragan so betrachtete, wurde er ordentlich stolz. Er kam zu der Feststellung, daß die Prasads froh sein konnten, ihn als Schwiegersohn zu bekommen. Dieser hochgewachsene, schlanke junge Mann mit dem edlen Gesicht konnte sich eine Frau aus den besten Kreisen holen. Vielleicht hätte man Prasad mehr Zugeständnisse abnehmen sollen, dachte er bedauernd.

„Vater, ich kann Indira nicht heiraten", sagte Ragan, die Gedanken seines Vaters hart unterbrechend.

„Wie? Was sagst du? Du kannst Indira nicht heiraten?" Uday konnte es nicht fassen, was sein Sohn hier aussprach.

„Es tut mir leid, und ich bitte dich um Verzeihung, aber ich werde Sundri heiraten, das Mädchen, das ich gestern hergebracht habe! Sie hat mein Wort, und ich stehe dazu!"

Uday zog die Augen zusammen, daß sie nur noch kleinen Schlitzen glichen. Er sah aus wie ein böse gelaunter Elefant. Man hatte das Gefühl, daß er gleich vorwärtsstürmen und alles niedertrampeln müßte, aber Uday sagte sehr leise: „Schlage dir das aus dem Kopf. Du wirst Indira heiraten, oder du bist mein Sohn nicht mehr! Gib dieser dunkelhäutigen Hexe eine Geldsumme, du brauchst dabei nicht sparsam zu sein, und schicke sie dorthin zurück, wo sie herkommt, in den Dschungel!"

Die ganze Unterhaltung war vor sich gegangen, ohne daß Ragans Vater seine Stimme auch nur um eine Kleinigkeit erhoben hätte, im Gegenteil, er hatte sehr leise gesprochen, wie er es immer tat, wenn er zornig war. Nur Europäer schrien. Beherrschung war nicht nur für Uday Ray, sondern für alle gebildeten Inder selbstverständlich.

„Entscheide dich, Ragan."

Einen ganz kurzen Augenblick war Ragan versucht, zu sagen, daß auch Indira sich der Heirat widersetzte, aber dann entschied er sich dafür, die Schuld allein auf sich zu nehmen.

„Es tut mir leid, Vater, daß ich dir nicht gehorchen kann, aber ich werde Sundri Valappan heiraten. Sie ist meiner durchaus würdig und . . ."

Uday unterbrach ihn, er klatschte in die Hände und sagte dem eintretenden Diener: „Mein Sohn wünscht sofort abzureisen. Packe seine Koffer und sage dem Chauffeur

154

Bescheid." Mit einer unnachgiebigen Handbewegung wies Uday Ray seinen Sohn aus seinem Arbeitszimmer. „In einer Stunde wünsche ich dich nicht mehr in meinem Hause zu sehen!"

Ragan legte die Hände vor der Brust zusammen, verbeugte sich und ging.

Pramila war außer sich, als Ragan kam, um sich zu verabschieden. „Das kannst du nicht tun. Du kannst Indira nicht so bloßstellen. Was würden die Leute hier auf dem Malabarhügel sagen! Ragan, überlege doch, du bist unvernünftig!" Sie wollte ihrem Sohn noch weiter ins Gewissen reden, aber ein Diener meldete, daß Uday Sahib sie zu sprechen wünsche.

„Leb wohl, Mutter!"

„Ragan, tu nichts Unüberlegtes!" warnte sie ihn noch.

Das Haus war wie ausgestorben, als Ragan es verließ. Niemand von der Dienerschaft ließ sich sehen. Der Sikh-Chauffeur saß unbeweglich hinter dem Steuer des Wagens. Man fuhr den verstoßenen Sohn noch in die Stadt hinunter, und dann kannte man ihn nicht mehr. Ragan ließ die Blicke noch einmal über die großartige Landschaft schweifen, die sich vor ihm ausbreitete. Von hier oben hatte man die schönste Sicht, links unten lag die Stadt und, so weit das Auge geradeaus sehen konnte, das blaue Meer. Dies würde also nun der Vergangenheit angehören. Bedauerte er es? Nein, er empfand nicht das geringste Heimweh nach dem Hügel der reichen Leute, nur nach dem Ausblick, der ihm seit seiner Kindheit vertraut gewesen war.

Uday Ray kochte innerlich vor Zorn. Er sprach so leise, daß ihn Pramila kaum verstehen konnte, und das traf sie mehr als alles andere.

„Von nun an gibt es keinen Sohn mehr für uns", sagte er. „Ich erwarte von dir, daß du dich daran hältst. Auch Sarla wird vergessen, daß sie einen Bruder hat."

Pramila neigte nur ergeben das Haupt. Sie wagte nicht,

ein Wort für Ragan einzulegen. Sie würde gelegentlich Uday bitten, eine Pilgerfahrt an einen heiligen Ort machen zu dürfen, und dort würde sie für Ragan zu den Göttern beten.

Uday Ray fuhr zusammen, als das Telefon läutete. Nur zögernd nahm er den weißen Hörer auf. Sicher war es Prasad, der wissen wollte, wann Ragan sich die Stoffe für seine Aussteuer aussuchen wollte. Am liebsten hätte er sich verleugnen lassen, aber das machte nichts besser. Er sah bittere Zeiten für sich kommen, und noch einmal wallte der ganze Zorn und Unwille gegen seinen Sohn in ihm auf.

Natürlich war es Prasad, aber es war ein sehr aus der Fassung geratener Prasad, der nicht wußte, wie er beginnen sollte.

„Uday, wir sind doch Freunde?" begann er. „Ich muß dich sehr bitten, daran zu denken, wenn ich dir jetzt eine schlechte Nachricht übermittle."

„Ich wüßte nicht, was unsere Freundschaft zerstören könnte", erwiderte Uday, hatte dabei aber ein unbehagliches Gefühl. Ob sich Prasad wohl auch der Freundschaft erinnern würde, wenn er ihm von Ragans Weigerung berichten mußte. Ob die Freundschaft dieser Beleidigung standhalten würde? Er bezweifelte es.

Aber er wollte warten, bis Prasad mit seiner Nachricht herausgekommen war. Vermutlich handelte es sich um das Mißlingen einer gemeinschaftlichen geschäftlichen Angelegenheit. Oder hatte das Pferd, auf das er gewettet hatte, beim Rennen verloren? Prasad hatte ihm Tips gegeben, und die waren wahrscheinlich schlecht gewesen. Nun, nichts konnte so schlimm sein wie das, was Ragan Indira angetan hatte.

„Höre, mein guter Freund", sagte Prasad. „Aus der Heirat zwischen unseren Kindern kann nichts werden!"

„Was sagst du?" entfuhr es Uday.

„Verzeih, guter Freund, aber leider ist es so. Indira ist geflohen!"

„Geflohen? Ich verstehe nicht, was du da sagst."

156

„Sie hat Kummer und Tränen über unsere Familie gebracht. Uday, mein Freund, vergib uns, wir können nichts dafür. Indira hat sich heute nacht mit einem Engländer, den sie heiraten will, nach London eingeschifft."

„Das ist ja . . ." fast hätte Uday gesagt: Das ist ja großartig. Aber er fuhr fort: „Das ist schrecklich für euch."

„Ich verstehe, wie beleidigt Ragan sich fühlen wird, aber ich kann sie nicht zurückholen, und ich will es auch nicht."

„Nun", sagte Uday erleichtert. „Wir wollen unsere Freundschaft nicht darunter leiden lassen. Ragan wird sofort nach Delhi zurückkehren, und wenn man hier eine Weile getuschelt hat, ist die Sache vergessen."

„Du bist großmütiger, als ich zu hoffen gewagt habe", erwiderte Prasad.

Uday Ray wischte sich, nachdem er den Hörer aufgelegt hatte, mit dem seidenen Tuch den Schweiß von der Stirn. Er erzählte Pramila ganz kurz, was sich ereignet hatte.

„Bitte, hole Ragan vom Flughafen zurück", bat sie. „Er will mit der Nachtmaschine fliegen!"

„Ich denke nicht daran! Ragan werde ich erst wieder als Sohn aufnehmen, wenn er mit diesem Mädchen gebrochen hat", erklärte er. „Mir kommt keine Kastenlose als Schwiegertochter ins Haus und eine so dunkelhäutige Halbwilde erst recht nicht. Dir und Sarla verbiete ich, mit ihm in Verbindung zu treten! Er wird übrigens bald klein beigeben, wenn er kein Geld mehr von mir bekommt."

Sundri weinte, als sie hörte, was sich bei Ragan zu Hause zugetragen hatte. Aber er nahm sie bei der Hand und sagte: „Mach dir nichts draus. Ich hätte Indira nicht geheiratet, auch wenn ich dich nicht gekannt hätte. Übrigens wollte sie mich gar nicht haben, das hat sie mir selbst gesagt."

Es war empfindlich kühl, als das Flugzeug auf dem Flugplatz des innerindischen Flugverkehrs landete.

„Ich will versuchen, für diese Nacht bei Laja unterzukommen", sagte Sundri, als sie mit dem Flughafentaxi in die Stadt fuhren.

Sie sahen von der Straße, daß Laja noch Licht hatte. Sie war noch auf, denn sie hatte sich so in ihre Arbeit vertieft, daß sie die Zeit gänzlich vergessen hatte. Auch war sie sofort bereit, Sundri wieder bei sich aufzunehmen.

„Du hast mir wirklich sehr gefehlt", sagte sie herzlich. „Und die Anands haben oft nach dir gefragt. Wenn du willst, kannst du auch bei ihnen leben, du müßtest dafür nur dem kleinen Harish Nachhilfeunterricht geben."

So war also die Wohnungsfrage für Sundri schon geregelt und zudem auch der Unterhalt. Sie würde nichts für das Essen brauchen und konnte Ragan aushelfen. Aber Ragan war der Ansicht, daß er sich selbst seinen Unterhalt verdienen konnte. Wegen des Studiums machte er sich keine Sorgen, er würde um ein Stipendium einkommen und war sicher, dies für den Rest seiner Studienzeit zu erhalten.

„Delhi ist schön", sagte Sundri. „Ich bin richtig froh, wieder hier zu sein. Weißt du, Laja, vielleicht ist es ein Glück, daß Ragan sich mit seiner Familie entzweit hat, jetzt gehört er doch ganz mir." Sie entwickelte ihre ehrgeizigen Pläne, die Laja Rhadvani kopfschüttelnd mitanhörte. Sie selbst hatte von Ragan einen ganz anderen Eindruck und bezweifelte, daß er sich von Sundri in eine Laufbahn drängen ließe, die ihm nicht zusagte. Er war zwar sehr klug, aber er war viel zu sehr Anhänger Gandhis, als daß er nach etwas anderem strebte, als was seinem Land dienlich sein würde. Nun, man würde sehen!

„Du müßtest einmal mit mir alle Sehenswürdigkeiten der Stadt betrachten", meinte Laja, um das Thema zu wechseln. „Erst durch meine Arbeit habe ich begriffen, daß Delhi eine viel größere und bewegtere Vergangenheit hat, als die Ewige Stadt Rom. Unsere Stadt war schon lange vor den Tagen Alexanders des Großen berühmt. Man weiß eigentlich gar nicht, wie alt sie ist, aber man sagt, daß sie mit Indraprastja identisch sei, die in dem dreitausend Jahre alten Epos Mahabharata des arischen Indiens genannt wird."

„Das mag zu erforschen für dich sehr schön sein, aber für uns, für Ragan und für mich, ist die Gegenwart und die Zukunft weitaus wichtiger und interessanter. Ragan meint, daß hier in Delhi das neue Indien entworfen und geplant wird, und deshalb bin ich so gerne hier."

Laja hatte auf ihrem Primuskocher Tee zubereitet, und so saßen sie noch die halbe Nacht und redeten über Altes und Neues, das in Wirklichkeit gleichwertig war, denn eine Zukunft ließ sich ohne Vergangenheit nicht bestimmen. Sprach Laja von der „Waagschale der Gerechtigkeit", die im Roten Fort zu sehen war, das der Mogul-Kaiser Shah-Jahan erbaut hatte, und von dem juwelengeschmückten Pfauenthron, den der Perser Nadir Shah geraubt hatte, so sprach Sundri von dem Fortschritt, den das Land Indien von hier aus nehmen würde.

Sundri will hoch hinaus

Ragan hatte eine Stellung bei einer Zeitung gefunden, die es ihm erlaubte, tagsüber auf die Universität zu gehen. Für Sundri hatte er allerdings nicht so viel Zeit, wie sie es gerne gehabt hätte, denn er arbeitete unermüdlich. Als er sein erstes Gehalt bekam, lud er sie und Laja zu einem „Tandoori"-Hühnchen ein. Sie saßen in einem Restaurant, das diese Tandooris als Spezialität anbot.

„Ich möchte wissen, wie es gemacht wird", wunderte sich Sundri, der es vortrefflich geschmeckt hatte.

„Man legt das Geflügel in eine Marinade und backt es später im Ofen. Aber woraus die Marinade genau besteht, kann man nicht erfahren. Die Köche hüten ihr Geheimnis."

Sundri, die noch nie Fleisch gegessen hatte und die sich auch weiterhin weigerte, Rind- oder Schweinefleisch zu essen, hatte wenigstens mit Geflügel einen Versuch gemacht und bald Geschmack daran gefunden. Das Schönste war, daß man das „Tandoori" mit den Fingern essen durfte, ohne bei den Europäern Anstoß zu erregen. Ja, es war selbstverständlich, daß man es tat.

Sie bummelten nach der Mahlzeit durch einen der vielen Parks. Es war wunderbar, die Blumenpracht, die sich nach dem Monsun entfaltet hatte, anzusehen. Tigerlilien, flammendrot, Zinnien in allen Farbschattierungen und Bougainvilleas, die vom zarten Rosa bis zum Dunkellila leuchteten. Betörend süß duftete das Geißblatt, das eben zu blühen begann. Später im Jahr würden die Bäume blühen, und im April, wenn der Sommer kam, würde der feuriggoldene Laburnum das Auge erfreuen.

Sundri war sehr glücklich. Das war das Leben, von dem sie zu Hause geträumt hatte. Vor lauter Freude hätte sie tanzen können. Es gab doch so viele Tänze aus ihrer Heimat, die alle Gefühle ausdrücken konnten.

„Wenn du willst", sagte Savi Anand kurz darauf, „kannst du uns einen deiner Tänze zeigen. Lal erwartet morgen Besuch von europäischen Geschäftsfreunden, die er unterhalten muß. Sie interessieren sich sehr für die Bräuche unseres Landes."

Sundri strahlte. Sie sagte voll Begeisterung: „Ich werde den Mohini Attam tanzen." Das war ein Tanz der Freude, der in seiner Gebärdensprache ungemein graziös wirkte. Da gab es keine Sprünge, kein Stampfen mit den Füßen, sondern nur Leichtigkeit und Eleganz. Ein Hin- und Herschreiten, ein Spiel mit den Armen, den Händen und den Fingern, die alles auszudrücken vermochten, was es an Freude gab.

Zum Mohini Attam mußte man besonders geschminkt sein, und Sundri bestäubte ihr Gesicht sorgfältig mit Reispuder, zog die Lippen korallenrot nach und verstärkte die Augenbrauen mit schwarzer Farbe. Sie trug ein weißes

Jackett und einen sehr eng gefältelten blütenweißen Sari, der in der Taille durch einen goldenen Gürtel gehalten wurde.

So gekleidet, kam Sundri herein und hob die Arme, um in der Gebärde das Glück und die Freude zu grüßen. Sie sang dazu ein einfaches Liedchen in Malajalam. Savi, die die Melodie sofort erfaßt hatte, begleitete sie ganz leise auf dem Veenapeti.

Aufmerksam verfolgten die Gäste das Mienenspiel und die leichten und beschwingten Schritte der Tänzerin. Sundri spielte mit den Fingern, bog die Arme leicht nach allen Seiten, hob und senkte sie und drückte alle Nuancen der Freude damit aus, vom hellen Jubel bis zur stillen Glückseligkeit. Die Gäste applaudierten begeistert. Sundri bedankte sich mit einem leichten Neigen des Kopfes und blitzenden Augen und schritt mit erhobenen Armen hinaus. Nur schade, dachte sie, daß Ragan sie nicht hatte sehen können.

Als sie in einem blauen Sari wieder erschien, war Lal Anand gerade dabei, seinen Gästen von den Problemen Indiens zu erzählen. Er selbst war zwar sehr erfolgreich gewesen und hatte seine Fabrik in der kurzen Zeit nicht nur hier wieder aufgebaut, sondern auch bereits vergrößert, aber so vieles fehlte hier in dem Land, das unbegrenzte Möglichkeiten hätte, wenn es ausgebildete Leute genug gäbe, die die anderen anlernen und umerziehen könnten. Arbeiter bekam er übergenug, aber sie waren alle ungelernt und mußten erst ausgebildet werden. Das Kastenwesen hatte ihm nicht viel Mühe gemacht, er hatte damit aufgeräumt. Bei ihm standen die Angehörigen der dritten Kaste, die Arbeiter, neben den Harijanis, den Unberührbaren, und es ging gut. Er erklärte den erstaunt aufhorchenden Europäern, die sich keinen Begriff von der früheren Unerbittlichkeit der Kasten machen konnten, daß man sie einfach unter die eisernen Regeln des Gesetzes zwingen müsse. „Gandhiji hat den Bann gebrochen, und wir müssen in seinem Sinn weitermachen."

„Die Not wird es schon zustande bringen", warf Sundri ein. Sie verstand es, sich geschickt in die Unterhaltung zu mischen, und bald hatte sie sich zum Mittelpunkt derselben gemacht. Mit viel Temperament erklärte sie: „Wir müssen den Reichen beibringen, daß sie mehr Verantwortung haben müssen als die Armen und Unwissenden. Wir müssen den Lebensstandard erhöhen, indem wir die Menschen lehren und aufklären. Und wir müssen einig werden vom Himalaja bis hinunter zu Kanya Kumari, der südlichsten Spitze unseres großen Landes." Sie sprach genau das aus, was seinerzeit schon Ragan auf der Veranda ihres Elternhauses gesagt hatte, nur daß sie es heute verstand. Damals hatte sie keine Ahnung davon gehabt, was er meinte.

„Das ist schwer, wenn der Bruder den Bruder nicht versteht", sagte Anand. „Die Gebildeten verständigen sich in Englisch, aber wie sollen die vielen Sprachen und Dialekte jemals zusammenkommen?"

„Man hat Hindi zur Staatssprache gemacht, und das muß man alle in den Schulen lehren, an den Universitäten wird man aber noch lange englisch unterrichten müssen, das ist klar."

„Sie studieren, Sundri Sahib?" fragte einer von Anands Gästen.

„Unsere Freundin hat große Pläne", warf Savi dazwischen. „Sie möchte selbst einmal Mitglied der Regierung werden."

„Oh, das traue ich Ihnen zu! Sie werden es sicher weit bringen, Sahib."

Geschmeichelt lächelte Sundri. Das war es, wonach sie strebte, Lob, Anerkennung und Bewunderung. Sie hatte sich, seit sie in Delhi war, ein großes Wissen angeeignet. Saß sie doch hier und unterhielt sich mit den Geschäftsfreunden eines Fabrikanten und konnte ihnen imponieren. Und es war noch gar nicht so lange her, daß sie im Dschungeldorf mit den Frauen geplaudert hatte, nur mit Frauen, die ziemlich unwissend waren, weil Frauen bei der Tafelrunde der Männer dort nicht zugelassen waren.

Was der Europäer gesagt hatte, war aber nicht nur Schmeichelei, er war tatsächlich der Ansicht, daß es diese kleine, energiegeladene Person wirklich weit bringen würde. Man spürte es, daß sie ganz Indien, vom Südkap, das man die schlafende Prinzessin nannte, bis hinauf zum Mount Everest, der göttlichen Mutter der Welt, zu einem blühenden Paradies für die Menschen machen wollte. Vom Himalaja stammten auch die Sieben Hügel ihrer Heimat. Sie erzählte den Gästen die Geschichte von der Entstehung dieser Hügel.

„Als der Affengott Hanuman von Ceylon zum Himalaja flog, um für den Bruder des Hindugottes Rama, der verwundet worden war, heilende Kräuter zu holen, die das Pfeilgift aus seinem Körper ziehen sollten, hatte er, am Ziel angekommen, vergessen, welche Art Kräuter er mitbringen sollte. Er sinnierte hin und her, aber es fiel ihm nicht mehr ein. Nun, er war stark, und so nahm er mit seinen Riesenkräften einen ganzen Berggipfel mit auf die Reise. In diesem gewaltigen Brocken würden sich schon die richtigen Kräuter befinden. Unterwegs verlor er einige Stücke davon, es waren sieben Bröcklein, die herunterfielen, und so entstanden die Sieben Hügel bei mir zu Hause. Deshalb finden sich dort auch alle Kräuter und Pflanzen, die es sonst nur in den Bergen des Himalaja gibt."

Sundri konnte sehr bildreich erzählen, und sie fand die Geschichten ihres Landes und die Legenden, von denen es zahllose gab, herrlich. Sie wollte sie trotz aller Moderne nicht missen, denn sie gehörten einfach zum indischen Leben. Überall waren die Geschichten anders, in Kaschmir, im Bergland, in der Tiefebene der Flüsse und in den Ghats, dem Küstengebirge Südindiens. Aber alle waren sie schön und geheimnisvoll, manchmal so geheimnisvoll, daß es einem einen Schauer über den Rücken jagte. Man müßte sie eigentlich sammeln und als Buch herausgeben können. Als Sundri wieder einmal mit Laja zusammen war, sprach sie davon.

„Du hast recht", sagte Laja, „aber es ist eine solche Fülle, daß man nicht weiß, wo man beginnen soll. Ich schreibe eben ein Kapitel über die einzige Königin, die einmal hier in Delhi regiert hat. Über sie gibt es viele Legenden."

„Eine Frau als Königin? Das glaube ich nicht!"

„Doch, es war Raziyya."

„Die Frauen spielten doch bis vor kurzem eine nur untergeordnete Rolle, wie konnte da eine ihres Geschlechts als Königin anerkannt worden sein?"

„Das war nicht immer so", erwiderte Laja. „Es gab Zeiten, da hatten die Frauen sehr viel zu sagen."

„Um diese Freiheit müssen wir jetzt kämpfen", sagte Sundri sehr energisch. Sie würden sich durchsetzen und durch nichts und niemand mehr unterdrücken lassen. Es ließ sie jetzt noch erschauern, wenn sie daran dachte, welchem Los sie durch Sukumiras Tod entgangen war. Bis die Freiheit in die Höhen ihrer Heimat gelangte, würden wohl noch viele Jahre vergehen.

Sundri liebte es, am Abend am Connaught-Rondell in den Kolonnaden umherzuspazieren. Hier drängte sich in den kühlen Nächten stets eine große Menschenmenge, und man konnte tausenderlei Dinge in den Auslagen bewundern. Meist waren es zwar Andenken, die für die Ausländer gedacht waren, aber alles war bunt und interessant. Das billigste Tontöpfchen war mit blauer, grüner oder roter Farbe bemalt. Man liebte hier die Farben über alles.

Heute war Sundri mit Ragan verabredet. Sie wollten zusammen ins Kino gehen. Seit er in der Redaktion arbeitete, hatte er leider wenig freie Zeit. Als er auf sie zukam, erschrak sie ein wenig. Er sah müde und abgespannt aus. Sein schmales Gesicht war noch schmäler geworden.

Sundri liebte seine Hände. Die Finger waren lang und konisch, und wenn Ragan die Handflächen zum Gruß zusammenlegte, sah man, daß es helfende, gute Hände waren. Wenn sie ihr Gesicht in seine beiden Handflächen legte, spürte sie Ruhe und Wohltat auf sich überströmen.

„Die Anands sind nach Simla gefahren", erzählte sie Ragan. „Lal will dort einen Bungalow kaufen, weil Savi die Sommerhitze in Delhi nicht mehr bekommt. Ich wünschte, wir könnten auch hingehen, wenn es hier staubtrocken ist und die Sonne alles ausdörrt."

Alle vermögenden Leute gingen in diesen Monaten nach Simla, das wußte Ragan. War Sundri unzufrieden, weil er ihr nichts bieten konnte? Er würde nie nach Simla gehen, weil er mit den Leuten, die dort wohnten, nichts anzufangen wußte.

„Welchen Film wollen wir uns ansehen?" fragte Sundri. Aber Ragan hatte plötzlich keine Lust mehr für das Kino. Die amerikanischen Filme gefielen ihm nicht besonders und noch weniger die russischen, die jetzt so zahlreich auftauchten. Man müßte indische Filme machen, viel mehr noch als bisher. Man müßte Probleme aufgreifen und zeigen, denn der Film war ein Propagandamittel, wie man es sich besser nicht denken konnte. Nun, die Regierung würde nicht schlafen und zu gegebener Zeit schon wissen, was sie zu tun hatte.

„Komm, laß uns irgendwo Tee trinken", sagte er. „Ich möchte mich viel lieber mit dir unterhalten als im Kino sitzen."

Der neue Plan, über den man im Parlament beriet, ging ihm im Kopf herum. Es sollten Ausbildungsinstitute für soziale Tätigkeit gegründet, ein nationaler Aufbaudienst eingerichtet werden, und die Männer und Frauen, die man hier ausbildete, sollten hinausgehen in die Dörfer und auch in die Vorstädte und sollten die Menschen in Hygiene und Kinderpflege unterrichten. Das würde das Notwendigste sein, was das Land brauchte.

Ragan sprach begeistert davon und versuchte Sundri mitzubegeistern. Sie war auch vollkommen mit ihm einig, nur damit nicht, daß er selbst aufs Land gehen wollte, denn ihm schwebte seine eigene Tätigkeit vor und vor allen Dingen sein Leben und Wirken in einem Dorf am Rande des Dschungels. Dort wurde er gebraucht, das wußte er.

„Es wird sehr schwer sein, bis wir den Leuten eine Geburtenkontrolle beigebracht haben, bis sie begreifen, daß weniger und dafür gesunde Kinder notwendig sind. Das wird einmal deine Aufgabe sein, denn eine Frau kann viel besser dahin wirken als ein Mann."

„Ragan, du wirst dich doch im Ernst nicht auf dem Land vergraben wollen? Mit deinen Fähigkeiten kannst du etwas ganz anderes erreichen. Du mußt das lehren, was andere dann in der Praxis ausüben werden."

„Wie kann ich lehren, was ich nicht kenne? Zuerst muß ich an Ort und Stelle die Probleme studieren, erst dann kann ich anderen sagen, was zu tun ist", erwiderte er.

Es war ein Glück, daß sie einige Bekannte trafen, sonst wäre ihr Gespräch in eine solide Meinungsverschiedenheit ausgeartet. Nun konnte Sundri mit ihrem Wissen brillieren. Sie gab es von sich wie ein Parlamentarier seine goldenen Worte. Im Verlauf des Abends erzählte sie, daß sie den Coronation-Preis erhalten habe, als noch die Engländer das Land beherrscht hatten. Zum Beweis nestelte sie an einer Kette und zog daran ein Goldstück aus dem Sari. Die Studenten und Studentinnen bestaunten die Medaille. „Ich war die erste Inderin, die den Preis bekam", sagte sie stolz. „Es hat meine englischen Mitschülerinnen mächtig geärgert, aber meine Arbeit war weitaus die beste. So hat der Gouverneur in seiner Ansprache gesagt!"

„Du wirst es noch weit bringen", sagte eine der Studentinnen bewundernd. „Ich wünschte, ich könnte so viel wie du!"

Man sah es Sundri an, wie sie diese Bewunderung genoß. Sie, Sundri Valappan, die Außergewöhnliche! Hoffentlich bemerkte Ragan, wieviel man von ihr hielt. Wenn sie beide zusammenarbeiteten, welche Aussichten für den Aufstieg in die höchsten Ämter würden sie haben.

Sie fiel aus allen Wolken, als Ragan trocken bemerkte: „Alles Wissen hat keinen Wert, wenn sich dahinter nicht ein Herz verbirgt. Kühle Gehirne denken Pläne wohl aus, zur Ausführung bedarf es weit mehr, es bedarf der Menschenliebe. Nur wenn das Wissen der Einsicht entspricht und die Einsicht dem Wissen, ist man weise. Wer aber die falsche Meinung von der eigenen Person hat, wird scheitern!"

Es war wohl eine kalte Dusche, aber so schnell ließ sich Sundri nicht ins Bockshorn jagen, und bald führte sie wieder das große Wort. Ragan wurde immer stiller und stiller. Er sagte auch nicht viel, als sie auf die verschiedenen Religionen zu sprechen kamen. Er war ein Hindu, aber er war ohne weiteres bereit, auch den Glauben eines jeden anderen für gut anzuerkennen, denn seiner Meinung nach führten alle Religionen, wenn auch auf verschiedenen Wegen, zum gleichen Ziel, dem höchsten Gott.

Sundri wurde in den nächsten Wochen immer hochfahrender. Sie war, wenn man sie hörte, die Klügste, die Beste ihres Semesters. Sie war außerordentlich! Es ging so weit, daß Ragan verschiedentlich ein Zusammentreffen mit ihr einfach absagte.

„Du mußt es verstehen", versuchte Laja ihn zu trösten. „Das alles ist doch nur ein Übergang, ein Zustand, der vorbeigeht. Sundri kann einfach diesen Aufstieg aus dem Dschungeldorf zur Studentin der Universität Delhi nicht verkraften und nicht bewältigen. Sie ist im Grunde doch viel zu klug, um auf ihrem jetzigen Standpunkt zu beharren. Und wenn sie dich wirklich liebt, wird sie . . ."

„Wenn sie mich liebt, Laja! Ich habe oft das Gefühl, als ob sie ihren Ehrgeiz mehr liebe als mich."

„Du mußt Geduld mit ihr haben. Es wird schon irgendein Ereignis eintreten, das sie zur Vernunft bringt."

Es war ein schwacher Trost für Ragan, der sich große Sorgen machte. Allerdings, wenn er gerecht war, mußte er Lajas Meinung teilen. Sundri konnte diesen Aufstieg wirklich nicht bewältigen. Man schmeichelte ihr plötzlich von allen Seiten, man suchte ihre Gesellschaft. Sie lernte spielend leicht, und man bewunderte sie allgemein. Sie sonnte sich darin und strebte ehrgeizig danach, sich überall ins rechte Licht zu setzen. Es war schon ein himmelweiter Unterschied gegen ihr Leben zu Hause, wo sie verfemt und verachtet war, wo man sie als Unglücksbringerin mied und von ihrem Wissen keine Notiz nahm, weil es dort nichts galt. Ragan konnte sich allerdings kein Ereignis denken, das sie ändern würde.

Ein Stipendium für Ragan

Kurze Zeit nach dem Gespräch mit Laja ging er über den Hof der Universität und sah Doktor Nayyar auf sich zukommen. Er blieb ehrerbietig stehen und grüßte sie mit dem Gruß, den Gandhiji stets benutzt hatte: „Shandi, shandi, shandi!"

Doktor Nayyar erwiderte gleicherweise: „Friede sei mit dir!" Sie hatte sich kaum verändert, hatte vielleicht einige Sorgenfalten mehr im Gesicht. Trotzdem strahlte sie noch immer die Zuversicht aus, die damals im Lager Wuh so großen Eindruck auf ihn gemacht hatte. Nichts, keine noch so schlechte Nachricht, keine noch so große Not hatte Doktor Nayyar erschüttern können. Sie arbeitete, tröstete und half, wo immer es not tat.

„Gut, daß ich Sie treffe, Ragan Sahib. Ich habe etwas mit Ihnen zu besprechen!"

„Verfügen Sie über mich, Doktor Nayyar. Wenn ich irgend etwas für Sie tun kann, werde ich es mit allen Kräften tun."

Doktor Nayyar lächelte sehr fein und sehr weise. Sie war eine von jenen sanftmütigen indischen Frauen, die aber im richtigen Augenblick hart sein konnten. Sie wußte, warum sie sich ausgerechnet Ragan Ray ausgesucht hatte, und sie war sicher, daß sie keinen Mißgriff tat. „Bitte, kommen Sie zu mir, sobald Sie Zeit haben." Sie verabredete Tag und Stunde mit ihm.

Ragan hatte keine Ahnung, was sie von ihm wollen könnte, und er ging mit großer Neugier in das Büro, das Doktor Nayyar sich in Delhi eingerichtet hatte.

„Bitte, nehmen Sie Platz, Ragan Sahib", sagte die Ärztin. „Ich bin in wenigen Minuten frei, und dann haben wir Zeit, um über die Sache zu sprechen, die mir am Herzen liegt."

Es dauerte zwar noch eine halbe Stunde, aber Ragan vertrieb sich die Zeit damit, in Zeitschriften und Magazinen zu blättern, die auf einem kleinen Tisch lagen. Er fand interessante Zahlen und Zusammenstellungen über das Geburtenproblem, die Doktor Nayyar aufgestellt hatte. Vielleicht suchte sie seine Mitarbeit? Das wäre eine schöne, jedoch vielleicht eine noch zu schwere Aufgabe für ihn. Ragan mußte unwillkürlich an die Frauen und Kinder in der Perlenstraße in Bombay denken. Sie lebten im Elend und im Hunger und starben dahin wie das Vieh, ertranken, wenn der Monsunregen überraschend in die Löcher strömte, die sie zur Wohnung hatten. Zustände wie in der Perlenstraße gab es doch allenthalben in den großen Städten wie auch auf dem Lande.

„So, nun werden wir nicht mehr gestört werden. Wollen wir Tee zusammen trinken, Ragan? Wir können dabei besprechen, was notwendig ist." Doktor Nayyar klatschte leicht in die Hände und ordnete an, daß Tee und Gebäck serviert werde. Sie wartete, bis die Dienerin den Raum verlassen hatte.

„Ich habe ein Stipendium für Sie, Ragan Sahib. Sie können für ein oder zwei Jahre nach Amerika gehen, wenn Sie Lust haben. Und zwar an die Staatsuniversität von Michigan in Ann Arbor. Es ist meiner Meinung nach die Universität mit der besten medizinischen Fakultät Amerikas. Vorbildliches Krankenhaus dazu, es bietet Ihnen auch in der Praxis alle Möglichkeiten für Ihren Beruf."

„Ist das Ihr Ernst, Doktor Nayyar?" fragte Ragan.

„Glauben Sie, ich scherze? Die Möglichkeit, das Stipendium zu vergeben, verdanke ich der persönlichen Bekannt-

169

schaft mit einem einflußreichen Amerikaner, und deshalb liegt die Entscheidung, wer es bekommen soll, bei mir. Sie können unendlich viel in Ann Arbor lernen, mein Freund. Nützen Sie die Zeit dort!"

„Wie soll ich Ihnen danken, Doktor Nayyar?"

„Indem Sie später für Indien arbeiten. Verwirklichen Sie die Pläne, die Sie mir einmal auseinandergesetzt haben. Wirken Sie einige Jahre draußen in den Dschungeldörfern, dort brauchen wir Sie. Wir holen Sie dann schon herein, wenn es Zeit ist. Zuerst fliegen Sie jetzt aber nach Amerika. Machen Sie die Augen auf, lernen Sie und kommen Sie mit einem hilfsbereiten Herzen für Ihr Land, für Gandhijis Indien, wieder zurück."

Ragan vermochte nichts zu sagen, aber aus seinen Augen strahlte so viel Freude und Dankbarkeit, daß Doktor Nayyar überzeugt war, den richtigen Mann ausgesucht zu haben.

„Ich werde Sie nicht enttäuschen!"

„Das weiß ich. Das Studienprogramm von Ann Arbor schicke ich Ihnen zu. In vier Wochen müssen Sie reisen, Ragan Sahib! Ich hoffe, es gibt nichts, das Sie hier zurücklassen, was Ihnen teuer ist?"

Ragan zögerte einen Augenblick, doch dann sprach er von Sundri. Er erzählte der Ärztin, wie er sie kennengelernt hatte, was sich in seinem Elternhaus abgespielt hatte und wie er im Augenblick von ihr enttäuscht sei.

„Auch das gehört zur neuen Zeit, Ragan. Die Menschen werden zu schnell in den Strudel hineingezogen. Aber haben Sie keine Sorge, wenn das Mädchen so klug ist, wie Sie sie mir geschildert haben, wird sie ganz von selbst zu Verstand kommen. Vielleicht ist die Trennung das beste Mittel dazu. Doch ich will Sie nicht länger aufhalten, es gibt eine Menge von Formalitäten für Sie zu erledigen. Bereiten Sie alles vor", sagte Doktor Nayyar und drückte ihm einen dicken Umschlag mit Papieren in die Hand. „Hierin finden Sie alles, was Sie zu tun haben. Shandi, der Friede sei mit Ihnen!"

170

„Shandi!"

Ragan ging in einen Park und setzte sich an den Rand eines Wasserbeckens. Er konnte sein Glück noch immer nicht fassen. Daß gerade ihm dieses Stipendium gewährt wurde, war wirklich ein Glücksfall, denn die Arbeit bei der Zeitung hörte mit dem nächsten Monatsersten auf, und er hätte sich nach irgendeinem Einkommen umsehen müssen. Aber gerade jetzt in den letzten Semestern wäre ihm dies schwergefallen. Und Amerika, das Land, wo er so viel lernen konnte, es war großartig für ihn. Er würde auch zu manchen Ereignissen, die auf sein Leben gewirkt hatten, den notwendigen Abstand bekommen. Das Zerwürfnis mit seiner Familie bedrückte ihn doch mehr, als er zugeben wollte, denn er hing an seiner Mutter und seiner Schwester ganz besonders. Von Amerika aus würde er schreiben und Sarla bitten, zwischen dem Vater und ihm zu vermitteln. Auch die zeitliche Trennung von Sundri würde nur zu ihrer beider Bestem sein. Sie mußten sich beide bewähren. Wie sie die Neuigkeit aufnehmen würde, dessen war er sich nicht gewiß. Nun, mochte es sein, wie es wollte, für ihn stand im Vordergrund, daß er sich vorbereitete und daß er dessen würdig war, was man ihm mit dem Stipendium schenkte. „Wo der Geist vorwärtsgeführt wird durch dich, in immer weitere Horizonte von Gedanke zu Tat, zu diesem Himmel der Freiheit, mein Vater, laß mein Land erwachen", murmelte er. Nichts paßte besser zu dieser Stunde und zu seiner Stimmung als das Wort des weisen Rabindranath Tagore.

Sundri starrte Ragan an, als wäre er nicht von dieser Welt. Sie wollte und sie konnte nicht glauben, was er ihr soeben gesagt hatte. Er wollte nach Amerika gehen für ein Jahr, vielleicht für zwei und noch länger und ohne sie. Das durfte nicht sein, er konnte sie nicht einfach zurücklassen in Delhi. Eine Trennung auf so lange Zeit wäre doch das Ende ihrer Liebe, so glaubte sie. Und – wußte man denn, welchen Verlockungen er in diesem fremden Land ausgesetzt sein würde? Was sie in amerikanischen Filmen gesehen hatte, genügte, um sie das Schlimmste befürchten zu lassen. Nein, Ragan, tausendmal nein! Wie, wenn sie mit ihm ginge?

Aber es wäre aus geldlichen Gründen schon gar nicht möglich. Der Betrag, den ihr ihr Bruder Balan schickte, reichte kaum, um hier als Studentin leben zu können. Wie sollte sie ein Studium in Amerika bezahlen können, gar nicht zu denken an die Kosten der Reise dorthin. Fiel die Reisernte so schlecht aus, wie es in diesem Jahr den Anschein hatte, konnte sie nicht einmal mit dem monatlichen Geld rechnen. So hatte ihr Balan angedeutet. Und wenn sie sich nun selbst um ein Stipendium bemühte? Aber wie sollte sie dazu kommen? Ragan mußte hierbleiben. Sie redete und redete und begründete ihre Bitten, aber er gab nicht nach.

„Laß es genug sein", wehrte er endlich ihren Wortschwall ab. „Ich werde das Stipendium annehmen!"

Daraufhin machte sie ihm erbitterte Vorwürfe, aber auch die richteten nichts aus.

„Du weißt, daß ich mich an dich gebunden habe, daß ich niemals eine andere Frau heiraten werde, aber ich werde auch dich nicht heiraten, wenn du dich nicht ändern willst! Diese Trennungszeit ist die Prüfung für uns beide."

Im Grunde seines Herzens hatte er großes Mitleid mit ihr, aber er mußte hart bleiben, um Sundris willen.

„Kleine Jasminblüte, denke doch einmal über dich nach", sagte er. Es war schwer, den Sprung aus der Vergangenheit zu bewältigen, wenn man so viel Tradition und Vorurteil überspringen mußte, aber sie mußte es fertigbringen, dies aus sich selbst heraus zu tun.

Beim Zauberer vom Jamuna-Fluß

Ragan hatte zu tun. Tausenderlei Dinge. Zuerst mußte er sich um sein Visum kümmern, das er durch die Vermittlung von Doktor Nayyar sehr schnell bekam. Dann kamen die vorgeschriebenen Impfungen und die notwendigen Reisevorbereitungen. Er hatte sich lange überlegt, ob er nicht doch noch schnell nach Bombay fliegen sollte, hatte sich aber dann für ein Telefongespräch entschieden. Er rief Sarla an.

„Ragan, du? Wie schön, daß du dich meldest. Was machst du? Du gehst nach Amerika?" rief sie ungläubig. „Du, das ist großartig. Übrigens, unser Vater ist so ziemlich bereit, sich mit dir zu versöhnen. Stell dir vor, Indira ist in der Nacht, als eure Heirat besprochen wurde, mit einem Engländer durchgegangen. Per Schiff nach London. Sie soll dort geheiratet haben. Was sagst du dazu?"

Was sollte er dazu sagen? Das war also der Plan gewesen, den sie ihm nicht verraten hatte. Nun hatte es wenigstens keinen ernstlichen Zwist unter den beiden befreundeten Familien gegeben. Alles wäre gut gewesen, aber Ragan fürchtete, daß man ihn mit einem neuen Heiratsvorschlag bedrängen würde, wenn er nach Hause käme. Vermutlich war sein Vater schon wieder dabei, Horoskope von jungen Mädchen anzusehen, die vielleicht dem Rang und Namen nach zur Familie Ray passen würden. Einer Heirat mit Sundri würde er niemals zustimmen. Ja, man hatte so seine Sorgen mit der alten Tradition und den Familiengesetzen. Und auch mit der Religion. Die einen liefen in die Tempel und beteten zu den Göttern, die anderen meditierten mit den Geistern in den heiligen Schreinen. Daneben stieg die neue Zeit auf, von der Ministerpräsident Nehru gesagt hatte: „Die Tempel des neuen Indien sind seine Staudämme und seine Fabriken." Das hieß, daß zunächst einmal die Armut und die Krankheiten beseitigt werden mußten, daß die Sterblichkeitsziffer von Müttern und Kindern vermindert wurde. Es würde Arbeit geben die Menge und noch mehr. Sundri, Sundri, wenn du doch mit meinen Augen sehen könntest, dachte Ragan.

Währenddessen überlegte sich Sundri: Es mußte ein Mittel geben, Ragan zurückzuhalten, so wie es die Geister möglich gemacht hatten, daß sie Sukumira nicht heiraten mußte. Ragan durfte nicht nach Amerika gehen, und sie würde es verhindern. Es gab doch Kräuter, Wurzeln, Blüten, aus denen man Liebestränke herstellte, mittels derer man einen Menschen an sich binden konnte. Sundri fiel noch einmal ganz zurück in ihren alten Aberglauben, der so abseitig war, daß man es nicht fassen konnte.

Wäre sie zu Hause, würde sie Achunchan oder sonst einen der Sterndeuter um Hilfe bitten. Oder einen Zauberer? Ja, selbst die Ushas, die Heiraten vermittelten, kannten solche Geheimmixturen. Und so etwas mußte es auch in Delhi geben.

Tagelang durchstreifte sie die alten Gassen, wanderte durch die Basare, um einen Zauberer zu finden, der ihr helfen konnte. Sie strich um die Tempel herum und suchte nach Fakiren, die mehr wußten als andere Leute. Sundri magerte ab und sah so elend aus, daß es Laja auffiel. Aber sie wehrte alle Fragen ihrer Freundin ab. Sie war so besessen von dem Gedanken, Ragan zu behexen, daß es nichts anderes mehr für sie gab. Anstatt in die Vorlesungen zu gehen, durchstreifte sie Delhis Altstadt, denn nur in den ältesten Bezirken würde sie finden, was sie suchte. Endlich erfuhr sie, daß weit draußen am Jamuna-Fluß ein alter Mann namens Ramiswami hause, dem man Zauberkräfte zusprach. Genaues konnte man Sundri allerdings nicht sagen, aber die Silberschmiede, die in der Chandi Chowk ihre Werkstätten hatten, die wüßten, wo Ramiswamis Hütte stehe.

Sundri ging in der Chandi Chowk von Haus zu Haus, bis sie endlich genau erfuhr, wie sie zu dem Zauberer gelangen konnte. Sie nahm sich eine Tonga und ließ sich hinausbringen. Der Kutscher weigerte sich allerdings, bis nahe

an die Hütte zu fahren. Er wollte auch nicht warten, und
als sie ihn bezahlt hatte, fuhr er im Trab zurück. Sie mußte
noch ein gutes Stück am Fluß entlanggehen, bis sie endlich
die Hütte sah.

Ramiswami war nicht da, also mußte sie warten. Über
die Möglichkeit, wie sie wieder in die Stadt zurückkehren
konnte, machte sie sich keine Gedanken. Wenn sie flußaufwärts ging, mußte sie wieder auf die Straße kommen, die
zur Stadt führte, und wo eine Straße war, kamen auch
Fahrzeuge. Irgend jemand würde sie schon mitnehmen.

Sundri setzte sich unter einen Baum am Fluß, so daß sie
den Eingang zur Hütte im Auge hatte. Die Hitze war unerträglich, denn es war Ende Mai und kurz vor dem Ausbruch des Monsuns. Schlaff hingen die Blätter an den Bäumen, nichts rührte sich. Ausgedörrt war das Land ringsumher, grün nur der kleine Uferstreifen und das Gestrüpp, das
ihn begrenzte.

Es raschelte im Gebüsch, wahrscheinlich war es ein Tier,
das zur Tränke wollte. Ein Schakal vielleicht, von denen es
rings um die Stadt nur so wimmelte.

Leise begann Sundri zu singen, es half ihr, diese dumme
kleine Furcht, die sie verspürte, zu vertreiben. „Er nahm
mein Herz gefangen, als ich jung war . . .“

Ragan, wie kannst du vor mir fliehen, was habe ich dir
getan? fragte sie immer wieder. „Wenn er unzufrieden mit
mir ist, ist all mein Glück nichts wert gewesen . . .“

Es blieb noch lange still, so unheimlich still, daß sich
Sundri zu fürchten begann. Endlich brachen in der Nähe
Zweige, ein alter Mann schob sich durch das Gestrüpp. Er
trug einen eigenartig geformten, bunt bemalten Korb.

„Ramiswami Sahib?“ fragte Sundri. Plötzlich überka-
men sie wieder Zweifel und Furcht, weniger vor dem Alten
und seiner Zauberkunst als vor ihrem eigenen Gewissen.
Was würde Ragan sagen, wenn er wüßte, was sie zu tun
im Begriffe war? Allein der Gedanke an Amerika, das
Land, das auf der anderen Seite der Welt lag, trieb sie
wieder vorwärts.

Als Ramiswami, der auf seine Hütte zuging, ihr ein Zeichen machte, ihm zu folgen, stand sie auf und ging hinter ihm drein.

Aus dürren Zweigen, die in einer Ecke der dürftigen Hütte aufgestapelt waren, machte er ein Feuer und stellte einen Wasserkessel darüber. Leise schwankte der rauchgeschwärzte Kupferbehälter in dem primitiven Eisengestell, in welchem er aufgehängt war, hin und her. Der Alte setzte sich an das Feuer und bedeutete ihr, das gleiche zu tun.

Durch die offene Tür, die nur aus Zweigen geflochten war, sah Sundri, daß die Nacht hereingebrochen war. An dem dunkelpurpurnen Himmel blitzten die Sterne, der Mond sah aus wie eine aufgehängte Laterne. Sein Licht war stark, und der Himmel schien so unendlich hoch zu sein. Das Ungreifbare, das aus der Landschaft in ihre Seele drang, kam ihr jetzt vor wie eine Botschaft der Geister. Sie faltete die Hände, hielt sie vor die Stirn und schloß die Augen. Ihr Vorhaben mußte gelingen, es mußte einfach!

Bis jetzt hatte Ramiswami kein Wort gesprochen, Zauberer waren sehr schweigsam. Aber er hatte auch kaum den Blick von ihr gelassen. Er schien jede Regung des Mädchens zu studieren, und er konnte warten, bis sie sich ihm erschloß. Sie mußte zuerst sprechen, damit er ohne viel Fragerei erfuhr, was sie von ihm begehrte.

Endlich erhob sie den Kopf, sah ihn an und sagte: „Ramiswami Sahib, die Silberschmiede von der Chandi Chowk haben mich zu dir gewiesen. Ich habe ein Anliegen an dich!"

Der Alte brachte sie durch eine Geste seiner Hand zunächst wieder zum Verstummen, er saß in tiefer Versunkenheit da. Vielleicht verstand er kein Englisch. Ja, das mußte es sein. Sundri versuchte es in Sanskrit, das ein Zauberer verstehen mußte, aber Ramiswami rührte sich nicht. Sollte sie Hindi sprechen, aber sie konnte nur wenige Brokken, die nicht genügten.

Wenn sie ihm in Bildern aufzeigte, was sie wollte? Sie kramte in ihrer Tasche, holte ihren Kugelschreiber und Papier heraus und begann zu zeichnen. Eine Frau, einen Mann, der auf ein Flugzeug zuging, die Frau versuchte ihn am Mantel zurückzuhalten. Sundri deutete darauf, aber Ramiswami schob die Zeichnung beiseite. Den Kugelschreiber nahm er und steckte ihn in den Gürtel seines Gewandes. Wenn er im Besitz eines solchen Wunderstiftes zu den Silberschmieden kam, würden sie ihn bewundern. Nur die vornehmen Hindus hatten einen Kugelschreiber.

Sundri hätte sich die Zeichnerei sparen können, denn der Alte wußte genau, was die Mädchen und Frauen wollten, die zu ihm herauskamen. Liebesträkchen begehrten sie allesamt. Es war seine Spezialität, und dafür war er bestens bekannt.

Ramiswami zog seinen Korb zum Feuer und warf verschiedene Kräuter in den Topf, nahm eine Ginsengwurzel, brach sie in kleine Stücke und gab sie dazu. Bald entströmten dem Gefäß aromatische Düfte. Es begann leise zu brodeln, und feine Dunstwölkchen umschwebten spielerisch den Kupferkessel. Sie formten sich zu bizarren Figuren und lösten sich wieder auf. Die Geister der Natur!

Erst war der Alte in tiefe Versenkung gefallen, dann murmelte er monotone Beschwörungsformeln vor sich hin.

Sundri war ganz im Banne des Zauberkreises in dieser primitiven Hütte am Jamuna-Fluß. Obwohl es Stunden dauerte, bis das Elixier zu einem Löffel voll brauner Brühe eingedampft war, saß sie neben dem Feuer und wachte. Draußen war jetzt alles pechschwarz, und die Dunkelheit schien aus allen Dingen zu kriechen. Ein klagender Laut drang über den Fluß. War es eine verdammte Seele, die hier herumgeisterte? Sie erschauerte und hüllte sich fest in ihren Sari ein.

So mochte sie im Sitzen eingeschlafen sein, denn als Ramaswami sie ansprach, fuhr sie erschreckt zusammen. In gebrochenem Englisch sagte er: „Für Mann, in Tee gießen."

Den Absud füllte er aus dem Kupferkessel in einen winzigen Tonkrug. Er hielt das Gefäß in der Hand, aber er gab

177

es ihr nicht, sondern sah sie forschend an. Sundri wollte ihm einen Geldschein geben, aber der Alte sagte: „Gold!"

Er hatte die Kette gesehen, die sie um den Hals trug. Sundri sprang entsetzt auf und griff danach. Nein, die Kette mit dem Goldstück würde sie nicht hergeben. Es war ihr liebster Besitz, ihr ganzer Stolz, an dem sie hing. Sie versuchte, das Ramiswami zu erklären, aber er stellte ungerührt den kleinen Tonkrug beiseite und wies auf die Tür.

„Wenn man das Liebste behalten will, muß man opfern, was einem teuer ist", sagte er spöttisch. „Die Götter wollen Gold!"

Es war ein kurzer, aber harter Kampf, der sich in Sundris Herzen abspielte. Die Coronation-Medaille, das Prunkstück, mit dem sie bei allen Freunden protzte und das sie sich redlich durch eine Leistung verdient hatte, stand gegen Ragan.

Endlich nahm sie langsam die Kette ab und reichte sie dem alten Zauberer hin. Das Tonkrüglein, das er mit ein wenig Rindertalg verschlossen hatte, in der Hand, rannte sie zur Hütte hinaus und floh flußaufwärts. Das spöttische Lächeln des alten Mannes sah sie nicht mehr. Sie sah auch nicht, daß Ramiswami sich im Jamuna-Fluß von der begangenen Sünde des Betrugs reinigte. War der Fluß auch nicht so heilig wie etwa der Ganges, war er doch heilig genug, die Sünde von ihm abzuwaschen, wenn er bei Sonnenaufgang darin badete. Mit glorioser Pracht war die Sonne aufgegangen, und während Ramiswami die Hände himmelwärts hob, lief Sundri die Straße entlang, um möglichst schnell nach Delhi zurückzukommen.

Laja empfing sie mit liebevollen Vorwürfen. „Wo hast du die letzten Tage gesteckt?" fragte sie.

„Ich habe gearbeitet", erwiderte Sundri. Sie konnte nicht sagen, daß sie einen Zauberer gesucht hatte. „Ich habe mich mit Ragan bei dir verabredet. Kommst du mit uns, wir wollen zusammen ausgehen?"

„Nein. Ich meine, die Tage vor Ragans Abreise gehören euch allein. Ich würde doch nur stören", sagte Laja.

„Abreise, sagst du?" Sundri lächelte fein. „Vielleicht bleibt er doch hier!"

„Wie das?" fragte Laja. „Es war doch alles vorbereitet, ist etwas dazwischengekommen?"

„Ich meine nur", wich Sundri aus.

„Etwas muß dich auf diese Meinung gebracht haben. Sprich doch, was ist los?"

Sundri schüttelte den Kopf und gab vor, nichts zu wissen. Es sei nur eine Vermutung oder eine stille Hoffnung, eine Ahnung sozusagen, daß es unter Umständen anders kommen könne. „Du weißt ja, wie ich bin!" So tat sie die Sache ab.

Laja atmete erleichtert auf. Es hätte ihr für Ragan leid getan, wenn sich seine große Hoffnung zerschlagen hätte. Eigentlich war es dumm von Sundri, auf eine Änderung, auf ein Wunder zu hoffen, das nicht eintreten würde, denn alles war so vorbereitet, daß eigentlich nichts mehr dazwischenkommen konnte.

„Ach, übrigens habe ich ein altes Muster für dich gefertigt. Hier, besticke damit ein Tüchlein und gib es Ragan mit nach Amerika. Du weißt vielleicht auch, daß eine Stickerei vielfache symbolische Bedeutung haben kann. Die Nadel führt Getrenntes zusammen und bekommt so den Sinn der Stärke."

„Gut, ich will es tun", sagte Sundri bereitwillig. Schließlich konnte es nicht schaden, wenn man doppelte Vorsorge traf.

Sie bewunderte jetzt den Entwurf eines alten Sari-Musters, den Laja vor sich auf dem Tisch liegen hatte. Der Pallavs, die Kante an den Enden des Sari, hatte wunderbare Goldornamente.

„Sie sind einzigartig", erklärte Laja. „Diese Muster stammen aus dem dritten vorchristlichen Jahrhundert. Wir sammeln dies alles und wollen es nicht nur bewahren für die, die nach uns leben, sondern auch verwenden, wenn später das Regierungsprogramm angelaufen ist. Solche Muster müßten sich gut an die Fremden verkaufen lassen, und unsere Frauen könnten auf diese Weise Geld verdienen, damit sie endlich aus ihrer Not herauskommen. Du machst dir keinen Begriff, welche prächtigen Blumen- und Vogelmuster ich noch gefunden habe. Und hier, sieh einmal, das sind ganze Szenen aus den Legenden um Gott Krishna."

Sundri hörte zu, aber innerlich war sie unaufmerksam und ungeduldig. Sie wartete auf Ragan und fieberte dem Augenblick entgegen, wo das Zaubermittel Ramiswamis wirken würde. Sie war sich allerdings noch nicht ganz im klaren, wie sie es ihm einflößen konnte. Es mußte unbemerkt geschehen, denn freiwillig würde er es nicht nehmen. Aber eine Gelegenheit würde sich schon finden.

Ragan war unbemerkt eingetreten. Für ihn war Lajas Arbeitsraum stets eine Fundgrube an alten Dingen, die ihn interessierten. Bei ihr konnte man die ganze große Kultur Indiens kennenlernen, die vor Jahrtausenden schon dagewesen war und die leider zum großen Teil wieder verlorengegangen war.

Laja zeigte Sundri gerade einige Stickereien, die aus Kaschmir, ihrer Heimat, stammten. Es waren farbenprächtige Muster, alle der Tier- oder Pflanzenwelt entnommen. Sundri war plötzlich von einer bestrickenden Aufgeschlossenheit, sie zeigte sich von ihrer besten Seite. Sie stritt weder mit Ragan, noch sprach sie zuviel oder wußte alles besser. Es fiel ihm nur manchmal ein fragender Blick auf. Dann wieder schien sie sehr bekümmert zu sein. Aber alles in allem war sie sehr entgegenkommend. Vermutlich war es der nahende Abschied, mit dem sie sich jetzt aber abgefunden zu haben schien. Sie war sofort bereit, Wasser zu holen, als Laja sie zum Tee einlud. Es war noch zu heiß, um auszugehen, und man wollte den Sonnenuntergang abwarten und gemeinsam zu Abend essen.

„Der Abschied von Sundri fällt mir schwer", sagte Ragan, solange sie fort war. „Es tröstet mich nur, daß ich dich, liebe Laja, um sie weiß."

Sie verstand seine unausgesprochene Bitte und sagte:

„Ich werde mich um sie kümmern, darauf kannst du dich verlassen!"

Laja kochte auf dem Primuskocher das Wasser, während Sundri Tassen und Teller aus dem Schrank nahm. Als Laja den Tee eingegossen hatte, sagte Sundri: „Ach, zeige Ragan doch das Sari-Muster. Es ist so außerordentlich, daß er es ansehen muß!"

Während er sich über die Zeichnung beugte, zog sie schnell das Tongefäß, das sie in der Bluse verborgen getragen hatte, hervor und goß den Inhalt in den Tee. So, das wäre geschafft. Aufatmend und im Begriff, das Tonkrüglein wieder wegzustecken, drehte sie sich um.

„Willst du mich vergiften?" fragte Ragan. Sie war einen Augenblick wie erstarrt, dann ließ sie mit einem Schrekkenslaut das Tongefäß fallen. Es zersprang auf dem Steinboden in viele Stücke. Wie hatte er bemerken können, daß sie das Elixier in seine Tasse gegossen hatte? Er hatte sich doch abgewendet gehabt und das Muster betrachtet. Leider hatte Sundri aber nicht daran gedacht, daß man sie in dem großen Spiegel genau beobachten konnte, und Ragan hatte gerade in dem Augenblick aufgesehen, als sie triumphierend ihr Werk begonnen hatte.

Alles Blut war aus ihrem Gesicht gewichen. Aus, alles war aus. So wie die Scherben des Tonkruges auf den Steinfliesen zerbrochen waren, so war auch ihre Liebe zerbrochen. Sundri kam endlich zu sich, und sie wollte aus dem Zimmer flüchten. Fort, nur fort, war ihr einziger Gedanke, Ragan nicht mehr ins Gesicht sehen müssen. Sie würde seine Verachtung nicht ertragen. Er vertrat ihr den Weg.

„Was wolltest du tun?"

„Ich . . . ich . . ." stammelte sie. Tränen liefen ihr über das Gesicht. Jetzt war alles aus. Zum zweitenmal in ihrem Leben würde sie verstoßen werden, verachtet von dem Mann, der ihrem Herzen so nahe war wie sonst kein Mensch auf der Welt. Sie brach vollkommen zusammen und ließ sich willenlos zu einem Stuhl führen. Ihr würde, wenn Ragan sie verließ, nichts übrigbleiben als sati, Selbst-

181

mord. Und dafür würden sie die Geister ihrer Ahnen verachten.

Laja rieb ihr die Stirn und den Puls mit einer erfrischenden Kräuteressenz ein. Es war außer der seelischen Bedrückung wohl auch dem Wetter zuzuschreiben, daß Sundri so elend war. Es war ein Wetter, das Menschen zum Amoklaufen trieb.

Endlich, nachdem Sundri eine Tasse Tee getrunken hatte, konnte sie sagen, was sie vorgehabt hatte. Plötzlich schämte sie sich, und sie beugte den Kopf tief auf die Brust und wartete ergeben darauf, daß Ragan sie verstoßen werde.

„Du dummes, dummes, törichtes Ding, du", sagte er und zog sie an sich. In seiner Stimme schwang nichts als Zärtlichkeit. „Wie konntest du nur so töricht sein!"

Sundri schwieg. Konnte sie ihm denn sagen, daß sie es nur aus übergroßer Liebe getan hatte? Nein, das war nicht möglich, denn über Liebe sprach man vor der Ehe nicht.

„Und du hast also deine Krönungsmedaille für die Mixtur gegeben?" fragte er noch einmal. Sie nickte stumm.

„Warum hast du das getan?"

„Weil . . . Ramiswami hat gesagt, man müsse geben, was einem am teuersten sei, um zu halten, was . . . was . . ." Sundri weinte aufs neue.

„Trockne deine Tränen, ich werde die Medaille diesem alten Gauner wieder abjagen", erklärt Ragan. Er hielt nicht viel von den sogenannten heiligen Männern und Zauberern. Die einen, die das Gesicht mit Asche beschmierten, um ihr Leben der Versenkung in die Gottheit zu weihen, waren nach Nehrus Ansicht unproduktive Elemente, die keinen Platz mehr in Indien hatten, und die Zauberer waren nichts als Schwindler. Sie hielt Ragan für gefährlicher, weil sie die Einfalt des Volkes ausnützten.

„Ich will die Medaille nicht mehr", sagte Sundri. „Sie ist nur das Zeichen meines Hochmuts!"

Laja Rhadvani ging leise hinaus. Was die beiden sich noch zu sagen hatten, sollten sie unter sich ausmachen.

„Du mußt dich damit abfinden, daß ich nach Amerika gehe", sagte Ragan endlich. „Aber mein Herz bleibt dir treu. Es verlangt genauso nach dir wie das deine nach mir. Es wird eine Zeit der Prüfung für uns beide sein. Aber ich werde zurückkommen, und wir werden eine glückliche Familie sein, wenn du es so willst!"

Ragan sprach leise und zärtlich, während er sie im Arm hielt. Jetzt löste er sich rasch und ging zum Fenster. Wäre er selbst nicht auch noch so sehr in der alten Tradition verwurzelt gewesen, daß es vor der Ehe keine Zärtlichkeiten zwischen Mann und Frau geben sollte, hätte er Sundri jetzt geküßt.

Er stieß beide Fensterflügel weit auf, denn draußen fegte der erste erlösende Windstoß daher, das Zeichen, das dem Monsun kurz vorausging. Sundri war neben ihn getreten. Sie schob ihre kleine braune Hand in die seine, und er hielt sie fest.

Shandi – der Friede sei mit dir!

Ragan saß auf dem Boden. Er hatte nur ein Handtuch um die Hüften geschlungen. Jetzt war er bei der letzten und schwersten seiner Yoga-Übungen angelangt, und er fühlte die große Kraft, die er in sich aufgespeichert hatte, eine Kraft, die er brauchte, um mit Ramiswami fertig zu werden, denn er gedachte nicht, ihm die Medaille zu lassen.

Diese Yoga-Übungen, die mit der Regulierung des Atems anfingen und mit bestimmten Positionen aufhörten, dienten dazu, Geist und Sinne zu schärfen. Sie hatten für ihn nichts mit Religion zu tun, sondern waren nur praktische Hilfsmittel und stärkten seine Konzentrationsfähigkeit.

Sundri hatte ihm die Lage der Hütte genau beschrieben, und er sah den Alten schon von fern im Fluß stehen. Das

Gesicht stromaufwärts, die Hände davor gefaltet, schien er den Göttern der Quelle zu huldigen. Ragan wollte ihn nicht dabei stören. Er hatte Zeit und konnte warten, bis Ramiswami aus dem Jamuna herausstieg. Er setzte sich vor die Hütte und wartete.

Endlich schien sich Ramiswami von dem magischen Zauber des Flusses zu lösen. Mit erhobenen Händen grüßte er noch einmal flußaufwärts, dann entstieg er dem Wasser und kam langsam auf Ragan zu.

„Namaste!" grüßte ihn dieser. Der Alte erwiderte den Gruß stumm, nur seine Hände vor der Brust faltend. Für ihn war immer der im Nachteil, der eine Auseinandersetzung begann, und daß dieser junge Mann gekommen war, um mit ihm zu streiten, das fühlte er sofort. Aber Ragan ließ sich Zeit, er blieb gelassen sitzen. Einmal mußte ihn der Alte nach seinem Begehr fragen.

Er setzte sich ihm gegenüber, und die beiden sahen sich scharf in die Augen. Mit mir nicht, dachte Ragan. Und wenn du dich noch so anstrengst, mich kannst du nicht hypnotisieren.

Sie starrten sich an, unbewegt. Hier maßen sich zwei Kräfte, die das Land verkörperten. Das alte und das neue Indien saßen sich gegenüber. Das eine überzeugt davon, zu siegen, weil es bis jetzt mit allen Leuten fertig geworden war, denn wer hierherkam, hatte keine Kraft. Das andere Indien aber fühlte sich stark genug, mit dem Alten aufzuräumen.

Zuletzt mußte Ramiswami sein Gesicht abwenden. Er hatte versagt, zum erstenmal, seit er sich denken konnte, war es ihm nicht möglich gewesen, einem anderen Menschen seinen Willen aufzuzwingen. Dieser junge Mann mußte über eine sehr große Kraft des Geistes verfügen.

Langsam stand der Alte auf und schlurfte in seine Hütte. Er kam mit einem Korb am Arm wieder und war im Begriff, sich in das Gebüsch zu verdrücken.

„Erst gibst du die goldene Kette mit der Medaille heraus, die du gestern dem Mädchen abgenommen hast", sagt-

184

te Ragan freundlich, aber mit viel Nachdruck in der Stimme. Ramiswami sah ihn an, als ob er kein Wort verstünde, und wollte weitergehen.

„Ist es dir lieber, wenn ich mit der Polizei wiederkomme?" fragte Ragan jetzt kurz. „Für deinesgleichen ist ohnedies kein Platz mehr bei uns!"

„Ich weiß nicht, wovon du redest, Sahib", erwiderte Ramiswami, und seine Augen glitzerten gefährlich. Er wollte noch einmal den Versuch machen, diesen Burschen mit den Waffen der Zauberei, der Hypnose, zu besiegen.

„Gib dir keine Mühe, ich bin stärker als du!" Endlich gab sich Ramiswami geschlagen, er wandte das Gesicht ab.

„Sie hat mir die Kette freiwillig gegeben", murmelte er.

„Gib sie zurück, und zwar sofort!"

Ramiswami ging in seine Hütte und kam nach wenigen Augenblicken mit dem geforderten Stück wieder heraus. Ohne ein weiteres Wort reichte er sie Ragan, der sie, ebenfalls schweigend, einsteckte. Er stand auf und ging, verfolgt von den haßerfüllten Blicken des alten Mannes, am Fluß entlang auf die Straße zu.

Es war für Ragan nicht so einfach gewesen, wie es den Anschein gehabt hatte. Er hatte seine ganze Willenskraft aufbieten müssen, um ihm zu widerstehen, denn die Kraft des Alten war sehr stark gewesen. Ohne die Yoga-Übungen kurz zuvor wäre er vielleicht unterlegen. Es war dringend notwendig, das Volk langsam, aber bestimmt von diesen Zaubereien zu befreien, denn sie richteten zuviel Schaden an. Weg mit dem Aberglauben, den Sterndeutern und all diesen Schwindlern!

Ragan wollte Sundri die Kette keinesfalls sofort geben, sondern er gedachte, sie mit nach Amerika zu nehmen, sozusagen als glückbringendes Amulett. Bei dem Gedanken mußte er selbst lachen. Da wetterte er gegen den Aberglauben und nahm sich eine Kette und eine Medaille als Amulett mit. Aber das war anders, sie sollte ihn nur stets und überall an Sundri erinnern. Später einmal, wenn ihr

185

erstes Kind das Licht der Welt erblickte, würde er ihr die Medaille wiedergeben. Es war, wenn er es recht bedachte, großartig von ihr gewesen, daß sie dieses Stück für ihn geopfert hatte. Sie sollte sie wiederhaben, um ihren Kindern dereinst erzählen zu können, wie sie als erstes indisches Mädchen diese hohe Auszeichnung verdient hatte. Da er nun schon hier draußen am Jamuna-Fluß war, ging Ragan weiter südwärts nach Rajgat, wo Gandhiji, der Vater der Nation, seine Gedenkstätte hatte. Er war auch dabeigewesen, als man den Mahatma hier verbrannt hatte. Das Grab Gandhis war eine Weihestätte geworden, zu dem seine getreuen Anhänger immer wieder kamen, und der reiche Blumenschmuck auf dem großen quadratischen Stein zeugte von der Liebe und der Verehrung, die man ihm darbrachte.

Lange Zeit stand Ragan in stiller Versunkenheit und nahm Abschied von seinem Land Indien.

Anderntags fuhr er, begleitet von Sundri und Laja Rhadvani, die er gebeten hatte, mitzukommen, zum internationalen Flugplatz hinaus. Sundri hatte sich zuerst sehr vor diesem Abschied gefürchtet, denn so überschwenglich, wie sie in der Freude sein konnte, so überschwenglich war sie auch im Schmerz. Hier war kein Dschungel, in den man hinauslaufen konnte, hier mußte man sich zusammennehmen, um seine Gefühle nicht vor anderen Leuten auszubreiten.

Etwas von Ragans Kraft schien beruhigend auf sie überzuströmen, denn als er Lebewohl sagte, war sie gefaßt und still.

„Wir werden uns wiedersehen, kleine Jasminblüte, und dann werden wir uns nie mehr trennen", sagte er. „Dir, Laja, vertraue ich sie an. Halte du deine guten Hände über sie!"

„Das werde ich tun", erwiderte Laja, und sie faltete die Hände vor der Stirn zum Abschiedsgruß: „Shandi! Der Friede sei mit dir!"

Noch einmal grüßte Ragan mit erhobener Hand von

der Gangway, ehe er im Innern der Maschine verschwand. Langsam rollte das Flugzeug auf Startposition, die Motoren liefen mit voller Kraft, und dann erhob sich der große, silberglitzernde Vogel in die Luft.

Sundri sah ihm nach, bis er in den Wolken des herankommenden Monsuns verschwunden war.

Morgen blüht der Lotos

Ragan kehrt nach Indien zurück

Sundri Valappan ging die Curzon Road entlang. Es war ein herrlicher Tag, und sie empfand eine Zufriedenheit, wie sie sie schon lange nicht mehr gekannt hatte. Leichten Schrittes ging sie und betrachtete sich die Häuser, die in den üppig blühenden Gärten standen. Die Curzon Road war die Straße, in der die meisten Ärzte von Delhi wohnten. In Gedanken sah sie schon an einem dieser weißgetünchten Bungalows auch Ragans Namen stehen:

DR. RAGAN RAY

Schwarze Buchstaben auf einem weißen Porzellanschild, vielleicht sogar mit einem goldenen Rand verziert. Hier und nur hier mußte er seine Praxis eröffnen, nebenbei konnte er an der Universität Vorlesungen halten oder in der großen neuen Klinik arbeiten. Ragan hatte jetzt in Amerika seine Studien beendet, und der Erfolg würde ihm nicht fehlen, zudem er gute Beziehungen besaß. Hatte ihn doch Frau Doktor Nayyar, die in die Regierung berufen worden war, selbst für das Studium an der amerikanischen Universität vorgeschlagen. Ganz bestimmt hatte sie das nicht ohne Absicht getan, und sie würde ihm auch helfen, sich hier niederzulassen.

Morgen früh sah Sundri Ragan Ray, den Mann, dem sie

sich zur Ehe versprochen hatte, endlich wieder. Die zwei Jahre, die zwischen seinem Abflug und seiner Rückkehr lagen, waren ihr manchmal recht schwergefallen, doch jetzt schienen sie ihr plötzlich vergangen zu sein wie ein einziger Tag.

Der Monsun, der über die Stadt gebraust war, flaute schon ab. Ein tiefblauer Himmel strahlte heute über Delhi. Nur dann und wann regnete es; Gewitterschauer, die rasch vergingen. Die Gärten standen jetzt in ihrer schönsten Blüte.

Die Curzon Road war eine sehr breite Allee, und zu jedem der Bungalows gehörte nicht nur ein Vorgarten, sondern ein größerer Garten hinter dem Haus. Noch nie, so glaubte Sundri, hatten die Rhododendren so üppig geblüht, so leuchtendrot und so prächtig wie jetzt. Die Knospen der scharlachroten Gul Mohur waren am Aufbrechen.

Ein Schild „Zu vermieten", das sie mit ihren scharfen Augen an einem Haus auf der anderen Straßenseite erblickte, zog sie an wie ein Magnet. Sie lief hinüber, zögerte aber einen Augenblick, ehe sie den Vorgarten betrat. Was soll ich dem Besitzer sagen? – Vielleicht ist Ragan nicht damit einverstanden. Dann klopfte sie aber doch an die Haustür, deren obere Hälfte aus Glas bestand. Niemand erschien. Sundri klopfte noch einmal lauter, aber nichts rührte sich. Offensichtlich war das Haus nicht mehr bewohnt. Schließlich ging sie um das Gebäude herum und betrat über eine breite Veranda die unteren Räume.

Tiefatmend stand sie einen Augenblick still, aber dann teilte sie in Gedanken schon alles ein: Wartezimmer, Behandlungsraum, das Studierzimmer für Ragan. Und hier, in diesem kleinen Zimmer, dessen Fenster hinaus in den Garten führten, würden sie zusammen Tee trinken.

Sie setzte sich auf die oberste Stufe der Veranda, die Hände um die angezogenen Knie gelegt. Der Duft, der von der Geißblatthecke durch einen leichten Windstoß herübergeweht wurde, war süß und betäubend zugleich. Sundri schloß die Augen und versuchte, sich ihr künftiges Leben vorzustellen – das Leben zusammen mit Doktor Ragan Ray. Aber sie würde sich nicht damit begnügen, nur die Frau eines Arztes zu sein. Sie war ehrgeizig, und sie wollte sich, nachdem sie nun ihr Examen an der Universität Delhi bestanden hatte, um ihre eigene Karriere bemühen. So vieles hatte sich geändert, seit das Land unter Jahwaharlal Nehru unabhängig von England regiert wurde. Auch die beruflichen Möglichkeiten der Frauen waren anders geworden, sofern sie etwas gelernt hatten.

Ihr Vorbild war Rama Rau, die es schon vor Jahren gewagt hatte, für die Freiheit der indischen Frauen einzutreten, oder Hansa Mehta, die Protektorin der Universität Baroda. Es waren Ausnahmen – sicher –, aber das mußte anders werden. Indiens Frauen sollten endlich in selbständige Wesen verwandelt werden und durften nicht mehr nur in der Familie dahinvegetieren.

Vor wenigen Tagen hatte Sundri mit Laja, ihrer Freundin, mit der sie zusammen wohnte, darüber gesprochen, wieviel noch zu tun sei, ja, daß die eigentliche Arbeit für die Zukunft Indiens jetzt erst begänne. Laja war selbst eine moderne Frau, die sich, als halbes Kind schon Witwe geworden, aus dem Familienverband gelöst und sich eine Stellung erkämpft hatte. Anstatt unter dem Kommando ihrer Schwiegermutter als zweitrangiges Wesen ein freudloses Leben zu führen, arbeitete sie als Abteilungsleiterin bei der Gesellschaft für indische Kunst und indisches Handwerk. Von ihr hatte Sundri zuerst etwas von den Zusammenhängen der indischen Geschichte gelernt.

Das Schicksal Lajas, die man als Kind in die Ehe gezwungen hatte, erinnerte Sundri an ihr eigenes und damit an die Schwiegermutter, die sie verflucht hatte. Lange Zeit hatte sie unter diesem Fluch gelitten. „Unser Sohn ist zu Asche geworden. Die Geister werden Asche aus deinem Leben machen!" Sundri meinte wieder das kreischende Wehklagen von Sukumiras Familie zu hören, die ihr die Schuld gab, daß er an den Pocken gestorben war, noch ehe sie geheiratet hatten. Sie erschauerte in dem Gedanken daran, wie sie damals entsetzt hinaus in den abendlichen Dschungel gelaufen war und sich dort auf den Boden geworfen hatte. Verflucht und verfemt für alle Zeiten. Bei keiner Hochzeit und keinem Fest hatte man sie mehr geduldet, denn sie war eine Unglücksbringerin. Dort draußen, erschöpft auf dem Boden liegend, war ihr der Gedanke gekommen, das Elternhaus zu verlassen, um nach Delhi zu gehen. Sie wollte Ragan Ray suchen, der von den Ideen und Gedanken Mahatma Ghandis gesprochen hatte. So war sie aus dem Gestern ihrer Familie und ihres Stammes in das aufdämmernde Heute ihres Vaterlandes geflohen. In Delhi, der von Flüchtlingen aus Pakistan überfüllten Stadt, hatte sie damals Laja Rhadvani aufgenommen. Und wieviel hatte sich seither geändert!

Ihr Elternhaus in den Ghats, den Bergen im Süden Indiens, war schön gewesen, aber trotz der englischen Schule, die sie in Bangle City besucht hatte, wäre sie nicht weitergekommen als ihre Mutter und ihre Schwestern. Untertan dem Manne, Mutter möglichst vieler Kinder, das wäre ihr Los gewesen. Dazu verheiratet mit einem Mann, den die Eltern ausgesucht hatten, wäre sie unfrei gewesen und von der Schwiegermutter schikaniert worden.

Heute, nein, morgen, wenn Ragan zurückkehrte, der Mann, dem sie sich freiwillig versprochen hatte, hielt das Leben ihr die gefüllte Schale des Glücks entgegen, und sie brauchte nur daraus zu trinken. Und nicht einen Tropfen wollte sie davon vergeuden. Sie würde es genießen, jede Minute, jede Sekunde.

Ein heftiger Donnerschlag riß sie aus ihren Träumen. Vor dem kurzen Gewitter und dem heftigen Regenguß, einem der letzten Ausläufer des Monsuns, flüchtete sie auf die Veranda.

Es regnete nur eine Viertelstunde lang, dann schien wieder die Sonne, und die Erde dampfte. Man konnte es fast sehen, wie alles sproß und wuchs. Die Blätter der Bananenstaude waren sichtlich größer geworden. Die Farbenpracht und das üppige, frische Grün taten den Augen nach der

Dürre und dem Grau der Erde fast weh. Leicht und locker war die Gartenerde, die vor Wochen noch hart und rissig gewesen war.

Endlich stand Sundri auf und strich sich den Sari zurecht. Sie legte das Ende mit den Fransen, das herabgeglitten war, wieder über ihre linke Schulter. Das Leben war schön, und ihre Gedanken flogen so leicht in die Höhe, wie die kleinen bunten Vögel es taten.

Morgen früh um sechs Uhr würde Ragan auf dem Flughafen Palam eintreffen. Zum Willkommen mußte sie ihm noch eine Girlande flechten. Am liebsten hätte sie hier von den roten Rhododendronblüten gepflückt, aber sie wollte sie nicht ohne Erlaubnis des Besitzers nehmen. Auf dem Blumenmarkt würde sie nun einen Korb goldgelber Ringelblumen kaufen.

Ganz deutlich sah Sundri das schmale Gesicht Ragans vor sich – so wie damals, als sie, hinter der großen Bananenstaude verborgen, zu ihm hingesehen hatte, während er mit ihrem Vater und den Brüdern über die kommende Freiheit Indiens sprach. Hatte sie sich nicht sofort in seine feingliedrigen Hände verliebt und in die Gesten, mit denen er seine Worte unterstrichen hatte? Die Frauen aus dem Stamm der Drawiden, dem ihre Familie angehörte, durften nicht bei den Männern sitzen und auch in der Öffentlichkeit nicht mit ihnen sprechen, so war sie zum heimlichen Zuhören gezwungen gewesen. Hätte ihr Ragan damals nicht einen Zettel mit seiner Adresse in die Hand geschmuggelt, hätten sie sich wahrscheinlich im Leben nie mehr getroffen. Zitternd hatte sie diesen Zettel verborgen gehalten, bis sie ihn in ihr Tagebuch stecken konnte.

Im Flüchtlingslager Wuh, wo er als junger Assistent unter Doktor Nayyar arbeitete, hatte sie ihn dann gefunden. Lange hatte er sie angesehen und endlich gesagt: „Sundri, die man die Schöne nennt. Ich sehe, wie gut der Name zu dir paßt." Sie versprachen sich bald danach gegenseitig die Ehe, selbst gegen den Willen seines Vaters, der bereits die Tochter eines Freundes als Frau für Ragan bestimmt hatte.

Beide waren sie von der Familie ausgestoßen worden, und sie hatten deshalb nur um so fester zusammengehalten.

Wie sehr hatte sie auf den Tag des Wiedersehens gewartet! Wie oft war er ihr in unerträgliche Ferne gerückt erschienen! Jetzt war er endlich gekommen!

Esther Miller, die amerikanische Ärztin

Schon eine Stunde vor dem flugplanmäßigen Eintreffen der DC 6 war Sundri zum Flughafen hinausgefahren. Es war noch tiefe Nacht, und nur wenige Angestellte lagen oder hockten schläfrig umher. Sie setzte sich auf eine Bank und wartete. Allmählich erwachte der Flughafen zum Leben. Die Halle wurde beleuchtet, Kaffee- und Teekessel begannen zu summen. Nacheinander erschienen die Beamten der Zoll- und Paßkontrolle, denn die Maschine kam aus Übersee. Auch viele Neugierige hatten sich eingefunden. Das Eintreffen einer Maschine aus einem anderen Kontinent war ein Ereignis, das man sich nicht entgehen lassen wollte.

Jetzt stand Sundri auf und wanderte unruhig hin und her. Über dem Arm hielt sie zwei Girlanden, die sie während der Nacht liebevoll geflochten hatte. Sie trug den grünen Sari, weil sie wußte, daß Ragan Grün liebte. Hinter das linke Ohr hatte sie einen Zweig roter Blüten gesteckt. Sie wollte schön sein für ihn.

Das Warten auf das Eintreffen des Flugzeugs erschien Sundri quälender und länger als die vergangenen zwei Jahre. Sie ging bis an die Absperrung des Flugsteigs. Alle Fenster des Gebäudes und die Piste waren jetzt hell erleuchtet. Man hörte ein Summen und sah die roten und grünen Positionslichter der Maschine, die eine Schleife über der Stadt flog und dann zur Landung ansetzte.

Wegen des Umbaus der Piste mußte das Flugzeug weit draußen stehenbleiben. Die Passagiere schritten auf das Flughafengebäude zu. Plötzlich schossen Bündel gleißenden Lichts am Horizont empor, und in wenigen Minuten war die Sonne heraufgekommen. Wie ein Feuerball stand sie am Horizont. In diesem Kreis von Licht sah Sundri ihren Ragan wieder.

Die Maschine war gut besetzt gewesen, und es dauerte geraume Zeit, bis Ragan sich durch die Paß- und Zollkontrolle geschleust hatte. Jetzt kam er durch die Tür, an seiner Seite eine junge Frau, der man die Amerikanerin ansah: blond, sehr groß und sehr schlank. Offensichtlich hatte sie Schwierigkeiten wegen eines Tonbandgerätes, das in ihrem Koffer war. Endlich machte der Beamte die Kreidestriche, die das Gepäck freigaben, auf die Koffer und Taschen, und sie kamen durch die letzte Sperre zum Ausgang, wo die wartenden Menschen standen.

Sundri lief Ragan entgegen. Sie mußte sich, obwohl er sich niederbeugte, auf die Zehen stellen, um ihm die Girlanden umhängen zu können.

„Ich danke dir, Sundri", sagte er, nahm aber die Blumengewinde gleich wieder ab. Sie hinderten ihn beim Tragen der großen Reisetasche, die wahrscheinlich seiner Begleiterin gehörte. Das übrige Gepäck hatte er bereits einem der umherstehenden Boys gegeben.

„Ich bin länger fortgeblieben, als es vorgesehen war, aber jetzt werden wir heiraten und glücklich sein", sagte er auf Hindi.

Sundri sah ihn strahlend an. „Bald, Ragan, bald!" Wie lange und wie sehnsüchtig hatte sie auf seine Rückkehr gewartet, und jetzt sollte sich ihr größter Wunsch, seine Frau zu werden, erfüllen.

„Ja, bald, Liebste", erwiderte er. Und auf englisch fuhr er fort: „Sundri, das ist Esther Miller, eine junge Ärztin. Sie will einige Zeit die indischen Gesundheitsverhältnisse studieren."

Sundri begrüßte sie höflich, obwohl sie instinktiv sofort

in diesem Mädchen eine Gefahr fühlte und gegen sie eingestellt war.

„Warum küßt du deine Braut nicht? Nach der langen Trennung müßtest du das tun, oder genierst du dich etwa vor mir?"

Was geht das sie an, dachte Sundri. Warum mußte sie sich einmischen?

„Wir Inder kennen den Kuß als Ausdruck der Liebe nicht, Esther", erwiderte Ragan lächelnd. „Kaum hast du indischen Boden betreten, triffst du schon auf den ersten Unterschied zwischen euch und uns."

„Das finde ich allerdings seltsam. Man muß doch . . . Ich meine, man küßt sehr viel in Amerika. Das hast du gesehen!"

„Du wirst noch vieles seltsam finden", sagte Ragan lächelnd. „Frage mich nur, wenn du etwas nicht verstehst."

Sundri kam sich etwas beiseitegeschoben vor, obwohl sie eigentlich die Hauptperson hätte sein müssen, und ihre Freude war wie fortgeweht. Esther bemerkte es und sagte: „Ich freue mich darauf, Sie näher kennenzulernen. Ragan hat mir so viel von Ihnen erzählt. Ich hoffe, auch wir werden uns gut verstehen."

Sundri neigte nur ein wenig den Kopf. Sie konnte mit dieser Geste sehr viel Hochmut ausdrücken. Ragan war wohl oft mit dieser Amerikanerin zusammengewesen. Wie anders wäre es möglich, daß sie so vertraut miteinander sprachen?

„Sollten wir Esther nicht als Willkommen eine der Girlanden geben?" Ehe sie zustimmen konnte, hatte er seiner Bekannten den einen Blütenkranz um den Hals gelegt und ihr gleichzeitig erklärt, daß es Freude und Liebe bedeute, mit einer Girlande empfangen zu werden.

„Vielen Dank, Ragan." Esther sah ihn, wie es Sundri schien, glücklich an. Glühende Eifersucht sprang in ihr hoch, und es war ihr kaum noch möglich, sie zu verbergen.

„Wir müssen gehen, Ragan", sagte sie kurz. „Laja wartet auf uns!"

„Ich möchte zuerst Esther in ihr Hotel bringen."

„Es wäre unhöflich, Laja warten zu lassen!"

Wie konnte Sundri ihm vor einem Gast Unhöflichkeit vorwerfen! Ein Schatten des Unmutes ging über sein Gesicht.

„Bitte, laß dich nicht aufhalten, Ragan. Ich finde mich allein zurecht", erwiderte Esther, die gut merkte, daß seine Verlobte von diesem Gedanken nicht begeistert war. Sie konnte es verstehen, schließlich hatten die beiden sich zwei Jahre lang nicht gesehen. Im umgekehrten Falle wäre sie sicherlich nicht begeistert gewesen, wäre er in Begleitung einer anderen gekommen – Kollegin hin, Kollegin her.

„Wir bringen dich in das Hospiz des Y.W.C.A., und dann gehst du mit uns zu Laja Rhadvani!"

„Das Hospiz ist besetzt", sagte Sundri ein wenig schadenfroh. „In Delhi findet ein großer Kongreß statt." Sollte die Amerikanerin sehen, wo sie blieb.

„Ragan hat von Amerika aus bereits ein Zimmer für mich bestellt", erwiderte Esther immer noch höflich.

Sundri kniff die Lippen zusammen. Der vertrauliche Ton, in dem die Amerikanerin mit Ragan sprach, paßte ihr ganz und gar nicht. So sprach man nicht mit einem fremden Mann.

Ragan war zu lange in der Neuen Welt gewesen, sonst hätte er das gleiche empfunden wie sie. Er mußte bedenken, daß zwischen Indien und Amerika zwei Kontinente und drei Meere lagen und daß er wieder den Fuß auf den Heimatboden gesetzt hatte.

„Wir müssen Esther ein wenig helfen, sich hier einzuleben", sagte Ragan energisch. „Es wird für sie genauso schwer sein, wie es umgekehrt für mich in Ann Arbor gewesen ist. Ihre Eltern haben mich oft eingeladen, und Esther selbst hat sich meiner angenommen."

Während sie im Taxi warteten, bis sie wiederkam, erzählte Ragan, wie das Leben in Amerika so ganz anders sei und wie schwer man sich eingewöhne bei den ganz anderen Gebräuchen, angefangen bei den Mahlzeiten.

„Davon hast du nie etwas geschrieben", beklagte sich Sundri. „Du hast überhaupt sehr wenig geschrieben!"

„Ich weiß. Du mußt mir verzeihen, aber ich hatte so viel zu lernen und so viel Neues in mich aufzunehmen, daß ich nicht dazu kam. Jetzt sind wir beisammen und werden bald Mann und Frau sein und alle Gedanken miteinander teilen, Sundri. Du bist immer noch schön, ich glaube sogar schöner als vor zwei Jahren."

Gerade als sie ihm von dem Haus in der Curzon Road und ihren Plänen erzählen wollte, kam Esther.

„Bist du mit deinem Zimmer zufrieden?"

„Doch, es ist sehr hübsch. Ein wenig größer könnte es zwar sein, aber für den Anfang ist es gut."

Laja Rhadvani stand unter der Tür des kleinen Hauses, das sie gemietet hatte und gemeinsam mit Sundri bewohnte. Mit gefalteten Händen entbot sie ihm ihren Gruß.

„Shandi – der Friede sei mit dir!"

„Shandi, Laja Sahib. Wie freue ich mich, dich wiederzusehen!"

Als auch sie ihm, zum Ausdruck ihrer Freude und zum Willkommen, eine Blumengirlande umlegte, bedankte er sich wortreich. Dann schob er seine Reisegefährtin vor: „Das ist Esther Miller, eine Kollegin aus Amerika. Darf ich um deine Gastfreundschaft für sie bitten?"

„Deine Freunde, Ragan Sahib, sind auch die meinen", erwiderte Laja herzlich.

Der Frühstückstisch war auf der Veranda gedeckt, und Esther mußte sich zeigen lassen, wie man sich mit gekreuzten Beinen vor das niedere Taburett setzt. Es gelang ihr nicht sofort.

„Das kann ich nicht lange aushalten", meinte sie. „Mir kribbelt es jetzt schon in den Beinen."

„Alles Gewöhnung", erwiderte Ragan lachend. „Ich mußte bei euch drüben auch vieles tun, was für mich neu und so schwierig war."

„Zum Beispiel das Helfen beim Abwaschen", sagte Esther.

„Du hast das wirklich gemacht, Ragan? Ja, hat man denn in Amerika keine Diener?" fragte Sundri ehrlich entsetzt.

„Nicht so wie hier. Das Leben ist dort ganz anders, deshalb müssen wir Esther helfen, so wie sie mir in ihrem Land geholfen hat."

Der Hausboy brachte Orangensaft, dann goß er aus einer Tonkanne den Tee ein. Es gab geröstetes Brot und Marmelade dazu. Sundri nippte nur ein wenig von dem Saft. Die Laune war ihr durch dieses fremde Mädchen, das im Mittelpunkt des Interesses stand, gründlich verdorben. Sie hatte sich das Wiedersehen mit Ragan ganz anders vorgestellt. Erfüllt von ihren Zukunftsplänen, hatte sie alles mit ihm allein besprechen wollen. Wie schön wäre es gewesen, hätte sie ihn dafür begeistern können. Außerdem war sie auch noch ärgerlich, daß Laja sich sofort gut mit dieser Ausländerin zu verstehen schien. Sprachliche Hindernisse gab es nicht, Laja beherrschte Englisch vollkommen.

Immer wieder fragte Sundri ihren Verlobten in Hindi nach diesem und jenem, und er antwortete in Englisch, weil er es Esther gegenüber als höflicher empfand.

„Ich bin sehr begierig darauf, Ihr Land kennenzulernen", wandte sich Esther jetzt direkt an Sundri. „Ragan hat mir auch viel davon erzählt."

„Da bist du bei Laja an der richtigen Stelle. Sie kennt sich nicht nur in der Geschichte Indiens aus, sie sucht auch unsere alte Kunst zu bewahren und handwerklich zu erhalten", erwiderte Ragan an ihrer Stelle. Er neigte sich Sundri zu: „Wir beide haben viel miteinander zu besprechen. Heute abend fliege ich nach Bombay weiter, mein Vater ist krank und wünscht mich zu sehen. Ich hoffe aber, in einer Woche wieder zurück zu sein. Sobald es endgültig feststeht, wohin ich gehe, heiraten wir."

„Wohin du endgültig gehst?" fragte Sundri erstaunt. „Du willst nicht in Delhi bleiben, Ragan?"

„Nein, ich werde dorthin gehen, wo man mich am nötigsten braucht."

Sundri stand auf und ging in den Garten hinaus. Sie war enttäuscht, so zutiefst enttäuscht, daß sie keine Worte gefunden hatte.

„Ich glaube, du solltest dich um sie kümmern, Ragan Sahib", sagte Laja. Sie konnte Sundris Reaktion verstehen, denn oft genug hatte sie von ihren Wünschen und Erwartungen gesprochen. Und während des Flechtens der Girlanden gestern abend hatte sie von dem Haus in der Curzon Road geschwärmt. Offensichtlich hatte sie ihr ganzes Herz bereits daran gehängt und insgeheim Pläne gemacht, die nun überhaupt nicht mehr in Frage kamen.

„Ich zeige einstweilen Esther Sahib die Stadt. Das heißt, wenn Sie nicht zu müde sind, Miss Miller", wandte sie sich an ihren Gast.

„Nein, ich bin viel zu neugierig und auch viel zu aufgeregt, um jetzt ausruhen zu können. Übrigens, bitte nennen Sie mich Esther."

Sundri saß am Rand des kleinen Wasserbeckens. Sie tauchte ihre Fingerspitzen in das Wasser und spielte mit einem Lotosblatt. Die dicken, prallen Blütenknospen waren am Aufbrechen, vielleicht schon morgen würden sie sich zur vollen Blüte entfaltet haben.

Gestern war alles noch so schön gewesen, die Träume, die Hoffnungen, die sie gehabt hatte. Und heute?

Ragan will Landarzt werden

Wie sehr hatte sich Ragan verändert! Sundri dachte nicht einen Augenblick daran, daß auch sie anders geworden war. Sie war nicht mehr die fügsame Jasminblüte, die sanfte Frau, die wie die Morgenröte eines Frühlingstages für das Gemüt des Mannes war, so wie es sich die indischen Männer und vermutlich auch Ragan vorstellten. Sie hatte ganz bestimmte Vorstellungen vom Leben, hatte Vorbilder anderer Frauen wie Sarijini Nadu, die Gouverneurin des Staates Uttar Pradesh, oder Mitha Lam, die einen hohen Posten bei der Polizei in Bombay bekleidete. Oder gar Vijaya Lakshmi Pandit, die Botschafterin Indiens in der Sowjetunion war. Wie schnell und sicher hatten sie es verstanden, den rechten Platz einzunehmen. Ja, das waren Frauen, denen sie nachstreben wollte, Frauen, die die Freiheit der indischen Frau mit erkämpft hatten, lange bevor die Freiheit von der englischen Herrschaft erreicht worden war. Keinesfalls würde sie, Sundri Valappan, sich irgendwo auf dem Lande vergraben lassen, wie es Ragan vorhatte.

Trotz ihrer modernen Ansichten wurzelte Sundri aber in so vielem noch in der Vergangenheit, die sie nicht ohne weiteres abschütteln konnte. Sie wollte eine Hochzeit, wie sie bei ihr zu Hause Sitte war, ein Hochzeitsfest genauso, wie man es für ihre Schwestern Kamala, Gopi und Jamaki ausgerichtet hatte, so groß und so prächtig, wie es der Tochter des Valia Valappan, des Mannes, der viel Land besessen hatte, zukam. Ihr Vater war zwar tot, aber an seiner Stelle stand sein Sohn, ihr Bruder Balan. Er mußte die Hochzeit ausrichten. Sie wollte Ragan beweisen, daß ihre Familie der seinigen in nichts nachstand.

„Sundri" – Ragan sagte es sehr liebevoll – „wir müssen miteinander sprechen. Wir müssen Pläne machen, unser zukünftiges Leben gemeinsam bestimmen . . . aber nicht jetzt, erst wenn ich zurück sein werde."

„Du sagst: Pläne machen, dabei meinst du wohl nur die deinigen, oder wirst du auch anhören, was ich möchte?" fragte sie. In Indien war es zwar nicht Sitte, daß eine Frau die Zukunft mitbestimmte, aber Ragan dachte auch in dieser Beziehung so fortschrittlich, daß er zustimmend nickte. Er sah ein, daß sich bei so vielen Änderungen auch die Rechte der Frauen ändern mußten. Es ging ihm aber trotzdem auch wie ihr: Er wurzelte in manchen Dingen doch noch sehr in der Vergangenheit.

201

„Ich glaube sicher, daß sich deine und meine Pläne aufeinander abstimmen lassen. Wir wollen schließlich ein und dasselbe: ein besseres Leben für unser Volk."

Ragan setzte sich neben sie und nahm ihre Hand in die seine. Wie kunstvoll sie ihm zu Ehren die Handflächen bemalt hatte. Er bemerkte es erst jetzt.

Früher wäre es nicht möglich gewesen, die Hand des Mädchens, das man heiraten wollte, vor der Hochzeit zu berühren. Er drehte Sundris Hände nach allen Seiten und bewunderte das Kunstwerk, das sie mit Farbe und Pinsel hergestellt hatte.

Langsam würde die Frau aus der Abhängigkeit herauskommen, in der sie bisher gelebt hatte, bestimmte über ihr Schicksal mit und wählte sich den Mann aus, den ihr eigenes Herz begehrte. Vieles mußte anders werden – vieles, aber nicht alles, was in der übrigen Welt Sitte war. Er hatte sich manchmal kopfschüttelnd von einer Party in Ann Arbor zurückgezogen, wenn er die fremden Gebräuche nicht mehr begriff und nicht mochte. Ein Mädchen in der Öffentlichkeit zu küssen zum Beispiel, wie es in Amerika üblich war, sogar wenn man es nur nach Hause brachte, also keinerlei nähere Beziehungen zu ihm hatte, störte ihn. Esther hatte ihm erklärt, daß es nur eine Geste des Dankes ausdrückte für das Nachhausebegleiten. Überhaupt lehnte er den Kuß ab, außer den Kuß, den man der Mutter aus Ehrerbietung gab – das heißt, man küßte ihr die Füße.

Sundri, die seither geschwiegen hatte, fragte: „Du willst ein besseres Leben für die Menschen in Indien? Wo ließe sich das eher erkämpfen als hier in Delhi? Hier sind die Ministerien, die die Gesetze machen, und hier müssen wir mitsprechen."

„Zuallererst müssen wir wissen, was not tut, und das erfahren wir nur, wenn wir mitten unter den Menschen leben, die in Not sind. – Ich gehe jetzt noch zu Doktor Nayyar", fuhr Ragan fort. „Sie wird mich richtig beraten und dort einsetzen, wo ich im Augenblick nötig bin."

„Ich halte es für das beste, wenn du in Delhi eine Praxis
aufmachst. Hier fehlen Ärzte", sagte sie. „Ich habe mir das
so gedacht." Und sie schilderte ihm das Haus in der Curzon
Road, das sie gestern entdeckt hatte, in den prächtigsten
Farben. „Natürlich muß es außen frisch verputzt werden,
damit es genauso leuchtet wie die anderen. Ich habe mir alles angesehen. Die Einteilung denke ich mir so." Eifrig
zeichnete sie ihm den Grundriß in die Erde. „Und hier
werden wir beisammensitzen, wenn ich vom Ministerium
zurückkomme. Ich sehe alles schon ganz deutlich vor mir."
Sie entzog ihm ihre Hand und sprang auf. „Komm, laß uns
fragen, wie hoch die Miete ist."

„Ich glaube kaum, daß ich mich vorerst in Delhi nie-
derlasse. Es fehlen Ärzte, da hast du recht, aber nicht hier.
Sie fehlen auf dem Lande. Ich werde zunächst irgendwo in
einem Entwicklungszentrum arbeiten, das ein Vorbild für
andere werden soll. Sundri, dort findest auch du deine Aufgabe. Du wirst die Schule leiten, wirst den Kindern das
Licht des Wissens bringen, damit sie in eine bessere Zukunft gehen können. Unser Volk muß in ungeheurer An-
strengung den Entwicklungssprung über viele Jahrhunderte machen, und dabei braucht es Anleitung und Hilfe von
denen, die sie ihm geben können. Das ist eine Aufgabe,
die dich reizen wird!"

„Nein!" Das Lächeln fiel von ihrem Gesicht ab wie eine
Maske. „Nein, ich gehe nicht aufs Land, davon habe ich
genug. Ich will hier im Ministerium arbeiten, und du sollst
als Arzt..."

„Warum streiten wir uns in der ersten Stunde unseres
Wiedersehens? Hier ist deine Medaille. Ich habe sie als
Talisman getragen, und sie hat mich jeden Tag in Ame-
rika an dich erinnert."

„Auch wenn du den Abwasch bei fremden Leuten gemacht hast?"

„Ja, auch dann. Sie hat mich vor mancher Versuchung
bewahrt. Ich bringe sie dir zurück, wie ich es beim Abschied versprochen habe."

203

Sundri hielt die Goldmedaille, die sie einmal als erste Inderin in der englischen Schule in Bangle City für einen Aufsatz bekommen hatte, auf der flachen Hand. Wie hatte doch das Thema der Preisaufgabe gelautet? Sie wußte es nicht mehr genau, erinnerte sich nur noch daran, daß ihr Schlußsatz gelautet hatte: *„Die Hand, die die Wiege bewegt, bewegt die Welt."* Sie, Sundri Valappan, einige Jahre jünger als die anderen Schülerinnen, hatte die Coronation-Medaille im Namen Seiner Majestät des guten Königs von England, des Kaisers von Indien und der Dominien über See erhalten. Es gab keinen Kaiser von Indien mehr, es gab nur noch ein freies Indien, gleichberechtigtes Mitglied in der englischen Völkerfamilie. Dieses Indien war im Aufbruch. Es gärte und brodelte überall. Wie hieß doch nur das Thema, das man ihr damals gestellt hatte? Plötzlich fiel es ihr wieder ein: *„Welche Erziehung soll die indische Frau erhalten?"*

Sie hatte geschrieben und geschrieben und kaum gehofft, die Auszeichnung zu erhalten. War sie doch eigentlich für die Beantwortung dieser Frage viel zu jung und auch nicht mit den nötigen Kenntnissen ausgestattet gewesen. Um ein Haar hätte man sie überhaupt nicht zugelassen. Schließlich hatte sie diese Zulassung erkämpft, und es war der schönste Tag ihres Lebens gewesen – ausgenommen denjenigen, da sie Ragan kennengelernt hatte –, als ihr der Gouverneur die Medaille überreicht hatte. Man hatte sie in der Schule nicht nur bewundert, sondern auch beneidet. Aber da die Entscheidung in London getroffen worden war, konnte ihr niemand eine Bevorzugung vorwerfen.

Ob sie wohl heute noch die gleichen Worte schreiben würde? Vielleicht, aber sie würde noch vieles hinzusetzen, was sie damals noch nicht wissen konnte.

Ragan, der Sundris Mienenspiel beobachtete, war sicher, daß sie in Gedanken eine Reise in die Vergangenheit gemacht hatte. Sie hielt die Goldmedaille immer noch in der Hand. Dachte sie wohl auch daran, daß der Betrüger Ramiswami, der sich für einen Zauberer ausgegeben hatte,

sie ihr abgenommen hatte? Vor zwei Jahren hatte sie sie
für einen Zaubertrank geopfert, um ihn, den Geliebten,
von seiner Reise nach Amerika abzuhalten. Und er hatte
sie dem Schwindler wieder weggenommen, und die Münze
hatte ihn als Talisman nach Amerika begleitet. Er nahm
das Goldstück an der Kette auf und legte es Sundri um.
„Nun soll sie dir wieder Glück bringen, meine Jasminblüte", sagte er.

Ragan schlug vor, eine Tonga zu nehmen und nach Raj-
ghat, der Gedenkstätte Mahatma Ghandis, zu fahren.
„Bringen wir die Girlanden hin, ehe ihre Blüten welken."

„Meine Blumen hast du im Auto liegenlassen, aber Lajas
weißen Kranz können wir mitnehmen."

„Verzeih mir, Sundri!"

Und dann stand Ragan vor dem schwarzen Marmorblock, der an der Verbrennungsstätte des Mahatma errichtet worden war. In seinem Sinne wollte er arbeiten.
Glory to Mother India! Ruhm sei der Mutter Indien!

Nach seiner Besprechung im Gesundheitsministerium hatte
sich Ragan kurz mit Sundri getroffen, obwohl er fast keine
Zeit mehr hatte. Wenigstens einige liebe Worte wollte er
ihr nach seiner langen Abwesenheit noch sagen.

„Es ist jetzt das letzte Mal, daß wir uns trennen, kleine
Jasminblüte." Mit beiden Händen umfaßte er ihr Gesicht
und sah in ihre topasfarbenen Augen. „Sundri, meine
Schöne, auf baldiges Wiedersehen!"

Er wollte sie nicht mit dem belasten, was er von Frau
Doktor Nayyar gehört hatte. Heute noch nicht, aber später würde sie nicht nur seine Freuden, sondern auch seine
Sorgen mit ihm teilen, das wußte er. Es stand nicht zum
besten mit den Verhältnissen im Land. „Nicht nur Mahatma Ghandi ist tot", hatte sie gesagt, „auch seinen Geist
beginnen sie zu töten. Wo ist die Verwirklichung seiner
Ideale geblieben? Erstickt in Streitereien und durch die
Pöstchenjäger!" Er verstand, was sie damit hatte ausdrük-

ken wollen. Das Alte und das Neue konnten nicht zusammenfinden, und die Gegensätze stießen hart aufeinander. Doktor Nayyar war wie er der Ansicht, daß erst der Hunger gestillt, also den Bauern geholfen werden müsse; ja, daß die einfachen Menschen lesen und schreiben lernen sollten, damit sie begreifen konnten, was vor sich ging. Andere in der Regierung wollten aber zuerst die Industrie aufbauen.

Wie dem auch sein mochte, er würde die Verhältnisse auf dem Land genau studieren. Weniger und dafür gesunde Kinder brauchte man in Indien. Es war das Dringendste, aber auch das Schwerste, was den einfachen Leuten klargemacht werden mußte. Dagegen standen die Religion seines Volkes und der Egoismus. Je mehr Kinder man hatte, desto besser würde im Alter gesorgt sein.

Wie hatte doch Doktor Nayyar gesagt? „Manchmal habe ich das Gefühl, gegen die Macht des Monsuns ankämpfen zu wollen." Sie hatte ihm zugeredet, zu tun, was er beabsichtigte. Später war immer noch Zeit, nach Delhi zurückzukommen. Man konnte seine Pläne nur durchsetzen, wenn man die Verhältnisse ganz genau aus eigener Anschauung kannte.

Ragan hatte zwei Stunden Zeit – so lange dauerte der Flug nach Bombay –, darüber nachzudenken, wie er sich sein Leben einrichten würde. Sundri mußte einsehen, daß es das einzig Richtige war, und sie würde dies auch, so hoffte er. Sie waren so lange getrennt gewesen, und jeder von ihnen hatte sich weiterentwickelt, vielleicht in der entgegengesetzten Richtung, aber sie mußten trotzdem wieder auf einer Linie zusammentreffen, denn im Grunde wollte sie ja dasselbe. Sobald sie eingehend darüber miteinander sprächen, würden sie sich wieder verstehen.

Nun sollten seine Gedanken zunächst seiner Familie gehören. Seine Mutter hatte ihn gebeten zu kommen, um sich mit seinem schwer erkrankten Vater auszusöhnen. Zwischen ihnen stand in erster Linie seine beabsichtigte Heirat mit Sundri. Für Uday Ray war es einfach undenkbar, daß sein Sohn sich ein Mädchen aus einer niedereren Kaste ausgesucht hatte. Genaugenommen gehörte es gar keiner Kaste an. Die Drawiden hatten ihre eigene Religion, die er nicht anerkannte. Obwohl Indira, die Braut, die er für seinen Sohn bestimmt gehabt hatte, vor der Hochzeit mit einem Engländer nach London geflohen war, hatte er seinem Sohn das Recht verweigert, sich für Sundri zu entscheiden. Er hatte Ragan aus dem Hause gewiesen und Mutter und Schwester verboten, Kontakt mit ihm aufzunehmen. Seine Mutter Pramila hatte es trotzdem getan, sobald sie seine Adresse erhalten hatte. In einem stimmte sein Vater allerdings mit Sundri überein, nämlich darin, daß er ein Modearzt für reiche Leute werden sollte.

An all das dachte Ragan, als er mit schnellen Schritten in das Haus seines Vaters ging. Den neuen Haushofmeister, der ihn anmelden wollte, schob er ungeduldig beiseite. „Ich bin Ragan Ray, der Sohn", sagte er.

Seine Mutter saß auf einem Kissen in der Veranda und stickte. Als sie seine Schritte hörte, sah sie auf.

„Ragan! Wie gut, daß du kommst!"

„Ama." Er ließ sich zu Boden gleiten und neigte tief seinen Kopf, um seine Mutter durch diese Demut zu ehren. „Wie geht es meinem Vater? Weiß er, daß ich komme?"

„Ja, er weiß es, und er freut sich. Aber keine Aufregungen, sie würden ihm schaden! Ich bitte dich, sei klug, mein Sohn!" Ragan versprach es.

„Dann komm mit!" Sie führte ihn in das Zimmer seines Vaters.

„Willkommen in meinem Hause, mein Sohn", begrüßte ihn Uday Ray.

„Shandi – der Friede sei mit dir!" Ragan kniete neben dem Rollstuhl nieder. Sein Vater war sehr krank, das sah er. Er würde deshalb sehr behutsam von seinen Plänen sprechen und von einer Heirat vorläufig nichts verlauten lassen.

„Wenn du es erlaubst, möchte ich dich einmal gründlich untersuchen", bat Ragan seinen Vater. Er war damit einverstanden, ja, er hatte gehofft, daß Ragan es vorschlagen würde.

„Tu es gleich, mein Sohn. Du kannst dir dann ein Bild machen, was du, der du mein Nachfolger als Oberhaupt der Familie sein wirst, anordnen mußt. Mit mir wird es bald zu Ende sein."

„Du wirst noch viele Jahre das Oberhaupt der Rays bleiben", erwiderte Ragan. Er führte die Untersuchung auf das genaueste durch. Sein Vater hatte einen Schlaganfall erlitten, dessen Folgen sich langsam, aber stetig bessern würden. Mit gutem Willen und Energie – und an dieser fehlte es ihm nicht – konnte Uday Ray wieder gesund werden. Natürlich müßte er sich mehr schonen, aber das konnte er auch. Sollte sich sein Schwiegersohn Hemen um die Geschäfte kümmern. Ragan nahm sich vor, mit seinem Schwager darüber zu sprechen. Als Beamter verdiente er ohnehin nicht allzuviel, zudem es sich um eine gekaufte Beamtenstelle handelte, die mehr oder weniger unnötig war. Was waren die tausend Rupien gegen die Summen, mit denen sein Vater zu rechnen gewohnt war. Das ging ja nur in Lakhs, in Hunderttausenden, wenn er an der Börse handelte.

Ragans Mutter war sehr glücklich, als sie das Ergebnis der Untersuchung erfuhr. Es hatte sie tief betrübt, Uday so hilflos in seinem Rollstuhl sitzen sehen zu müssen. Für sie war er nach alter indischer Sitte der Beschützer und Herr der Familie.

Ragan setzte einen genauen Behandlungsplan fest, der außer Bädern und Massagen auch ein wenig Arbeit vorsah. Das würde den Lebenswillen seines Vaters fördern. Die verordnete Kur schien anzuschlagen. Schon nach wenigen Tagen begann Uday Ray sich mit den Vorschlägen seines Sohnes zu beschäftigen. Der Gedanke, den Schwiegersohn in sein Geschäft zu nehmen und einzuarbeiten, war gar nicht so übel. Hemen war zwar zunächst nicht sehr begeistert, aber nachdem er sich überlegt hatte, daß es sein

Ansehen in seinem Freundeskreis hob, sagte er zu. Schließlich wurde man in der Wertschätzung nach dem Einkommen eingestuft, das wußte er.

Sooft Ragan abreisen wollte, bat sein Vater ihn, noch einige Zeit zu bleiben. Bis jetzt hatten es beide vermieden, über Ragans weitere Pläne zu sprechen. Er schrieb Sundri einen Brief und versuchte ihr zu erklären, daß er erst komme, wenn er den Patienten unbesorgt allein lassen könne.

Eines Abends fing Uday Ray von sich aus an. Er sagte: „So, wie die Verhältnisse sich in Indien geändert haben, magst du recht haben. Geh deinen Weg, Ragan!"

„Ich danke dir, Vater."

Sundri hatte vergeblich versucht, eine Anstellung im Innenministerium zu bekommen. Man hatte sie abgewiesen. Ohne Beziehungen war es einfach nicht möglich, und die hatte sie nicht. Wer war sie schon in Delhi? Niemand. Das hatte man sie wieder und wieder spüren lassen. Alle Posten wurden unter der Hand verschachert, gleichgültig, ob die Bewerber fähig waren oder nicht. Die Absagen, die sie nacheinander einstecken mußte, verbitterten sie sehr. Endlich gelang es ihr, wenigstens bei einer Zeitung unterzukommen, die in englischer Sprache erschien. Es war keine große Sache, aber es war wenigstens ein Anfang.

War erst Ragan zurück . . ., überlegte sie. Es war höchste Zeit, daß er zurückkehrte, schließlich hatte sie lange genug auf ihn gewartet. Selbstverständlich hatte sie eingesehen, daß er sich um die Gesundheit seines Vaters kümmern mußte. Sie hatte ihm das auch geschrieben. Nachdem sie so lange auf seine Rückkehr aus Amerika gewartet hatte, kam es auf ein paar Wochen auch nicht mehr an. Aber nun waren bereits drei Monate vergangen, und Sundri machte sich Gedanken darüber. Was mochte Ragan bewegen, so lange fortzubleiben? Sein Vater müßte längst gesund sein. Schob er die fortwährende Krankheit als Ausrede vor – und liebte er sie überhaupt noch? Fast zweifelte sie daran, denn allmählich glaubte sie nicht mehr, was in seinen Briefen stand.

Sie dachte an den Widerstand seines Vaters gegen die Heirat mir ihr. Hatte er es endlich doch fertiggebracht, Ragans Sinn zu ändern?

Sundri wurde zwischen Zweifel und Glauben hin- und hergerissen. Das machte sie im Lauf der Zeit so nervös, daß sie nicht mehr schlafen konnte. Sie beschloß, ihm zu schreiben.

„Ragan, Liebster", begann sie, „ich weiß, daß die Pflicht eines Sohnes über allem steht. Aber denkst du daran, wie sehr ich darauf warte, endlich deine Frau zu werden? Du bist nach Amerika gegangen und länger weggeblieben, als du sagtest. Du bist nach Bombay gereist und wolltest bald wiederkommen. Bereits drei lange Monate sind vergangen, und ich warte immer noch auf deine Rückkehr. Bitte, komm bald!"

Jede Nacht grübelte sie darüber nach, wie lange sie eigentlich noch auf eine Heirat warten solle. Im Grunde war sie schon viel zu alt. Die Mädchen ihres Stammes heirateten mit vierzehn oder fünfzehn Jahren, und wer mit achtzehn noch keinen Mann hatte, bekam auch keinen mehr. Von ihren Geschwistern glaubte keiner daran, daß sie noch heiraten würde. Erst kürzlich hatte ihr Bruder Balan in einem Brief eine entsprechende Bemerkung gemacht. Hatte Ragan in Bombay vielleicht ein anderes Mädchen gefunden? Er war anders geworden in Amerika. Oder steckte gar Esther Miller dahinter? Sundri setzte sich im Bett auf. Je mehr sie darüber nachdachte, desto mehr steigerte sie sich in die düstersten Annahmen hinein. So konnte es nicht mehr lange weitergehen. Noch eine Woche würde sie warten, aber keinen Tag länger. Was sie dann tun würde, wußte sie noch nicht – auf alle Fälle aber von Ragan eine Entscheidung verlangen.

Als Sundri am nächsten Tag wieder einmal durch die Curzon Road ging – sie tat das des öfteren –, war das Schild „Zu vermieten" nicht mehr an dem Haus. Also war es in der Zwischenzeit vermietet oder verkauft worden. Sie sah auch einige Leute aus- und eingehen.

210

Vorbei war der Traum von Ragans Praxis in der vornehmen Straße. So eine Gelegenheit würde es nicht so schnell wieder geben, denn es war sehr schwer, in Delhi ein einigermaßen ordentliches Haus zu bekommen. Es war überhaupt schwer, eine Wohnmöglichkeit zu finden in der Stadt, in die, außer den vielen Flüchtlingen aus Pakistan, nach dem Abzug der Engländer so viele Leute hereingeströmt waren.

Laja und sie selbst hatten Glück gehabt. Als die englischen Soldaten das Land verlassen hatten, waren die kleinen Häuser, die von den Unteroffizieren und ihren Familien bewohnt gewesen waren, frei geworden. Laja hatte eines davon dank der Fürsprache ihres Vorgesetzten zugeteilt bekommen. Es war nicht sehr modern, aber es war ein Haus aus Stein und hatte sogar fließendes Wasser und eine Toilette.

Wo wollte Ragan seine Praxis eröffnen? Etwa im Armenviertel, wo die Kranken in Ermangelung eines Wartezimmers vor der Tür auf dem Boden saßen oder lagen? Wo jeder ausspuckte, wohin es ihm immer behagte, und wo Schmutz und Parasiten ins Haus getragen wurden? Wenn sie an die mit Krätze verseuchten Kinder dachte, wurde ihr übel. Sundri war so sehr enttäuscht, daß das Haus vermietet worden war. Sie war den Tränen nahe, und in ihrem Zorn riß sie die Fransen ihres Saris heraus. Sie eilte nach Hause, warf die abgerissenen Fransen auf eine Kommode und ließ sich auf ihr Bett fallen. Nichts wollte gelingen, so wie sie es haben wollte. Dachte sie daran, wie hochmütig man sie im Ministerium abgefertigt hatte, stieg die Wut nachträglich immer wieder in ihr hoch. Und jetzt auch noch die bittere Enttäuschung mit der zerronnenen Hoffnung auf das Haus in der Curzon Road. Aber sie würde es ihnen schon noch zeigen, der ganzen hochnäsigen Gesellschaft. Sie waren ja schlimmer als die Engländer gewesen waren.

Auch Ragan sollte nicht glauben, daß sie sich willig in alles fügte, was er haben wollte. Die Zeiten waren vorbei,

211

und sie würde die Freiheit in Anspruch nehmen, die der indischen Frau zukam.

Subba, der junge Inder, der den Haushalt besorgte, hatte Laja gesagt, die andere Sahib sei schon vor einer guten Zeit nach Hause gekommen. „Memsahib sehr böse!" fügte er hinzu.

Laja trat in die Tür und fragte: „Bist du krank, Sundri?"

Sie bekam keine Antwort. Unschlüssig blieb sie einen Augenblick stehen. Sollte sie die Freundin ungestört lassen, sollte sie weiter fragen? Ihr Blick fiel auf die abgerissenen Goldfransen, die auf der Kommode verstreut lagen. Oje, es mußte schon etwas Schwerwiegendes vorgefallen sein, wenn Sundri einen ihrer Saris so zurichtete. Sie liebte es, schöne Seidenstoffe zu tragen, und sie war besonders stolz auf die goldgestickten Borten und Fransen, die sehr kostbar waren.

„Willst du mir nicht deinen Kummer anvertrauen?" bat Laja. „Vielleicht kann ich dir helfen." Es wäre nicht das erste Mal, daß sie, die Ältere und Besonnenere, der Freundin einen guten Rat gegeben hätte. „Es kann doch nicht so schlimm sein, daß man nicht . . ." Laja konnte den Satz nicht zu Ende sprechen, Sundri fuhr auf und kauerte sich an das Fußende des Bettes.

„Das Haus ist weg! Vermietet, verkauft, was weiß ich! Auf alle Fälle ist es für uns verloren."

Laja begriff nicht sofort, um was es sich handelte. Erst als Sundri erregt fortfuhr, verstand sie. „Weißt du vielleicht ein Haus, wo Ragan seine Praxis einrichten kann? Du kennst die Lage hier so gut wie ich."

„Ragan hat andere Pläne, er will vorläufig keine Praxis in Delhi", erwiderte Laja sanft, aber mahnend. „Du mußt dich nach seinen Wünschen richten. Warte doch, bis er zurück ist, vorher hat alles Planen keinen Sinn. Komm zum Essen hinüber, ich habe Esther Miller eingeladen. Sie wird jeden Augenblick eintreffen."

Laja war, nachdem sie den Türklopfer gehört hatte,

212

rasch hinausgegangen, um ihren Gast zu begrüßen. Sie sah deshalb die Grimasse nicht mehr, die Sundris Gesicht bei der Erwähnung der Amerikanerin verzerrte. Nun, der würde sie es zeigen. Sie erhob sich, goß ein wenig Wasser in das kupferne Waschbecken und kühlte sich die Augen. Nachdem sie sich die Haare ausgebürstet und mit einer Agraffe zusammengesteckt hatte, nahm sie einen ihrer kostbarsten Saris aus der Kommode. Die Borte, mit dem Pfauenmuster bestickt, war sehr breit und einzigartig schön. Dieser Sari stammte noch aus der Aussteuer, die sie als Sukumiras Braut von ihrem Vater bekommen hatte. Die schwere Wildseide war sehr haltbar und die Stickerei aus echtem Gold. Das Stück war so kostbar, daß Sundri es nur zu besonderen Gelegenheiten trug. Warum sie sich heute dazu entschloß? Sie wollte die Amerikanerin ärgern. Sehr sorgfältig legte sie die vielen Falten und steckte sie in den Bund des Unterkleides. Das Ende schlug sie über ihre linke Schulter. So kam die Bordüre mit den langen, schweren Goldfransen recht zur Geltung.

„Hallo Sundri Sahib", sagte Esther Miller in herzlichem Ton. „Wie geht es Ihnen?"

„Mir geht es ausgezeichnet", erwiderte Sundri und drehte sich um die eigene Achse. Sie glich schon ein wenig einem Pfau, der ein Rad schlug, um zu zeigen, was für ein prächtiges Gefieder er habe.

„Oh, wie schön!" sagte Esther bewundernd. Sie betrachtete die feine Stickerei und die herrlichen Farben des Saris.

„Es ist ein ganz altes Muster", erklärte Laja. „Ich will Ihnen gern einmal Skizzen von unseren kunsthandwerklichen Schätzen zeigen, wenn es Sie interessiert, aber jetzt wollen wir essen." Sie klatschte in die Hände und befahl dem Diener: „Subba, du kannst auftragen."

Subba brachte in Kokosmilch gekochten Reis und kleine Stücke gebratenen Hammelfleisches, die in einer würzigen Sauce schwammen. Esther versuchte, genau wie Laja und Sundri, mit den Fingern zu essen, obwohl sie an ihrem Platz einen Löffel vorfand, aber es gelang ihr nicht so richtig.

213

Besonders mit dem Reis hatte sie Schwierigkeiten. So geschickt wie Sundri würde sie ihn nie zu einer Kugel rollen können. Aber wenigstens vermochte sie jetzt mit untergeschlagenen Beinen zu sitzen, ohne daß sie ihr nach kurzer Zeit einschliefen. Sie hatte sich schon recht gut in Delhi eingelebt und paßte sich allem an, so gut es ging. Die Arbeit in der ziemlich modern eingerichteten Klinik machte ihr Freude. Einen Vergleich mit Ann Arbor konnte sie natürlich nicht aushalten. Wichtig war schließlich nur, daß Esther alles hier kennenlernte.

„Wissen Sie schon, wann Ragan zurückkommen wird?" fragte Esther unvermittelt. „Doktor Nayyar hat mich darauf angesprochen."

„Ich weiß es!" Sundri betonte das Ich, und es sollte soviel bedeuten wie: Außer mir geht es keinen etwas an. Sie spießte ein Stück einer süßsauren Mangofrucht auf ein Holzstäbchen. Was hatte diese Fremde nach Ragan zu fragen, und was wollte Doktor Nayyar von ihm? Sundri begann beide zu hassen, weil sie über ihn zu verfügen suchten.

„Ragan soll mit einer Anzahl von Ärzten nach Hardwar gehen, um während eines Festes die Menschen dort zu impfen", sagte Esther. „Vielleicht gehe ich auch mit."

„Was wollen Sie dabei?" fragte Sundri. „Sie haben doch bei einer Kumbh Mela nichts verloren, das ist ein religiöses Fest meines Volkes, das keine Ausländer als Zuschauer dabei wünscht!"

„Ich werde Ragan beim Impfen helfen", sagte Esther. „Oder meinen Sie, ich könnte das nicht? Zudem interessiert mich gerade so etwas sehr." Sundri glaubte Spott aus der Stimme der Amerikanerin zu hören, auf deren kameradschaftliches Verhältnis zu Ragan sie über die Maßen eifersüchtig war. Sie fuhr bei deren Worten zurück, wie von einer Puffotter gebissen, und schrie zornig: „Sie werden nicht mitgehen, und auch Ragan wird nicht bei der Kumbh Mela sein. Wir heiraten, sobald er in Delhi ist, und dann wird er hier seine Praxis aufmachen."

„Doktor Nayyar sagte . . ."

„Doktor Nayyar, Doktor Nayyar", zischte Sundri. „Es geht sie gar nichts an. Ich will nicht, daß er hingeht, und mit Ihnen schon gar nicht. Lassen Sie Ragan in Ruhe!"

„Bitte, Sundri, vergiß nicht, daß Miss Miller mein Gast ist!" Laja sagte es sehr energisch. Sie haßte nichts so sehr, wie wenn man die Gesetze der Gastfreundschaft verletzte.

Sundri murmelte in Malajalam, ihrer Muttersprache, eine Verwünschung, sprang auf und verließ den Raum.

„Was habe ich nur Schlimmes gesagt?" fragte Esther verblüfft.

„Nichts. Es liegt nicht an Ihnen, daß Sundri so die Höflichkeit vergaß. Sie ist eifersüchtig. Dazu kommt noch, daß Ragan nicht tun will, was sie haben möchte. Die beiden waren zu lange getrennt und müssen in ihrem Denken und in ihren Gefühlen erst wieder zusammenfinden. Sundri ist einfach enttäuscht. Machen Sie sich keine Gedanken darüber. Sie ist im Grund ein feiner Mensch, aber hin- und hergerissen von ihren Gefühlen, die sie noch nicht kontrollieren kann. Auch stark verhaftet der alten Tradition, aus der sie kommt, und trotzdem der neuen Zeit verfallen, in die sie sich hineinleben muß."

Laja setzte ihrem Gast auseinander, daß ihre Freundin aus dem Süden des Subkontinents stamme, wo die Menschen ganz anders geartet seien als hier im Norden. „Ihre Familie gehört zu dem Stamm der Drawiden, die noch unter eigenen Gesetzen stehen."

„Sundris Enttäuschung kann ich verstehen", entgegnete Esther. „Ein Liebespaar sollte sich nie für so lange Zeit trennen."

„Es wäre besser gewesen, Ragan hätte geheiratet und Sundri mitgenommen, aber es ging ja wohl nicht. Sie kommt sich heute viel zu alt zum Heiraten vor."

„Das ist doch einfältig", sagte Esther. „Ich bin fünfundzwanzig und will auch noch heiraten."

„Sie müssen an unsere Verhältnisse denken. Für eine Inderin ist Sundri mit ihren zweiundzwanzig Jahren alt – ich meine: alt für die Ehe."

215

„Zweiundzwanzig, sagen Sie. Wie kann sie dann schon mit dem Studium fertig sein?"

„Sie ist über dem Durchschnitt begabt und hat mehrere Klassen übersprungen. Mit siebzehn Jahren hat sie bereits die Abschlußprüfung gemacht, die sie zum Studium berechtigte."

„Bitte, erzählen Sie mir doch etwas über dieses Fest, zu dem Ragan mit seinen Kollegen fahren soll", bat Esther.

„Es ist die Kumbh Mela, das größte religiöse Fest, das wir Hindus kennen, und es wird nur alle zwölf Jahre gefeiert. Dieses ist die erste Mela seit der Befreiung Indiens", begann Laja. „Das Fest selbst wurzelt in der Mythologie unseres Glaubens. Götter, so sagt man, raubten einst aus einem Tempel im Norden des Landes einen Topf voll Nektar und verschütteten in der Gegend von Allabahad und Hardwar einige Tropfen. Seither kommen Millionen von Menschen alle zwölf Jahre dorthin, um sich durch ein Bad im Ganges von allen Sünden zu reinigen. Sie müssen wissen, liebe Esther, daß man bei uns dem Wasser nicht nur die leibliche, sondern auch die seelische Reinigungskraft zuspricht."

Esther lächelte ein klein wenig, und Laja fuhr fort: „Ich weiß, was Sie denken! Sie meinen, wir sollten mehr Wert auf die leibliche Reinigung legen, und es stünde besser um die Gesundheit meiner Landsleute. Sie haben recht, aber bei der Unwissenheit so vieler ist das sehr schwer. Da sind alte Rituale, die so schmutzig sind, daß man nicht darüber sprechen mag, und trotzdem sind sie heilig. Ich selbst habe noch nie eine Mela miterlebt, und ich halte auch nichts von der Sündenreinigung, trotzdem hätte ich große Lust, sie mir einmal anzusehen."

„Fahren Sie doch mit uns", forderte Esther sie auf.

„Ich will sehen, ob ich es möglich machen kann."

Sundri ließ sich an diesem Abend nicht mehr sehen, und Laja machte auch keinen Versuch, sie zu holen. Zum ersten Male war sie böse auf die Freundin. Wie konnte man so eigensinnig und so verbohrt sein, daß man die einfach-

216

sten Gebote des Anstandes nicht befolgte und einen Gast beleidigte!

Ragan war überzeugt, daß er jetzt seinen Vater sich selbst überlassen konnte. Er hatte ihn so weit gebracht, daß er sich wieder dem Leben zuwandte und mit seinem Schwiegersohn zusammen die Geschäfte leitete. Sie hatten auch eine lange Aussprache über Ragans berufliche Pläne gehabt, und Uday Ray war zufrieden, daß sein Sohn später vielleicht in der Regierung den Platz einnehmen würde, der einem Ray zukam.

Über seine Heirat mit Sundri sprach er nicht. Sollte der Vater annehmen, er hätte Schluß gemacht mit ihr. Brachte er ihm später einmal einen gesunden Enkel, würde alles gut sein. Nach seinem Glauben sorgten doch auch die Enkel dafür, daß er wiedergeboren wurde. Besonders erfreut war Uday Ray gewesen, als er von dem Auftrag hörte, Ragan solle die ärztliche Betreuung der Bevölkerung bei der Kumbh Mela überwachen helfen. Er würde selbst auch das reinigende Bad im Ganges nehmen und von allen Sünden befreit sein. In seiner übergroßen Freude stellte er seinem Sohn so viel Geld zur Verfügung, daß dieser unabhängig war und seine Pläne verwirklichen konnte. Ragan hatte es angenommen.

Die Zeit, um Sundri einen Brief zu schreiben, hatte er nicht gehabt, und er überlegte sich, ob er ein Telegramm schicken sollte. Vielleicht erschrak sie zu sehr darüber. Er beschloß, ohne sie zu benachrichtigen, nach Delhi zu fliegen. Schließlich hatte er ihr ja in seinem letzten Brief mitgeteilt, daß er nun bald kommen werde. Kurz ehe er sich bei Doktor Nayyar meldete, rief er in der Redaktion an.

„Shandi, meine Schöne", sagte er voll guter Laune. „Ich bin vor wenigen Minuten angekommen."

„Warum hast du keine Nachricht gegeben, Ragan?" fragte sie.

„Ich war nicht sicher, zu welcher Zeit ich wegkommen

würde, und ich wollte nicht, daß du einen Arbeitstag versäumst. Ich hole dich ab."

Sundris anfängliche Freude war etwas gedämpft, als er ihr berichtete, daß er für einige Wochen nach Hardwar gehen mußte.

„Gut, Ragan, aber es ist das letzte Mal, daß ich den Hochzeitstermin verschieben lasse, und du mußt mir versprechen, daß wir im Hause meiner Eltern heiraten werden." Sie hatte beschlossen, klug zu sein und ihm keinen offenen Widerstand entgegenzusetzen. Was ihrem Trotz nicht gelang, gelang unter Umständen ihren Bitten. „Weißt du, meine Mutter und meine Geschwister glauben nicht mehr daran, daß wir heiraten, und ich möchte sie davon überzeugen. Sie sollen an meinem Glück teilhaben." Ihre Augen leuchteten auf, als sie sagte: „Bitte, Ragan, Liebster, sei damit einverstanden. Es ist mein Herzenswunsch, den du mir nicht versagen kannst!"

Ihm graute zwar jetzt schon vor den vielen Menschen, den wochenlangen Vorbereitungen, die für Sundris Mutter notwendig waren, und dem vielen Geld, das unnötig ausgegeben wurde. Ihm wäre eine schlichte Trauung in Delhi viel lieber gewesen. Nun, sie sollte ihren Willen haben, aber zum letzten Mal, das stand fest. Alles, was nach der Hochzeit geschah, bestimmte er.

Die Khumb Mela

Doktor Nayyar ließ ihm nicht viel Zeit. Schon nach wenigen Tagen mußte er mit einigen Ärzten und dem Regierungsbeamten, der für den Ablauf der Kumbh Mela verantwortlich war, abreisen. Man hatte im letzten Augenblick von einer Beteiligung der amerikanischen Ärztin abgesehen, weil man den Fanatismus der gläubigen Hindus fürchtete. Zum ersten Male würden sich alle, die nach

Hardwar oder Allabahad kamen, einer Impfung unterziehen müssen, wenn sie in die Stadt und zum Fluß kommen wollten. Vielleicht mochte es dabei Unruhen geben. Vor allen Dingen fürchtete man diejenigen, die eine Impfung aus Glaubensgründen ablehnten und die sich auch nicht von einer weißen Frau behandeln lassen würden. Wie, zum Beispiel, konnte sie einen gläubigen Inder berühren, wenn sie gerade ihre unreinen Tage hatte? Man konnte gegen diese im Ritual verwobene Religiosität nicht ankommen. Wenigstens jetzt noch nicht.

Laja und Esther wollten zu dem Hauptfesttag, der Mitte des Monats stattfand, als Zuschauer nach Hardwar fahren.

Die wochenlange Vorbereitung war dringend notwendig. Es mußten Straßensperren gelegt werden, die keiner ohne Impfschein passieren durfte. Großküchen und Massenunterkünfte wurden errichtet, um dem Ansturm gerecht werden zu können. Zentnerweise standen Chlorkalk zur Desinfektion und DDT-Pulver zur Fliegenvertilgung bereit. Auf dem höchsten Turm der Stadt war ein Beobachtungsposten eingerichtet, der über Funk mit Polizei und Sanitätszelt in Verbindung stand.

Am Tag, ehe die Pilgerscharen anzurücken begannen, wurden die Straßen saubergefegt und DDT in großen Mengen versprüht. Es konnte losgehen. Ragan, der selbst noch nie eine Kumbh Mela gesehen hatte, schloß sich zunächst einer beweglichen Ambulanz an, die schon vor der Stadt die Impfung gegen die Cholera ermöglichte. Die Gegensätze, die er hier zu sehen bekam, erschütterten ihn tief. Da fuhren die Reichen in Autos und hüllten in Staub und Schmutz, was sich auf der Straße fortbewegte. Andere ließen sich in goldverzierten Sänften zum Fluß hinuntertragen. Auf Ochsenkarren mit quietschenden, hohen Rädern hockten ganze Familien, eng zusammengepfercht. Dazwischen Fußgänger, ärmliche Gestalten, die tage-, ja wochenlang gewandert waren, um sich hier im Ganges durch ein Bad von ihren Sünden zu reinigen.

Omnibusse, zum Brechen voll, rollten durch die engen

Straßen. In safrangelbe Kutten gekleidete Mönche zogen unter Gesang vorüber. Dazwischen trotteten prächtig geschmückte und bemalte Elefanten, Schwärme von Bettlern, Blinden, Tauben und von der Lepra verkrüppelten Männern und Frauen.

Ragan schüttelte immer wieder den Kopf. Wieviel Geld wurde hier unnütz vertan! Was hätte er damit anfangen können! Er war zwar nicht zum christlichen Glauben übergetreten, aber er verurteilte den krankhaften Fanatismus und den Aberglauben seiner eigenen Religion, die in solchen Festen ihren Höhepunkt erlebte. Das war es, was Indien hemmte, vorwärtszukommen. Er sah allerdings ein, daß man nicht einfach mit Gesetzen und Erlassen wegwischen konnte, was in Jahrtausenden gewachsen war. Es brauchte seine Zeit, vor allem brauchte es Menschen, die sich seines Volkes annahmen, es aufklärten und lehrten und langsam einem besseren Dasein zuführten. Er und Sundri, sie beide konnten ihren bescheidenen Teil dazu beitragen und im Geiste Mahatma Ghandis arbeiten. Das betrachtete er als ihre Lebensaufgabe. In den nächsten Wochen sollte er allerdings nicht mehr oft dazu kommen, solche Betrachtungen anzustellen. Das Gedränge in der Stadt und am Fluß wurde geradezu beängstigend. Dutzende von Menschen wurden täglich einfach totgetreten, obwohl Polizisten zu Fuß, zu Pferd und auf Kamelen für Ordnung zu sorgen versuchten.

Man trennte die Prozessionen, die zum heiligen Bad gehen wollten. Aus den Lautsprechern tönten Tag und Nacht Befehle und Anordnungen. Trotzdem gab es immer wieder Unglücksfälle. Nur die Cholera schien einigermaßen gebannt zu sein. Ragan wußte nicht mehr, wie viele Tausende er schon geimpft hatte. Er arbeitete so lange, bis er todmüde auf sein Feldbett fiel.

Die Regierung hatte einige Verbrennungsstätten eingerichtet, wo die Toten – es waren schon an die fünfhundert – eingeäschert wurden. Die Sonne schien brennendheiß auf die Stadt. Pflanzen und Boden dörrten bereits aus.

Einige Cholerakranke wurden sofort in ein Isolierzelt außerhalb der Stadt gebracht. Bei früheren Melas hatte sich die Cholera oft über weite Landstriche ausgebreitet und Tausende von Opfern gefordert.

Ragan nahm sich einen Tag frei, als Laja und Esther nach Hardwar kamen. Es war der Hauptfesttag, der, astrologisch ausgerechnet, in diesem Jahr auf den 13. April fiel. Weit über eine Million Inder würden heute das reinigende Bad nehmen. Das mußte organisiert werden, sonst ertranken zu viele.

„Was macht denn der Mann dort?" fragte Esther, als sie einen fast nackten Inder sah, der auf einem Bein stand und den rechten Arm in die Höhe streckte. „Wie kann er das nur so lange aushalten? Er steht doch fast schon eine halbe Stunde dort."

„Du irrst, er steht bereits seit Sonnenaufgang da und wird es bis zum Sonnenuntergang aushalten", erwiderte Ragan. „Schau dir die Männer dort drüben an: Trotz der Sonnenhitze tragen sie Schalen mit brennendem Kuhmist auf dem Kopf."

„Ich begreife nicht, welchen Zweck das haben soll", verwunderte sich Esther.

„Sie glauben, es zu Ehren Gottes tun zu müssen", erwiderte Ragan.

„Das ist doch Schwindel!"

„Vielleicht zum Teil, ich vermag dir nicht zu sagen, was echter Glaube und was Schwindel ist. Bei manchen ist es nur das Almosen, das sie dazu veranlaßt, bei manchen aber ist es sicher religiöser Fanatismus. Manchmal bin ich wirklich verzweifelt, und es geht mir wie Doktor Nayyar: Ich fürchte, gegen den Monsun ankämpfen zu wollen. Wie kann ein Mensch wie ich mit solch einer Naturgewalt fertig zu werden versuchen?"

„Du stehst zwischen zwei Welten, Ragan", sagte Laja. „Vielleicht hat Sundri recht, wenn sie sagt, du seist zu lange im Westen gewesen. Aber", fuhr sie fort, „es geht mir wie dir, manchmal begreife ich meine Landsleute selbst nicht. Man kann doch heute nicht mehr in einer jahrhundertealten Tradition verharren!"

Der leitende Beamte, der die Organisation unter sich hatte, nahm Esther und Laja in seinem Jeep mit zum Hauptbadeplatz am Ganges. Sie wären sonst in dem Gedränge überhaupt nicht durchgekommen. Hier soll einmal ein Gott gegangen sein und mit seinen Füßen die Erde berührt haben. Seither nennt man diesen Uferplatz die Fußspur Gottes. Und hier will jeder der Pilger einmal gewesen sein.

Auf den Ghats, den steinernen Stufen, die zum Wasser hinunterführen, herrschte ein lebensgefährliches Treiben. Wohl hatte man im Fluß Halteketten gespannt, doch trotzdem ertranken immer wieder Menschen.

„Warum rettet man sie denn nicht?" fragte Esther empört, als sie sah, wie ein alter Mann unterging.

„Was tut's!" sagte der Beamte. Er war kein gläubiger Hindu mehr, und seiner Ansicht nach kam es auf einen Menschen mehr oder weniger nicht an. Die Bevölkerung war ohnehin viel zu groß, und zudem konnte sich nach ihrem Glauben jeder glücklich preisen, den der Ganges in seine Arme nahm. Er würde frei von Sünden sein, und seine Wiedergeburt wäre ihm sicher.

Allmählich wurde das Gedränge aber so schlimm, daß er über Lautsprecher anordnen ließ, keiner dürfe länger als zwei Minuten baden. Weil aber die meisten keinen Zeitbegriff nach der Uhr hatten, wurde alle zwei Minuten ein Sirenensignal gegeben.

„Wenn sie in dieser Zeit ihre Sünden nicht loswerden, werden sie nie davon befreit sein", sagte der Kommissar ungerührt.

Gelb und schmutzig floß der Ganges dahin. Er hatte Millionen Menschen in den letzten Wochen glücklich gemacht. An den Abenden trieben Hunderttausende von Blüten stromabwärts, von den Gläubigen hineingestreut. Und auf dicken Blättern leuchteten winzige Öllämpchen, die, vorsichtig aufgesetzt, auf dem Wasser schwammen.

„Gegen das alles willst du ankämpfen, Ragan?" fragte Esther zweifelnd.

„Nicht gegen alles, nur gegen den Unsinn und den Aberglauben", erwiderte er. „Ich weiß, daß es vieler, vieler Jahre bedarf, um nur einen kleinen Fortschritt zu erreichen, aber man muß einmal damit anfangen."

Sundri verlangt ihre Mitgift

Subba schleppte Sundris Bettrolle auf den Bahnsteig des Bahnhofes von Neu-Delhi, der in der Nähe des Connaught Rondells gelegen war. Von hier aus konnte sie bis Madras durchfahren. Es war die Strecke, die sie seinerzeit bei ihrer Flucht aus dem Elternhaus auch benutzt hatte. Daß sie einige Tage unterwegs sein mußte, störte sie nicht, sie hatte sich reichlich mit Lebensmitteln versehen, und zudem konnte man auch überall auf den Bahnhöfen Früchte kaufen.

Subba, der außer der Bettrolle auch Sundris Koffer schleppte, war schweißbedeckt. Die neugekaufte Rolle war schwer. In dem Zeltleinen, das kunstvoll verschnürt war, steckten zwei Bettlaken, eine Wolldecke, ein Kopfpolster und eine dünne Matratze. Bei dieser Hitze auch noch eine Matratze hineinzupacken, hielt der Diener für unnötig, aber er wagte nichts gegen die Anordnungen der Memsahib zu sagen.

Sundri hatte genügend Zeit, während der Fahrt über die Vorbereitungen zu ihrer Hochzeit nachzudenken. Seit sie ihr Elternhaus verlassen hatte, war es das zweite Mal, daß sie heimkehrte. Damals, als ihr Vater sie auf seinem letzten Krankenlager hatte rufen lassen, war sie mit Ragan bis Bombay geflogen. Enttäuscht war sie wieder von zu Hause fortgegangen. Man hatte sie zwar aufgenommen, aber doch etwas Abstand von ihr gehalten, weil der Fluch von Sukumiras Mutter auf ihr lastete. Alle, ausgenommen ihre Mutter, waren insgeheim froh gewesen, als sie wieder abreiste.

Wie würde es dieses Mal werden?

Eines stand fest: Auf ihrem Recht, eine standesgemäße Hochzeit zu bekommen, würde sie bestehen.

Sundri knotete die Verschnürung der Bettrolle auf, legte die Matratze auf die Bank, die ihr im Schlafwagen zur Verfügung stand, und bald war sie durch das eintönige Geräusch der rollenden Räder eingeschlafen.

„Bangle City." Sundri sah aus dem Fenster und winkte einen der jungen Männer, die in großer Zahl auf dem Bahnhof herumlungerten, heran. Als sie ihm zu der Bettrolle auch noch den Koffer aufbürden wollte, weigerte er sich, beides zu schleppen. Sie mußte sich entschließen, einen zweiten Träger zu nehmen.

Sundri ließ sich von einer Motorrikscha zur Bootslände hinausfahren. Dort, so hatte ihr Bruder Balan geschrieben, hole er sie ab.

Das Boot lag bereits am Ufer des Flusses vertäut, als sie ankam.

„Namaskaram." Chandu, der Diener, der sie schon in ihrer Kindheit überallhin begleitet hatte, nahm Bettrolle und Koffer und schleppte sie über den schmalen Laufsteg. In der Nähe unterhielt sich Balan mit einem Händler.

Er grüßte mit gefalteten Händen zu ihr herüber.

„Wie geht es meiner Mutter, Chandu?"

„Seit die junge Memsahib im Hause ist, herrscht wieder Freude. Das Kind ist ein Sohn", fügte der Diener voll Stolz hinzu. Sundri begriff nicht sofort. Eine junge Memsahib im Haus, das konnte doch nur bedeuten, daß Balan geheiratet hatte.

Warum war sie nicht zu dem Hochzeitsfest eingeladen worden? Warum hatte man es ihr nicht einmal geschrieben? Hatte man den alten Fluch, den Sukumiras Mutter über sie ausgestoßen hatte, noch immer nicht vergessen?

Das wäre doch lächerlich! Die Freude der Heimkehr war ihr verdorben.

Balan, der endlich seine Geschäfte beendet hatte, sprang ins Boot und ließ sofort ablegen. Ohne sich zu erkundigen, wie es ihr gehe, fragte er: „Wie lange wirst du bleiben?"

„Hast du es so eilig, mich wieder loszuwerden?" rief sie und sprang so heftig auf, daß das Boot schwankte.

„Natürlich nicht, aber . . ." Er zögerte etwas. „Nalini, meine Frau, erwartet ihr zweites Kind."

„Du hast geheiratet, Balan?" fragte sie mit verhaltenem Zorn in der Stimme. „Hätte es sich nicht gehört, daß du mich eingeladen hättest?"

„Es ging alles sehr schnell", versuchte er sich herauszureden.

„Ihr erwartet ein zweites Kind, und was hat das mit meinem Besuch im Hause meiner Eltern zu tun?"

„Wir brauchen den Platz."

„Das Haus ist groß genug", erwiderte Sundri. „Kamala ist nicht mehr da, und Gopi ist zu ihrer Schwiegermutter gezogen. Platz wäre also genug vorhanden, Balan. Warum lügst du mich an? Sage doch, daß ihr mich nicht wollt. Deine Frau duldet nicht, daß ich im Hause bin, wenn das Kind zur Welt kommt!"

Balan sah zu Boden und gab keine Antwort. Es war also so, wie sie vermutete.

„Du hast mir auch nicht mitgeteilt, daß du einen Sohn hast, weil du . . ." Sie drehte sich um und ließ ihn stehen. Am äußersten Ende des Bootes setzte sich Sundri nieder.

Balan, der ihr gefolgt war, sagte: „Nalinis Eltern erlaubten es nicht. Sie wollten auch nicht, daß du herkommst. Mutter hat ein Machtwort gesprochen, und du kannst natürlich bleiben, so lange du willst." Sein Blick war abwartend, und er hoffte, sie würde antworten: Ich bleibe nicht lange.

Am liebsten hätte sie ihm befohlen, umzukehren und sie wieder auszubooten, aber wenn sie an Ragan dachte und daran, daß sie ihren Willen, die Hochzeit hier zu feiern,

225

gegen seinen Wunsch durchgesetzt hatte, blieb ihr nichts
anderes übrig, als daran festzuhalten.

„Was haben die Eltern deiner Frau gegen mich?"

„Sie waren dabei, als der Fluch über dich ausgestoßen
worden ist, und sie fürchten, du würdest uns Unglück bringen."

„Daß ihr noch immer an diesen dummen Aberglauben
hängt!"

Es war windstill, die Segel hingen schlaff in den Seilen,
und Chandu mußte den Hilfsmotor einschalten. Schweigend saßen die Geschwister nebeneinander, und jeder ging
den eigenen Gedanken nach.

Sundri lief von der Anlegestelle den Pfad entlang auf das
Haus zu. Vor der Mutter fiel sie nieder, berührte mit der
Stirn den Boden und küßte ihr die Füße.

„Ama, Ama, warum bin ich nur nach Hause gekommen?"

Rohini warf ihrem Sohn Balan einen bösen Blick zu.
„Steh auf, mein Kind. Komm ins Haus und ruh dich aus.
Nach der langen Reise wirst du sehr müde sein."

„Ja, Ama, ich bin müde!"

Nalini, ihre Schwägerin, ließ sich nicht blicken. Sie fühle
sich nicht wohl, bestellte sie durch eine der Dienerinnen.

„Ich habe dir dein altes Zimmer richten lassen", sagte
Sundris Mutter, verschwieg aber, daß sie deshalb Streit mit
Balan und Nalini gehabt hatte. Sie war sonst eine gute
Schwiegermutter, die auf keine der ihr zustehenden Rechte
pochte, doch in diesem Falle war sie unnachgiebig geblieben. Sundri sollte ihr Zimmer bewohnen. Als sie vor zwei
Jahren hier gewesen war, hatte man sie in einem Zimmer
im ersten Stock untergebracht, weil Gopi mit ihrem Mann
unten wohnte. Nun waren beide mitsamt ihren Kindern zu
seiner Familie gezogen.

Sundri packte ihren Koffer aus. Als ihre Mutter sie später zum Essen holen wollte, sagte sie, sie wolle für einige

Tage ihr Zimmer nicht verlassen. Die Mutter verstand, daß sie sich freiwillig wieder den alten Gesetzen unterordnete, nach denen eine Frau während der unreinen Tage nicht mit den anderen Familienmitgliedern in Berührung kommen durfte. In Delhi kümmerte sich Sundri nicht darum, nur hier wollte sie nicht noch mehr Aufregung und Ablehnung verursachen, als sie es durch ihr Kommen bereits getan hatte.

„Ich bringe dir das Essen später selbst", sagte Rohini.

„Bring mir nichts, ich habe keinen Hunger, Ama. Ich möchte schlafen." Sie schlief aber nicht, sondern sie dachte nach. Plötzlich bedauerte sie es aufrichtig, daß sie überhaupt nach Hause gekommen war. Eine Hochzeitsfeier, so wie sie sich das ausgedacht hatte, würde unmöglich sein. Der Fluch lastete auf ihr, und sie kam nicht davon los. Niemand würde an der Hochzeitsfeier teilnehmen, sondern alle würden mit Bedauern und Ausreden absagen. Es ging ihr auf, daß es noch vieler Jahre, wahrscheinlich Jahrzehnte bedurfte, bis die neue Zeit sich auch hier durchgesetzt hatte.

Der Reispudding mit Currysauce, den ihre Mutter am anderen Morgen zum Frühstück brachte, schmeckte ihr bitter.

Wie sollte sie es bei Ragan begründen, daß sie plötzlich auf die pompöse Hochzeit verzichtete, nachdem sie ihm seine Einwilligung abgetrotzt hatte?

Es war sehr hart für sie, daß sie, Sundri Valappan, die Tochter des Valia Valappan, in aller Stille und ganz bescheiden heiraten mußte, im Gegensatz zu ihren Schwestern, für die man prachtvolle Feste abgehalten hatte. Ihren allerschönsten Sari hatte sie tragen wollen, das Haar mit Lotosblüten geschmückt. Den kostbaren Goldschmuck, den ihr der Vater geschenkt hatte, hätte sie angelegt. Und jetzt?

Tränen des Zorns und der Enttäuschung liefen ihr über das Gesicht, aber der Verstand sagte ihr, daß es einfach nicht möglich sein würde und daß sie Ragan nicht dieser

Ablehnung durch die Familie, Verwandten und Bekannten aussetzen durfte.

Als sie ihr Zimmer verlassen konnte und ein reinigendes Bad genommen hatte, verlangte sie Balan zu sprechen.

„Zahle mir mein Erbteil aus", erklärte sie ihm, „dann werde ich dir den Gefallen tun, sofort wieder abzureisen."

„So schnell kann ich das nicht. Ich muß erst ausrechnen, was dir noch zukommt", antwortete er. Das neue Gesetz, daß auch die Töchter erbberechtigt waren, paßte ihm nicht. Früher hatten sie nur das Recht, im Hause leben zu dürfen. „Ob ich dir alles auf einmal geben kann, weiß ich nicht. Die Ernte wird schlecht ausfallen!"

„Woher willst du das wissen?"

„Der Bambus hat dieses Jahr geblüht. Das bedeutet immer eine schlechte Ernte."

„Dummer Aberglaube! Du als Bauer solltest es besser wissen. Wenn der Bambus blüht, trägt er Früchte, und die Ratten haben zu fressen und vermehren sich. Wenn sie die Bambuskörner aufgefressen haben, fressen sie den Reis. Räuchere ihre Gänge aus, und du wirst eine gute Reisernte haben", riet sie ihm. „Ich brauche mein Geld. Ragan und ich wollen endlich heiraten, das weißt du."

„Ragan ist reich", erwiderte Balan.

„Das spielt keine Rolle, du hast mir zu geben, was mir nach dem Gesetz zukommt. Es ist nicht mehr wie früher!"

„Der Dayta, der Böse, hole die ganze neue Zeit mitsamt den Gesetzen", schimpfte Balan. Früher hätte eine Frau sich nicht erlaubt, so aufzutreten. Seine eigene Mutter hatte erst um Erlaubnis fragen müssen, wenn sie mit ihrem Vater oder ihrem Mann sprechen wollte. Seine Frau Nalini hielt sich noch ganz an die alten Sitten und Gesetze der Drawiden, und er, Balan, war und blieb der Herr im Hause. Sundri war von klein an aufrührerisch gewesen, nicht umsonst hatte sie den Löwen, das Sinnbild der Angriffslust, in ihrem Geburtshoroskop gehabt. Aber jetzt trieb sie es für seine Begriffe zu weit.

„Ich werde den Rechtsberater in Bangle City fragen, ob

ich dir überhaupt etwas auszahlen muß. Was ich bis jetzt zu deinem Studium gegeben habe, war freiwillig", drohte er.

„Diesen Gang kannst du dir sparen. Gesetz ist Gesetz, und es gilt genausogut hier wie anderswo, auch wenn es in Delhi gemacht worden ist. Frage nur deinen Rechtsberater, aber tue es sofort. Ich will bald wieder abreisen, so wie du es gewünscht hast!" Sundri fühlte noch mehr als bereits während ihres letzten Besuches, daß sie nicht mehr hierher paßte. Sie mußte dorthin zurück, wo sie für die große Zahl der Unwissenden etwas tun konnte. Es genügte nicht, daß einige wenige das Wissen besaßen, das ihnen das Lesen und Schreibenkönnen gab. Alle mußten lernen, und alle mußten begreifen, daß nur so ihre Kinder in eine bessere Zukunft gingen.

Sie war mit einem Male ganz besessen von ihren Idealen, und sie gab bis zu einem gewissen Grad auch Ragan recht. Allerdings war sie noch immer der Ansicht, daß er nur in Delhi bei der Regierung erreichen konnte, was er anstrebte. Nun, man würde sehen! Sundri ging hinüber zu dem Bach, der als träges Rinnsal dahintropfte, und setzte sich auf den großen Stein, den sie immer ihren Traumstein genannt hatte. Nach dem Monsun stand er, wie eine Insel umflossen, in der Mitte des Baches.

Von hier ging sie hinüber zum Seerosenteich. Ein Glück, daß er von einer unterirdischen Quelle gespeist wurde, sonst wäre er ausgetrocknet und mit ihm die Lotosblüten. Die Blätter glänzten in einem satten Grün, aber blühen würde der Lotos erst wieder nach dem Monsun.

Wie oft hatte sie die zartblauen Blütenkelche gebrochen, damit die Mutter die feinen Blättchen kandieren konnte. Sie waren ihre Lieblingsleckerei von jeher gewesen.

Vom Seerosenteich wanderte Sundri hinüber zu dem Schrein am Dschungelrand. Sie wollte zu Ehren der Geister ihrer Ahnen ein wenig Reis verstreuen und das Tempelchen mit Blumen schmücken. Als Kind hatte sie gelernt, daß man das Glöckchen läuten mußte, ehe man eintrat, so würden die Geister der Verstorbenen hören, daß jemand gekommen sei.

Sie war kein Kind mehr, und sie zweifelte daran, ob es überhaupt Geister und Götter gab, oder nur einen Gott, wie Ragan glaubte. Auch Jahwaharlal Nehru, in dessen Händen heute das Schicksal Indiens lag, hatte unlängst in einer Rede einmal gesagt: Ob es Götter gibt, und was für welche, weiß ich nicht, für mich gibt es nur einen Gott, und der ist für alle da! So etwa hatte er sich ausgedrückt.

Sundri kniete in sich versunken in dem Schrein und betete. Sie hielt Zwiesprache mit der Seele ihres Vaters, dessen Rat sie so dringend hätte brauchen können.

Die Stille war gut für sie gewesen, und mit neuem Mut erhob sie sich. Sie würde zu Ragan zurückfahren und mit ihm gemeinsam planen, wie sie ihr Leben gestalten würden.

Ragan! Plötzlich wünschte sie ihn sehnlichst herbei. Er war immer noch in Hardwar, aber bald mußte er nach Delhi zurückkehren, denn die Kumbh Mela ging ihrem Ende zu. Bei dem Gedanken, ihn wiederzusehen, fühlte sie sich so glücklich, daß sie am liebsten ihren ganzen Jubel in die Luft gesungen hätte, so wie die Vögel, die des Morgens hoch hinauf in den Himmel stiegen. Sundri ging zur Hütte Achunchans, des weisen Mannes, der die Horoskope für die Neugeborenen stellte und der die Hochzeitstermine für die Brautpaare ausrechnete. Der Alte saß vor seiner Hütte und sah glanzlosen Blickes in die Ferne, wo bald die Sonne den Horizont erreicht hatte. Sein Geist schien so weit weg zu sein, so der Erde entrückt, daß sie ihn nicht stören wollte. Auf dem schmalen Dschungelpfad wanderte sie wieder zurück und setzte sich dann auf eine große Wurzel. Sie träumte vor sich hin und merkte nicht, wie die Zeit verging. Erst als die fliegenden Hunde wie eine Schar verwunschener Seelen über die Baumkronen segelten und das Hukkahua der Schakale ertönte, stand sie auf und ging nach Hause. Zum letzten Male nach Hause, dachte sie, weil sie fest entschlossen war, nie mehr hierherzukommen.

In der Küche stand ihre Mutter am Herd und rührte in

einem köstlich duftenden Brei. Niemand verstand es, die Gewürze so zu mischen wie sie. Von manchen nahm sie nur so viel, wie sie zwischen zwei Fingern halten konnte, von manchen mehr, aber kaum zuviel. Nie durfte eines von ihnen vorherrschen, sondern alle mußten sich zu dem wunderbaren Duft vereinigen, der einem das Wasser im Munde zusammenlaufen ließ.

Nalini saß auf einer Matte am Boden, sie hielt ihren kleinen Sohn im Arm. Die Dienerinnen putzten Gemüse und tratschten und lachten. Immer wußten sie seltsame und komische Geschichten, die sie kichernd weitergaben. Als Sundri eintrat, hörte dieser gemütliche Khit khit sofort auf. Alle schwiegen sie, und die Stille lag schwer in dem eben noch von lustigem Gelächter erfüllten Raum. Sie musterten die Eintretende neugierig und zugleich ein wenig furchtsam.

„Was glotzt ihr mich denn so an?" rief Sundri, und der Zorn flammte in ihr hoch. Sie ging zu Nalini hinüber und wollte sich neben sie setzen, aber die Schwägerin rückte nicht zur Seite, um ihr Platz zu machen. Sie zog ihr Kind enger an sich und bedeckte sein Gesicht mit einem Zipfel ihres Saris, damit Sundris Blick nicht auf ihn fallen konnte.

So war das also! Die Zeit war hier oben in den Bergen wirklich stehengeblieben. Sie, Sundri Valappan, galt immer noch als die von ihrer Schwiegermutter Verfluchte, deren Gesellschaft man mied, weil sie Unglück brachte.

Es war zum Verzweifeln. Wie sollte jemals ein Fortschritt möglich sein, wenn uráltester Aberglaube alles beherrschte. Da war sie selbst voll guten Willens, aber die eigenen Verwandten stießen sie zurück, weil sie noch zu sehr der Vergangenheit verhaftet waren. Wie aber sollten dann die über vierhundert Millionen Inder, die 179 Sprachen und 544 Dialekte sprachen, verstehen, daß eine neue Zeit angebrochen war! Um ganz ehrlich zu sein: Glaubte sie nicht manchmal selbst noch ein wenig an Götter, Geister und Dämonen? Und immer wieder mußte sie dagegen ankämpfen. Ragan hatte ihr eigentlich erst die Augen ge-

231

öffnet, damals, als er den durchtriebenen Zauberer Ramiswami entlarvte.

Sundri beschloß, nun sofort nach Delhi zurückzukehren. Am liebsten wäre sie mitten in der Nacht abgereist, wenn sie es hätte möglich machen können. Mit dem Boot in der Dunkelheit durch die Stromschnellen zu fahren, war gefährlich, und zudem mußte sie auch erst mit Balan wegen des Geldes einig werden.

Er saß mit einigen Männern des Dorfes auf der Veranda. Sie gehörten dem Ältestenrat an. Erstaunt sahen sie auf, als Sundri in ihren Kreis trat. Was fiel ihr ein? Frauen hatten in der Gesellschaft der Männer nichts zu suchen.

„Ich brauche morgen früh bei Sonnenaufgang das Boot nach Bangle City", sagte sie kurz.

„Morgen? Morgen paßt es mir nicht. Ich habe hier Wichtiges zu tun."

„Dann schicke Chandu mit!"

„Und das Geld? Ich muß erst berechnen lassen, was dir noch zukommt!"

Sie machte eine abwehrende Handbewegung. „Das kannst du mir schreiben und das Geld mit der Post schikken." Daß Balan die Dorfältesten geholt und ihren Rat erbeten hatte, wie er am günstigsten wegkäme, konnte sie nicht mehr kränken.

Sundri ging ins Haus, um ihren Koffer zu packen. Sie wollte stillschweigend verschwinden, nicht einmal von der Mutter Abschied nehmen. Und sie würde nie, nie, nie mehr hierher zurückkommen, das schwor sie sich. Später, wenn sie mit Ragan verheiratet war und ein eigenes Haus besaß, mußte die Ama sie einmal besuchen.

Sundri legte nur einige Blütenblätter auf die Schwelle vor dem Zimmer ihrer Mutter, die noch schlief, und verließ auf den Zehenspitzen das Haus.

Der treue Chandu trug Koffer und Bettrolle hinüber zur Anlegestelle, wo Balan bereits auf sie wartete. Er schien nun doch etwas verlegen zu sein, denn er zurrte an einer Leine, prüfte das Segel und machte sich noch da und dort zu schaffen. Zwischendurch gab er Chandu Anweisungen, was er in der Stadt besorgen sollte.

„Du hättest dich nicht herzubemühen brauchen, Balan", sagte Sundri.

„Ich . . . Hier ist Geld für die nächsten drei Monate. Mehr habe ich nicht im Haus." Sundri nahm die Banknoten stillschweigend und stopfte sie in ihre Basttasche. Dann legte sie die Handflächen zusammen. „Namaskaram."

„Namas . . ." Das Wort blieb ihm im Halse stecken, seine Schwester hatte sich, ohne ihn noch einmal anzusehen, abgewendet. Mit gesenktem Kopf ging sie über den Laufsteg in das Boot und setzte sich auf die Bank. Chandu legte ab, und weil der Wind günstig war, machte es schnelle Fahrt. Betreten blieb Balan zurück. Im Grunde war Sundri immer seine Lieblingsschwester gewesen, aber auch er kam über den Aberglauben nicht hinweg und sah in ihr eine Unglücksbringerin.

Als das Boot bereits in einer Krümmung des Flusses verschwunden war, stürzte seine Mutter aus dem Haus. „Wo ist Sundri?"

Balan deutete flußabwärts. „Sie ist fort, Ama. Vielleicht ist es besser so."

„Wie herzlos ihr doch alle seid", sagte Rohini Valappan und ging weinend den Pfad zum Hause zurück. Ihr jüngstes und liebstes Kind, das fühlte sie, würde nie mehr zurückkommen.

Sie erinnerte sich an den Tag, da nach einer langen, schmerzensreichen Nacht dieses Kind geboren wurde, als die ersten Strahlen der aufgehenden Sonne am Firmament aufblitzten. Das mußte, so hatte sie geglaubt, glückbringend sein. Valia, ihr Mann, war sofort zu Achunchan, dem Weisen, gegangen, um das Horoskop stellen zu lassen. Auch er hatte gehofft, daß die Geister sich gütig dieses Kindes annehmen würden, das man Sundri, die Schöne, heißen wollte. Aber das Horoskop war schlecht gewesen.

Drei Bilder hatte Achunchan gedeutet: die Karim-pana, die wertlose Blaupalme, die Kinderlosigkeit bedeutete. Es war das Schlimmste, was es gab, weil man durch die Kinder wiedergeboren wurde und weil sie im Alter für die Eltern zu sorgen hatten. Das zweite Bild, der Löwe, stand für Streitlust, und das dritte, der Pfau, versinnbildlichte die Eitelkeit. Und trotzdem hatte Rohini ihr jüngstes Kind mehr geliebt als alle anderen. Insgeheim hatte sie sogar gehofft, daß sich die Weissagung Achunchans als falsch erweisen würde. Sie hielt Sundri bis auf den heutigen Tag für etwas Besonderes. Nun war sie also für immer gegangen, und nur die Blütenblätter vor ihrer Tür hatten ihr Lebwohl gesagt. Sie sammelte Blatt für Blatt auf, trug sie hinüber in den Schrein und verstreute sie dort. „Viel Glück, Sundri!" murmelte sie, als sie den Tempel verließ.

„Zum Bahnhof", beorderte Sundri den Taxichauffeur. Sie wollte ihren Koffer und ihre Bettrolle in die Gepäckaufbewahrung geben, um anschließend noch ein wenig durch die Stadt zu spazieren. Ihr Zug fuhr erst am Abend ab, so blieb ihr Zeit genug, die Plätze zu besuchen, die ihr von der Schulzeit her vertraut waren. Chandu hatte sie stets auf allen Wegen begleitet und vor der Schule gewartet, bis die Stunden aus waren. Erst jetzt begriff sie, wie schön das gewesen war. Sie begriff auch erst in diesem Augenblick, daß ihre Mutter ein großes Opfer gebracht hatte, indem sie mit ihr nach Bangle City gegangen war. Jahrelang, bis auf die Ferienzeit, hatte sie sich von Mann und Heim getrennt, denn Valia Valappan hätte nie erlaubt, daß Sundri in dem englischen Internat lebte und aß, was die Europäer aßen. Mit der Dienerin Amina und Chandu hatten sie in einem kleinen Haus hier gewohnt. Sie nahm sich vor, dorthin zu gehen. Zuallererst wollte sie aber Ragan ein Telegramm schicken mit der kurzen Mitteilung, er solle nicht herkommen, sie reise nach Delhi zurück. Verabredet war gewesen, daß er nach der Kumbh Mela zur Hochzeitsfeier kommen sollte. Das war nun hinfällig geworden, und sie würde ihm die Gründe selbst auseinandersetzen. Dabei hatte sie von einem Fest geträumt wie demjenigen von Kamala und Gopi, ihren Schwestern. Gekleidet in den kostbaren roten Sari, das Haar mit Blüten geschmückt und die Füße rot bemalt, so hatte sie mit Ragan um das heilige Feuer schreiten wollen. Er hätte während der Zeremonie durch den Priester ihre Hand in der seinen gehalten, die ihr soviel Vertrauen gab. In dem Gelübde, das jede Frau bei der Eheschließung ablegte, hieß es: „Ich folge dir, wohin du immer gehst!" Ja, sie war jetzt bereit, hinzugehen, wo er hinging, das gelobte sie hier vor der Post in Bangle City.

Sie sah ein, daß Ragan in so vielem recht hatte. Hatte er nicht auch recht gehabt, als er die Hochzeitsfeier nicht mitmachen wollte? Kein Mensch außer den Bettlern und Schmarotzern wäre gekommen, und die Familie Valappan hätte sich schämen müssen. Was für ein Glück, daß es Ragan gab, in dessen Obhut man flüchten konnte, Ragan, der über den Fluch, der auf ihr lastete, nur lachte.

Sundri bei den Arbeitslosen

Nachdem Sundri das Telegramm aufgegeben hatte, wanderte sie durch die Straßen. Unversehens geriet sie in einen Demonstrationszug von Arbeitslosen, der an einer Straßenecke bei der Verkehrsampel haltmachen mußte.

„Warum tut ihr das?" fragte sie einen der Männer. „Was wollt ihr denn?"

„Arbeit wollen wir", sagte einer der jüngeren. „Sieh das doch an! So viele Menschen ohne Arbeit, so viel Hunger, so viel Elend! Dabei könnte es anders sein! Ist es nicht eine Schande, daß wir, die wir studiert haben und unsere Examen gemacht haben, keine Stellung finden? Wenn wir Glück haben, können wir uns als Taxichauffeure oder Gepäckträger recht und schlecht durchschlagen, ein paar Rupien verdienen, die nicht zum Notwendigsten reichen. Haben wir dafür studiert? Viele lungern an den Straßenekken herum und betteln. Ich komme von der Universität Travankur", fügte er mit Bitternis in der Stimme hinzu.

Sundri war unwillkürlich mitgegangen, als sich der Zug wieder in Bewegung gesetzt hatte. Sie wollte sich noch länger mit dem jungen Mann unterhalten. Er hieß, wie er im Verlauf des Gesprächs sagte, Haibatrao und war einer der Anführer der Demonstration.

„Warum läßt man uns in die Schule gehen, schickt uns auf die Universitäten, wenn man nachher keine Verwendung für uns hat und die wenigen freien Stellungen mit Dummköpfen besetzt, deren Väter sie für die Söhne kaufen?"

Haibatrao hatte recht. Hier im Staate Kerala konnten neunzig Prozent der Bevölkerung lesen und schreiben, und es war ein Jammer, daß man nicht mehr für die jungen Leute tat. Sundri berichtete ihm von ihrer eigenen Erfahrung in Delhi, wie sie tagtäglich in den Ministerien herumgefragt, sich beworben und überall einen ablehnenden Bescheid bekommen habe, trotz ihrer ausgezeichneten Noten von der Universität.

„Dann verstehst du, warum wir es uns nicht länger gefallen lassen wollen. Es muß endlich etwas geschehen, und deshalb sind wir heute auf die Straße gegangen. Wir gehen zum Gouverneur und fordern unser Recht!"

Der Zug der Demonstranten war inzwischen vor dem Sitz des Gouverneurs angelangt. Man begann, die mitgeführten Transparente hochzuhalten und die von den Anführern vorgesagten Propagandasprüche zu rufen. Sundri war zuletzt so sehr von der guten Sache überzeugt, daß sie mitzurufen begann, obwohl die Mittagssonne heiß vom Himmel brannte und ihr die Kehle wie ausgedörrt war. Die feuchtwarme Luft legte sich ihr bedrückend auf die Lungen, aber sie machte weiterhin mit.

Die Stimmung steigerte sich mehr und mehr und wurde spannungsgeladen. Es sah allerdings bedrohlicher aus, als es in Wirklichkeit war.

Plötzlich heulten Trillerpfeifen auf, eine Polizeiabteilung rückte an und versuchte, den Zug aufzulösen. Aber die Demonstranten marschierten stur Schritt um Schritt vorwärts. Wer mit der Schlägerei angefangen hatte, war später nicht mehr festzustellen; die Polizisten schlugen mit ihren Gummiknüppeln auf die Leute ein, die ihrerseits mit Steinen und Holzstücken zu werfen begannen. Als ein Schuß krachte, liefen sie aber nach allen Seiten auseinander.

„Was fällt euch denn ein?" rief Sundri. „Seht ihr denn nicht, daß diese Leute nur ihr Recht fordern? Sie wollen den Gouverneur sprechen, und er sollte sie anhören. Sie . . ." Weiter kam sie nicht. Zwei der Polizisten ergriffen sie und schleppten sie zu einem Lastwagen, auf dem schon gut drei Dutzend junge Leute zusammengepfercht standen. Haibatrao war nicht darunter. Sie sah ihn auf der Straße stehen. Er winkte ihr zu und rief etwas, was sie leider nicht verstehen konnte.

Sundri wurde mit den Demonstranten, die die Polizei gefaßt hatte, zum Gefängnis gefahren und getrennt von ihnen in eine bereits überfüllte Zelle gesteckt. Sie befand sich inmitten von Diebinnen und sonstigem Gesindel. Wie sollte sie hier wieder herauskommen? Es konnte Tage, wahrscheinlich Wochen dauern, bis sie wegen Widerstandes gegen die Staatsgewalt vor Gericht gestellt werden würde. Und wie sollte sie ihre Unschuld beweisen, wie glaubhaft machen, daß sie nur zufällig unter die Demonstranten geraten war?

Zudem, hatte sie nicht mitgerufen, gab sie den jungen Leuten nicht recht? Das Bedauern darüber, wie sie zunächst ungewollt in die Sache hineingeraten war, kämpfte mit dem Gefühl und dem Verständnis für ihre Landsleute. Sie wollte und mußte deren Sache auch zu der ihrigen machen.

Sie verlangte den Untersuchungsrichter zu sprechen, aber man lachte sie nur aus.

„Gib's auf, Schwester", sagte eine alte Diebin. „Je mehr

du drängst, desto länger mußt du warten. Bist wohl ein ganz feines Vögelchen und meinst, man müsse dich bevorzugen", lachte sie und betastete die Seide des Saris.

„Nimm deine Finger weg!" drohte Sundri.

„Oho", erwiderte die Alte, „mit deinesgleichen wissen wir umzuspringen." Ihr Blick verhieß nichts Gutes.

Die Zelle starrte vor Schmutz, und Sundri, die an das tägliche Bad gewöhnt war, ekelte sich so sehr, daß sie nichts essen konnte. Sie rührte die Suppe, die sie einmal am Tag zugeteilt bekamen, nicht an. Es wurde ihr schon übel, sobald sie die graue Brühe nur sah. Lediglich von dem Reis, wenn es welchen gab, aß sie ein klein wenig. Meist hockte sie zusammengekauert in einer Ecke. Die Luft in dieser mit Frauen vollgepferchten Zelle war so schlecht, daß sie zu ersticken drohte.

Wenn sie nur Ragan eine Nachricht zukommen lassen könnte! Sie versuchte, einen der Polizisten zu überreden, ihr einen Brief zu befördern, aber er wies sie mit dem Bemerken ab, daß er mit dem Demonstrantengesindel nichts zu tun haben wolle.

„Aber er ist Arzt in Delhi, und er weiß, daß ich nicht dazugehöre", versuchte sie noch einmal zu erklären. Hätte man ihr nicht ihr Geld abgenommen, hätte sie ihn vielleicht bestechen können.

„Wozu brauchst du einen Arzt, du bist doch nicht krank", sagte eine ihrer Zellengenossinnen. „Das fehlte gerade noch!" Sundri kauerte sich wieder in ihre Ecke. Sie fühlte sich wirklich nicht besonders wohl, hatte Kopfschmerzen, und auch im Kreuz tat es ihr weh. Die Schmerzen kamen vermutlich von der schlechten Luft und auch daher, daß sie fast keine Nahrung zu sich nahm, und die anderen Schmerzen davon, daß sie keine Bewegung hatte. In der Nacht wurde sie aber von einem heftigen Schüttelfrost befallen, dann stieg die Temperatur so, daß ihr Körper zu glühen begann und sie wirres Zeug redete.

„Halt den Mund!" rief ihr die Alte zu. „Man will schlafen."

238

„Seht sie bloß an", sagte am Morgen, als das Tageslicht durch das schmale Zellenfenster hereinfiel, eine der Frauen und deutete auf Sundri, die apathisch auf dem Boden saß. „Sie hat die Pocken, und sie wird uns alle anstecken!"

Die Frauen drängten nach vorn an die Gitter. Sie riefen und schrien und kreischten, daß es durch das ganze Gebäude drang.

„Raus mit ihr, sie hat die Pocken, sie hat die Pocken!"

Einige brachen in ein hysterisches Geheul aus, sie schlugen gegen die Wände und gegen das Gitter. Der Tumult steigerte sich mehr und mehr, obwohl der Wärter des öfteren „Ruhe" rief.

„Pocken, Pocken, Pocken!" Wie sonst nichts mehr auf der Welt fürchtete man den Ausbruch einer Pockenepidemie. Alle fünf Jahre kam sie fast regelmäßig, und fünf Jahre waren seit der letzten Epidemie jetzt vergangen. Dies war der erste Fall, bald würden es Hunderte und dann Tausende sein, wenn nicht schnell etwas geschah. Der Wärter benachrichtigte den Aufseher, und dieser wiederum lief zum Leiter des Gefängnisses. Das Wort Pocken alarmierte diesen, er sprang trotz seiner Wohlbeleibtheit auf und eilte zum Polizeiarzt. „Wir haben die Pocken im Haus", rief er aufgeregt. „Kommen Sie rasch in die Frauenabteilung!"

„Ausgerechnet jetzt", schimpfte der Arzt. „Morgen heiratet meine Tochter, und ich habe das Haus voller Gäste. Alles muß hier desinfiziert werden, und alle Gefangenen werden sofort geimpft", ordnete er an. „Auch in der Stadt muß eine Impfaktion begonnen werden." Ein Blick auf Sundri genügte ihm, um festzustellen, daß die Frauen recht hatten. Allerdings schienen es ihm die sogenannten zweiten Pocken zu sein, die man Variolois nennt. Die Person war offensichtlich vor Jahren einmal geimpft worden, daher kam es, daß sich nur eine kleinere Anzahl von Pusteln abzuzeichnen begann, merkwürdigerweise die meisten auf der rechten Gesichtshälfte.

Sundri wurde auf eine Bahre gelegt und in eine Isolierbaracke abtransportiert. Sie dämmerte dahin, zwischendurch phantasierte sie. Man pinselte die gesamte Haut immer wieder mit einer Kaliummanganatlösung ein. Mehr konnte man eigentlich nicht für sie tun. Das Zimmer wurde verdunkelt und ein Netz gegen die Fliegen aufgespannt.

Die Kranke lag mit verschwollenen Augenlidern in einem Dämmerzustand auf der Pritsche. Bis sich das Fieber senkte und die Pusteln ihren Inhalt, eine gelblichgrüne Flüssigkeit, entleerten, um dann auszutrocknen, vergingen noch gut zwei weitere Wochen. Das Mädchen, so stellte Doktor Devi fest, würde wieder gesund werden. Seltsam war es, daß die rechte Gesichtshälfte so stark befallen war. Bei der gemilderten Form der Pocken blieben keine allzugroßen Narben zurück, vermutlich nur einige warzige Erhebungen.

Voller Interesse betrachtete Devi die Patientin. Er versuchte, sich ein Bild von ihr zu machen. Alles, was er wußte, war, daß sie aus dem Gefängnis kam, aber man hatte ihm nicht gesagt, was sie verbrochen hatte. Daß sie von guter Abstammung war, dafür sprachen die schweren goldenen Ohrringe, mit Rubinen und Saphiren verziert. Der Schnitt des Gesichts war von einer Feinheit und Rasse, die man nur in alten Familien fand. Was mochte die zierliche Person angestellt haben? In ihren Fieberphantasien murmelte sie immer wieder einen Vers, den er noch nie gehört hatte:

„Ungleich ist der Menschen Einsicht,
zwei Hälften hat die Welt."

Doktor Devi sagte das nichts. Er hatte noch nie von der Edda, aus der diese Worte stammten, gehört.

Manchmal wehrte das Mädchen eine imaginäre Hand ab, vor der sie sich zu fürchten schien. „Ich hab's trotzdem nicht gewollt, Sukumira", schrie sie in ihren Fieberträumen. „Fort mit deiner Hand, sie ist häßlich und grob." Zwischendurch jammerte sie nach einem Ragan. Immer wieder kam der Name in ihrem Delirium vor. Man mußte warten, bis sie zu sich kam, damit man diesen Ragan, vermutlich einen Familienangehörigen, verständigen konnte.

Langsam besserte sich Sundris Zustand. Die Pusteln begannen einzutrocknen und zu verschorfen. Das Fieber ließ nach, und eines Morgens fühlte sie sich so, daß sie versuchte, sich aufzurichten. An das, was geschehen war, konnte sie sich noch nicht genau erinnern. Erst als Doktor Devi ihr sagte, daß man sie mit einer Pockeninfektion aus dem Untersuchungsgefängnis hergebracht hatte, fiel ihr alles wieder ein: die Demonstration, Haibatrao und auch die Schlägerei, von der sie nicht wußte, wo sie begonnen hatte und wer schuld daran war, daß man sie auf den Lastwagen gezerrt und mitgenommen hatte.

„Wie kann ich denn die Pocken gehabt haben, Doktor Sahib? Ich bin doch geimpft worden?"

„Wann?"

„Vor . . . Ich glaube, es war vor drei Jahren. Damals im Lager Wuh, als die Flüchtlinge aus Pakistan kamen."

„Was hast du im Lager Wuh getan? Du kommst doch nicht aus Pakistan?" wollte Doktor Devi wissen.

„Ich war nur kurze Zeit als Rotkreuzhelferin dort", wich sie seiner Frage aus. „Man hat mich zurückgeschickt, weil ich zu jung war."

„Du hast trotzdem die Pocken gehabt, zu deinem Glück nur die Variolois, die zweiten Pocken. Aber eine ganz schöne Epidemie hast du uns in die Stadt gebracht. Wo kamst du denn her?"

„Von . . . Ich bin mit dem Zug gekommen."

„Mit dem Zug – von woher?"

Sundri gab keine Antwort; niemand brauchte zu wissen, daß sie die Tochter eines Landbesitzers aus der Nähe der Stadt war. Vor allem sollte Balan nicht erfahren, in welch dumme Sache sie hineingeraten war.

„Im Zug wirst du dich angesteckt haben", meinte der Arzt. „Nun, wie heißt du? Wir müssen deine Personalien aufnehmen."

Sundri begann zu gähnen. „Ich bin müde", erklärte sie und verweigerte jede Auskunft. Sie hatte dies bereits im Untersuchungsgefängnis getan.

„Wie du willst", meinte Devi. „Die Polizei wird es schon noch herausbringen."

„Ich gehe nicht mehr zur Polizei", trumpfte Sundri auf.

„Wir werden dich leider wieder ins Gefängnis überstellen müssen, sobald du gesund bist."

„Kann ich einen Spiegel haben, Doktor Sahib?"

„Du brauchst keinen. Die paar Narben sind nicht so schlimm."

Wenige Tage später steckte eine der Krankenschwestern ihr einen Zettel zu. Er war von Haibatrao, der ihr schrieb, er und seine Kameraden würden sie in der nächsten Nacht aus der Krankenbaracke herausholen.

Sundri seufzte erleichtert auf. Sie hatte bereits vergeblich auf einen Fluchtweg gesonnen, denn keinesfalls ginge sie wieder ins Untersuchungsgefängnis zurück.

Eine Stunde nach Mitternacht klopfte es ganz sachte an das Fenster. Sundri schlug das Bettlaken wie einen Sari um ihren schmalen Körper. Ihre eigenen Sachen waren desinfiziert worden und vermutlich bis zu ihrer Rückführung verwahrt, sofern man sie ihr nicht gestohlen hatte. Es blieb ihr also gar nichts anderes übrig, als sich in das Bettuch zu wickeln.

Sie war noch sehr schwach und wankte mehr, als daß sie ging, zum Fenster hinüber. Haibatrao war mit zwei Freunden gekommen, und weil Sundri noch zu elend war, um sich selbst über die Fensterbrüstung zu schwingen, zogen sie sie heraus. Einer von ihnen trug sie auf die Straße, wo eine Radrikscha wartete. Man schob sie hinein.

„Weg, so schnell ihr könnt", flüsterte Haibatrao. „Wir treffen uns in der Hütte."

Es war ein weiter Weg hinaus vor die Stadt, und der Fahrer mußte kräftig in die Pedale treten, denn das letzte Stück ging bergauf.

„Wie habt ihr herausgebracht, wo ich bin?" fragte Sundri später, als die Rädelsführer beisammen waren.

„Wir haben einen der Gefängniswärter bestochen und später die Krankenschwester", erwiderte der, der sie gefahren hatte. „Haibatrao weiß alles, was in der Stadt vor sich geht. Du bist durch unsere Schuld ins Gefängnis gekommen, deshalb haben wir dich herausgeholt. Zudem will Haibatrao mit dir sprechen."

„Ich danke euch", sagte Sundri.

„Jetzt mußt du schlafen. Morgen reden wir weiter." Sie standen auf.

„Ihr laßt mich doch nicht allein hier draußen?"

„Nein, zwei von uns bleiben da. Wir anderen haben in der Stadt zu tun. Psst", flüsterte er plötzlich. Draußen hörte man Schritte. Sundri drückte sich in eine Ecke. Was sollte sie tun, falls es die Polizei war? Weglaufen konnte sie nicht, dazu war sie noch viel zu schwach.

Die Schritte kamen näher, dann wurde an die Tür der Hütte geklopft, und zwar in einem ganz bestimmten Rhythmus. Einer schob den hölzernen Balken, der als Riegel diente, zurück. Es war Haibatrao, der eintrat.

„Ich wollte mich nur überzeugen, daß alles in Ordnung ist", sagte er. „Wir müssen sofort in die Stadt zurück, an allen Ecken und Enden flammt der Widerstand auf."

„Würdest du mir, sobald du Zeit hast, meinen Koffer vom Bahnhof abholen?" fragte Sundri.

„Ja, gib mir den Gepäckschein!"

„Oh, den habe ich nicht mehr. Im Gefängnis hat man mir meine Tasche abgenommen. Ich habe deshalb auch kein Geld", jammerte Sundri. Wie sollte sie nach Delhi zu Ragan kommen? Einen Augenblick war sie drauf und dran, Haibatrao zu bitten, ihrem Bruder Balan Nachricht zu schicken, aber schließlich war sie zu stolz dazu. Er würde ihr Vorwürfe machen und sagen, daß sie Schande über die Familie gebracht habe. Das ganze Dorf erführe es dann, und Sukumiras Mutter würde triumphieren und sich einbilden, daß ihr Fluch dies alles bewirkt habe. Und wozu auch? Weder Balan noch sonst einer zu Hause würde sie verstehen.

Sundri nestelte an ihren Ohrringen. Es war das einzige, was ihr geblieben war. Sie reichte sie Haibatrao hin und

243

sagte: „Mach sie zu Geld und versuch, ob du meine Tasche aus dem Gefängnis bekommen kannst oder ob dir wenigstens jemand den Gepäckschein daraus gibt."

„Ich will sehen, was wir tun können", versprach er.

In einer Ecke der Hütte stand ein Charpai. Sundri legte sich auf dieses Bettgestell und war bald eingeschlafen. Erst gegen Morgen wachte sie fröstelnd auf. Die Nacht war kühl gewesen, und sie hatte außer dem Laken nichts gehabt, um sich zudecken zu können.

Haibatraos Freunde hatten vor der Hütte bereits ein Feuer gemacht und Reis gekocht. Sundri trat hinaus und bemerkte zu ihrer Freude, daß das Meer ganz nahe war. Sie ging mit nackten Füßen über den feinen weißen Sand bis zum Ufer und watete zu einem nahegelegenen Felsen hinaus. Hier legte sie ihr Laken auf den Stein und schöpfte mit beiden Händen Wasser, das sie an sich herabrieseln ließ. Zehnmal, fünfzehnmal, zwanzigmal und mehr. Wie gut das tat! Zuletzt tauchte sie bis an den Hals ins Meer hinein. Dann wickelte sie sich, naß wie sie war, wieder in das Baumwolltuch und watete zurück.

Der Saum triefte und schleifte über den Sand. Sie fühlte sich befreit von Schmutz und Staub und auch gekräftigt.

Sundri setzte sich neben ihre neugewonnenen Freunde und aß, zum ersten Male mit Hunger, von dem Reis, den sie ihr auf einem Bananenblatt reichten.

„Habt ihr keine Angst, die Pocken von mir zu kriegen?"

„Nein, die Ansteckungszeit ist vorbei, zudem sind wir erst vor wenigen Monaten geimpft worden."

„Wer seid ihr eigentlich, und was seid ihr?" wollte sie wissen.

„Wir . . . wir haben keinen Namen. Wir nennen uns Brüder", antwortete einer.

„Ich", sagte der Älteste, „ich habe in Puna studiert. Anstatt eine Stellung zu finden, trage ich auf dem Bahnhof das Gepäck der Reichen und Satten, die es sich leisten können, ihren Söhnen die Posten zu kaufen, die eigentlich wir bekommen sollten."

244

„Und ich", fügte einer der Jüngeren hinzu, „habe mein Studium abgebrochen, weil es doch keinen Sinn hat. Ich kämpfe für ein besseres Leben meiner Brüder."

Sundri erzählte jetzt von sich und daß es ihr auch nicht viel besser ergangen sei. „Man hat mich überall abgewiesen", sagte sie.

„Wie kommt es, daß du nicht verheiratet bist?" wollten sie wissen. „Hast du keine Eltern, die dir einen Mann aussuchen konnten?"

„Ich werde demnächst heiraten." Sie sprach von Ragan, der in Amerika gewesen war und, jetzt zurückgekehrt, auf dem Lande leben wolle, um dort mit seinen Reformen anzufangen. „Vielleicht hat er doch recht", meinte sie nachdenklich. „Vielleicht war ich auf dem falschen Weg."

„Ein Idealist kommt bei uns nicht weit", sagte der ältere der Männer. „Das habe ich gemerkt."

„Aber ihr seid doch auch Idealisten – oder nicht?"

„Natürlich, aber zuerst müssen wir Ordnung machen und das ganze korrupte Pack vertreiben. Was er will, dein Ragan, ist zwar nicht schlecht, aber allein schafft er es nicht. Unsere Bauern müssen lernen, anders und besser zu arbeiten, damit wir genug zu essen haben für alle. Wir wollen doch nicht ewig das Armenhaus der Welt bleiben."

„Genau das hat Ragan auch gemeint."

„Aber dazu gehört viel Geld, dazu gehört ein Plan, und wer kann das in die Hand nehmen? Wir fangen in Bangle City damit an, die Leute aufzuklären, und wir hoffen, daß unsere Bewegung das ganze Land ergreift."

„Das ist großartig", sagte Sundri. Sie sprachen noch viel von diesem und jenem an dem Vormittag – gute Gedanken, die aber in unruhigen Köpfen wohnten. Würden sie ein Echo finden, oder würden sie so verstreut liegenbleiben wie die Muscheln hier am Strand? Mahatma Gandhi hatte noch Zeit gehabt, seinen Feldzug der Gewaltlosigkeit zu führen.

Doch seither hatte sich so viel geändert, waren die Probleme so brennend geworden, daß schnell etwas geschehen

245

mußte. Die Bevölkerung wuchs und wuchs, und mit ihr wuchs auch der Hunger und die Not.

Endlich erschien Haibatrao mit der Radrikscha. Er brachte Sundris Koffer und ihre Bettrolle mit, die er bei der Aufbewahrungsstelle am Bahnhof abgeholt hatte.

„Hattest du Schwierigkeiten?" fragte sie ihn.

Haibatrao lachte. „Wenn man Geld hat, gibt es keine. Einer der Polizisten verschaffte mir den Schein aus deiner Tasche. Dafür mußte ich allerdings den Erlös von einem deiner Ohrringe opfern. Die Tasche wollte er mir nicht geben, das getraute er sich nicht."

„Sie ist nicht so wichtig. Hast du auch den Schlüssel zum Koffer mitgebracht?"

Er schlug sich mit der flachen Hand leicht an die Stirn. „Ich Sohn eines Esels, daran habe ich nicht gedacht. Wir müssen ihn eben aufbrechen!"

Das ging nicht so leicht, wie er es sich vorstellte, und zuletzt nahm er sein Taschenmesser und schnitt einfach das Schloß heraus. Sundri ging in die Hütte, um sich anzukleiden. Endlich hatte sie wieder frische Unterwäsche und eine weiße Bluse. Sie wählte dazu den einfachsten Sari aus einem buntbedruckten Baumwollstoff. Beim Durchwühlen des Koffers fiel ihr ein Spiegel in die Hände. Er war nicht groß, aber er genügte, um ihr Gesicht betrachten zu können. Zögernd nahm sie ihn hoch und schloß dabei die Augen. Es kostete sie eine große Überwindung, sich im Spiegel anzusehen.

Wie oft hatte sie in den letzten Tagen ihr Gesicht befühlt und sich auszumalen versucht, wie sie wohl aussehe. Die warzenartigen Erhöhungen, die sie abgetastet hatte, würden sie verunstalten. Es waren zwar nicht viele, aber sie kamen ihr so widerlich vor. Dazwischen waren auch noch Pockennarben; so konnte sie sich eine ungefähre Vorstellung von ihrem Aussehen machen. Schließlich hatte sie schon genug Pockengesichter gesehen.

Sundri ließ den Spiegel wieder sinken, weil sie noch nicht den Mut hatte, sich zu betrachten. Früher war ihre

246

Haut weich und samtig wie ein Pfirsich gewesen, durch das Fieber war sie spröde geworden. Trotzdem war da ein Unterschied zwischen der rechten und der linken Wange. Die unversehrte Seite ihres Gesichtes begann wieder zart zu werden, aber die rechte blieb hart und uneben. Endlich nahm Sundri den Spiegel wieder hoch, aber sie sah noch nicht hinein. Wie würde es Ragan aufnehmen? Gerade er liebte das Schöne und Vollkommene über alles. Konnte er sich damit abfinden, daß sie fürs ganze Leben von den Pokken gezeichnet war? Würde er sie nur bei sich dulden, weil er sein Wort gegeben hatte?

Alle diese Fragen quälten sie. Sie atmete tief auf. Einmal mußte sie den Mut haben, sich selbst anzusehen. Mit der linken Hand fuhr sie noch einmal über die warzenartigen Erhöhungen auf ihrer Wange.

Endlich blickte sie in den Spiegel. Fassungslos starrte sie auf ihre rechte Gesichtshälfte. So schlimm hatte sie es sich nicht ausgemalt. Nie, nie, niemals durfte Ragan sie wiedersehen. Wie zärtlich hatte er immer ihr Gesicht zwischen seine Hände genommen und ihr dabei in die Augen gesehen. „Sundri, meine Schöne", mit diesen Worten hatte er sie geliebkost. Das würde er niemals mehr sagen können.

Lange konnte sie den Blick nicht von ihrem Antlitz lösen. Sie sah nicht nur die Zerstörung durch die Pocken, sie sah auch die Häßlichkeit, die Enttäuschung und Verzweiflung hervorgebracht hatten. Kummer und Leid konnten ein Gesicht verschönen, wenn man sie zu meistern wußte. Zorn und Enttäuschung machten es zur Fratze. Und eine Fratze war, was ihr aus dem Spiegel entgegensah. Sie hatte das Gefühl, als ob in diesem Augenblick eine Saite in ihr gesprungen sei. Nun hatte sie der Fluch von Sukumiras Mutter erreicht.

Sundri, die Schöne – sie dachte es voll Bitterkeit. Von jetzt an würde sie sich Bhadda, die Häßliche, nennen.

Was sollte sie tun? Nach Hause konnte sie nicht zurück, und nach Delhi würde sie nie mehr gehen. Irgend etwas mußte sie unternehmen, das sie von ihrem großen Schmerz ablenkte. Etwas, das ihrem Leben vielleicht wieder Sinn geben könnte.

Sie überdachte alles, was Haibatrao ihr über sein Vorhaben gesagt hatte. War es nicht eine gute Sache, die jungen Leute, besonders die Studenten dafür zu gewinnen, daß die Lebensbedingungen für das Volk besser wurden? Ja, daß diejenigen an die Stellungen kamen, die dafür befähigt waren und die ehrlich arbeiten wollten? Das schien ihr doch eine lohnende Aufgabe zu sein. Eine friedliche Revolution zu machen, die dem Guten dienen sollte.

Sundri wußte, daß es nicht ungefährlich sein würde und daß sie sich mit ihrem ganzen Herzen dafür einsetzen mußte, deshalb überlegte sie so lange. Noch einmal überfiel sie die Verzweiflung über ihr Aussehen, und sie weinte leise vor sich hin. Als sie sich gefaßt hatte, trat sie vor die Hütte.

„Sollen wir dich zum Bahnhof bringen?" fragte Haibatrao.

„Ich habe es mir überlegt, ich bleibe bei euch. Wenn ihr wollt, ist eure Sache von nun an auch die meinige."

„Und ob", riefen alle. „Mitläufer finden wir genug, wir brauchen Köpfe, die sich das ausdenken, was uns die Mitläufer zutreibt."

„Was wird dein zukünftiger Mann Ragan dazu sagen?" gab Haibatrao zu bedenken. Wahrscheinlich wäre er nicht damit einverstanden, denn was man vorhatte, war ungesetzlich. Hätte Haibatrao gewußt, daß es um Ray ging, hätte er sie fortgeschickt, aber Ragan war ein Vorname, der ihm nichts sagte.

„Für mich gibt es keinen Zukünftigen mehr, denn er würde keine Freude an meinem Pockengesicht haben. Nennt mich Bhadda, der Name paßt besser zu mir als Sundri." Sie streckte Haibatrao die Hand entgegen, und er schlug ein.

„Du mußt aber wissen, daß du ins Gefängnis kommen kannst."

„Ich war dieser Sache wegen bereits drin, es kommt mir

248

auf ein zweites Mal nicht an. Sobald ich einen dringenden Brief geschrieben habe, gehöre ich ganz eurer Sache."

Beim Schein eines Öllämpchens schrieb Sundri an Ragan. Ehe sie begann, starrte sie lange in das flackernde Licht. Mehrere Male zerriß sie, was sie geschrieben hatte, weil es ihr nicht gut genug schien. Wäre es nicht am einfachsten, zu schreiben, ich heirate dich nicht. Damit würde sie ihn zwar verletzen, es ihm aber leichter machen, sie zu vergessen. Vielleicht nahm er dann diese Esther Miller zur Frau, die blonde Amerikanerin mit der weißen, makellosen Haut. Oh, wie sie sie haßte!

Sundri konnte hassen, und sie spürte diesen Haß in sich wie Feuer. Hätte es in ihrer Macht gelegen, wäre Esther in diesem Augenblick tot umgefallen.

Ragan, o Ragan, was soll ich schreiben?

Es dauerte eine lange Zeit, bis sie sich so weit gefaßt hatte, daß sie einen Brief schreiben konnte, der alles enthielt, nur keinen Haß. Sie wählte ihre Worte sorgsam, und dabei enthüllte Sundri den ganzen Reichtum ihrer Seele, die so oft zweigeteilt war. Es war ein Verzicht auf ihr Glück, an dem sie fast zerbrach.

„Forsche nicht nach mir, ich würde dich fliehen, sobald du mich gefunden hast. Aber sei gewiß, ich werde nie einen anderen Mann nehmen. Ich werde dich nie vergessen, mein Wunsch ist es jedoch, daß du mich vergessen sollst. Nur manchmal, wenn der Lotos blüht, magst du dich meiner erinnern."

Würde Ragan sie verstehen? Sundri weinte lange vor sich hin. Mit jeder Träne wurde ein Stück ihres Herzens fortgeschwemmt, bis nur noch Bhadda, die Häßliche, die gefühllose Aufrührerin, übrigblieb.

Haibatraos altes Motorrad ratterte und knatterte und drohte auseinanderzubrechen, es entwickelte aber immer noch eine beachtliche Geschwindigkeit. Sundri saß auf dem Soziussitz und hielt sich an ihrem Gefährten fest. Ihr Schal flatterte hinter ihr her wie eine Fahne. Sie fuhren von Bangle City die Malabarküste entlang über Ernakulam, Trivandrum bis Kap Comorin. Sundri hatte sich eine Satwar, eine Hose, die ganz weit geschnitten und an den Knöcheln eng zusammengefaßt war, gekauft, dazu eine Kamiz, ein tunikaartiges Gebilde, und einen Schal, mit dem sie ihre rechte Gesichtshälfte bedecken konnte. In diesem Aufzug hatte sie mehr Bewegungsfreiheit als in einem Sari, und die brauchte sie.

Sobald sich genug Neugierige an der Straßenecke, an der sie hielten, eingefunden hatten, begann Haibatrao zu sprechen, nach ihm Sundri. Sie redeten zuerst über die Arbeitslosigkeit und über die Ungerechtigkeit, die sich überall breitmache. Über die Reichen, die die Armen immer noch ausbeuteten, ja, die es teilweise schlimmer trieben, als die Engländer es früher getan hatten. „Brüder, Schwestern", rief Sundri, „das Kuhdungzeitalter ist vorbei. Wacht auf, wehrt euch! Weg mit den Kasten! Freiheit für die Tüchtigen! Brot für die Armen, Ärzte für die Kranken!" In flammender Begeisterung suchte sie ihren Zuhörern klarzumachen, daß jeder für sein Schicksal selbst verantwortlich sei, aber daß er für sein besseres Leben kämpfen müsse. „Jede Nacht werden in Bombay und in Kalkutta zwei- bis dreihundert Tote von den Straßen weggetragen. Sie hatten keine Bleibe, und sie sind an Entkräftung gestorben. Hier muß die Regierung etwas tun, damit dieses Elend gebessert wird. Seht euch meinen Begleiter an, er hat studiert, er wäre fähig, einen Platz einzunehmen, an dem er etwas für Indien leisten könnte. Aber er ist arbeitslos, weil die Söhne der Reichen sich die Stellungen kaufen, selbst wenn sie nichts wissen und können.

Tretet unserer Bewegung bei. Helft, ein besseres Indien zu erringen! Helft mit, damit wir nicht die Ärmsten und die Zurückgebliebensten auf der Welt bleiben!"

Wo Sundri sprach, waren die Menschen begeistert. Sie verstand es, sie richtig anzufassen. Und wenn einer einmal versuchte, ihr zu widersprechen, antwortete sie so schlagfertig, daß er verstummte. Sie wußte, daß sie den einfachen Leuten den Glauben an Geister und Götter nicht so ohne weiteres nehmen konnte, deshalb stimmte sie ihre Rede vor ihnen auf den Kampf des Guten mit dem Bösen ab und hatte sie damit für sich gewonnen. Hatte sie aber geschulte Zuhörer, wetterte sie gegen die Tempelfrömmigkeit und forderte sie auf, den Entwicklungssprung über die Jahrhunderte zu verwirklichen. „Tun wir es nicht, so gehen wir unter. Fegt sie weg, die Pöstchenjäger und Nichtstuer! Freie Bahn den tüchtigen Leuten, die zum Besten ihres Vaterlandes etwas leisten können! Zeigt der Welt, daß der indische Geist noch lebt!" Man klatschte und jubelte ihr zu. Besonders in Trivandrum, der großen Stadt mit der berühmten Universität, hatte sie Erfolg. Die Studenten veranstalteten mit Sundri und Haibatrao an der Spitze einen Umzug durch die Stadt, der größer und größer wurde und zuletzt in einen Tumult ausartete, weil die Polizei sich einmischte.

Mit Mühe und Not entkamen sie der Verhaftung. Es gelang nur, weil die jungen Leute die Polizisten einkreisten und nicht durchbrechen ließen, bis Sundri und Haibatrao auf dem Motorrad verschwunden waren.

Sie freuten sich über ihren Erfolg. Jetzt konnten sie mit gutem Gewissen eine Delegation mit ihren Forderungen nach Delhi schicken, denn sie hatten unzählige Unterschriften dafür gesammelt. Mit Schrecken mußten sie bald danach allerdings feststellen, daß die geistige Krise, die sie entfacht hatten, von anderen Kräften ausgenutzt wurde. Bald stand die Malabarküste in hellem Aufruhr und war voller Unruhe.

Auch in Bangle City war es so, und was Haibatrao und seine Freunde zum Guten gewollt hatten, war im Begriff, schlecht zu werden. Es gab heftige Auseinandersetzungen, und man bekämpfte sich gegenseitig so, daß die Polizei wieder eingriff.

Ein Teil der Rädelsführer wurde verhaftet und Sundri unter dem Namen Bhadda steckbrieflich gesucht. An Gebäuden und Bäumen prangte ihr Bild. Zum Glück war es so schlecht, daß sie kaum zu erkennen war.

„Verschwinde eine Zeitlang", riet Haibatrao. „Es ist besser, glaube mir!"

„Und was wird aus unserer Sache?" fragte sie enttäuscht.

„Wir können sie nicht einfach aufgeben!"

„Vorläufig müssen wir es. Du siehst, wer sich in unser Nest gesetzt hat", erwiderte er bitter. „Es sind Aufrührer, Umstürzler, aber keine Männer, die es gut mit Indien meinen." Wie wahr diese Worte waren, sollte sie am anderen Tag erleben. In den Straßen kam es zu erbitterten Kämpfen, bei denen es viele Verletzte und auch einige Tote gab.

Niedergeschlagen saß Sundri vor der Hütte. Das hatte sie nicht gewollt. Haibatrao war voll Zorn. Diejenigen, die inzwischen das Heft in die Hand genommen hatten, wiesen ihn mit seinen Ideen ab, verlachten ihn als dummköpfigen Idealisten, und viele seiner Anhänger liefen zu seinen Gegnern über. „Unsere Zeit ist noch nicht gekommen", sagte er. „Ich werde wieder Koffer tragen und warten, bis es soweit ist."

„Was soll ich tun?"

„In der Stadt kannst du dich vorläufig nicht sehen lassen. Geh einstweilen aufs Land, geh in die Berge, dort sieht dich keiner."

„Aber . . ."

„Glaube mir, es bleibt nichts anderes übrig. Geh zurück zu deinem Ragan. Wenn er sich dir versprochen hat, muß er dich nehmen, Pockengesicht oder nicht!"

„Niemals!"

Kurz vor Tagesanbruch verließ Sundri die Hütte. Außer einer kleinen Basttasche und einer wollenen Decke nahm sie nichts von ihren Sachen mit. Ihre schöne neue Bettrolle mußte sie zurücklassen, sie hätte sie nicht tragen können. Auch den Koffer konnte sie nicht brauchen. Nur das Notwendigste packte sie in die Tasche. Nach kurzem Abschied von Haibatrao und einigen wenigen seiner Vertrauten überschritt sie die Fahrstraße und stieg langsam den Berg-

252

pfad hinauf. Bald würde sie den Dschungel erreicht haben, wo sie vor dem Zugriff der Behörde sicher sein würde. Wohin sollte sie sich letzten Endes wenden, welches Ziel zu erreichen suchen? Sie wußte es nicht. Noch nie war sie so unsicher gewesen, so unzufrieden und zerfahren mit sich selbst wie an diesem Morgen. Früher war sie getragen von dem Gedanken, sie sei schön, mit den Pockennarben war die Sicherheit von ihr abgefallen. Es schien, als ob auch die Klugheit sie verlassen habe.

Nachdem Sundri ein gutes Stück auf dem schmalen Pfad gegangen war, der durch das Gewirr des Dschungels führte, ruhte sie sich auf einer Lichtung aus. Sie ließ sich auf der ausgebreiteten Wolldecke nieder. An ihren nackten Füßen hing der Duft von zerquetschten Pfefferminzblüten. Sie pflückte einen Stengel, zerrieb ihn zwischen den Händen und kühlte sich die Stirn damit.

Es war bereits Mittag, und Sundri war sehr müde. Sie fiel in einen unruhigen Schlaf. Aus der märchenhaften Stille der Einsamkeit wurde sie später durch menschliche Stimmen geweckt. Drei Frauen kamen den Pfad entlang.

Sundri sprach mit ihnen, und als sie hörte, daß sich ganz in der Nähe ein kleines Dorf befinde, bat sie um ein Nachtlager.

„Du kannst bei mir bleiben", sagte die eine der drei. Sundri war zu dem Entschluß gekommen, nach Kalkutta zu gehen, das heißt die große Fahrstraße zu erreichen, um sich von vorbeifahrenden Lastwagen mitnehmen zu lassen. In der Millionenstadt konnte sie untertauchen. Sie ging hinter den Frauen her, die lachend und schwatzend dem Dorf zustrebten.

Wie Sundri es ursprünglich gewünscht hatte, war Ragan in ihr Elternhaus gekommen. Es überraschte ihn völlig, sie nicht mehr hier vorzufinden. Im ersten Augenblick war er böse, vor allem, weil sie ihm nicht rechtzeitig eine Nachricht geschickt hatte. Daran, daß ihn die nicht mehr erreicht haben könnte, dachte er zunächst nicht. Von ihrer Mutter erfuhr er, daß Sundri vor einigen Tagen mit dem Boot nach Bangle City gefahren sei, um von dort über Bombay zurück nach Delhi zu reisen. „Eine Hochzeitsfeier bei uns wäre nicht möglich gewesen." Sie setzte auch ihm auseinander, daß weder die Verwandtschaft noch die Nachbarn und Freunde dazu gekommen wären. „Ich hoffe, du verstehst es, Ragan?"

„Von eurer Sicht aus muß ich es verstehen. Ich selber halte diesen Fluch und den ganzen Hokuspokus und das Horoskop für einen dummen Aberglauben. Ich weiß aber eines: Es muß Sundri sehr verletzt haben, denn sie hat sich diese Hochzeitsfeier so von Herzen gewünscht. Nur noch ein einziges Mal wollte sie die Tochter der Valappans aus dem Stamme der Drawiden sein. Ihr aber habt sie ausgestoßen!"

Ein schwerer Vorwurf lag in seiner Stimme, als er fortfuhr: „Ihr könnt euch nicht mehr sehr lange der neuen Zeit entziehen, Rohini Sahib."

„Wenn es nach mir gegangen wäre, hätte die Hochzeit stattgefunden, aber der Ältestenrat des Dorfes war dagegen. Bitte, Ragan, fliege sofort nach Delhi zurück. Sundri braucht dich jetzt!"

„Ich will alles tun, um sie glücklich zu machen", erwiderte er. Er kniete vor Rohini nieder, um ihr die Ehre zu erweisen, die ihr als Schwiegermutter zukam.

Wäre Ragan nach Bangle City gegangen, hätte er Sundri vielleicht gefunden. Er kannte Haibatrao von früher, als er, ein Anhänger von Mahatma Gandhi, für den großen alten Mann geworben hatte. Das Gespräch wäre sicher auf die verunglückte Demonstration und somit auch auf Sundri gekommen. Aber Ragan flog von Madras ab, weil es die schnellere Route war.

Doktor Nayyar hatte ihm einen Vorschlag gemacht, zu dessen Annahme er sich entschlossen hatte. Südlich von Delhi sollte ein Musterdorf errichtet werden, dem sich bald noch mehr Dörfer anschlossen. Die Leitung dieses ersten

Gemeindezentrums sollte Doktor Ray übernehmen. Frau Nayyar, die einen harten, bis jetzt aussichtslosen Kampf gegen die Korruption führte, vertraute ihm. Die geschmierten Hände – wie sie den Ausdruck haßte! – machten ihr Sorgen. Rupienscheine wanderten im Verborgenen von der einen in die andere Hand. Fast jede Gefälligkeit wurde sozusagen erkauft.

Ragan war von Hause aus vermögend und ein anständiger Mensch. Ihm konnte sie die Verwaltung dieses Musterdorfes, einer Lieblingsidee von ihr, anvertrauen. Es sollte ein bescheidener Anfang sein und beweisen, daß es möglich sein werde, den Lebensstandard des einfachen Landvolkes zu heben.

Ragan flog nach Delhi in der sicheren Annahme, Sundri dort bereits vorzufinden. Der Schatten des Flugzeugs glitt über das endlos sich dehnende Land. Er sah auf die Uhr. Bald mußte der Flugplatz von Safdar Jang erreicht sein, den die innerindischen Maschinen anflogen und der sozusagen mitten in der Stadt lag. Die Bäume wurden größer, die Häuser schon deutlich erkennbar, der Schatten und das Flugzeug verbanden sich miteinander. Die Räder setzten auf und rollten über die Landebahn. Feuchtwarme Luft und der unangenehme Brodem der Straße schlugen Ragan entgegen. Im Hotel fand er Sundris Telegramm vor, mit dem sie ihn bat, nicht zu ihr zu kommen, sondern ihre Rückkehr abzuwarten. Wäre es auch nur einige Stunden früher eingetroffen, hätte es ihm die Strapazen der Reise erspart.

Nach einem erfrischenden Bad machte er sich sofort auf den Weg zu Frau Doktor Nayyar. Heute abend wollte er dann mit Sundri, die seiner Berechnung nach am Tag vorher angekommen sein mußte, essen. Um ihr eine Freude zu machen, würde er sie in ein Hotel einladen. Außer Haus zu speisen, war etwas ganz Besonderes. Doktor Nayyar empfing ihn sofort. „Nun, wie war die Hochzeit, Ragan Sahib?

„Sie hat gar nicht stattgefunden, Exzellenz."

„Bitte, nicht Exzellenz", wehrte sie ab. Trotz ihres hohen Amtes war sie außerordentlich bescheiden geblieben. „Warum hat die Hochzeit nicht stattgefunden, es war doch alles geplant?"

Ragan erzählte ausführlich Sundris Lebensgeschichte, vor allem aber von dem Fluch, der ihr Leben so sehr belastete.

„So viel Kummer wegen dieses törichten Aberglaubens", sagte sie. „Man müßte ernsthaft dagegen angehen, aber hier kann nur die Zeit helfen."

„Wir werden morgen ganz schlicht heiraten, ohne das übliche Drum und Dran und die vielen unnützen Gäste. In wenigen Tagen stehe ich dann ganz zu Ihrer Verfügung. Ich bin sicher, Sundri wird mich in allem unterstützen. Sie kann als Lehrerin arbeiten."

„Gut, Ragan Sahib, ich lasse Ihnen drei Tage Zeit. Kommen Sie dann zu einer letzten Besprechung zu mir, damit Sie Ihre Mitarbeiter kennenlernen." Sie setzte gleich die genaue Zeit für ihn fest.

„Shandi!"

„Shandi!" Ragan erwiderte den Gruß und neigte den Kopf, während er die Hände vor der Brust faltete. Er verehrte die Ärztin sehr. Sie war einer der wenigen Menschen, die sich wegen ihrer seltenen Eigenschaften hoch über die Masse hinaushoben. Ihr erkannte er weit eher die Verehrung zu als den steinernen Göttern oder den sogenannten Heiligen, die im Lande umherzogen und nichts taten, als von den Almosen der Leute zu leben. Wenn es göttliche Eigenschaften in einem Menschen gab, besaß sie diese Frau.

Ragan hatte den Sherwan, den hochgeschlossenen weißen Rock, mit einem europäischen Anzug vertauscht. Auf dem Weg zu Sundri fiel ihm ein, daß er ihr ein Geschenk kaufen wollte. Er wies den Taxichauffeur an, zunächst zum Connaught Rondell zu fahren und an der Ecke der Chelmsford Road zu halten. Unter den Kolonnaden war ein Goldwarengeschäft, das ihm als einigermaßen zuverlässig bekannt war.

„Sahib, ich fühle mich tief geehrt durch deinen Besuch in meinem bescheidenen Laden", sagte der Goldschmied und dienerte tief bis fast auf den Boden. „Was ist deinen Augen gefällig anzusehen?"

„Ich suche ein Geschenk für meine Braut, vielleicht ein Armband."

„Oh, da kann ich sehr schöne Waren anbieten, alle handgearbeitet, schweres Gold. Auch solche mit Edelsteinen verziert habe ich."

„Laß sehen! Und merke dir eines: Ich bin es nicht gewohnt zu handeln, setze den Preis also gleich so fest, daß ich dein Geschäft weiterhin aufsuchen werde!"

Der Goldschmied zog eine Lade auf und legte eine Anzahl Armreifen vor Ragan auf den Tisch. Der nahm einen um den anderen auf und betrachtete ihn. Er entschied sich zuletzt für einen breiten Reif, auf den zwei Lotosblüten aufgesetzt waren. Die Lotosblüte war das Sinnbild der Schönheit und der fruchtbaren Erde; Sundri würde sich darüber freuen. Sie liebte es wie alle indischen Frauen, sich mit Gold zu schmücken.

„Was soll er kosten?" Der Goldschmied nannte den Preis.

Ragan legte den Armreif wortlos auf die Waage, dann sah er ihn an. „Zu teuer!"

„Du hast recht, Sahib, ich muß mich getäuscht haben. Er kostet viel weniger, obwohl die Lotosblüten sehr fein gearbeitet sind." Mit dem neuen Preis, den er ausrechnete, war Ragan einverstanden. Er bezahlte und ließ sich zu Lajas Haus fahren.

Subba, der ihn bereits gesehen hatte, öffnete die Tür, ehe Ragan die kupferne Glocke benutzt hatte. Auf die Frage nach Sundri erwiderte der Diener erstaunt: „Memsahib von Reise noch nicht zurück!"

„Was sagst du? Das ist nicht möglich, sie muß hier sein! Wo ist deine Herrin?"

„Ins Kino gegangen mit amerikanischer Memsahib. Sind zu Abendessen zurück."

„Ich komme in einer Stunde wieder. Sage Laja Sahib, ich müsse sie unbedingt sprechen!"

Ragan war in Sorge. Wo war Sundri geblieben? Er ging zum Postamt und gab ein Telegramm an Balan auf, in dem er erklärte, Sundri sei nicht in Delhi angekommen, und er möge sie in Bangle City suchen. Es hätte ihn zwar nicht gewundert, wenn sie, einer plötzlichen Eingebung folgend, an irgendeinen anderen Ort gefahren wäre. Vielleicht wollte sie eine heilige oder gar wundertätige Stätte aufsuchen, von der sie sich Befreiung von dem Fluch versprach, der auf ihr lastete. Ganz gelöst von dem alten Aberglauben war auch sie nicht, ja, er ertappte sich selbst manchmal noch bei irgendeinem Gedanken, der, bei Licht besehen, Dummheit war. Nun, was in vielen Generationen gewachsen war, konnte nicht so schnell verschwinden. Sundri war zwar sehr eigenwillig, aber sie hätte ihm doch auf alle Fälle eine Nachricht über ihren Verbleib gegeben. Deshalb wich die Sorge nicht von ihm.

Ragan saß auf der Veranda und wartete auf Esther und Laja. Wenn er mit ihnen sprechen konnte, glaubte er, würde er sich beruhigen.

Subba hatte ihm eine Limonade herausgebracht. „Kann ich noch etwas für dich tun, Sahib?"

„Nein, Subba."

Ragan überdachte alles noch einmal. Sundri war Hals über Kopf von zu Hause abgereist, tief gedemütigt und seelisch bedrückt. Hatte sie in dieser Stimmung vielleicht doch eine Dummheit gemacht? Er wußte nur zu gut, wie stolz und empfindlich zugleich sie war. Aber was sollte er unternehmen? Er wußte keinen Rat. Das einzige würde sein, daß Balan nach ihr suchte. Sicher konnte er in Bangle City herausbringen, wohin sie sich gewendet hatte.

Ragan mußte noch geraume Zeit warten, bis Laja mit ihrer amerikanischen Freundin zurückkam. Die beiden hatten sich überraschend schnell und gut angefreundet. Sie hatten sich heute einen indischen Film angesehen, der sich endlos in die Länge gezogen hatte. Für Esthers Begriff war es ein Hin und Her gewesen, das man in der halben Zeit hätte erledigen können, viel zu breit ausgespielte Szenen, aufgebauschte Nichtigkeiten voll gähnender Langeweile, aber Laja hatte das Drama genossen. Sie sagte, Inder liebten lange Filme. Der Inhalt sei gar nicht so wichtig, Hauptsache, es dauere drei bis vier Stunden.

„Du bist schon wieder zurück?" rief Laja erstaunt, als sie Ragan auf der Veranda sitzen sah. „Und wo ist Sundri?"

„Das frage ich dich! Hast du irgendeine Nachricht von ihr bekommen?"

„Wie sollte ich wissen, wo Sundri ist? Sie hat seit ihrer Abreise nichts mehr von sich hören lassen." Im stillen vermutete Laja, daß sie ihr immer noch wegen der Zurechtweisung, die sie ihr erteilt hatte, böse war. Sie konnte sehr nachtragend sein und besonders dann, wenn sie jemanden nicht mochte. Laja wußte, daß ihr die Amerikanerin von der ersten Minute an unsympathisch gewesen war.

„Hoffentlich hast du deine Frau nicht unterwegs verloren", sagte Esther lachend. „Oder hat dir gar einer deine Schöne entführt?"

„Ich habe überhaupt nicht geheiratet", entgegnete Ragan wütend. Nun mußte er sich auch noch verspotten lassen. „Sundri und ich haben uns verfehlt. Sie war bereits abgereist, als ich ankam. Natürlich glaubte ich, sie in Delhi vorzufinden." Er berichtete, was ihm Rohini Valappan gesagt hatte.

„Du solltest dir nicht allzu viele Sorgen machen", versuchte Laja ihn zu beruhigen, „über kurz oder lang taucht sie auf. Ich kann mir vorstellen, daß sie zuerst über die Enttäuschung hinwegkommen muß. Und so, wie ich sie kenne, tut sie das in aller Stille. Komm, Ragan, iß mit uns zu Abend!"

„Du wirst staunen, was es Gutes gibt", warf Esther ein. „Ich war bei einem der amerikanischen Botschaftssekretäre eingeladen und habe dort einige Konservendosen geschenkt bekommen. Heute koche also ich, und du weißt, daß ich das gut kann." Sie verschwand in der Küche, um mit Subbas Hilfe ein amerikanisches Essen zuzubereiten.

„Glaubst du wirklich, daß Sundri . . . Glaubst du, sie wird bald kommen?"

„Was sollte sie denn anderes tun, Ragan? Du bist jetzt ihr einziger Halt. Warte, bis sie dir Nachricht gibt. Ihr Herz hängt an dir, nie würde sie einen anderen heiraten."

Schließlich ließ sich Ragan beruhigen, und es wurde doch noch ein netter Abend.

Esther hatte eine Dose Sauerbraten mitgebracht und Kartoffelbrei dazu gekocht. Subba, der das Fleisch verächtlich angesehen hatte, hatte sie eingeredet, es handle sich um amerikanisches Hammelfleisch, und er hatte es geglaubt. Rind- oder Büffelfleisch hätte er niemals angerührt und auch seine Herrin verachtet, wenn sie davon gegessen hätte. Für ihn war die Kuh noch so sehr das Sinnbild der Mütterlichkeit, daß das Töten eines Rindes gleich einer Sünde war. Das war ihm nicht auszureden.

Ragan hatte in Amerika auch Rindfleisch gegessen, im großen und ganzen machte er sich aber nicht viel aus Fleisch.

Nach dem Essen saßen die beiden Mädchen und Ragan gemütlich auf der Veranda beisammen, und er erzählte von den Plänen, über die er mit Frau Doktor Nayyar gesprochen hatte.

„Ich hätte Lust, mit dir zu gehen", sagte Esther.

„Sobald ich das Vertrauen der Dorfbewohner gewonnen habe, werde ich eine Impfaktion veranlassen und dich anfordern. Du könntest mir beruflich in vielen Dingen eine große Hilfe sein, aber, wie gesagt, den Anfang muß ich allein machen."

Ragan geht in das Dorf Lokheri

Ragans erster Gedanke, als er Sundris Brief gelesen hatte, war gewesen: Fahr nach Bangle City und hol sie. Als er den Brief aber ein zweites und ein drittes Mal gelesen hatte, beschloß er, ihren Wunsch, nicht nach ihr zu forschen, zu respektieren. Er kannte sie zu gut, um nicht zu wissen, daß er nichts gegen ihren Entschluß auszurichten vermochte. Er liebte sie von ganzem Herzen, und der Gedanke an Sundri quälte ihn sehr. Aber das geringste Zaudern bei ihrem Anblick würde genügen, um sie zu verletzen. Und wer hatte sich so in der Gewalt, daß er nicht erschrecken würde? Er hatte die Erinnerung an ihr makelloses Gesicht, wie er es so oft zwischen seinen Händen gehalten hatte. Vielleicht eines Tages – so hoffte er – würde sie freiwillig zurückkommen. Sundris Stimmung wechselte ähnlich wie Ebbe und Flut ständig. Ja, eines Tages würde ihre Vitalität, ihre Lebenskraft und ihre kompromißlose Bereitschaft zu lieben die Oberhand gewinnen.

Es war ein Glück, daß er nach Lokheri, seinem Bestimmungsort, fahren mußte und so viel Arbeit hatte, daß er abends todmüde einschlief. In dem kleinen Dorf, das aus einigen Lehmhütten bestand, war er zunächst mit Mißtrauen empfangen worden. Hier hatte man noch nichts von dem Entwicklungsprogramm der Regierung gehört. Als er am ersten Tag die Dorfältesten zusammenrief, waren sie alles andere als freundlich. Sie kannten nichts als Hunger und Entbehrung. Zeitlos hatten sie bis jetzt dahingelebt, sich nur nach Aussaat, Ernte und Monsun gerichtet und nach Geburt und Tod. Der Mond zeigte ihnen den Verlauf eines Monats an, und den Tag teilten sie sich nach dem Stand der Sonne ein. Der Besuch eines Fremden, der von der Regierung kam, konnte nichts Gutes bringen, soviel war für sie sicher. Sie blieben zunächst stur und ablehnend. Ragan versuchte, ihnen auseinanderzusetzen, daß es von jetzt ab besser in Lokheri werden sollte. „Geschulte Männer werden euch zeigen, wie ihr euer Leben hier verbessern könnt." Ein ungeduldiges Murren war die Antwort.

„Außer einem Gemeindezentrum und einer Krankenstation werdet ihr eine Lehrerin bekommen, damit eure Kinder lesen und schreiben lernen."

„Wer soll das bezahlen?" fragte ein Alter mit weißem Haar. „Noch mehr Schulden machen, noch höhere Zinsen bezahlen, das ist nicht möglich!" Wenn der Mond wieder voll am Himmel stand, würde der Geldverleiher aus der Stadt kommen und seine Zinsen eintreiben. Dabei wußten sie nicht, wie sie sie in diesem Jahr überhaupt aufbringen sollten.

„Das Geld bekommt ihr vorläufig von mir. Ihr braucht erst etwas zurückzuzahlen, wenn es euch besser geht!"

„Du bist also auch ein Geldverleiher, auch so ein Blutsauger", riefen sie durcheinander. „Mach, daß du fortkommst!" Drohend ballten sie die Fäuste.

„Ich bin Arzt", erwiderte Ragan. „Und das Geld, das ich euch gebe, leiht euch die Regierung. Aber wenn ihr krank seid, könnt ihr zu mir kommen."

Er saß an den Stamm eines Baumes gelehnt, unter dem sich der Rat der Dorfältesten zu versammeln pflegte. Die alten Männer standen um ihn herum. Hinter den ärmlichen Lehmhütten lugte da und dort das neugierige Gesicht einer Frau hervor.

„Setzt euch zu mir", lud Ragan die Männer ein. Zögernd ließen sie sich nieder. Sie trauten ihm noch nicht.

„Wir brauchen keine Worte, die können wir selber machen. Wir brauchen zu essen", begann der Älteste der Versammlung.

„Dafür wollen wir sorgen", erwiderte Ragan. „Alles, was ihr zu tun habt, ist, euch unterrichten zu lassen. Wir wollen euch den Weg zum Wohlstand weisen, gehen müßt ihr ihn selbst. Ihr müßt den Willen dazu haben." Ragan mußte noch lange reden, bis er endlich ein klein wenig Vertrauen gefunden hatte. Nur langsam gingen die Leute aus sich heraus. Sie begannen, ihm ihre Nöte anzuvertrauen.

Die große, immer wiederkehrende Klage waren die hohen Zinsen, die sie dem Geldverleiher zu bezahlen hatten.

„Sie fressen uns die Haare vom Kopf", rief Sudjir. „Bald gehört uns kein Stückchen Land mehr, alles ist verpfändet, und wir müssen nur für diesen Blutsauger schuften."

„Das wird anders werden", versprach Ragan. „Wo wohnt dieser Geldverleiher? Ich werde mit ihm sprechen."

„In der großen Stadt, Doktor Sahib. Er kommt immer nur von Zeit zu Zeit und holt Geld."

„Ruft mich, wenn er wiederkommt. Ich werde mit ihm abrechnen." Ragan sah sich das Dorf an. Es war eines der ärmlichsten, die er bis jetzt kennengelernt hatte: Lehmhütten, die aus einem fensterlosen Raum bestanden; in der Ecke ein primitiver Herd aus Steinen, ein paar alte Kisten und Schlafmatten. Durch den Rauch des offenen Herdfeuers war die Luft so stickig, daß er husten mußte, seine Augen brannten ihm.

Welch ein Unterschied zu den Millionärsbungalows in den großen Städten! Dabei dachte er auch an das Haus seines Vaters.

Daß in Lokheri Tuberkulose, Cholera und Pocken immer wieder vorkamen, wunderte ihn nicht.

Zwischen den Hütten liefen magere Schweine, alte Ziegen und dürre Hühner umher. Halbverhungerte Büffelochsen zogen wie vor hundert Jahren die Holzpflüge. Ausgemergelte Kühe lagen auf der holprigen Dorfstraße. Da sie als heilig galten, ließ man sie in Ruhe dort liegen. Sie durften auch nicht gemolken werden. Wäre man in Amerika, hätte man sie längst geschlachtet.

Für einen kurzen Augenblick verlor Ragan den Mut vor dem, was er sah. Wo sollte er anfangen, wo aufhören? Die Frauen waren scheu und zurückhaltend, die Kinder voller Ungeziefer, aber wenigstens neugierig und bald auch zutraulich.

„Nur ein Idiot kann sich das aufbürden, was du tust", hatte sein Schwager Hemen zu ihm gesagt. „Anstatt daß du dir eine schöne Praxis zulegst und ein gutes Leben führst, hockst du dich in ein Dorf, wo du allenfalls Cholera bekommst oder dir die Krätze holst."

Vielleicht hatte er recht! Ragan atmete tief durch, und dann war er bereit, seine ganze Kraft einzusetzen, um aus Lokheri ein Musterdorf zu machen. Es würde ein Anfang sein, dem noch viele gleichartige Zentren folgen sollten.

Wie gut könnte er jetzt Sundri an seiner Seite brauchen. Sie war klug, und sie würde sich, wäre sie erst einmal von der Arbeit begeistert, mit ihrer ganzen Fähigkeit und Energie dafür einsetzen.

Zuallererst bestimmte Ragan einen Platz, wo das Gemeindezentrum gebaut werden sollte. Er entschied sich dafür, es zwischen Lokheri und Butan, dem Nachbardorf, zu legen, damit beide Gemeinden davon profitieren konnten.

Mit Hilfe einiger junger Männer errichtete er ein aus Zweigen zusammengeflochtenes Zelt für sich. In dem Geländewagen, den man ihm in Delhi zur Verfügung gestellt hatte, befanden sich außer seiner Bettrolle ein Medikamentenkasten und ein Instrumentarium, die er sich sorgfältig zusammengestellt hatte.

Ragan ordnete an, daß gleich nach Sonnenaufgang die ersten Frauen mit ihren Kindern zu ihm kommen sollten. „Ausnahmslos alle", sagte er, „aber nicht auf einmal, sondern nacheinander."

Zuerst kam nur eine einzige, sie trug ihr Kind auf dem Rücken. Verlegen stand sie vor ihm, denn es war das erste Mal, daß ein Arzt in das Dorf gekommen war.

„Er hat's in den Augen."

Ragan nahm ihr den Jungen ab, der sofort zu brüllen begann, als ob er am Spieß gebraten werden sollte. Als er ihm eines seiner geschwollenen Augenlider hochhob, schrie er noch lauter. Ragan stellte fest, daß der kleine Patient ein Trachom hatte, die gefürchtete Augenkrankheit so vieler Inder, die durch Unreinlichkeit und Infektion verursacht wurde. Schließlich war es kein Wunder; jeder verrichtete seine Bedürfnisse irgendwo am Weg, und so wurden Parasiten und Krankheiten weiterverbreitet. Selbst in den Städten spielte sich das so ab; dazu wurde noch ausgespuckt, wo man ging und stand. Aber wie sollte man den Menschen abgewöhnen, was sie jahrhundertelang getan hatten? Hier mußte man immer wieder aufklären und durch Gesetze erzwingen, was zum Besten des Volkes war. Darüber mußte er in erster Linie mit Doktor Nayyar beraten.

„Du bringst den Jungen jeden Morgen und jeden Abend her!" befahl Ragan. Er tröpfelte mit einer Pipette einige Tropfen in die Augen des Kindes. Darauf untersuchte er ihn noch gründlich und stellte völlige Unterernährung fest. Lebertran müßte er haben und noch vieles mehr.

„Kannst du ihm wenigstens jeden Tag ein bißchen Milch geben? Er braucht sie notwendig, wenn er gesund werden soll!"

„Wo soll ich sie hernehmen, Doktor Sahib? Wir haben keine Ziege."

„Ich werde dafür sorgen, daß es bald besser wird in Lokheri!" tröstete er sie. „Geh jetzt und schick die nächste Frau her!"

Nur zögernd kamen sie nacheinander näher. Die ganze Sache schien ihnen irgendwie nicht geheuer zu sein. Am Ende würden sie viel bezahlen müssen und noch mehr von ihrem Land verpfänden. War es nicht besser, zu warten, bis ein Sadhu vorbeikam? Er wußte allerhand Kräutermixturen, und man konnte ihn mit einer Schüssel Reis bezahlen. Hatte nicht unlängst ein Sadhu gegen die Krätze das Auflegen von Kuhdung verordnet, und die Krätze war verschwunden?

Ragan hatte nicht nur gegen das Mißtrauen, sondern auch gegen die religiösen Gebräuche anzukämpfen. Er untersuchte den ganzen Vormittag, verordnete Tabletten und Salben, die er austeilte, und gab Ratschläge.

Wie ärmlich waren die Saris der Frauen, und wie kümmerlich sahen sie alle aus! Ausgemergelt und verbraucht, vor der Zeit gealtert, meist vom vielen Kinderkriegen und durch die Unterernährung. Wie sollte er eine ordentliche

265

Familienplanung erreichen, wenn das Ziel der Männer war, möglichst viele Söhne zu haben!

Mehrere der Frauen hatten Tuberkulose, und zwar so hochgradig, daß sie eine Gefahr für die Familie bildeten. Ragan verlor fast den Mut, als er seinen ersten Bericht schrieb.

Es war ein Glück, daß die Wagenkolonne mit dem Baumaterial eintraf. Mit ihr kam Shiam, der den landwirtschaftlichen Aufbau leiten sollte, und Gil, der für die Leitung des gesamten Aufbaus verantwortlich sein würde. Ragan zeigte ihnen den Platz, den er zusammen mit dem Ältestenrat der beiden Dörfer bestimmt hatte.

Es wurden zunächst nur zwei große Baracken aufgestellt und mit Dachziegeln gedeckt. Weiß verputzt, sahen sie neben den Lehmhütten der Dorfbewohner wie Paläste aus. Eine davon war als Krankenhaus gedacht, und für den Doktor wurde darin ein kleines Zimmer abgeteilt. Die andere war Verwaltungs- und Schulgebäude für den landwirtschaftlichen Unterricht. Ragan verglich die Eisenbettstellen, die ohne Matratze und ohne Bettzeug in der Baracke standen, mit dem aufs modernste eingerichteten Krankenhaus von Ann Arbor. Sein Behandlungszimmer, in dem er nachts schlief, hätte man dort nicht einmal zum Abstellen der Putzeimer verwendet, und doch war es für die Dorfbewohner ein Wunder, das sie immer wieder bestaunten.

Gil brachte eine Menge Verordnungen und Anweisungen mit, die ziemlich sinnlos waren, weil diejenigen, die sie erlassen hatten, von den wahren Verhältnissen nichts wußten.

Außer den Verordnungen brachte Gil aber auch viel Energie und guten Willen mit. Ragan und er verstanden sich sofort, und er war bereit, ihm manche Arbeit abzunehmen. Der Doktor sollte sich ausschließlich den Kranken widmen und nur dann und wann eine Kontrolle vornehmen.

Gil bestimmte auch, daß sich der Ältestenrat einmal monatlich treffen und nach Bedarf zwischendurch im Gemeindehaus zusammenkommen solle, immer aber dann, ehe er nach Delhi fuhr, um dort zu holen, was man notwendig brauchte. Zunächst fehlte es an allem, nicht nur an Medikamenten und Lebensmitteln. Es fehlte an Geräten und vor allem an dem nötigen Wissen, damit umzugehen. In den ausgelaugten Boden gehörte Kunstdünger, aber die Bauern lehnten ihn zuerst ab. „Was sollen wir mit dem weißen Pulver?" fragten sie. „Das ist Übles." Gil mußte aufpassen wie ein Wachhund, damit sie es auch verwendeten. Er hielt, unterstützt von Ragan, dem die Dorfbewohner nun einigermaßen vertrauten, Vorträge über Vorträge, und ganz langsam begriffen die Leute. Endlich kam auch eine junge Lehrerin. Sie hatte zwar nicht zu Ende studiert, konnte den Dorfkindern aber wenigstens die primitivsten Anfangsgründe des Lesens und Schreibens beibringen. Die Schule wurde hinter das Gemeindehaus verlegt. In einer Umzäunung hockten die Schüler auf Matten am Boden. Später sollte eine Baracke gebaut werden, damit der Schulbetrieb auch während des Monsuns aufrechterhalten werden konnte.

Ragan ließ allen Kindern, ehe sie nach dem Unterricht nach Hause gingen, einen Teller voll Reis verabreichen, und so vergingen die aufgetriebenen Hungerbäuche nach und nach.

Brachten Gil und Shiam den Männern bei, die Felder besser zu bearbeiten, lehrte Ragan die Frauen die Grundbegriffe der Hygiene. Zufällig war er während der Geburt eines Kindes in eine der Hütten gekommen, und er hätte fast einen Schrei der Empörung ausgestoßen, als er der Frau, die als Hebamme fungierte, zusah. Zwar waren Metas Handgriffe äußerst geschickt, das bemerkte er. Sie drehte das Kind im Mutterleib in die richtige Lage, so daß die Geburt ohne Komplikation vor sich gehen konnte, aber alles verrichtete sie mit ungewaschenen Händen. Wen wunderte es noch, daß so viele Frauen am Kindbettfieber starben!

Ragan nahm Meta mit ins Krankenhaus, um sie anzulernen. Sie war nicht dumm und begriff schnell, was er von ihr wollte. Für ihre Hilfe erhielt sie eine kleine Bezahlung.

„Einmal im Monat bringst du die Frauen her, die ein Kind erwarten, damit ich mit ihnen sprechen kann!"

„Warum, Doktor Sahib?"

„Weil ich feststellen will, ob alles in Ordnung ist."

Gil brachte von seiner nächsten Fahrt nach Delhi einen Stoß Bettlaken, zwanzig Junghennen, Saatgut, Bretter, Dachziegel und Fensterglas mit.

Die Bettlaken waren für Ragans Krankenstation. Mangels Matratzen – er wäre schon mit Strohsäcken zufrieden gewesen – wurden die Baumwolltücher auf die eisernen Roste gelegt. Es war immerhin besser, als daß die Kranken auf dem Erdboden lagen.

„Nächstes Mal bringe ich Säcke mit, und die Frauen können sie mit Laub füllen", erklärte Gil. „Ich lasse einen Kindergarten bauen und dann noch ein Hühnerhaus, damit wir endlich eine anständige Zucht kriegen!"

„Ehe du das Hühnerhaus baust, brauche ich eine Leprastation", sagte Ragan. Die Leprakranken, die man aus dem Dorf gejagt hatte, lebten in kümmerlichen Hütten aus Laubzweigen am Rande des Dschungels, zusammen mit den Unberührbaren, die man auch nicht im Dorfe duldete, weil sie keiner Kaste angehörten.

„Wir wollen sie nicht", protestierte der Ältestenrat, und es hätte fast einen Aufruhr gegeben.

„Würde es dir gefallen, wenn man dich dort hinausjagte?" fragte Ragan einen der ärgsten Schreier. „Die Kranken brauchen Pflege und Nahrung, und Unberührbare gibt es nicht mehr!"

Ein Murren war die Antwort. Es dauerte einige Zeit, bis er ihnen klarmachen konnte, daß viele Fälle von Lepra heilbar waren. „Sie brauchen Medizin und die größte Sauberkeit, dann stecken sie auch niemanden mehr an."

„Und du glaubst, daß mein Schwiegersohn geheilt werden könnte?" fragte einer aus dem Dorf.

„Es ist möglich. Ich muß ihn mir zuerst ansehen." Nach

langem Hin- und Hergestreite gab der Ältestenrat endlich nach.

Gil hatte noch eine gute Nachricht gebracht. Eine Pflegerin würde für einige Zeit kommen, um die Mädchen anzulernen.

„Wenn wir wenigstens hier im Gemeindehaus elektrisches Licht hätten", klagte Ragan. Er haßte die Abende, die er bei dem flackernden Öllämpchen verbringen mußte. Was für eine Verschwendung hatte er in Amerika mit der Beleuchtung in seinem Zimmer getrieben!

„Der Antrag läuft", entgegnete Gil. „Ich werde keine Ruhe geben, bis wir ein Kabel herbekommen." Die Landstraße, die sich bis nach Bombay hinunterzog und der entlang die elektrische Leitung ging, war nur zwei Kilometer entfernt. Man könnte also ohne großen Aufwand ein Kabel ziehen. Gil hatte auch ein Telefon angefordert. Wegen jeder wichtigen Nachricht mußte er bis zu dem Marktflecken fahren, der immerhin vierzig Kilometer entfernt war. Man konnte sich ausrechnen, wie lange ein Telegramm brauchte, das der Postbote von dort mit dem Fahrrad brachte.

Ganz allmählich fanden sich auch die Frauen und die Kranken aus der weiteren Umgebung ein. Manchmal hockte eine ganze Schar morgens vor Ragans Tür, ehe er aufwachte. Schnatterten sie sonst wie eine Schar Enten, waren sie hier ganz leise, um die Ruhe ihres Doktor Sahib nicht zu stören.

Die Frauen von Lokheri überraschten ihn eines Tages damit, daß sie einen Weg vom Krankenhaus bis zum Gemeindebrunnen zu pflastern begannen. Wenn der Monsun einsetzte, war die Dorfstraße ein einziger Morast, deshalb arbeiteten sie mit verdoppelten Kräften. Gil hatte ein wenig entfernt von der Krankenbaracke eine Bretterbude über einer Grube errichtet, und er stellte einen der Jungen an, dafür zu sorgen, daß die Patienten sie auch benutzten. Es war eine schwierige Arbeit, bis die Leute sich daran gewöhnten, und zunächst waren sie nicht dazu zu bewegen, sich eine ähnliche Anlage bei ihren Hütten zu machen. Wozu hatte man denn die Natur? Die Verseuchung mit Hakenwürmern und anderen Parasiten begriffen sie einfach nicht. Gil raufte sich manchmal die Haare und verlor fast die Geduld.

„Was willst du eigentlich mit deinen Hühnern?" fragte ihn Ragan.

„Ich gründe einen Hühnerklub."

Ragan sah ihn an, als ob er einen Sonnenstich habe. „Einen Hühnerklub?"

„Ja! Jeder, der will, kann drei bis fünf Hennen erwerben. Das Geld kann er zunächst schuldig bleiben. Diese Hühner kommen in das Hühnerhaus und werden fachgerecht gefüttert und behandelt. Die Eier verkaufe ich an den Markttagen. Wenn die Schulden bezahlt sind, wird der Erlös anteilsweise vergeben. Die Hühnerzucht will ich nach den modernsten Erkenntnissen einrichten."

Gil war für Ragan geradezu ein Weltwunder. In kurzer Zeit hatte er so etwas wie eine Musteranlage aus dem Boden gestampft. Gewiß, wenn man amerikanische Maßstäbe anlegte, war die Anlage mehr als kümmerlich, aber das durfte man nicht. Für die hiesigen Verhältnisse war sie großartig.

Ich darf nicht immer vergleichen, dachte Ragan. Amerikanische Verhältnisse passen nicht hierher, aber wir müssen so weit kommen, daß wir die Not überwinden.

Es gab jetzt einen Mustergemüsegarten, dessen Anlage für eine sechsköpfige Familie gedacht war. Hier lernten die Dorfbewohner, wie man einen Garten richtig anlegt, so daß der Ertrag ausreichte. Bald stand auch das Hühnerhaus, und die Hennen gackerten lustig in ihrem Auslauf. Sie waren gesund und gut gefüttert. Kraß war der Unterschied zwischen ihnen und den dürren, zerzausten Dorfhühnern.

Nach dem Monsun wollte Gil, nachdem er sich mit Ragan wegen des Eiweißbedarfs der Dorfbewohner besprochen hatte, einen Fischteich anlegen lassen. Die Männer von Lokheri und Butan müßten ihn selbst ausheben, ein

Bagger war nicht zu kriegen. Hier würde man karpfenähnliche Fische einsetzen.

Gil hatte noch viele Pläne, die er alle zuerst mit Ragan besprach. Die Frauen und Mädchen sollten weben lernen, damit sie das Nesseltuch für die Saris und Dhotis selbst verfertigen konnten. Eine Töpferei sollte eingerichtet werden. In seinem Dorf würde man bald nicht mehr von Bananenblättern essen, sondern Teller und Schalen benutzen.

Ragan wußte nicht, wie die Zeit verflogen war. Es gab für ihn weder Sonn- noch Feiertag. Nur die Abende erschienen ihm oft unerträglich lang. Manchmal saß er auf der kleinen Veranda, die rings um das Haus führte, und starrte zum Himmel. Vor ihm stand die Wasserpfeife und gurgelte leise, wenn er an dem Mundstück sog. Um ihn war die Stille der Einsamkeit, die geisterhaft beseelte Welt, die Gegenwart der Ahnen, die er bei aller Fortschrittlichkeit anerkannte und die ihm die Kraft gaben, auf dem Weg weiterzugehen, den er beschritten hatte. Die Vergangenheit Indiens sollte nicht tot sein, nur durfte sie die Zukunft nicht hemmen. Was vorzeiten Großes geschaffen worden war, es sollte nicht untergehen, aber es mußte immer wieder neu verdient werden. Unendlich hoch und weit standen die Sterne an dem klaren Himmel. Wo mochte Sundri jetzt sein?

„Ich fliehe dich, weil mein Antlitz zerstört ist", hatte sie ihm geschrieben, „aber mein Herz ist bei dir zu jeder Zeit."

Zerbrach ein goldenes Gefäß, blieb es dann nicht Gold? Was war Schönheit im Vergleich zu Geist und Seele?

Gil wußte, daß er Ragan nicht stören durfte, wenn er so in sich versunken dasaß. Der Schlaf, der treue Freund der Menschen, würde bald seine Gedanken wegwischen, und sein Geist würde die Reise durch die Lüfte antreten, bis der Morgen ihn wieder zurückbrachte.

Ragan hatte ein Buch angelegt, in dem er alles verzeichnete, was im Dorf geschah. Jeder Todesfall und jede Geburt wurden eingetragen. Endlich sollte Ordnung einkehren, damit die Dorfbewohner später wußten, wie alt sie waren. Bis jetzt konnten sie es nicht genau sagen, weil ihnen Zahlen kein Begriff waren. Mit den alten Leuten war nicht mehr viel anzufangen, ihre Welt hörte hinter dem Dorf auf, sicher aber im nächsten Marktflecken, wo die Männer dann und wann einmal hinkamen, um das Wenige, was sie sich leisten konnten, einzukaufen, mehr noch, um es zu tauschen gegen Gemüse, ein paar Eier oder ein mageres Huhn. Der Weg, der zur asphaltierten Überlandstraße führte, war rissig und von den schweren Ochsenkarren zermahlen. Wenn die Regenzeit einsetzte, war er nur noch ein unpassierbarer Morast.

Ragan ging zu den Leprakranken. Sie lebten am Ostrand des Dorfes, weil der Wind mit wenigen Ausnahmen von West nach Ost wehte und die Luft des Dorfes nicht verpesten konnte. Auch die Unberührbaren – es waren nicht viele – wohnten hier.

Sie gönnen ihnen nicht einmal die gute Luft, dachte Ragan, aber das soll anders werden.

Die Unberührbaren – Harijani, Kinder Gottes, hatte Ghandi sie einst genannt, als er die Abschaffung der Kasten gefordert hatte – sollten durch ihn in die Dorfgemeinschaft kommen. Aus alten Büchern fiel ihm eine besondere Stelle ein, es war sozusagen eine Frage: „Fällt der Regen denn nur auf einige Auserwählte? Der Wind, der über uns hinstreicht, bringt er Erfrischung nur einigen Auserwählten? Sagt denn die mächtige Erde von einigen ihrer Kinder: Nein, ich will sie nicht tragen? Und sagt die strahlende Sonne von einigen Menschenkindern: Nein, ich will sie nicht wärmen? Wird in bebauten Ländern Nahrung allein gefunden für die höheren Kasten? Und für die niederen nur in unfruchtbaren Wüsten? Kommt Reichtum oder Armut, Lohn für gute Taten, oder kommt der Tod auf eine besondere Weise zu einigen, die da wohnen auf unserer alten Erde?

Es gibt nur eine Kaste, nur eine Familie gibt es. Es gibt

nur einen Tod und auch nur eine Geburt! Nur eine Gottheit ist da, der man Verehrung zollt!"

Das war das Wort eines Dichters, eines wahren Weisen, der es vor vielen hundert Jahren geschrieben hatte. Und es war der Wunsch Mahatma Gandhis. Wieviel Arbeit war in seinem Geiste noch zu tun! Mit dem Unsinn der religiösen Vorurteile mußte aufgeräumt werden, aber das würde nur langsam zu erarbeiten sein.

Und gegen noch einen Feind mußte er ankämpfen, gegen die grüne Sauce. Sie war ein Gemisch aus Milch, Haschisch und Wasser, das die Männer mit ein wenig Zucker vermischt tranken. Dieser Hanfsorbett gaukelte ihnen wirklichkeitsfremde Traumbilder vor. Dabei zerstörte er aber ihre Gesundheit. Wie sollte er gegen all dies angehen! Mit dieser sturen Dummheit fertig zu werden, war nahezu unmöglich, dabei lag so viel verborgene Intelligenz einfach brach, weil keiner sie ans Licht zu bringen vermochte.

„Ihr müßt vor Beginn des Monsuns ins Dorf kommen", sagte er zu einem alten Mann, dessen Arme nur noch aus Stummeln bestanden. Ihm konnte er nicht mehr helfen, aber beim Stand der heutigen Medizin war er in der Lage, die Lepra im Anfangsstadium zu heilen.

„Sie werden uns mit Steinen wegjagen, Doktor Sahib", erwiderte der Alte.

„Das werden sie nicht wagen. Hier bestimme ich, und ich kann Kranke aufnehmen, wie es mir richtig erscheint. Jeder von euch wird ein Bett haben und eine warme Mahlzeit erhalten, sofern ihr euch meinen Anordnungen fügt. Ich verlange äußerste Reinlichkeit, denn nur so kann ich die anderen Dorfbewohner vor Ansteckung schützen."

Ragan hatte sich alles einfacher gedacht. Zuerst revoltierten die Dorfbewohner. Der Ältestenrat erschien bei ihm und beschwerte sich, ja er drohte sogar, die Leute mit Gewalt zu vertreiben. Dann weigerten sich die Kranken, sich in die Betten zu legen. Ihrer Lebtag hatten sie auf dem Boden geschlafen, und das wollten sie auch weiterhin tun. Sie waren so mit der Erde verbunden, die ihre Mutter war, daß sie sie fühlen mußten, und – zudem, aus dem Bett könnte man herausfallen. Zunächst gab Ragan nach. Er war schon zufrieden, daß sie sich wuschen und die Anordnungen befolgten, die er erließ. Mit den Leprakranken hatten sich die Dorfbewohner schließlich abgefunden, weil sie in ihrer Krankenbaracke bleiben mußten. Viel Ärger dagegen bekam er wegen der Unberührbaren. Wollten die Frauen Wasser am Brunnen holen, wurden sie mit Steinen beworfen. Als ein kleines Mädchen so schwer am Kopf getroffen wurde, daß es starb, wagten die Unglücklichen sich nur noch während der Nacht an den Brunnen. Einige von ihnen zogen wieder an den Ostrand von Lokheri hinaus.

Es war allmählich so warm und schwül geworden, daß man es kaum aushalten konnte. Ragan spürte, wie gereizt und unduldsam er selber war. In Delhi, so berichtete Gil, als er von der Fahrt zurückkam, seien die Büros verwaist. Wer nur irgend die Möglichkeit habe, sei droben in Srinagar, wo die Nächte kühl sind. Trotzdem hatte er wieder manches erreicht. Er bekam Holz für zwei weitere Baracken. Eine sollte als kleines Rasthaus für Reisende eingerichtet werden, die andere als Werkraum dienen. Er brachte auch weitere Medikamente für die Krankenstation mit, dazu Saatgut für die Bauern, das sie erst zu bezahlen brauchten, wenn sie geerntet hatten.

„Du wirst Besuch bekommen", sagte Gil und zwinkerte vergnügt mit einem Auge.

„Eine Kommission?" fragte Ragan.

„Ach, was du denkst! Jetzt im Sommer kommen die Herren nicht zu uns heraus! Rate, wer Sehnsucht nach dir hat?"

„Rede schon, Gil", sagte Ragan ungeduldig.

„Die amerikanische Ärztin will dich besuchen."

„Esther Miller?"

„Ja, sie hat es mir gesagt. Bei meiner nächsten Fahrt bringe ich sie mit, und sie wird ihren Urlaub bei uns verbringen."

Ragan hatte manchmal an Esther gedacht. Bei Laja wußte er sie gut aufgehoben, deshalb hatte er sie auch beruhigt in Delhi zurückgelassen. Geschrieben hatte er ihr kaum, aber jedesmal durch Gil einen Gruß bestellen lassen.

„Wäre es nicht klüger, sie ginge nach Srinagar hinauf? Sie wird die Hitze hier bei uns schlecht vertragen."

„Es ist nicht alles klüger, was besser ist", erwiderte Gil weise lächelnd.

Trotz seiner Bedenken freute sich Ragan sehr auf den bevorstehenden Besuch. Er hatte die Gespräche mit Esther, überhaupt ihre Gesellschaft, vermißt. Nur, wo sollte er sie unterbringen? Das Holz für die Baracken kam erst in einigen Wochen, und ein Gästezimmer, das heißt ein Raum, den man so nennen könnte, war nicht vorhanden.

„Ich schlafe auf der Veranda", löste Gil das Problem. „Sie kann mein Zimmer haben."

Ragan wußte, daß er Esther keinerlei Komfort bieten konnte, aber sie sollte sein Land kennenlernen, wie es in Wirklichkeit war, und nicht so, wie es sich in den reichen Häusern oder in den Botschaften der fremden Regierungen darbot. Vielleicht, so hoffte er, würde sie später in Amerika darüber berichten und dort Verständnis dafür wekken, wie sehr man noch auf viele Jahre Hilfe brauchte.

„Gil, wo bekommen wir Fleisch her? Ich kann Esther nicht nur Reis, Erbsen und Bohnen vorsetzen."

„Überlaß das nur mir. Schließlich haben wir auch Eier, und dann und wann können wir ein Hähnchen schlachten." Vielleicht ließen sich in Delhi Fleischkonserven, allerdings für teures Geld, auftreiben. Gil freute sich ehrlich auf Esthers Kommen, die Abende würden dann für Ragan und auch für ihn nicht mehr so trostlos sein wie seither.

In Lokheri warteten alle sehnsüchtig auf das Eintreffen des Monsunregens, der den Süden des Landes bereits erreicht hatte und langsam dem Norden zustrebte, bis er an den Bergen des Himalaja zu Schnee wurde.

Ragan sah jeden Morgen prüfend zum Himmel, ob sich

Wolken zusammenballten. Es konnte sich jetzt nur noch um einen oder zwei Tage handeln. Deshalb mußte Esther, die nun schon über drei Wochen bei ihm im Gemeindezentrum war, morgen in die Stadt zurückfahren. Es würde sonst nicht so schnell eine Möglichkeit geben, durch den Morast auf die Fahrstraße zu gelangen.

„Kommst du heute noch einmal mit mir nach Butan hinüber?" fragte er sie. „Es geht der Frau, die gestern Zwillinge geboren hat, nicht besonders gut."

Esther hatte zwar keine große Lust, in dieser drückenden Schwüle in das Dorf zu gehen, aber sie wollte Ragan nicht enttäuschen. Während ihres Aufenthaltes war sie ihm sehr behilflich gewesen, hatte ihm bei kleinen Operationen assistiert, und er hatte immer wieder ihre Geschicklichkeit bewundert. Abends hatten sie bei dem flackernden Öllämpchen auf der Veranda gesessen und sich unterhalten, Probleme besprochen und zu lösen versucht. Oft war auch Gil mit dabei gewesen. Über ihnen hatten die Sterne geleuchtet, die, so meinte Esther, nirgends so hell und klar funkelten wie hier.

Sie liebte Indien, und sie haßte es zugleich, weil es so hart und unbarmherzig in seiner Naturgewalt war, ob Regen oder Hitze, beide waren gleich schlimm. Wo war die Lieblichkeit eines Frühlingstages, wo die satte Farbe und die schöne Reife des Herbstes? Die rostroten Blätter der Ahornbäume ihrer Heimat fielen ihr ein, als sie durch den grauen Staub des Weges lief.

Ragan mühte sich ab, aber was bedeutete seine Arbeit in dem ungeheuer großen Subkontinent, dessen Menschen so ganz anders dachten und handelten als die in Amerika? War er nicht viel zu schade dafür, hier draußen vergraben zu sein, Kinder auf die Welt bringen zu helfen, die, in ein Hungerdasein hineingeboren, besser nicht auf die Welt gekommen wären? Oder sollte er die vor Schmutz starrenden Leprakranken behandeln, denen er nicht mehr helfen konnte, weil die Krankheit zu weit fortgeschritten war? Ragan mit den feinen Händen, die dazu geschaffen waren, schwierige Operationen auszuführen, Ragan mit dem klaren Verstand, der viel besser in ihrem Land als Lehrer der jungen Ärzte tätig sein könnte. Esther ertappte sich dabei, daß sie sich wünschte, er möge mit ihr nach Amerika gehen, dorthin, wo seine Fähigkeiten etwas nützten und sie Einfluß auf ihn haben würde.

„Du bist so schweigsam, Esther", unterbrach seine weiche Stimme ihre Gedanken.

„Es ist die Hitze", erwiderte sie.

„Ich hätte dich nicht mitschleppen dürfen. Morgen fährst du mit dem Lastwagen zurück, und am Abend genießt du schon wieder die Wohltat deiner Klimaanlage. Manchmal wünsche ich mir, daß wir endlich auch eine elektrische Leitung nach Lokheri bekämen, so vieles würde dann leichter werden."

Gil tat, was er konnte. Jedesmal beklagte er sich in Delhi über die Saumseligkeit, und jedesmal vertröstete man ihn und versprach ihm aufs neue, die Leitung werde demnächst bestimmt gelegt werden, eingeplant sei sie schon längst.

Während Ragan und Esther sich mit der Kranken in der Hütte befaßten, hatten sich Wolken zusammengezogen, schneller als gewöhnlich. Man hörte ein dumpfes Grollen wie das Knurren eines wilden Tieres, und dann erhob sich der Wind. Er jagte Wolken von Staub und dürres Laub vor sich her.

„Wir müssen zurück, so rasch wir können", sagte Ragan, „sonst kommen wir nicht mehr über den Fluß." Er wußte, wie schnell sich das ausgetrocknete Flußbett füllte, sobald es zu regnen begann, und wie das Wasser anschwoll zu einem reißenden Strom. Er faßte Esther an der Hand und lief mit ihr den Pfad entlang. Der Wind nahm ihnen fast den Atem. Dürre Äste wirbelten in die Luft, und Vögel wurden mit in die Höhe gerissen. In ihrer Angst stießen sie spitze Schreie aus. Dann begann der Regen zu fallen, die schweren Tropfen hämmerten auf die Lehmhütten herab. Wolken rasten am Himmel entlang, Blitze zuckten darüber.

Man fühlte, mit welcher Gier die Erde das Wasser aufnahm, aber bald würde es so viel werden, daß sie es nicht mehr rasch genug schlucken konnte. Als sie endlich zu der Furt kamen, die sie vor wenigen Stunden trockenen Fußes überquert hatten, gurgelte und rauschte das Wasser bereits heran, zudem war es so dunkel geworden, daß Esther fast nichts mehr sehen konnte. Sie hielt Ragans Hand fest.

„Wir kommen nicht hinüber", sagte sie und lachte etwas nervös dazu.

Ragan beugte sich hinunter, zog seine Schuhe aus und krempelte die weißen Hosenbeine hoch. „Leg deine Arme um meinen Hals, ich trage dich hinüber", befahl er. Mit festen Schritten ging er durch das strömende Wasser. Esther klammerte sich an ihn, und er spürte die Wärme ihres Körpers. Plötzlich war er sich bewußt, wie einsam er die letzten Monate gewesen war. Er zog sie ein wenig fester an sich. Sollte er der Verlockung nachgeben und sie bitten, als seine Frau bei ihm zu bleiben? Sie würde eine großartige Kameradin sein, das hatte er in den letzten Wochen gemerkt.

Durch einen grellen Blitz wurde ihr Gesicht erleuchtet. Sie schmiegte sich enger an ihn, und fragend waren ihre blauen Augen auf ihn gerichtet. Sie spürte, wie nahe er ihr war.

„Ragan, du solltest mit mir nach Amerika zurück. In Ann Arbor würde man dich mit offenen Armen aufnehmen", sagte sie. Kaum hatte sie es ausgesprochen, wußte sie, daß sie ihn mit diesem Vorschlag wieder verloren hatte. Nie würde er Indien verlassen, er war ein Besessener, der durch nichts von seiner Idee abzubringen war.

Trotzdem machte sie noch einmal den Versuch. „Du könntest so viel erreichen, du würdest . . ." Ehe sie weitersprechen konnte, hatte er das Ufer erreicht. Sachte ließ er sie zu Boden gleiten, und ohne zu antworten, zog er sie an der Hand weiter.

Als sie in Lokheri ankamen, sagte Gil: „Gottlob, daß ihr da seid, ich habe mir schon Sorgen gemacht. Zieh rasch

trockene Kleider an, Esther, wir versuchen mit dem Lastwagen noch auf die Straße zu kommen!"

„Aber . . ."

„Beeil dich, Esther", mischte sich nun auch Ragan ein.
„Sonst müßtest du einige Wochen hierbleiben."

Als ob das schlimm wäre, dachte sie. Aber wenn er es
nicht wollte, mußte sie gehen. Es wurde ein kurzer Abschied, denn der Fahrer ließ ihnen keine Zeit für viele
Worte. Er drückte ununterbrochen auf die Hupe, um sie
zur Eile anzuspornen. Sollte er im Schlamm steckenblei-
ben, nur weil die beiden noch schwatzen wollten?

Lange stand Ragan draußen auf der Veranda. Er sah die
veilchenblauen Augen Esthers vor sich. Mit nach Ann
Arbor zurück? Dr. Miller hatte großen Einfluß an der Universität, und es würde ihm ein leichtes sein, Ragans Karriere zu fördern. Die Verlockung war ungeheuer, wenn er
an die Operationssäle und deren vorbildliche Einrichtung
dachte, an die Möglichkeiten, die ihn dort erwarten würden. Und Esther als Frau –!

Was hatte er hier? Kärglichkeit und Sorgen, Kampf gegen Unverstand und Aberglauben, und wahrscheinlich Un-
dank dazu. Trotzdem fühlte er, daß er am richtigen Platz
stand und daß er hierbleiben würde.

Er dachte an Sundris Augen, sie waren wie funkelnde
Topase. Wo mochte sie sein?

Das Elend von Kalkutta

Es war ein weiter und schwerer Weg gewesen, den Sundri
gehen mußte, um nach Kalkutta zu gelangen. Wie viele
Lastwagen waren an ihr vorbeigefahren, ohne auf ihr Win-
ken anzuhalten. Mit Staub überzogen, hatte sie oft stundenlang am Straßenrand gestanden, bis einer sie wenigstens ein Stück weit mitnahm. Von Ort zu Ort hatte sie sich

durchgebettelt, weite Strecken war sie zu Fuß gewandert, hatte bei hilfsbereiten Dorfbewohnern in einer Hütte übernachtet oder draußen im freien Feld geschlafen.

Im Gegensatz zur Malabarküste und auch den Ghats, wo die Natur reichlich Nahrung spendete, wurde das Land immer kärglicher, je näher sie der großen Stadt kam. Es war so heiß und schwül, daß sie nur am frühen Morgen und am Abend gehen konnte. Ausgedörrt war alles ringsumher, und Mensch und Tier lechzten nach dem erlösenden Regen.

Was wollte sie eigentlich in Kalkutta, der Stadt, die aus allen Nähten platzte? Sundri wußte es nicht. Sie war einzig und allein getrieben von dem Gedanken, weit weg von Ragan zu kommen. Untertauchen wollte sie zwischen den sieben oder acht Millionen Menschen, die dort lebten. Wenn irgendwo, fand sie hier Arbeit, dachte sie. Sie wußte nicht, daß täglich unendlich viele mit der gleichen Hoffnung hineinströmten, aber dann hier in den Straßen verkommen mußten, weil sie weder Arbeit noch eine Unterkunft fanden. Wer vermochte es zu zählen, dieses Heer von Arbeitslosen!

Es ging schon auf den Abend zu, als Sundri den Stadtrand erreichte. Sie war so müde, daß sie sich in der Nähe einer armseligen Hütte, die aus plattgeschlagenen Blechkanistern und alten Säcken zusammengeschustert war, einfach auf den Boden legte. Sie war zu müde, um bei den Ärmsten der Armen noch um ein Obdach zu bitten. Ihre Fußsohlen brannten, als ob sie auf feurigen Kohlen gegangen wäre. Die Hose und die Tunika klebten an ihrem Körper, an dem der Schweiß in Strömen heruntergelaufen war. Die Luftfeuchtigkeit war unerträglich, dazu noch eine Temperatur von annähernd fünfzig Grad Celsius. Die Nacht würde kaum Kühlung bringen.

Trotz der Müdigkeit schlief Sundri nur kurze Zeit. Es stank so fürchterlich, daß sie es einfach nicht mehr aushalten konnte.

Ehe die Sonne wieder heraufkam und ihre Strahlen erbarmungslos herabschickte, sah sie, daß ringsumher alles voller Unrat war. Es wimmelte plötzlich von Ratten und herrenlosen Hunden, die herumschnüffelten, um vielleicht noch etwas Freßbares zu finden. Sundri schüttelte sich vor Ekel. Sie hatte nur einen Wunsch – Wasser, Wasser zum Trinken und Wasser zum Waschen. Noch nie war es ihr so kostbar erschienen wie in diesem Augenblick. Wie wenig hatte sie es zu Hause geschätzt, jeden Tag baden zu können oder einen Becher kühlen Wassers aus der Kupferkanne zu trinken! Wie herrlich war es gewesen, wenn die Dienerin sie mit erfrischenden Kräuteressenzen eingerieben hatte!

Sie mußte so schnell wie möglich zum Huglifluß gelangen, der mitten durch Kalkutta floß. Hatte sie einigermaßen Schmutz und Staub und Schweiß abgewaschen, wollte sie sich nach Arbeit und nach einer ganz bescheidenen Unterkunft umsehen.

Von den wirklichen Verhältnissen in der Stadt hatte sie keine Ahnung. Mit ihr wälzte sich ein Strom von Obdachlosen dem Zentrum zu. Von Büffeln gezogene Fuhrwerke rollten an ihr vorbei, dazwischen klapprige Autos. Kulis rannten mit schweren Lasten auf dem Kopf zu den Märkten. Heilige Sadhus, in orangefarbene Tücher gekleidet, gingen gemessenen Schrittes dahin. Krüppel, die sich mühsam vorwärtsschleppten, Frauen mit Säuglingen auf dem Rücken waren darunter. Aus allen Löchern, den Kanalröhren und sonstigen Unterschlupfen kamen sie und wälzten sich wie ein endloser Heerwurm zum Stadtzentrum hin.

Sundri fragte eine junge Frau, die mit einem Kind auf dem Arm hinter ihrem Mann herhastete, nach dem Hugli.

„Ich möchte mich waschen", sagte sie.

„Das tust du am besten an einer der Wasserzapfstellen", erwiderte diese. „Dort vorn ist eine."

Es waren alte Pumpen, die zur Straßenreinigung und bei Bränden benutzt wurden. Hier drängten sich viele Dutzende von Menschen, und Sundri mußte sich anstellen. Hier vollzogen die Obdachlosen nacheinander auch ihre primitive Reinigung.

Die junge Frau, die vorhin an Sundri vorbeigelaufen war, stand ganz vorn. Als sie an der Reihe war, legte sie Sundri das Kind in die Arme. „Halt es kurze Zeit, bis ich mich gewaschen habe!"

Sundri sprach zu dem kleinen Mädchen, das vor Erschöpfung weinte. Diesen Augenblick benutzte die Mutter und verschwand um die nächste Ecke.

„He, he, du, so warte doch!"

„Hast dir den Balg aufhängen lassen", krächzte eine Alte. „Sieh zu, daß du ihn wieder los wirst. Leg ihn einfach irgendwohin. Auf eines mehr oder weniger kommt es nicht an, sterben genug Säuglinge jede Nacht!"

Das Kind wieder aussetzen! Nein, das konnte sie nicht. Nach einem Augenblick des Überlegens sagte sie zu der Alten: „Wenn du es bei dir behältst, komme ich heute abend her und sehe, daß ich es irgendwo unterbringen kann. Vielleicht . . ."

„Hihihihi", kicherte die Frau, „glaubst du, ich sei so dumm, es mir jetzt von dir aufhängen zu lassen?"

Sundri redete und redete. „Du kannst es immer noch aussetzen, wenn ich heute abend nicht wiederkomme. Ich schenke dir auch einen Schal." Endlich ließ sich die alte Frau herbei, an der Ecke zu warten. Vielleicht, daß mitleidige Fremde ihr dann und wann ein paar Münzen zuwarfen, wenn sie genug jammerte und das magere Würmchen zeigte. Gierig steckte sie den hübschen Seidenschal, den Sundri aus ihrer Basttasche nahm, unter ihren Sari.

„Schade, daß es nicht blind ist, es würde was einbringen", stellte sie fest. – Vielleicht verliert man im Lauf der Zeit das Gefühl, wenn man selbst so im Elend steckt, und man wird selbstsüchtig und erbarmungslos, dachte Sundri. Sie wollte es der Alten nicht allzu übelnehmen, sondern versuchen, in ihr ein wenig Güte zu wecken durch ihr eigenes Beispiel.

Unter einer Brücke nahm Sundri ihren zusammengefalteten Sari und ihre Sandaletten aus der Basttasche. Sie streifte die schmutzige Tunika und die Hose ab und stopfte sie ganz unten in die Tasche. Dann wickelte sie das letzte Stück kostbaren Seidentuchs, das ihr von der ganzen Pracht verblieben war, die sie aus Delhi nach Hause mitgenommen hatte, um ihren mager gewordenen Körper. So machte sie, nachdem sie noch ihr Haar durchgebürstet hatte, einen einigermaßen sauberen Eindruck. Ihr nächster Gang war zur Redaktion der größten Zeitung Kalkuttas. Nach langem Warten wurde sie von einem Sekretär empfangen, der ihr sofort jede Hoffnung auf eine Anstellung nahm.

„Sie brauchen es auch gar nicht bei einer anderen Redaktion zu versuchen, wenn Sie keine persönlichen Beziehungen haben. Kalkutta ist so hoffnungslos mit Arbeitslosen überfüllt, auch mit Promovierten von den Universitäten. Gehen Sie zurück nach Delhi", riet er ihr.

„Das will ich nicht. Zudem habe ich kein Fahrgeld."

„Halten Sie mich nicht länger auf", erwiderte der junge Mann unfreundlich.

„Kommen Sie mit in mein Zimmer", forderte eine junge Frau, die der Unterhaltung zugehört hatte, Sundri auf.

„Ich bin Journalistin", sagte sie. „Sie tun mir leid, aber ich kann Ihnen auch keinen besseren Bescheid geben, höchstens einen Rat."

„Bestünde die Aussicht, als Lehrerin unterzukommen?" fragte Sundri.

Die Journalistin schüttelte den Kopf. „Es ist wirklich alles hoffnungslos überfüllt. Nicht einmal beim Straßenbau gäbe es eine Möglichkeit, abgesehen davon, daß Sie für so eine Arbeit nicht kräftig genug wären. Haben Sie denn keine Familie, die etwas für Sie tun könnte?" Dabei betrachtete sie den Sari, dessen Wert sie nach der Musterung und den vielen Goldfäden schätzen konnte.

„Nein!"

„Vielleicht . . . Aber nein, dabei laufen Sie sich nur die Füße wund und haben am Ende doch kein Geld."

„Um was handelt es sich?" fragte Sundri begierig. Sie würde sich gern die Füße wundlaufen, wenn sie nur einen Anfang fand.

„Sie könnten als Vertreterin arbeiten. Aber wie gesagt, es ist meist eine bessere Bettelei, und die Firmen, die sich herbeilassen, Frauen anzustellen, beuten sie nur aus. Aber hier.ist der Stellenmarkt, lesen Sie ihn durch", schloß sie und reichte Sundri ein Exemplar der Zeitung. „Sie können es mitnehmen." Gleichzeitig drückte sie ihr fünf Rupien in die Hand. „Ich wünsche Ihnen viel Erfolg."

Der Geldschein brannte sie wie Feuer. Am liebsten hätte sie ihn zurückgewiesen, aber sie war hungrig und dachte dabei auch an das Kind, das ihre Hilfe brauchte. Später, wenn sie erst verdiente, würde sie der Journalistin diese fünf Rupien zurückbringen.

Sundri kaufte zuerst einige Fladen Tanduri, eine Brotart, die sehr knusprig war. Darauf wanderte sie die Straße entlang und gelangte zum Botanischen Garten. Hier setzte sie sich auf den Boden und aß einen Teil des Brotes. Mit der hohlen Hand schöpfte sie Wasser, das aus einer Röhre in ein Marmorbecken floß. Das flaue Gefühl, das sie befallen hatte, verschwand. Sie faltete die Zeitung auseinander und studierte die Anzeigen. Hunderte von Stellungen wurden gesucht, aber nicht eine einzige angeboten.

Hier standen die Vertretungen. Ob sie es nicht doch probieren sollte? Vielleicht gab es auch anständige Firmen.

Nachdem Sundri sich mehrere Inserate angestrichen hatte, machte sie sich auf den Weg in das Geschäftszentrum Kalkuttas. Von den fünf angebotenen Vertretungen waren vier bereits vergeben, bei der fünften wollte man sie in die engere Wahl nehmen. Es handelte sich um die kosmetischen Erzeugnisse der Firma Lakmi, die sehr teuer waren. Als Arbeitsgebiet kamen daher nur die Wohnviertel der ganz reichen Leute in Frage. Wer könnte sich außer ihnen Creme, Puder, Gesichtswasser und Parfüm leisten?

„Seien Sie morgen früh um acht Uhr hier, Miss Valappan. Wir wollen einen Versuch mit Ihnen machen", sagte der Geschäftsführer. Sundri gefiel ihm nicht schlecht. Sie schien sehr redegewandt zu sein, das war wichtig. Vor allen Dingen aber sprach sie ein ausgezeichnetes Englisch, das in jenen Kreisen bevorzugt wurde. Sundri hatte ihm stets nur ihre linke Seite zugewendet und hatte das Ende ihres Saris so gelegt, daß es die rechte Gesichtshälfte verdeckte.

„Ich werde pünktlich sein", erwiderte sie. Nachdem sie unter dem Brückenbogen ihre vornehme Kleidung wieder abgelegt und sorgfältig zusammengefaltet in ihrer Basttasche verstaut hatte, eilte sie in ihrer schmutzigen Hose und der Tunika der Straßenecke zu. Hier hatte sie doch die alte Frau und das Kind zurückgelassen. Sie nahm sich vor, sobald sie das erste Geld verdient hätte, sich ein Stück Baumwolltuch zu kaufen, damit sie ihre schmutzige Kleidung waschen konnte. Allmählich ekelte es sie, sie in diesem Zustand anziehen zu müssen, aber es blieb ihr nichts anderes übrig. Wollte sie eine Stellung bekommen, mußte ihr einziger Sari sauber sein, ganz abgesehen davon, daß sie sich hier in einem so schönen goldbestickten Gewand gar nicht sehen lassen könnte, ohne angepöbelt zu werden. Gottlob, die Alte saß mit dem Kind ganz in der Nähe des verabredeten Platzes. Sie schien recht zufrieden zu sein, so wie sie dahockte und an einem Betelblatt kaute. Wahrscheinlich hatte sie einige Münzen zusammengebettelt, und anstatt für das halbverhungerte Kind Milch und Brot zu kaufen, lutschte sie an dem Zeug, das Sundri nicht ausstehen konnte. Die Paste, aus verschiedenen scharfen Gewürzen hergestellt, roch widerlich. Aber sie war so begehrt wie bei den Engländern der Tee. Das Kind schlief.

„Sie bringt Geld, die Kleine", sagte die Alte kichernd. „Wenn die Fremden den mageren Körper sehen, geben sie gern Almosen. Blind müßte sie dann noch sein, das wäre gut!"

„Bist du nicht recht bei Verstand!" rief Sundri zornig. „So etwas möchte ich nicht mehr hören!" Sie nahm das Kind in die Arme und weckte es auf. „Komm, iß die Banane." Ehe sie dem kleinen Mädchen auch von dem Brot geben konnte, war es erschöpft wieder eingeschlafen. Auch die alte Frau erhielt einen Fladen Brot. „Wirst du morgen den Tag über wieder auf sie achtgeben?"

„Das tue ich. Ich heiße Tulsa", fügte sie hinzu.

„Ich bin . . ." Sie zögerte einen Augenblick. Sollte sie sich Bhadda oder Sundri nennen? Als Bhadda wurde sie gesucht, aber der Steckbrief würde niemals bis Kalkutta gelangen. „Ich heiße Sundri. Das Kind wollen wir Mitha nennen." Tulsa schüttelte den Kopf. Mitha, die Süße, nichts paßte schlechter zu diesem schmutzigen Bündel Elend. Aber wie diese Sundri wollte. Vielleicht waren ihre Sinne ein wenig verwirrt, und mit so jemand durfte man nicht streiten. Sie würde auf das Kind aufpassen, solange etwas dabei heraussprang. Kümmerte sich diese Person nicht mehr darum, würde sie es ganz einfach irgendwo liegenlassen.

„Wir könnten dort drüben hinter den Karren schlafen", schlug Tulsa vor. „Hier kommen so viele her, weil der Nordbahnhof in der Nähe ist."

Zu Hunderten, Männer, Frauen und Kinder, lagen sie auf den Gehsteigen. Jahraus, jahrein lebten sie auf der Straße, in Kanalisationsröhren und unter den Brücken, die über den Hugli führten. Hier lebten und hier starben sie. Außer einigen barmherzigen Schwestern kümmerte sich kein Mensch darum, was aus ihnen wurde. Die Toten wurden von der Polizei jeden Morgen zusammengelesen, auf einen Karren geworfen und außerhalb der Stadt verbrannt. Sundri hatte in Delhi und in Bombay viel Not und Elend kennengelernt, aber Kalkutta übertraf alles.

Vorsichtig nahm sie Mitha auf und trug sie über die Straße. Sie hielt das Kind an sich gedrückt und wies Tulsa an, die Wolldecke über sie zu breiten. Die Alte kauerte sich daneben und war in wenigen Minuten eingeschlafen. Sie schnarchte in kurzen Abständen und störte Sundri durch ihre immer wiederkehrenden, Rülpsern gleichenden Töne. Sundri lag lange wach, und ihre Gedanken gingen zu dem kleinen Haus in Delhi, das sie mit Laja Rhadvani zusammen bewohnt hatte. Es war ihr zu bescheiden gewesen, heute dünkte es sie ein Palast im Vergleich zu ihrem Schlafplatz hinter den Karren. Subba, der Diener, hatte die

Hausarbeit getan und gekocht. Wie glücklich wäre sie, hätte sie jetzt in Kalkutta eine Stellung bei einer Zeitung, wie sie sie in Delhi gehabt hatte. Wieviel hatte sie damals daran auszusetzen gehabt!

Ragan . . . Bei Ragan verweilten ihre Gedanken am längsten. Wo mochte er sein? War er doch in Delhi geblieben, war er aufs Land gegangen, und wie war es mit der Amerikanerin? Fragen über Fragen, die ohne Antwort bleiben würden. Sie hatte geglaubt, ihr Herz sei kalt und unempfindlich geworden, aber das Feuer, das Ragan in ihr entfacht hatte, glühte noch immer unter der Asche ihrer begrabenen Hoffnungen. Nie war ihr Herz so bereit für die Demut und die Liebe gewesen wie gerade jetzt.

So zwischen Wachen und Dahindämmern verbrachte Sundri die Nacht. Müde und zerschlagen stand sie auf, als Bewegung in die Masse der Obdachlosen kam. Als sie sich endlich bis zur Wasserpumpe durchgekämpft und sich gewaschen und den Mund gespült hatte, wies sie Tulsa an, auf Mitha gut achtzugeben, bis sie am Abend wiederkäme. Sie teilte den Rest des Brotes und ging zur Brücke, um die Kleider zu wechseln. Unter allen Umständen mußte sie pünktlich im Büro der Kosmetikfirma sein, sonst ging ihr der Posten verloren.

Man wartete dort bereits auf sie. Mit noch sechs anderen Frauen wurde sie kurz über alles Notwendige unterrichtet. Man sagte ihnen, wie sie die Ware anbieten sollten und auf welche Schlagworte es ganz besonders ankäme. Darauf drückte man jeder eine Preisliste, ein Bestellbuch und ein Musterköfferchen in die Hand. Für dieses sollte Geld hinterlegt werden. Sundri sah schon die Hoffnung auf Verdienst schwinden, sie hatte nur noch zwei von den fünf Rupien, die ihr die Journalistin gegeben hatte. Dafür wollte sie heute abend Milch für Mitha und Obst und Brot für Tulsa und sich selbst kaufen. Zehn Rupien verlangte der Geschäftsführer als Sicherheit für den Musterkoffer.

„Soviel habe ich nicht bei mir, doch ich lasse Ihnen meine Tasche als Pfand", sagte sie so hochmütig, wie sie nur konnte. Ohne eine Antwort abzuwarten, stellte sie die Basttasche in eine Ecke. „Bitte geben Sie acht, daß sie nicht verlorengeht!" Es klang so, als ob es sich um einen wertvollen Gegenstand handele. Der Geschäftsführer nickte zustimmend, klatschte dann in die Hände und rief: „Beeilt euch, ihr verpaßt sonst die beste Zeit!"

Zusammen in ein Auto gepfercht, wurden sie in die Bezirke gefahren, in denen sie arbeiten sollten. Jeder von ihnen war ein genau abgegrenztes Viertel zugewiesen.

In die ersten luxuriösen Bungalows wurde Sundri gar nicht eingelassen, die Türsteher scheuchten sie weg wie ein lästiges Insekt. An der Ecke – es war das letzte Haus ihres Bezirks auf der linken Straßenseite – entdeckte sie die Dame des Hauses im Garten. „Was für prächtige Blumen Sie haben, Memsahib", rief Sundri bewundernd. „Ich liebe schöne Blumen sehr!"

„Ich auch", erwiderte die Besitzerin freundlich. „Kommen Sie doch herein, ich will Ihnen gern welche abschneiden lassen."

„Sie sind sehr gütig, Memsahib." Sundri betrat den Garten, stellte ihr Köfferchen ab und faltete die Hände zum Gruß. Wie hatte der Geschäftsführer von Lakmi doch gesagt? Ihr müßt immer sehen, daß ihr das Haus betreten könnt. Seid ihr erst mal drin, ist es nicht mehr schwer, etwas zu verkaufen.

„Dürfte ich Sie wohl um einen Trunk Wasser bitten, Memsahib? Es ist sehr heiß heute."

Sie wurde ins Haus geführt, und bald kamen die zwei Frauen so ins Plaudern, daß Sundri beinahe vergessen hätte, zu welchem Zweck sie hier war. Sie kamen auf die Schriften der Buddhisten zu sprechen, und Sundri bewunderte die Klugheit der Dame.

„Was es an Leid gibt, an Schmerzen und Klagen in dieser Welt in zahllosen Gestalten, das kommt nur davon, daß wir Liebes haben. Hast du nichts Liebes, nah'n dir keine Leiden, sagt ein Dichter."

„Wie wahr das ist", bestätigte Sundri. „Kennen Sie das

Lied der Nonnen? Berauscht von Schönheit und von Ruhm, durch Glück und Reichtum stets verwöhnt, sah ich auf andere Frauen herab . . ."

„Sprechen Sie doch weiter!"

„Verzeihen Sie mir, Memsahib, ich habe Sie getäuscht. Ich liebe Blumen zwar sehr, und ich liebe die Literatur, aber ich habe es nur dazu benutzt, um mit Ihnen ins Gespräch zu kommen. Ich wollte Ihnen Kosmetikartikel verkaufen, weil ich unbedingt Geld verdienen muß. Jetzt tut es mir leid, daß ich nicht ehrlich war."

Sundri stand auf und wollte gehen, aber ihre Gastgeberin drückte sie sanft in das Sofa zurück. „Ich schätze Ihre Aufrichtigkeit. Zeigen Sie mir, was Sie haben!"

Sundri breitete das Sortiment aus, und Nalini Satyamuti bestellte von allem, was Lakmi-Kosmetik anzubieten hatte. Es war ein schöner Auftrag.

„Ich danke Ihnen sehr, Memsahib. Bitte unterschreiben Sie hier, die Waren bringe ich Ihnen morgen!"

Nalini erkundigte sich nach Sundris Ausbildung und meinte: „Es müßte doch eine andere Möglichkeit für Sie geben."

„Nur wenn man Beziehungen hat."

„Ich will mit meinem Mann sprechen, vielleicht kann er etwas für Sie tun. Trinken Sie morgen eine Tasse Tee mit mir!"

„Ich freue mich darauf", erwiderte Sundri. Die Hoffnung keimte in ihr auf wie ein Reiskorn im Wasser. Hoffentlich fragte sie Satyamuti Sahib nicht nach ihrer Adresse, sie konnte nicht gut sagen, sie wohne neben den alten Karren auf der Straße. Die feinen Leute, die sicherlich nie die Not kennengelernt hatten, würden es nicht begreifen.

Die beiden Frauen trennten sich mit dem Gefühl gegenseitiger Sympathie. Als Sundri aus der Kühle des Hauses in die flimmernde Mittagshitze hinaustrat, begegnete sie bei der Gartentür Herrn Satyamuti, der sie scharf und mißtrauisch musterte. Schnell ging sie an ihm vorbei. Nach der angenehm klimatisierten Kühle des Hauses schlug ihr die

Hitze jetzt besonders stark entgegen. Sie blinzelte in die blendende Helle der Sonne, und das grelle Licht tat ihr in den Augen weh. Hoffentlich hatte Tulsa die kleine Mitha in den Schatten gesetzt.

Herr Satyamuti betrat das Zimmer. „Wie konntest du eine Frau hereinlassen, die du gar nicht kennst?" kanzelte er seine Frau ab. „Wo war der Türsteher, wo deine Dienerinnen? Bezahle ich dem faulen Pack nicht genug Lohn und füttere sie und ihren Anhang mit durch?" rief er mit bitterbösem Blick. „Ich verbiete dir ein- für allemal, fremde Leute in das Haus hereinzulassen!" Während Frau Satyamuti die Vorwürfe über sich ergehen lassen mußte und schon bereute, die Bestellung gemacht zu haben, ging Sundri weiter, obwohl sie sich am liebsten irgendwo in den Schatten gelegt hätte. Sie mußte aber unter allen Umständen noch auf der anderen Straßenseite versuchen, ihre Kosmetika zu verkaufen.

Überall an den Häusern waren die Jalousien heruntergelassen, und sie würden vor dem Abend auch nicht wieder hochgezogen werden. Nirgends wurde auf ihr Klopfen geöffnet. Todmüde schleppte sie sich zu der Straßenecke, an der sie von dem Wagen der Lakmi-Kosmetik wieder abgeholt werden würde.

Die anderen Frauen waren nicht weniger müde und kaum erfolgreicher gewesen. Zwei, die überhaupt nichts hatten verkaufen können, gaben auf, die anderen wollten es am nächsten Tag noch einmal versuchen. Schließlich war es etwas Neues, noch nie Dagewesenes, daß sich Frauen als Vertreterinnen betätigten. Vor einigen Jahren wäre so etwas überhaupt nicht möglich gewesen. Das mußte sich erst einführen und herumsprechen.

Enttäuscht war Sundri, weil sie ihre Provision nicht sofort ausbezahlt bekam. Man erklärte ihr, daß sie erst den Betrag zu kassieren habe, ehe sie die Prozente erhalten würde.

Nun mußte sie sehen, wie sie mit den zwei Rupien, die sie noch hatte, auskam. Sie brauchte Geld für den Omnibus

290

und Geld für Brot und Milch. Mitha mußte unbedingt Milch bekommen. Von fern sah sie Tulsa, an die Mauer eines Hauses gelehnt, wieder an einem Betelblatt kauen, neben ihr lag das Kind auf der Wolldecke. Es sah noch elender und lebloser aus als am Tag zuvor.

„Hast du heute früh keine Milch gekauft? Ich habe dir Geld dafür gegeben, was hast du damit gemacht?"

„Natürlich habe ich Milch gekauft, sie hat aber nur daran genippt. Den Rest habe ich getrunken, um sie nicht sauer werden zu lassen. Sollte ich sie vielleicht den Ratten oder den Hunden lassen? Heute war ein schlechter Tag für Almosen. Wenig Fremde, es ist zu heiß. Wir sollten uns einen besseren Platz aussuchen."

Begierig sah die Alte auf das Brot, das Sundri in Stücke teilte. Sie hatte zwar heute früh Mithas Brot gegessen und auch die ganze Milch getrunken, aber hungrig war sie trotzdem noch immer. Wie konnte sich diese junge Frau so um ein halbverhungertes, von den Eltern ausgesetztes Kind absorgen, als ob es ihr eigenes wäre! Das verstand sie nicht. Sundri warf ihr einen vorwurfsvollen Blick zu, denn sie hatte ihr die Gedanken am Gesicht abgelesen.

„Der Monsun wird bald kommen, was wird dann?" versuchte Tulsa abzulenken. „Wir sollten uns rechtzeitig nach einem Unterschlupf umsehen!"

Ja, der Monsun, er bereitete Sundri auch schon Sorgen und Kopfzerbrechen. So rasch, wie sie es sich erhofft hatte, ging es mit dem Geldverdienen nicht. Und sie hatte keinerlei Schmuck mehr, den sie verkaufen oder verpfänden konnte. In Delhi mußte zwar noch ihre Goldmedaille sein, aber niemals würde sie Laja schreiben. Lieber hungerte sie weiter.

„Ich muß mir überlegen, was wir machen", beantwortete sie Tulsas Frage. „Vielleicht finde ich irgendwo ein festes Unterkommen." Sie nahm Mitha in den Arm und stopfte ihr etwas von dem Brot, das sie in Wasser aufgeweicht hatte, in den Mund. „Komm, Kleines, du mußt essen, damit du zu Kräften kommst", sagte sie zärtlich. Mitha öffnete die Augen, und als ob sie es verstanden hätte, versuchte sie den Brotbrei zu schlucken. Bald schlief sie jedoch wieder ein, ohne viel gegessen zu haben.

„Morgen holst du in aller Frühe Milch, ich will sie ihr selbst geben!" befahl Sundri. Tulsa gab keine Antwort. Was sollte sie zu einer solchen Närrin sagen!

Vor dem Einschlafen überdachte Sundri noch einmal ihre Lage, denn der nahende Monsun hatte ihr mehr Kopfzerbrechen gemacht, als sie der Alten gegenüber zugeben mochte. Brachte Nalini Satyamuti ihren Mann dazu, ihr eine Stellung zu verschaffen, könnte sie irgendwo vielleicht einen Raum mieten. Tulsa würde tagsüber auf das Kind achtgeben, wenn sie dafür zu essen bekam und ein Dach über dem Kopf hatte. Selbst wenn es die kleinste, bescheidenste Stellung sein würde, so hätte sie doch ein festes Einkommen.

Anderntags war sie so voller Hoffnung, daß sie zum ersten Male seit langer Zeit wieder lächelte, als ihr der Geschäftsführer viel Erfolg wünschte. Guten Mutes wollte sie den Garten der Satyamutis betreten, um das bestellte Sortiment abzuliefern, aber der Türsteher kam ihr mit abwehrend erhobenen Händen entgegen: „Memsahib ist nicht zu sprechen!"

„Was du nicht sagst! Sie hat mich zu einer Tasse Tee eingeladen."

„Memsahib ist nicht zu sprechen!" wiederholte er stur. „Hier ist das Geld, und jetzt gehen Sie, und kommen Sie nicht wieder!"

„Aber . . ."

„Befehl von Satyamuti Sahib!" Er nahm Sundri das Paket ab, schob sie zur Pforte hinaus und schlug ihr die Tür vor der Nase zu. Sundri war so überrascht, daß sie einen Augenblick wie erstarrt stehenblieb. Sie glaubte Nalinis Gesicht am Fenster zu sehen und die bedauernde Geste, die sie mit ihren beiden erhobenen Händen machte. Die schillernde Hoffnung und damit auch ihre Pläne auf eine Stellung und eine Unterkunft waren geplatzt wie eine Seifenblase. Langsam ging sie mit hängenden Schultern die Straße entlang.

So schlecht, wie dieser Tag begonnen hatte, ging er auch weiter. Überall war es dasselbe, und Sundri begann, allmählich die Türsteher zu hassen, die ihr den Eingang in die Bungalows verwehrten. Nur ein einziges Mal glückte es ihr, doch noch bis zur Herrin des Hauses zu gelangen. Sie schob den Türsteher einfach beiseite. Nachdem sie ihn von oben herab gemustert hatte, sagte sie: „Deine Memsahib erwartet mich, geh, melde mich an!" Und er tat es. Mit einem Blick umfaßte sie den Raum, in welchen sie geführt wurde. Hier könnte es schon möglich sein, einen Auftrag zu bekommen, die Leute mußten sehr wohlhabend sein.

Sundri hatte richtig geschätzt. Nach den ersten Worten, die sie sorgfältig gewählt hatte, wurde sie aufgefordert, die Lakmi-Erzeugnisse vorzuzeigen. Mit ihrer Redegewandtheit verstand sie es gut, die Waren richtig anzupreisen. Sie zerrieb einige Tropfen des Parfüms auf dem Handrücken der Interessentin und sagte: „Ist es nicht herrlich? Durch die Wärme der Hand kommt der Duft erst recht zur Geltung."

Darauf forderte sie die Dame des Hauses auf, auch die Creme zu probieren. „Damit wird die Haut sammetweich. Und erst dieser feine Hauch, der sie durchdringt." Sie schnupperte genießerisch und sah die Kundin dann fragend an.

„Sie haben recht. Ich nehme das ganze Sortiment", erwiderte diese, ohne nach dem Preis zu fragen. Nun folgten die üblichen Formalitäten. Sundri vermerkte den Auftrag in ihrem Buch, ließ sich Name und Adresse geben und zuletzt die Auftragsbestätigung noch unterschreiben. Darauf packte sie ihre Muster wieder in den Koffer und verabschiedete sich wortreich mit dem Versprechen: „Morgen bringe ich Ihnen die Kosmetika selbst her." Dabei passierte es ihr, daß das Ende des Saris, mit dem sie stets ihre rechte Gesichtshälfte verbarg, etwas verrutschte. Mit einem Schrei des Widerwillens fuhr die Dame zurück.

„Sie hatten die Pocken! Gehen Sie, gehen Sie, ich will nicht angesteckt werden!"

„Memsahib, das ist doch längst vorbei. Ich . . ."

„Hinaus auf der Stelle und lassen Sie sich hier nicht mehr sehen!"

Wie ein geprügelter Hund schlich sich Sundri aus dem Haus. Das grelle Licht der Sonne tat ihr weh, oder kam es von den Tränen, die sie nicht zurückhalten konnte? Die drückende Schwüle nahm ihr fast den Atem, als sie die Straße entlanghastete. Heute hatte sie nicht mehr die Energie, weiterzuarbeiten. Sie setzte sich in den Schatten eines Baumes und weinte vor sich hin. Sollte sie denn niemals mehr zur Ruhe kommen?

Als sie am Spätnachmittag mit den anderen Frauen das Büro betrat, überkam sie ein ungutes Gefühl. Der Geschäftsführer hielt sie zurück. „Warte noch, ich habe etwas mit dir zu besprechen!" Kaum waren sie allein, riß er ihr den Sari vom Gesicht und schrie: „Es stimmt also! Wie konntest du es wagen, mit diesem Pockengesicht ausgerechnet die Schönheitsprodukte der Lakmi-Gesellschaft verkaufen zu wollen? Du hast uns schwer geschädigt, die Straße, wahrscheinlich das ganze Villenviertel kommt für uns nicht mehr in Frage. Das spricht sich herum. Nimm deine Tasche und verschwinde!" Zorn und Scham spiegelten sich auf Sundris Gesicht wider. „Ich bekomme die Provision für die beiden Aufträge", erklärte sie energisch.

„Gar nichts bekommst du! Die heutige Bestellung ist telefonisch rückgängig gemacht worden. Man hat uns sogar gedroht, die Nachbarschaft vor den Lakmi-Verkäuferinnen zu warnen. Und du wagst es, noch Provision zu verlangen?"

„Ja, und wenn ich sie nicht bekomme, gehe ich vor den Richter."

Angewidert warf er ihr einige Rupienscheine zu: „Verschwinde, und lasse dich nie wieder bei uns sehen!"

Hocherhobenen Kopfes und trotzdem innerlich gedemütigt verließ Sundri das Bürogebäude. In der Ferne türmten sich Wolken auf. Der Monsun war nahe, und sie hatte für Mitha und sich kein Dach über dem Kopf. Das Geld würde bei guter Einteilung zwar eine Woche reichen, um den Hunger zu stillen. Aber dann?

Der Omnibus war hoffnungslos überfüllt, und nur mit Mühe und Not gelang es ihr, mit einem Fuß auf das Trittbrett zu kommen, auf dem schon eine Menschenmenge dicht gedrängt wie eine Traube hing.

Die Ecke, an der Tulsa mit dem Kind auf sie zu warten pflegte, war leer. Vielleicht war die Alte schon zu dem Schlafplatz hinter den abgestellten Karren gegangen. Aber auch hier war keine Spur von den beiden.

Sundri ging zur Wasserpumpe und fragte herum, ob jemand die alte Frau mit dem Kind gesehen habe. Aber alle schüttelten den Kopf. Was scherte einen eine Alte und ein Kind, man hatte mit sich selbst Sorgen genug. Bald würde der Himmel seine Schleusen öffnen und der Regen auf das Pflaster klatschen. Der Wind würde durch die Straßen fegen und die Schwüle einen halb irre machen. Man würde durchnäßt werden und während der Nacht elendiglich frieren. Diejenigen, die in den Kanalröhren Unterschlupf gefunden hatten, mußten anderswo unterzukommen versuchen, denn jetzt würde Wasser durch die Röhren jagen. Viele gingen dann in den Bahnhof, dessen Hallen und Wartesäle bald hoffnungslos überfüllt sein würden. Dazu gab es Polizeirazzien, bei denen die Obdachlosen wie Vieh auf die Straße getrieben wurden. Manch einer holte sich den Tod. Ja, nun würden wieder einige hundert Tote jede Nacht von den Straßen weggekehrt werden. Immer mit dem Monsun stieg die Anzahl der Todesfälle sprungartig an.

Sundri fragte weiter und weiter. Endlich fand sie einen Jungen, der sich an Tulsa und das Kind zu erinnern glaubte.

„Sie hat gesagt, es sei tot, und hat es in den Huglifluß geworfen. Sie ist dann weggegangen, dorthin." Dabei zeigte er mit der Hand die Straße hinunter.

„O mein Gott, mein Gott", jammerte Sundri, „warum läßt du so etwas zu?"

„Es war doch nicht dein eigenes Kind", versuchte eine Frau sie zu trösten.

„Nein, aber es war ein Kind Indiens", erwiderte Sundri. Würden es die Menschen je begreifen, daß Indien die Mutter war und man es nicht zulassen durfte, daß täglich so viele Menschen an Entkräftung starben? Sicher, sterben mußten alle einmal, auch die Reichen, aber doch nicht diese kleinen unschuldigen Kinder, nicht die Frauen im Kindbett und nicht die Männer an der Schwindsucht, nur weil irgendwo etwas nicht stimmte in der Regierung. Schließlich war sie doch dazu da, um diese Mißstände abzuschaffen.

Natürlich hatte Tulsa auch die Wolldecke mitgenommen, in welche sich Sundri nachts einwickelte. Außer der Müdigkeit bedrückten sie der Verlust des Kindes, an das sie ihr Herz gehängt hatte, und die Hoffnungslosigkeit ihrer Lage sehr. War man einmal so am Boden wie sie in diesem Augenblick, war es schwer, wieder aufzustehen. Sundri lehnte willenlos an der noch warmen Wand eines Hauses und starrte vor sich hin.

In der Ferne zuckten Blitze über den Himmel. Wind kam auf, und nach einem dröhnenden Donnerschlag begann es zu regnen. Der Sturm trieb den Regen in Schwaden vor sich her.

Sundri drückte sich eng an die Mauer, war aber in kürzester Zeit bis auf die Haut durchnäßt. Hier lag sie, ein erbärmliches bißchen Mensch, der Naturgewalt des Monsuns schutzlos preisgegeben. So fanden sie zwei Schwestern, die man die Botinnen der Barmherzigkeit und Liebe nennt, die Sterbende und Kranke auflesen und Kinder, die am Verhungern sind, weil die Eltern sie ausgesetzt haben. Sie fanden auch Sundri und nahmen sie mit.

Im Waisenhaus

„Du kannst bei uns bleiben", sagte Schwester Ellen, als Sundri nach ein paar Tagen wieder gehen wollte. Sie hatte im Heim der Schwestern geschlafen und gegessen, wollte ihnen nun aber nicht länger zur Last fallen.

„Wo willst du wohnen, und was willst du tun?" fragte Schwester Ellen.

„Ich weiß es noch nicht."

„Du kannst bei uns bleiben, wenn du es gern möchtest. Wir sind froh über jede Hilfe; leider können wir dir vorerst außer Essen und Kleidung nichts geben. Überlege es dir gut, ob du zu Opfern bereit bist. Wir bauen draußen vor der Stadt ein Waisenhaus. Du könntest später die Kinder, die wir dort aufnehmen, im Lesen und Schreiben unterrichten. Zuerst müßtest du allerdings am Bau mitarbeiten. Auch die Schwestern helfen mit."

Sundri war einverstanden. Die kleine Mitha, die sie nicht vergessen konnte, hatte das Gefühl in ihr geweckt, den Ärmsten der Armen, den hilflosen Kindern beizustehen. „Hast du nichts Liebes, nah'n dir keine Leiden", sagte zwar der Dichter; doch Leid mußte wohl im Menschenleben sein. Es machte reifer und aufgeschlossener für die Sorgen anderer. Man mußte nur die Sprache verstehen, die das Leid sprach.

Sundri bewunderte die Schwestern, die so selbstlos Nacht für Nacht durch Kalkuttas Straßen gingen, die sich von den Bettlern beschimpfen lassen mußten und deren Hilfe oft so mißverstanden wurde. Frauen aus allen Ländern waren dabei, die sich aufopferten. Sie hatten kein Geld und waren ganz auf Spenden angewiesen, für die sie werben mußten. Die Unterstützung der Regierung reichte nicht hin und nicht her, um das Werk weiterzuführen. Manchmal ging es darum auch recht knapp zu. Jeder, der in irgendeiner Form helfen wollte, war willkommen, und jedem, der Hilfe brauchte, wurde geholfen. Es gab weder

Religionsunterschiede, noch gab es Kasten, es gab nur Menschen. War es da nicht mehr als billig, daß sie, Sundri, auch half?

Draußen vor der Stadt hatte der Gouverneur des Bundesstaates den Schwestern ein größeres Stück Land zugewiesen, und durch eine großzügige Spende, die aus der Schweiz und anderen Ländern kam, konnte man endlich einige feste Häuser bauen. Die meiste Arbeit machten die Schwestern zusammen mit ihren älteren Schützlingen selbst.

Sundri erhielt einen Sari aus grobem, ungebleichtem Baumwollstoff, und dann brachte Schwester Ellen sie hinaus. Marion Smith, die das Unternehmen leitete, war Engländerin. Sie wies Sundri ein Zelt an, das sie zusammen mit einer der Schwestern bewohnen sollte. Zum Abendessen möge sie hinüber in den Gemeinschaftsraum des kleinen Hauses kommen, das bereits fertig war.

„Alles bei uns ist noch recht primitiv, aber es wird bald besser werden. Sobald die Regenzeit zu Ende ist, fangen wir zu bauen an. Bis dahin wäre es mir lieb, wenn du den älteren Mädchen ein wenig Englisch beibringen könntest." Sie erzählte Sundri, wie klein man angefangen und wieviel man doch schon erreicht habe. Die Mädchen würden auch im Nähen und Weben unterrichtet, und man behalte sie so lange hier, bis sie in der Lage seien, ihren Unterhalt selbst zu verdienen. „Wir besorgen ihnen dann Arbeit in den Textilfabriken, und es ist unser ganzer Stolz, daß man sie bevorzugt einstellt, weil sie eine so gute Ausbildung haben."

„Und was geschieht mit den Jungen?" fragte Sundri.

„Sie lernen ein Handwerk, dafür haben wir einen Lehrer. Es sind nicht sehr viele, meistens werden nur die Mädchen von den Eltern ausgesetzt."

Sundri stürzte sich mit großem Eifer in ihre Aufgabe. Sie brachte ihren Zöglingen nicht nur Englisch bei, sondern auch Hindi. Es war zur Staatssprache erklärt worden, und obwohl viele Inder sich dagegen auflehnten, würde es sich durchsetzen. Schließlich mußte man sich gegenseitig verstehen, und das ging nur mit Hilfe einer Sprache.

Kaum hatte der Monsun sich gelegt, wurde mit dem Bau begonnen. Drei neue, große Häuser sollten entstehen. Ein Baumeister aus Kalkutta hatte die einfachen Pläne gemacht und die Bretter in den richtigen Maßen zuschneiden lassen. Er hatte genau angegeben, wo die Fundamente auszuheben seien. Mit einem Bagger wäre man in wenigen Tagen damit fertig gewesen, so dauerte es viele Wochen. Einige junge Männer hoben die Erde mit der Schaufel aus, und die Frauen schafften sie weg. Sundri trug sie wie die anderen in einem flachen Korb auf dem Kopf. Manchmal half sie auch beim Graben, und des Abends sank sie todmüde ins Bett.

Bald stand das erste der langgestreckten, einstöckigen Häuser, die mit roten Ziegeln gedeckt waren, und wenig später kamen die ersten Kinder aus der Stadt. Sie waren in einem bejammernswerten Zustand, in Lumpen gekleidet, mit vor Hunger aufgequollenen Bäuchen und verlaust und verdreckt. Sie wurden zuerst ärztlich untersucht und gegen Pocken geimpft. Ihre Haare waren so verfilzt, daß man sie nicht mehr auskämmen konnte. Sundri schlug vor, sie kurzerhand abzuscheren und ihnen die Köpfe mit Petroleum einzureiben. Die Haare würden bald wieder nachgewachsen sein. Sie war so eifrig, daß Schwester Marion sie manchmal ermahnen mußte, es nicht zu übertreiben.

Hier draußen verlor Sundri jede Scheu, und sie verbarg ihre rechte Gesichtshälfte nicht mehr. Niemand würde sie hier Pockengesicht schimpfen, niemand sich vor den Narben und Warzen ekeln. Abends, wenn die Arbeit getan war, setzte sie sich oft unter den Banyanbaum, der hinter dem Haus seine Äste weit ausbreitete. Was war aus ihren hochfahrenden Plänen geworden? Zu einem Nichts zerronnen, und doch war sie nicht unglücklich, denn sie hatte eine Lebensaufgabe gefunden. Wie vor Jahren glaubte sie eine Stimme zu hören, die ihr zuflüsterte: „Du schliefst und träumtest, das Leben sei Freude. Du erwachtest und sahst, das Leben war Pflicht. Du handeltest und begriffst: Pflicht ist Freude!"

Wie weise war doch Rabindranath Tagore, der diese Worte einst geprägt hatte!

Sundri dachte oft an Ragan, wenn sie in die samtene Bläue der Tropennacht blickte.

Dr. Miller fliegt nach Indien

„Ich werde mich nun doch der Kommission anschließen, die nächste Woche nach Indien fliegt", sagte Doktor Miller zu seiner Frau.

„Wo kommt dieser plötzliche Entschluß her?" fragte sie etwas kühl. „Kürzlich hast du erklärt, nicht im Traum daran zu denken. Du könntest deine Arbeit nicht im Stich lassen, hast du gesagt!"

„Ich habe es mir anders überlegt", erwiderte er. „Die Aufgabe, ein amerikanisches Krankenhaus mit angeschlossenem Medizinischem College einzurichten, erscheint mir doch sehr interessant. Doktor Terry kann mich inzwischen hier vertreten."

„Du weißt, daß ich bereits Zimmer in Miami für uns bestellt habe. Was soll ich jetzt tun?"

„Nimm deine Schwester Helen mit. Ich möchte mir diese Studienreise nicht entgehen lassen."

Doktor Miller verschwieg seiner Frau, wie sehr ihn Esthers letzter Brief beunruhigt hatte. Ihre Begeisterung für Ragan Ray hatte ihm zu denken gegeben, und das beste war, hinzufahren, um klare Verhältnisse zu schaffen.

Nichts gegen den jungen Arzt. Im Gegenteil, er schätzte ihn sehr. Ray war oft genug in seinem Hause eingeladen gewesen, und auch in der Klinik hatte er viel mit ihm zu tun gehabt. Gegen eine Heirat mit dem sicher begabten jungen Mann wäre also nichts einzuwenden gewesen, wenn er sich entschließen könnte, nach Ann Arbor zu kommen. Seine einzige Tochter würde sich auf die Dauer in dem fremden Land nicht wohlfühlen können. Er mußte mit ihr selbst sprechen, um ihr klarzumachen, was dies für sie bedeutete. Absichtlich sagte er seiner Frau, der an dem Brief wohl nichts aufgefallen war, kein Wort über seine Sorgen. Sonst hatten meist die Mütter mehr Spürsinn für derlei sich anbahnende Ereignisse, aber in diesem Fall war er es gewesen. Vielleicht weil ihn mit Esther berufliche Interessen verbanden. Oder er hatte aus ihrem Brief etwas herausgelesen, was, bei Licht besehen, ganz anders war.

Nicht ganz leichten Herzens bestieg er mit seinen Kollegen das Flugzeug, das ihn über London und Paris nach Neu-Delhi bringen sollte.

Es war ein langer und anstrengender Flug, trotzdem mußte man staunen, in welch unwahrscheinlich kurzer Zeit man die riesengroße Entfernung jetzt überwinden konnte. Was mit dem Schiff nahezu zwei Monate dauerte, schaffte das moderne Verkehrsmittel in ungefähr zwei Tagen.

Während der ersten Zeit seines Aufenthaltes in der indischen Hauptstadt fand er keine Gelegenheit zu einem längeren persönlichen Gespräch mit Esther. Die Zeit war ausgefüllt mit Empfängen und Besprechungen, die sich um die Gründung des Christian Medical College und des Krankenhauses drehten. Es war wohl eine ausgezeichnete Idee, jungen Indern, die Medizin studierten, gleichzeitig die modernsten Ausbildungsmittel zur Verfügung zu stellen. Zunächst sollten europäische und amerikanische Ärzte hier tätig sein. Ja, das war schon eine Sache.

„Komm doch ein paar Minuten mit auf mein Zimmer", forderte Doktor Miller eines Abends seine Tochter auf, als sie sich vor dem Hotel von ihm verabschieden wollte.

„Wo steckt eigentlich dein Freund Ragan", ging er sofort auf das Ziel los.

„Immer noch in Lokheri", erwiderte Esther. „Habe ich euch nicht geschrieben, daß ich meinen Urlaub dort verbracht habe?"

„Doch, jetzt erinnere ich mich. Und was tut er dort?"

„Er hat ein Krankenhaus eingerichtet. Eigentlich ist es eine primitive Baracke, die den Namen Krankenhaus nicht verdient. Er bringt Kinder auf die Welt, behandelt Trachome und befreit die Dorfbewohner von ihren Hakenwürmern. Was er tut, kann eine gut ausgebildete Krankenschwester. Er gehört in eine Klinik, wo er zeigen kann, was in ihm steckt."

Doktor Miller sah eine Zeitlang schweigend zum Fenster hinaus. Dann drehte er sich plötzlich um, sah Esther an und sagte: „Du liebst ihn?"

„Ich weiß, daß es keinen Sinn hat. Nicht etwa, weil er Inder ist, sondern einfach darum, weil er mich nicht liebt. Er schätzt mich als Kameradin, als Kollegin, aber er liebt immer noch diese Sundri. Und er ist ein Fanatiker, den nichts von hier wegbringen würde. Selbst wenn du ihm anbötest, dein Nachfolger zu werden, er würde es ablehnen. Ich habe eingesehen, daß meine Liebe aussichtslos ist, und ich möchte mit dir nach Ann Arbor zurückfliegen."

„Schade, ich glaubte schon, du könntest an dem neuen College, das wir gründen wollen, unterrichten."

„Nein, Vater, ich bin in diesem Fall – wie sagst du immer? – für eine Generaloperation. Ich habe nur den Wunsch, Ragan aus Lokheri wegzubringen. Vielleicht kannst du mit Frau Doktor Nayyar sprechen."

„Das werde ich. Ich will sie bitten, mir Doktor Ray als Reisebegleitung mitzugeben. Oder bist du dagegen?"

„Natürlich nicht", erwiderte Esther. „Du kennst mich gut genug und weißt, daß ich meine Gefühle unter Kontrolle halten kann."

„Sie könnten keinen Besseren finden", sagte Frau Doktor Nayyar, als Miller sie um die Begleitung Ragans bat. „Ich werde ihn benachrichtigen."

„Nicht nötig, ich fahre selbst nach Lokheri hinaus und bringe ihn dann mit."

302

Esther verabschiedete sich von ihren Kollegen im Krankenhaus, mit denen sie nun schon über ein Jahr zusammengearbeitet hatte, um mit ihrem Vater die Heimreise anzutreten. Ragan war in Butan, als sie ankamen, und nur Gil war anwesend.

„Ist unser Telegramm nicht angekommen?" fragte Esther erstaunt.

„Bis jetzt nicht, aber Sie wissen, daß der Bote nahezu vierzig Kilometer bis hierher zu radeln hat." Doktor Miller lachte und meinte, man hätte sich die Ausgabe sparen können. „Habt ihr denn kein Telefon?"

„Nein, Vater, sie haben auch keinen Strom."

„Und so etwas nennt sich Entwicklungszentrum! Das Wichtigste ist doch die Elektrizität, das müßt ihr denen in Delhi klarmachen!"

„Ich liege der zuständigen Abteilung dauernd in den Ohren, und man verspricht mir jedesmal, daß es nicht mehr lange dauern werde."

„Dann bleiben Sie nur dran, Sie werden staunen, was sich mit dem Licht alles anfangen läßt."

Gil zeigte den Gästen das inzwischen fertiggestellte Rasthaus, das sie als erste Gäste einweihen sollten. Es hatte nur zwei kleine Räume, und die weißgetünchten Wände wirkten etwas kahl, aber alles war sauber und frisch.

„Eigentlich wollten wir heute abend wieder zurückfahren", sagte Doktor Miller.

„Sahib, das dürfen Sie nicht! Es kann nämlich spät werden, bis Ragan zurück ist, und er wäre sehr enttäuscht, wenn er Sie nicht mehr anträfe."

„Natürlich bleiben wir, nicht wahr, Vater?"

Er brummte etwas, was Ablehnung und Zustimmung bedeuten konnte. „Unser Chauffeur . . ."

„Mit dem spreche ich", sagte Gil.

„Was macht übrigens Ihr Hühnerklub?" fragte Esther, um die schlechte Laune ihres Vaters zu überbrücken.

„Oh, der hat sich vergrößert. Sie werden staunen. Kommen Sie mit und überzeugen Sie sich selbst!"

Während ihr Vater auf der Veranda sitzen blieb, inspizierte Esther die Hühnerzucht Gils. Es standen bereits zwei Ställe mit Auslauf, und der dritte war im Bau. „Die Sache lohnt sich sehr", sagte er voll Stolz. „Sobald wir Strom haben, bekomme ich eine Brutmaschine. Ich lasse übrigens zwei Hähnchen für Sie schlachten."

„Nicht nötig, Gil, wir haben einen Proviantkorb mit. Aber wenn Sie uns Tee aufbrühen lassen würden – das wäre fein."

Sie saßen gemütlich im Schatten der Veranda, als in der Ferne eine Staubwolke aufkam, in der allmählich der Telegrammbote sichtbar wurde. Er trat am Ende seiner Fahrt noch einmal tüchtig in die Pedale und fuhr mit elegantem Schwung an der Verandatreppe vor.

„Telegramm, Sahib", rief er mit hochrotem Gesicht. Esther gab ihm ein Trinkgeld. Immerhin war er vierzig Kilometer gestrampelt, ohne Pause, wie er behauptete. Nun würde er sich unter einem Busch in den Schatten legen und dann wieder zurückradeln.

„Zustände sind das!" sagte Doktor Miller. So etwas konnte er sich, aus dem fast übertechnisierten Amerika kommend, nicht vorstellen.

Spät abends kam Ragan müde und hungrig aus Butan zurück. Er hatte keine Ahnung, daß sein ehemaliger Lehrer bei der Ärztekommission war, von der er zwar gehört hatte, aber er hielt nicht viel von ihr. Solche Kommissionen kamen und gingen, und meist sprang wenig dabei heraus.

Nach der Begrüßung sagte Esther: „Mein Vater bittet dich, uns auf unserer Reise durch Indien zu begleiten. Ein junger Arzt kommt morgen als Ersatz für dich heraus. Ich fliege übrigens dann mit Vater nach Amerika zurück!"

„Wie schnell doch dieses Jahr vergangen ist", erwiderte Ragan.

War das alles, was er dazu sagte? Esther ärgerte sich insgeheim, daß er es so gelassen aufnahm. Schließlich hätte er ein Wort des Bedauerns über ihre Abreise finden können. Bei dem flackernden Öllämpchen saßen sie bis lange nach Mitternacht, in Fachgespräche vertieft, auf der Veranda. Esther, in eine Wolldecke gehüllt, denn die Nacht war kühl, hörte schweigend zu. Sie betrachtete Ragans feines Gesicht und die ausdrucksvollen Bewegungen seiner schönen Hände. Sie liebte ihn sehr, empfand aber gleichzeitig, daß er ihr doch immer wesensfremd bleiben würde.

Doktor Miller berichtete über den Plan, ein modernes Krankenhaus mit angeschlossenem College für Medizinstudenten zu gründen. „Du kannst dich darauf verlassen, daß etwas daraus wird. Ich mache Dampf dahinter", erklärte Miller energisch. „Das wäre etwas für dich. Dort wärst du am richtigen Platz. Was willst du hier? Ist ja ganz schön, was du geschaffen hast, doch viel Wert hat es nicht!"

Ragan wollte auffahren, aber Doktor Miller legte ihm besänftigend die Hand auf den Arm. „Hör mir mal gut zu! Ich weiß, was du sagen willst: Es mußte damit angefangen werden. Du hast mit Gil und deinen Leuten eine Mustersiedlung aus Lokheri gemacht, du bringst den Leuten hier Hygiene bei, du zeigst ihnen, wie sie besser wirtschaften können, und noch vieles mehr, aber ihr müßtet in diesem großen Land Hunderte, ja Tausende solcher Gemeindezentren haben. Um das zu erreichen, müßtest du in Delhi sein oder aber an einem wirklich bedeutenden Krankenhaus die jungen Ärzte darauf vorbereiten, was sie zu tun haben. Eigentlich wollte ich dir den Vorschlag machen, mit uns nach Ann Arbor zu gehen. Du könntest dort einmal mein Nachfolger werden. Aber ich sehe ein, daß du hier bleiben mußt. Du kannst für dein Land viel erreichen, sofern du am richtigen Platz bist. Wir reden noch eingehend darüber, ehe ich nach Amerika zurückfliege."

Gähnend verabschiedete sich Miller für diesen Abend.

Trotz der ungewohnt harten Betten schliefen Esther und ihr Vater bis lang in den Morgen hinein.

Das Tadsch Mahal

„Darf ich vorschlagen, zuerst das Fort von Agra zu besichtigen, ehe wir zum Tadsch Mahal hinübergehen", sagte
Ragan, als sie nach der Landung vom Flughafen ins Hotel
gefahren waren.

„Du bist der Führer und bestimmst", erwiderte Doktor
Miller. „Ich bin überzeugt, daß wir durch dich einen guten
Teil der Geschichte deines Landes kennenlernen werden."

Genau das beabsichtigte Ragan. Er wollte vor seinen
Freunden die große Vergangenheit Indiens lebendig werden lassen, die dazu verpflichtete, nicht mit ihr zu prahlen,
sondern sich ihrer würdig zu erweisen. In der vorislami-
schen Zeit hatte es viele Hindukönige und -kaiser gegeben. Sie waren fast alle bis auf Aschoka vergessen worden. Dann aber waren seit dem zwölften Jahrhundert
die kriegerischen Völker Asiens in Hindustan eingefallen
und hatten eine andere Kultur mitgebracht. Herrscher wie
Timur, Babar, Dschahangir, Aurangzeb hinterließen
Denkmäler von einmaliger Schönheit. Die wollte er den
Millers zeigen. Ihnen von den Gedichtsammlungen, wie
dem Mahabharata oder den Veden, die aus der frühesten
Zeit stammten, zu erzählen, hielt er für überflüssig. Sie
wollten etwas sehen und sich keine Gedanken über etwas
machen, was für einen Ausländer schwer verständlich sein
würde.

Ragan mietete ein Auto und fuhr mit den Millers zum
Fort von Agra hinaus. Die Stadt als solche machte keinen
besonderen Eindruck auf sie. Ärmliche Hütten wechselten
ab mit Bauten aus Stein, am Ufer des Jamuna lagen magere
Kühe, an einem Gemüsestand fraß eines dieser heiligen
Tiere gerade die saftigsten Möhren. Mit saurem Gesicht
sah der Händler zu, aber er wagte nicht, es wegzujagen.

Doktor Miller schüttelte den Kopf. Er begriff das nicht.
Hätte er etwas zu sagen, würde er zunächst die Heilig-
keit dieser Kühe abschaffen, die nicht ganz so heiligen Af-

fen reduzieren und einen Vernichtungsfeldzug gegen die Ratten unternehmen.

Das Fort von Agra, dessen Wälle aus rotem Sandstein erbaut waren, machte mit seinem Umfang von zweieinhalb Kilometern einen großartigen Eindruck. Durch das Delhi-Tor führte Ragan sie zum Kaiserpalast, den Akbar der Große begonnen und sein Enkel Schah Dschahan zu Ende geführt hat.

Esther bestaunte das Hauz-i-Dschahangiri, ein tassenförmiges Bad, das aus einem einzigen Steinblock gehauen war.

„Dies wurde zur Geburt Dschahangirs gebaut", erklärte Ragan.

Im Spiegelpalast zündete er eine kleine Kerze an, die er sich im Hotel hatte geben lassen. Der schwache Schein ließ den großen Raum hell erstrahlen. Wände und Decken waren nämlich mit eingelassenen Spiegelscherben übersät.

„Das ist wie Zauberei", sagte Esther.

Überall waren kunstvolle Intarsienarbeiten, glasierte Ornamente, Skulpturen, säulenbestandene Höfe und goldene Dächer. Es verwirrte die Millers, die an die nüchternen Sachbauten Amerikas gewöhnt waren, vollkommen. Immer wieder mußte Ragan die Bedeutung erklären. Esther hatte zwar in Delhi viele alte Sehenswürdigkeiten besichtigt, aber Agra übertraf doch alles.

„Das Fort mit seinen Palästen war noch viel kostbarer, ehe es von den Dschats geplündert wurde. Sie haben viele Edelsteine und Gold mitgenommen. – Komm mit auf die Thronterrasse, Esther. Hier auf dem schwarzgrauen Steinblock – er ist aus einem Stück – stand der goldene Thronsessel des Schahs."

„Was für ein seltsamer Stein!"

„Es ist der Sang-i-Mahak, der Probierstein. Hier prüften die Herrscher die Qualität des Goldes, das ihnen ihre Vasallen bringen mußten."

„Was geschah, wenn es von schlechter Qualität war?" wollte Doktor Miller wissen.

„Dann wurden sie vermutlich in den Graben hinabgeworfen, der das ganze Fort umgibt, und dort von den Tigern gefressen. Übrigens benützen unsere Juweliere auch heute noch den schwarzgrauen Stein, um das Gold auf seinen Gehalt zu prüfen."

„Was bedeutet der weiße Marmorblock?"

„Es ist Schah Dschahangirs Thron. Er liebte weißen Marmor sehr, deshalb sind alle Bauten, die er erstellen ließ, aus diesem Material. Und jetzt bitte ich zur öffentlichen Audienzhalle", fuhr Ragan fort, und seine Augen glänzten vor Begeisterung. „Ich werde ein Märchenbild vor Ihren Augen erstehen lassen, Doktor Miller, so daß Sie die Liebe zu meinem Land verstehen werden."

„Das tue ich, ich begreife nur nicht, wo alle diese Talente und Begabungen hingekommen sind. Wären sie noch da, sähe es anders hier aus. Man kann nicht nur von der Tradition leben, man muß sie auch fortführen!"

Genau das war das Problem, das Ragan zu schaffen machte. Er ging schweigend voran. Als sie in der von vielen Marmorsäulen getragenen Audienzhalle angekommen waren, bat er die Millers, in einer Fensternische stehenzubleiben. Diese Fenster waren kunstvoll in einem feinen Filigranmuster aus dem Marmor gehauen.

„Hier sitzt Schah Dschahan auf seinem juwelenverzierten Thronsessel. Eunuchen fächeln ihm mit großen Pfauenwedeln Kühlung zu. Rechts und links von ihm sitzen seine Söhne. Dort im Hintergrund, verdeckt durch eine Marmorwand, die fast noch feiner durchbrochen ist als die Fenster, befinden sich die Frauen des Palastes. Die Kaiserin und ihre Hofdamen sind in prächtige Brokatgewänder gekleidet. Es ist kurz vor Mittag. Wenn die Sonne hoch am Himmel steht, beginnt die Audienz.

Unterhalb des Thrones sind die Omrahs, Radschas und Gesandten versammelt, in angemessener Entfernung der niedere Adel. Alle haben sie die Hände vor der Brust gekreuzt und die Augen in Verehrung vor ihrem Herrscher zu Boden gesenkt.

Zwei Reihen Schwertträger ziehen sich bis in den Hof hinaus, wo die kaiserliche Garde zu Pferd für Ordnung sorgt. Das Volk wartet. Reich und arm, hoch und niedrig, ein jeder hat das Recht, seine Bitten und Beschwerden vorzutragen. Sechs Stufen führen dort hinaus in den Hof. Auf der obersten steht der Wesir, auf der untersten ein Hofbeamter. Jetzt naht der erste Bittsteller. Mit einer tiefen Verbeugung betritt er die erste Stufe und übergibt sein Bittgesuch. Es wird weitergereicht an den Wesir, der es überfliegt." Ragan machte eine kurze Pause, dann rief er laut: „Du befindest dich in Gegenwart der Sonne der Welt, des Kaisers über viele Lande, senke deinen Blick voller Ehrfurcht!" Er ging mit gefalteten Händen bis vor Doktor Miller und kniete vor ihm nieder.

„Großwesir, lese mir die Bitte dieses redlichen Mannes vor!" sagte Doktor Miller. Weise lächelnd spielte er das Spiel, das Ragan begonnen hatte, mit.

„Oh, Erhabener, ich brauche einen klugen Rat. Zeige mir den Weg, den ich gehen soll!"

„Deine Bitte sei gewährt!" Doktor Miller hob den Arm. „Die Audienz ist beendet!"

„Es muß prachtvoll gewesen sein", sagte Esther. Sie bewunderte noch einmal die feingearbeiteten Muster der Fenster, durch die Licht und Luft hereinströmen konnten.

„Warte, bis du das Tadsch Mahal siehst. Dort ist der Marmor so fein und zart wie ein Liebestraum behauen und heute noch so schön wie vor über drei Jahrhunderten. Man glaubt, das Grabmal sei erst jetzt gebaut worden, so rein und weiß ist der Marmordom."

„Erzählst du uns die Geschichte von der schönen Kaiserin Mumtaz?"

„Es gehört zu meiner Aufgabe als dein Führer", erwiderte Ragan.

Er stellte den Wagen in den Schatten eines Baumes und wehrte die Bettler ab, die ihn sofort umringten. Sie mußten die letzte Strecke zu Fuß gehen. Vor dem äußeren Tor, durch das man zum Tadsch Mahal gelangt, blieben die

Bettler zurück. Es war ihnen verboten, den Garten zu betreten.

In der flirrenden Mittagssonne lag das indische Grabmal vor ihren Blicken. Esther war überwältigt von der Schönheit dieser Architektur.

Doktor Miller nahm seine Sonnenbrille ab, um besser sehen zu können. „Laß uns einen Augenblick hier sitzen", schlug er vor und ging auf eine steinerne Bank zu.

Er war nicht leicht zu beeindrucken, aber von dem faszinierenden Anblick war er überwältigt. Das war die Vollkommenheit der Baukunst im wahrsten Sinne. Ein schmaler Kanal mit vielen kleinen Springbrunnen, eingefaßt von zwei plattenbelegten Wegen, führte schnurgerade auf das Grabmal und lenkte so die Blicke darauf. Kurz geschnittener Rasen, zu beiden Seiten Zypressen, da und dort buntblühende Blumenrabatten, dazwischen stolzierten weiße Pfauen.

Eingesäumt von vier Marmorminaretts, die mit zwiebelförmigen Kuppeln gekrönt sind, erhebt sich der stolze Bau. Auf einer Doppelplattform aus rotem Sandstein steht das Tadsch Mahal aus weißem Marmor. Ein unerhörter Kontrast. Doktor Miller betrachtete die Hauptkuppel mit ihrer Höhe von neunundzwanzigeinhalb Metern. Ihm war unbegreiflich, wie man sie mit den damals primitiven Mitteln überhaupt hatte errichten können. Er stand auf und ging auf das Grabmal zu, das aus einer großen Anzahl von Marmorplatten besteht, die in einer bewundernswerten Kunst mit Ornamenten versehen sind. Millimetergenau, stellte er fest.

„Wir müssen, ehe wir eintreten, die Schuhe ausziehen", sagte Ragan. Er und die Millers ließen sich von einem Aufseher Überschuhe aus Stoff anziehen. Vor dem Tor, imponierend in seiner Größe, mit Versen aus dem Koran versehen, blieben sie stehen.

„Seltsam", stellte Doktor Miller fest. „Die Buchstaben scheinen überall gleich groß zu sein."

„Es ist eine raffiniert ausgerechnete Täuschung. Der sie

eingelegt hat, war ein Künstler", erwiderte Ragan, und ein wenig Stolz schwang in seiner Stimme mit.

„Eingelegt?" fragte Esther. „Nicht aufgemalt?"

„Die Schriftzeichen sind aus schwarzem Marmor so exakt gearbeitet, daß man keine Unebenheit spürt, wenn man mit der Hand darüberfährt."

Sie traten in die Mittelhalle, die sich unter der Kuppel befindet. Jetzt zur Mittagszeit waren sie nahezu die einzigen Besucher. Der Schwarm der Touristen würde erst später kommen.

„Hier wird von einer Marmorschranke ein Raum umschlossen, in dem sich die Sarkophage der Kaiserin und ihres Gemahls befinden. Diese Schranke ist so fein gearbeitet, daß man meint, sie sei aus Spitze. Ein einziger Fehlschlag mit dem Handwerkszeug hätte eine ganze Platte zerstört.

Man sagt", so erklärte Ragan weiter, „daß früher anstelle dieser Schranke ein juwelenverziertes Geländer aus Gold gewesen sein soll."

Sie blieben lange stehen und betrachteten die Einlegearbeiten in den schneeweißen Marmorwänden. Blutsteine, Achate, Jaspisse und Mondsteine waren zu Kränzen, Blüten und Ornamenten verwendet worden.

„Hier ruht also die große Liebe eines Kaisers", sagte Esther.

„Wie sehr muß er sie geliebt haben, daß er ihr ein solches Denkmal setzte!"

„Die eigentliche Ruhestätte ist genau unter diesen Sarkophagen in der Krypta. Die Stufen sind aber so steil, daß wir besser nicht hinuntersteigen. Man hat damit erreicht, daß kein Fuß über das Grab des Kaisers und der Kaiserin gehen kann."

„Wir wollen uns das Tadsch Mahal noch einmal aus der Ferne betrachten", sagte Doktor Miller. Ragan schlug vor, dies erst bei Nacht zu tun, wenn der Mond aufgegangen sei. „Sie werden staunen, welche Wirkung sich ergibt. Früh am Morgen sieht der Marmor zartgrau aus, jetzt in der

311

Mittagssonne milchigweiß, geht die Sonne unter, schimmert der Stein rosa, aber bei Vollmond ist er unirdisch weiß." In der kühlen Hotelhalle kam Doktor Miller auf Ragans Bitte zurück, ihm doch den rechten Weg zu zeigen. Esther hatte sich auf ihr Zimmer zurückgezogen, um sich etwas auszuruhen, so war die Gelegenheit zu einer Aussprache günstig.

„Du wolltest meinen Rat. – Bleib deinem Land treu, aber tu es an einem Platz, an dem du auch etwas durchsetzen kannst. Was du draußen in Lokheri machst, kann eine gut ausgebildete Krankenschwester tun, aber daß sie an diesen Platz kommt, dafür mußt du sorgen. Es hat keinen Sinn, daß du dich abrackerst, sorge dafür, daß mehr deiner Landsleute sich einsetzen. Das ist deine Aufgabe. Mit dem Stolz auf all das, was die Vorfahren geschaffen haben, ist nichts zu gewinnen. Ihr müßt an der alten Tradition wieder anknüpfen und sie weiterführen!"

„Sie haben recht, Doktor. Aber was ich Ihnen gezeigt habe, ist nicht meine Tradition, sie liegt viel weiter zurück. Das hier sind die Kunstwerke der Mogulkaiser, die die Hindus überfallen und unterjocht haben. Meine Tradition ist die Literatur der Hindus, ihre Erkenntnisse und ihre Weisheit, die in der vorchristlichen Zeit begonnen hat."

„Und was habt ihr damit gemacht?"

„Bitte fragen Sie mich nicht danach. In einigen wenigen lebt die Weisheit weiter, die anderen . . ." Ragan schwieg.

„Du wirst es nicht leicht haben, mein Freund, aber du hast die Energie, durchzuführen, was du dir vorgenommen hast. Vielleicht kannst du nicht vollenden, was notwendig ist, aber du kannst deinen Teil dazu beitragen. Kurze Zeit habe ich gehofft, daß du und Esther zusammenfinden würden – sie hat dich liebgehabt."

„Ich weiß", erwiderte Ragan. „Mein Herz gehört immer noch Sundri. Ich hätte Esther nur unglücklich gemacht."

„Was ist mit mir?" fragte Esther, die gerade die letzten Worte noch gehört hatte.

„Ragan will dir die Geschichte des Tadsch Mahal erzählen. Ich gehe schlafen", brummte Doktor Miller. Schon halb auf der Treppe, drehte er sich noch einmal um und sagte: „Ich werde dir in Delhi behilflich sein, damit du auf den rechten Platz gestellt wirst. Schließlich muß der Schah, den du in der Audienzhalle angerufen hast, sein Wort halten."

„Es war einmal", begann Ragan seine Geschichte, als er mit Esther auf der Steinbank vor dem Tadsch Mahal im Mondschein saß. „Es war einmal eine junge Prinzessin namens Ardschumand Banu Begum, die später als Mumtaz Mahal Kaiserin von Indien war. Im Jahre 1612 wurde sie mit dem nur zwei Jahre älteren Prinzen Khurram vermählt, der sechzehn Jahre später als Schah Dschahan den Thron bestieg. Die Prinzessin war von so großer Lieblichkeit, daß der Prinz sich an dem Tag, da er sie zum ersten Male ohne Schleier sehen durfte, nämlich am Hochzeitstag, so in sie verliebte, daß er sie nie mehr vergessen konnte.

In einen reich mit Perlen bestickten Mantel gekleidet, ein breites Diadem aus Perlen auf dem nachtschwarzen Haar, sah sie ihn aus ihren braunen Augen, die wie Topase funkelten, an."

Das stimmte doch nicht, Mumtaz hatte schwarze Augen gehabt. Was redete er da? Er beschrieb haargenau Sundri, wie er sie sich im Hochzeitsmantel vorstellte. Nun, Esther würde es nicht merken. Sie sah versonnen vor sich hin und wartete darauf, daß er weitersprach.

„Die Prinzessin war aber nicht nur schön, sie war klug, und sie war sehr gütig. Als sie nacheinander eine Anzahl von Kindern zur Welt brachte, zuerst Söhne, dann Dschahnara, die Tochter, die bald das Lieblingskind Khurrams wurde, schien das Glück vollkommen zu sein.

Als Kaiserin unterstützte sie die Witwen und Waisen und die Kranken. Fast das ganze große Einkommen aus den Ländereien gab sie für diese Zwecke aus. Landauf und landab wurde ihr Loblied gesungen, sie wurde verehrt und geliebt, nicht nur von Khurram, der inzwischen Kaiser geworden war, sondern vom ganzen Volk. Sie war ihm eine kluge Beraterin in allen Staatsangelegenheiten, und sie war ihm treu. Das Leben am Hofe Schah Dschahans war großartig und prächtig, und nichts schien die Vollkommenheit zu stören, da erkrankte Mumtaz und starb, obwohl man alles tat, ihr Leben zu retten. Man sagt, des Kaisers Haare seien in jener Nacht weiß geworden, als man ihm mitteilte, daß keine Hilfe mehr möglich sein würde.

Er brütete wochen- und monatelang vor sich hin. Unfähig, auch nur einen Gedanken zu fassen, legte er seine Prunkgewänder ab und kleidete sich in einfache Baumwolltücher. Tagelang verließ er seine Gemächer nicht, und es gab keine Audienzen und keine Feste mehr. Er hatte nur den einen Wunsch: Er wollte ein Grabmal schaffen, das prächtiger und schöner werden sollte als alles, was jemals geschaffen worden war, Mumtaz zu Ehren, die nie vergessen werden durfte. Nur noch von diesem einen Gedanken besessen, ließ er den persischen Baumeister Ustad Isa kommen und übergab ihm den Auftrag. Zweiundzwanzig Jahre sollen zwanzigtausend Mann an diesem Grabmal gearbeitet haben, und während dieser zweiundzwanzig Jahre soll der Schah nichts anderes im Kopf gehabt haben als die Vollendung des Tadsch Mahal, das von einer nie endenden Liebe bis in alle Zeit künden sollte. Manchmal wird er hier im Mondschein gesessen und an Mumtaz gedacht haben."

„Das war vor über dreihundert Jahren, nicht wahr?" fragte Esther.

„Ja, und immer noch kündet dieser Dom der Welt von Mumtaz Mahals und Schah Dschahans Liebe."

„Deine Geschichte war sehr schön, Ragan."

„Sie ist noch nicht ganz zu Ende. Schah Dschahan plante auf der gegenüberliegenden Seite, dort drüben über dem Jamunafluß, für sich selbst ein ähnliches Grabmal. Es sollte aus schwarzem Marmor sein, die gleichen Ausmaße und die gleichen Ornamente haben, durch eine Brücke aus Gold sollte es mit dem Tadsch Mahal verbunden werden. Inzwischen hatte Schah Dschahan aber so viel Geld verschwendet, daß das Land darunter zu leiden begann, und sein Sohn Aurangzeb revoltierte gegen ihn und setzte ihn kurzerhand ab. Im Fort von Agra lebte er, mehr Gefangener als freier Mann, noch einige Jahre. Manchmal mag er dort drüben gestanden und herübergesehen haben. Aurangzeb ließ ihn einfach an der Seite seiner Gemahlin beisetzen. Vielleicht ist es dir aufgefallen, daß der Sarkophag der Kaiserin auf den Millimeter genau in der Mitte unter der Kuppel ist. So hatte der Schah es bestimmt. Es blieb nun nichts anderes übrig, als ihn danebenzulegen. Natürlich ist der Sarkophag etwas größer und höher, wie es einem Manne zukam. Das Hohelied der Liebe, das in Edelsteinen, Gold und Marmor geschrieben worden ist, klingt noch durch die Jahrhunderte bis auf den heutigen Tag und in die ferne Zukunft."

Ragan und Esther blickten eine Weile stumm auf das Tadsch Mahal hinüber, das in dem silbernen Glanz des Mondscheins von einer fast überirdischen Schönheit war. Er wußte seit ihrem Besuch in Lokheri, daß Esther ihn liebte, und er hatte ihr durch die Erzählung von Schah Dschahans unvergänglicher Liebe zu Mumtaz klarmachen wollen, daß auch er niemals eine andere als Sundri lieben würde.

Esther hatte ihn verstanden, und dafür war er ihr dankbar.

„Wirst du mir verzeihen, daß ich Sundri nicht vergessen kann?" fragte Ragan und berührte leicht ihre Hand.

„Ich habe dir nichts zu verzeihen! Laß uns gute Freunde bleiben!"

Ragans reiche Eltern

Kurz vor Sonnenaufgang landete das Flugzeug, das Ragan und die Amerikaner nach Bombay brachte, auf dem internationalen Flughafen Santa Cruz.

Im Osten begann sich ein goldener Hauch auszubreiten, er verstärkte sich und durchdrang in wenigen Minuten alles mit einer grellen Helligkeit. Esther liebte das langsame Heraufdämmern des Morgens wie zu Hause in Ann Arbor viel mehr. Dort war es fast noch Nacht, wenn die ersten Vögel zaghaft ihr Lied sangen, dann wurde es ein wenig heller, und der Horizont schimmerte rosig, und es dauerte einige Zeit, bis die Sonne ganz heraufkam. Die Naturgewalt dieses Subkontinents erschreckte sie immer wieder. Ganz glücklich wäre sie hier in Indien nie geworden. Aber Ragan gehörte hierher und nicht nach Amerika. Sie war, seit sie das eingesehen hatte, ihm gegenüber viel freier und gelöster. Die alte Freundschaft aus der Zeit des gemeinsamen Studiums war wiederhergestellt.

Vor dem Flughafengebäude stand der weiße Wagen, den Uday Ray geschickt hatte, um sie abzuholen. Der Chauffeur, ein Sikh mit einem wallenden Bart, erwartete sie.

„Er sieht aus wie eine Gestalt aus Tausendundeiner Nacht", flüsterte Esther ihrem Vater zu.

„Du hast recht. Man traut sich fast nicht, seine Dienste in Anspruch zu nehmen", gab er ebenso leise zurück. Auf der langen Fahrt vom Flughafen zur Stadt kamen sie an einem der Elendsviertel Bombays vorbei, wo es mehr Ratten als Menschen gab. Obwohl Ragan versuchte, durch ein Gespräch Doktor Miller abzulenken, entgingen Millers Augen die kümmerlichen Behausungen und die abgezehrten Gestalten nicht.

Gewaltig war der Kontrast, als der Wagen den Malabarhügel, das Viertel der Millionäre, hinauffuhr. Gepflegte Gärten, wunderbare Villen, deren schneeiges Weiß inmitten der Blumen und Bäume so recht zur Geltung kam.

Rhododendren und Oleander blühten in üppiger Fülle, viele Rabatten von Zinnien, Tigerlilien und Goldruten waren angelegt. Am schönsten dünkte Esther die Pracht der Rosen, die in Hochstämmen den Weg einsäumten. Auf dem hellen Kies fuhr der Wagen vor dem palastartigen Haus vor. Der Haushofmeister, ebenfalls ein Sikh, ganz in Weiß gekleidet und mit einem himmelblauen Turban auf dem Kopf, öffnete den Wagenschlag. Mit einer Handbewegung wies er einen der wartenden Diener an, das Gepäck herauszunehmen.

„Darf ich bitten, einzutreten!" Mit gekreuzten Armen ließ er die Gäste seines Herrn an sich vorbeigehen. In der Halle begrüßte Uday Ray die Freunde seines Sohnes sehr herzlich. „Wir freuen uns, daß Sie uns die Ehre erweisen, unsere Gäste zu sein. Bitte betrachten Sie mein Haus ganz als das Ihrige", sagte er in einwandfreiem Englisch.

Die beiden Schlafzimmer, in die sie geführt wurden, waren durch einen Salon miteinander verbunden. Von den Fenstern aus konnte man auf das Meer hinuntersehen.

Esther ließ sich in einen der bequemen Sessel fallen. Sie war sehr beeindruckt, aber nicht von der Pracht und dem Reichtum, der einem auf Schritt und Tritt begegnete, sondern von der Einfachheit Ragans. Er hätte mit Leichtigkeit die Rolle eines Millionärssohnes spielen und sich als Modearzt niederlassen können, anstatt sich in Lokheri abzuplagen.

Ein ganzer Schwarm von Dienerinnen und Dienern stand zu ihrer Verfügung. Ehe sie es sich versahen, waren die Koffer ausgepackt und die Kleider und Anzüge in Wandschränke gehängt worden. Was ein wenig zerknittert schien, wanderte in das Bügelzimmer, das sich im Dienstbotentrakt hinten im Park befand. Unter der Aufsicht des würdigen Haushofmeisters wurde ihnen im Salon Tee serviert. Der Sikh bewegte sich kaum und dirigierte die Diener nur mit den Augen und wenigen Handbewegungen.

„Ich wette, die Teelöffel sind aus Gold", sagte Esthers Vater, als sich der Sikh außer Hörweite befand. „Und sieh dir bloß das Telefon an. Das Gehäuse ist bestimmt aus Elfenbein und die Gabel und der Hörer aus Gold." Er erschrak richtig, als in diesem Augenblick ein Anruf kam. Ragan fragte, ob er sie zu einem Gespräch mit seinen Eltern abholen dürfe. Er führte Esther zu seiner Mutter, während der Haushofmeister Doktor Miller in das Arbeitszimmer Uday Rays brachte.

„Setzen Sie sich zu mir, Miss Miller", sagte Pramila liebenswürdig und deutete auf einen der bequemen Sessel. Mit wenigen fein gestellten Fragen erfuhr sie so ziemlich alles, was sie wissen wollte.

„Was ist mit dieser Sundri geschehen? Weiß Ragan, wo sie ist?"

„Nein, Memsahib, sie ist verschollen, aber er hat sie noch nicht vergessen. Ich fürchte, das wird er nie."

„Das ist auch meine Sorge. Ich kenne meinen Sohn nur zu gut. Bitte erzählen Sie das nicht meinem Mann, er darf sich nicht aufregen."

Esther versprach es. „Aber er müßte sich doch freuen, daß das Mädchen verschwunden ist!"

„Das bestimmt, aber Ragan wird keine andere heiraten, und die Hoffnung meines Mannes auf Enkel wird dadurch zunichte gemacht. Wir haben außer Ragan nur noch eine Tochter, die zwar zwei Kinder hat, aber es sind Mädchen. Ein Enkelsohn würde meinem Mann den Glauben erhalten, daß er in ihm und dessen Nachkommen wiedergeboren wird. Sie verstehen das sicher nicht, aber das ist in unserer Religion begründet. Wir sind zwar dem modernen zwanzigsten Jahrhundert gegenüber aufgeschlossen, doch wir sind Hindus."

Esther erinnerte sich mit leiser Wehmut an das Gespräch mit Ragan vor dem Tadsch Mahal, als er ihr klarmachte, daß er Sundri nie vergessen könne. Nun waren der Vollmondschein und dieses Denkmal einer unermeßlich großen Liebe zwar romantische Begleitumstände, die, bei Tageslicht besehen, einmal anders erscheinen würden, es mochte lange dauern, bis Ragan sich von Sundri abwendete.

318

Der Haushofmeister erschien mit gekreuzten Armen in der Tür. Es war das Zeichen, daß das Essen angerichtet sei.

Der große Eßraum war nicht indisch, sondern sehr modern eingerichtet. Man saß auf Stühlen um einen ovalen Tisch. Auf der zarten Spitzendecke lagen rote und gelbe Blumen verstreut. Es gab viele Gerichte, Fische, Geflügel und Salate, dazu köstlich trockenen Reis.

Man speiste von Tellern, die mit Gold eingelegt waren, aber die Rays aßen nach indischer Sitte mit den Fingern. Für die Gäste lagen Messer und Gabeln bereit. Esther verzichtete auf das Besteck, sie hatte es längst gelernt, indisch zu essen. Doktor Miller machte zwar den Versuch, aber er hatte Schwierigkeiten. Er verstand es nicht, den Reis zu einer Kugel zu rollen, und bekleckerte nicht nur das kostbare Tischtuch, sondern auch seine Weste.

„Verzeihen Sie, Memsahib, ich kann es nicht!" entschuldigte er sich. „Das nächste Mal benutze ich doch lieber Messer und Gabel."

Nach dem Dessert ging man in einen Nebenraum, um die Hände zu waschen. Hier waren eine ganze Anzahl Handwaschbecken angebracht, und der Haushofmeister goß eine nach Sandelholz duftende Essenz in das Waschwasser.

„Ich glaube, unsere Gäste sollten jetzt ein wenig ruhen", umschrieb Pramila sehr diplomatisch die Notwendigkeit für ihren Mann, dies zu tun.

Für den späteren Nachmittag verabredete man eine Fahrt durch die Stadt. Am nächsten Vormittag wollte Doktor Miller einige Krankenhäuser und ein medizinisches Institut besuchen. Letztes Ziel der Reise würde dann nur noch Kalkutta sein, von wo aus der Heimflug nach Amerika angetreten werden sollte.

„Nun, wie hat Ihnen Bombay gefallen?" fragte Sarla, Ragans Schwester, die mit ihrem Ehemann Hemen zum Abendessen gekommen war.

„Es ist eine sehr interessante Stadt", erwiderte Esther. „Die Engländer haben ihr durch ihre Bauten ein modernes

Gesicht gegeben, das sich trotzdem mit den Stätten der alten Kultur gut verbindet."

Die Türme des Schweigens, auf denen die Parsen ihre Toten den Geiern zum Fraß überlassen, fand sie dagegen schauerlich. Ein Glück, daß man sie nur aus der Ferne betrachten durfte. Esther hatte längst vergessen, was sie einmal in der Schule über die Parsen gelernt hatte, nämlich, daß sie aus Persien stammten und Anhänger der Lehre Zarathustras waren.

„Es sind nicht mehr sehr viele", erklärte ihr Ragan, „und wir beachten sie kaum."

„Sie sind sehr hochmütig", fügte Sarla hinzu.

Recht beeindruckt waren die Millers vom Marine Drive. Nach der Innenseite begrenzt von großen Büro- und Geschäftsgebäuden, die weiß verputzt waren, nach der Außenseite vom Meer, zog sich die breite, palmenbestandene Allee an der großen Back Bay entlang. Es war kaum zu glauben, daß dieser Teil Bombays vor erst knapp fünfundzwanzig Jahren dem Meer abgerungen worden war.

„Sie müssen den Marine Drive bei Nacht sehen, wenn alle Laternen brennen. Es sind unzählige Kandelaber, und wir nennen die Straße das Halsband der Königin", erzählte Sarla. Sich an ihren Bruder wendend, meinte sie: „Du solltest das deinen Gästen zeigen!"

„Wie wäre es, wenn du mit Hemen und Esther eine nächtliche Fahrt machtest", schlug er dagegen vor. „Ich möchte mit Doktor Miller und Vater einiges besprechen."

Ragan hatte unwillkürlich daran gedacht, wie er seinerzeit mit Sundri den Drive entlanggefahren und wie begeistert sie gewesen war. Nein, er konnte die Fahrt mit Esther nicht machen. Immer wieder kam Sundri in sein Leben zurück, bei Tag und bei Nacht. Des Nachts mochte ihr Geist die Runde durch die Lüfte antreten und für Augenblicke auch bei ihm verweilen. Sie flüsterte ihm dann zu, was er zu ihr gesagt hatte: „Unsere Liebe soll das vollkommene Vergessen des Ichs sein, damit wir Gott erreichen."

Während Esther mit Sarla und ihrem Mann die nächtli-

320

che Rundfahrt machte, unterhielten sich Doktor Miller, Uday Ray und Ragan. Miller nahm kein Blatt vor den Mund. Er schilderte drastisch alles, was ihm nicht richtig erschien. Die zurückgebliebene Landwirtschaft, die heiligen Kühe und nicht minder die Affen und die Ratten, die einen so enormen Schaden anrichteten, daß immer wieder Hungersnöte ausbrachen. „Wozu baut man eine Industrie auf? Fangt zuerst da an, wo es am notwendigsten ist, bei der Landwirtschaft! Errichtet Staudämme gegen die Trockenheit und geht gegen den Aberglauben an, daß gestautes Wasser Unglück bringe! Baut Kunstdüngerfabriken und sorgt für einen gesunden Viehbestand, damit eure unterernährten Kinder Milch bekommen! Reduziert die Größe der Familien! Lieber weniger, aber gesunde Kinder. In Delhi hat mir ein Journalist gesagt: ‚Wir sind ein Volk von Faulenzern geworden, die das Klima als Ausrede für ihre Lethargie benutzen. Und wir glauben, daß uns die Leistungen unserer Vorfahren zu etwas Besonderem gestempelt haben!' Das ist doch Unsinn, man kann sich nicht auf dem ausruhen, was andere getan haben, sondern man muß daran anknüpfen und weitermachen. Das Klima lasse ich zum Teil gelten. Ich gebe gerne zu, daß es nicht leicht ist, bei einer Temperatur von 40 bis 50 Grad Celsius und einer enorm hohen Luftfeuchtigkeit zu arbeiten, aber so ist es nicht das ganze Jahr hindurch. Wenn nicht alles anders organisiert wird, kommt Indien nie aus dem niederen Lebensstandard heraus."

„Sie haben gut beobachtet, Doktor Sahib, aber verraten Sie mir, wie wir das ändern sollen!" erwiderte Uday Ray.

„Nur durch die Erziehung der jungen Leute. Verzeihen Sie mir, daß ich das so offen ausgesprochen habe, was ich denke. Es steht mir eigentlich nicht zu, Ihr Land zu kritisieren. Mit Kritik soll man immer zu Hause anfangen, und bei uns gibt es auch eine Menge zu beanstanden."

„Ich bin froh, daß Sie es getan haben. Manches sehe ich nun doch mit anderen Augen als vorher, und ich verstehe auch Ragan besser. Ich werde über das alles nachdenken!"

Auf Wunsch seines Sohnes begab sich Uday zur Ruhe.

„Es täte mir sehr leid, wenn ich deinen Vater aufgeregt hätte. Ich bin plötzlich einfach zu sehr in Fahrt gekommen, weil mich alles, was falsch geplant ist, ärgert."

„Ich glaube kaum, daß es ihm geschadet hat. Er wird nun über manche alte Tradition, über die ich mich längst hinweggesetzt habe, nachdenken. Da ist, um nur eines in Betracht zu ziehen, die Großfamilie. Der Gedanke, daß Familienmitglieder unter sich zusammenhalten, ist sehr schön, aber das darf nicht so weit gehen, daß dadurch notorische Faulenzer herangezogen werden, die sich nur noch auf die Hilfe des Tüchtigen in der Familie verlassen. Ich habe im Sinn, sobald ich das Oberhaupt der Familie sein werde, gründlich damit aufzuräumen."

„Das verstehe ich nicht, du mußt es mir näher erklären."

„Nehmen wir nur die Rays. Mein Vater hat zwei jüngere Brüder, die er mitsamt ihren Angehörigen aushalten muß. Keiner von beiden arbeitet, sie lungern auf den Rennplätzen herum und verwetten bei den Pferderennen das Geld, das ihnen ihr Bruder gibt. Jederzeit können sie verlangen, bei ihm im Haus aufgenommen zu werden. Brüder, Schwägerinnen und alle, die zur Sippe gehören, hängen an dem Ältesten. Die Klugen und Fleißigen müssen für die Dummen und Faulen sorgen. Ich denke nicht daran, dafür einzustehen. Selbstverständlich würde ich meine Mutter zu mir nehmen, wenn es nötig wäre, und ich würde auch meinem Schwager helfen, aber er müßte dabei arbeiten, weiter würde ich nichts tun."

„Ist das ein Gesetz in Indien?"

„Ein ungeschriebenes Familiengesetz, eine alte Tradition, mit der niemand zu brechen wagt. Es ist aber nicht nur bei den reichen Leuten so, auch bei den weniger Begüterten bestimmt das Oberhaupt der Familie und übernimmt damit auch die Sorge für sie. Wer Geld verdient, muß es abliefern. Selbst die Mädchen, die in den Fabriken arbeiten, geben ihren Lohn in die große Familienkasse, aus der dann die ganze Sippe versorgt wird."

„Im Grunde genommen ist das ein schöner Gedanke", sagte Doktor Miller nachdenklich.

„Daß man Alten und Kranken und unverschuldet in Not geratenen Verwandten hilft, ist für mich selbstverständlich. Es sind die Faulenzer, die sich am meisten an den Ältesten der Familie hängen und ihn ausnützen. Man verliert dadurch auch jedes Gefühl für andere Menschen, die außerhalb des Familienkreises stehen."

„Siehst du, Ragan, das sind alles Dinge, die du nur bekämpfen kannst, wenn du eine Position hast, die dir die Macht dazu gibt. Draußen in Lokheri kannst du bestenfalls darüber nachdenken, in Delhi aber dafür eintreten!"

Das Pockengesicht

Noch zehn Eimer voll Wasser mußten aus dem Brunnen heraufgezogen werden, damit der Gemüsegarten ausreichend begossen werden konnte. Sundri stand inmitten ihrer lachenden und schwatzenden Schülerinnen und half mit.

„Erzählst du uns noch eine Geschichte?" bat eines der Mädchen, und die anderen stimmten mit ein. „Bitte, bitte, erzähle uns ein Märchen, Sundri."

Schließlich versprach sie es zu tun, wenn alle Beete mit Wasser versorgt seien. Schneller rasselten die Eimer in die Tiefe und wurden gefüllt wieder heraufgezogen. Alle freuten sie sich auf die Geschichte, denn niemand sonst im Waisenhaus konnte so schön erzählen wie gerade Sundri. Man liebte Märchen, und selbst im Armenviertel der Stadt fand der Märchenerzähler immer wieder aufmerksame Zuhörer. Es gab ja so viele Sagen und Geschichten von Göttern und Geistern und Dämonen, guten und bösen, und es gab so viele Märchen um die Liebe von schönen Prinzen und Prinzessinnen. Sundri brauchte sich nicht lange zu besinnen. Wie oft hatte sie dem Märchenerzähler zugehört, der immer wieder in das Dorf gekommen und natürlich am meisten bei den Valappans eingekehrt war, weil ihr Vater nicht an Almosen gespart hatte.

Was konnte sie den Mädchen heute zur Belohnung für ihren Fleiß erzählen? Ihr Blick fiel zufällig auf einen brennenden Haufen dürren Reisigs. Die Flammen züngelten hin und her. Feuer, das war es – sie würde den Mädchen vom Feuer erzählen, das alles vernichtete, aber dabei rein machte.

Inmitten der Mädchenschar saß Sundri gegen einen Baumstamm gelehnt und begann:

„Es war einmal ein weiser Mann namens Bhrigu, und alle Leute verehrten ihn sehr. Er war weitgereist und wußte vieles, was andere nicht wußten. Bhrigu hatte alle sieben Welten gesehen, die Gott Brahma erschaffen hatte. Eines Tages kam er auch nach Pathala, der Unterwelt, wo die Dämonen leben, und was ihm da passiert ist, will ich euch erzählen. Bhrigu hatte bereits von dem sagenhaften Reichtum dieser Stadt gehört, aber das, was er jetzt sah, übertraf alles. Die Steine waren kostbare Edelsteine und der Sand war reines Gold. Man nahm den Fremden freundlich auf, lud ihn ein, in Pathala zu bleiben, solange er dies wünsche. Bhrigu gefiel es hier, und er sprach mit diesem und jenem und ließ sich einladen. Man bewunderte seine Weisheit und hörte ihm zu, wenn er von seinen Reisen sprach.

Alles wäre gutgegangen, wenn er nicht eines Tages ein wunderschönes Mädchen gesehen hätte. Sofort verliebte er sich unsterblich in die Schöne. Ihre Gestalt war makellos, ihre Augen groß und von dem tiefen Blau eines Bergsees, ihre Haare schwarz wie die dunkelste Nacht.

,Wer bist du, Liebliche?' fragte Bhrigu und trat auf sie zu.

,Ich bin die Braut Asuras', antwortete sie und wollte an ihm vorbeigehen. Bhrigu hielt sie fest und zwang sie, ihm zu folgen. Er entführte sie in sein Land und versteckte sie in seinem Haus. Nie durfte sie sich vor anderen Leuten zeigen, und wenn Bhrigu fortging, verriegelte er alle Türen.

Der verlassene Asura war sehr traurig über das rätselhafte Verschwinden seiner Geliebten. Er suchte sie überall, nicht nur in Pathala, sondern in allen sieben Welten. Finden konnte er sie jedoch nirgends.

Als Asura, der Verzweiflung nahe, wieder nach Pathala zurückkehrte, riet ihm sein Vater, zum Gott des Feuers zu gehen, um ihn zu fragen, ob er das Mädchen gesehen habe. ‚Er ist überall, er weiß alles, und er sagt stets die Wahrheit. Frage ihn nach deiner Verlobten. Wenn einer dir helfen kann, dann Agni, der Feuergott!‘

Gesagt, getan! Asura suchte nach Agni, und als er ihn gefunden hatte, kniete er vor ihm nieder und bat ihn mit Tränen in den Augen, ihm zu sagen, wo sich seine Geliebte befinde. ‚Ich liebe sie über alles und kann nicht weiterleben ohne sie. Hab Mitleid mit mir, o Agni, großer Gott des reinen Feuers!‘

Agni, der sonst sehr schweigsam war, konnte sich der Bitte des jungen Mannes nicht verschließen: ‚Geh in das Haus Bhrigus, der vor kurzem noch hier in Pathala weilte. Dort wirst du sie finden. Laß dich nicht abweisen, glaube nicht, wenn er leugnet. Er hält die Schöne verborgen‘, sagte Agni.

Asura eilte, so schnell er konnte, zu Bhrigu, stellte ihn zur Rede und verlangte die Herausgabe seiner Braut.

‚Weshalb suchst du sie bei mir?‘ fragte Bhrigu spöttisch. ‚Sie ist nicht hier! Wie könnte ich dir geben, was ich nicht besitze, du Tor!‘

‚Ich weiß, daß du sie verborgen hältst‘, erwiderte Asura, ‚Gib sie heraus!‘

‚Ich denke nicht daran!‘

‚Dann kämpfe wenigstens ehrenhaft um das Mädchen!‘ Asura drohte, er werde in allen sieben Welten, bei allen Göttern und bei allen Menschen erzählen, welch gemeiner Dieb Bhrigu sei. ‚Keiner wird dir mehr die Ehre antun, mit dir zu reden oder dich anzuhören. Niemand wird dich mehr als einen Weisen achten!‘

Bhrigu erschrak und sah endlich sein Unrecht ein, aber

es ärgerte ihn insgeheim doch sehr, daß Asura das Mädchen bei ihm entdeckt hatte. War sie nicht vorzüglich versteckt gewesen? Wer mochte ihm das verraten haben?

Er überlegte und überlegte, dachte nach und kam endlich zu der Überzeugung, daß nur Agni, der Gott des Feuers, es gewußt haben konnte, denn er war überall. Er ging zu ihm und schrie voller Zorn: ,Du Verräter. Ich verfluche dich! Von jetzt an sollst du nur noch Unreines essen!'

Agni, der sich nichts aus dem Fluch machte, erwiderte: ,Ich habe kein Unrecht begangen, sondern du. Du bist ein ganz gemeiner Entführer. Du willst ein Weiser sein, ein Edelmann? Du bist ein armer Sünder, schäme dich!'

Das traf Bhrigu schwer. Er sah zu Boden und schwieg. Nach geraumer Weile stieß er hervor: ,Verzeihe, Agni, du hast recht!'

,So nimm deinen Fluch zurück!'

,Was ich gesprochen habe, kann ich niemals zurücknehmen, aber ich kann es in Gutes umwandeln, und das will ich tun. Du, Agni, Gott des Feuers, kannst essen, was unrein ist, du selbst wirst trotzdem rein bleiben, und alles, was du berührst, wird durch dich rein werden!'

Und bis heute hat das Feuer seine reinigende Kraft behalten", schloß Sundri ihre Geschichte.

Die Mädchen klatschten in die Hände und bedankten sich. „Werden meine Gedanken, wenn ich sie ins Feuer werfe, auch rein?" fragte eines von ihnen.

„Ja, das werden sie", antwortete Sundri, „denn wenn du das tust, hast du eingesehen, daß sie unrecht waren. Das Feuer wird sie zum Guten reinigen. Doch jetzt rasch ins Bett mit euch!"

Während die Mädchen unter viel Geplapper ins Haus liefen, blieb sie noch eine Zeitlang nachdenklich beim Feuer stehen. Ihre Schülerinnen hatten den Sinn der Geschichte verstanden, wenn auch vielleicht nicht in seiner ganzen tiefen Bedeutung.

Und sie selbst?

Einen ihrer Gedanken wollte sie jetzt und hier in die lo-

326

dernde Glut werfen: nämlich die Verwünschung, die sie einstmals gegen Esther Miller ausgesprochen hatte.

Beim Frühstück teilte Schwester Marion, die Leiterin des Waisenhauses, mit, daß im Verlauf des Tages einige Ausländer kommen und alles besichtigen würden. „Laßt euch aber nicht stören. Sie sollen es so kennenlernen, wie es wirklich bei uns ist."

Sundri war gerade dabei, ihre Schülerinnen nach dem abzufragen, was sie ihnen gestern aufgegeben hatte, als die Tür aufging und Marion Smith, gefolgt von Doktor Miller, den Raum betrat.

„Das ist Miss Valappan", stellte sie Sundri vor, „eine meiner besten Stützen. Sie unterrichtet die Mädchen in Hindi und Englisch, und zwar mit großem Erfolg." Sundri wollte das Lob abwehren. „Ich . . ." mitten im Wort blieb sie stecken, ihre Augen wurden starr, und sie fühlte, wie ihr das Blut den Nacken heraufstieg und ihr Gesicht zum Glühen brachte. In der Tür hatte sie Ragan und Esther entdeckt. Plötzlich waren ihre Hände eiskalt, und sie wich bis an die Wand zurück. Wenn die Erde sich vor ihr aufgetan hätte, wäre sie in die feurige Glut der Hölle gesprungen, nur um dem Wiedersehen mit Ragan zu entgehen. „Nein", wollte sie rufen, aber sie brachte keinen Ton heraus, obwohl sich ihre Lippen bewegten. Ragan und Esther, die vermutlich längst verheiratet waren – daß sie gerade hierher kommen mußten!

Sundri bedeckte ihre rechte Gesichtshälfte mit dem Zipfel ihres Saris und versuchte, an den Besuchern vorbeizulaufen. Ragan hielt sie fest, so sehr sie sich auch dagegen wehrte.

„Sundri, warum willst du fortlaufen? Hab doch den Mut, dich dem Schicksal zu stellen, das uns hier wieder zusammengeführt hat."

Wäre Sundri noch die Streitbare von ehedem gewesen, hätte sie eine Antwort gefunden, aber sie hatte zuviel durchgemacht, um sich zusammenzunehmen. Plötzlich lag sie kraftlos in Ragans Arm und wußte in einer wohltätigen

Ohnmacht nichts mehr von den Qualen der Liebe und der Eifersucht.

„Sundri, was ist mit dir?" rief Schwester Marion. „Was geht denn hier vor, was ist passiert?"

Ragan klärte sie kurz auf, daß er und Sundri verlobt gewesen seien und daß sie ihn ihrer Pockennarben wegen verlassen habe.

Doktor Miller, der den Puls der Bewußtlosen gefühlt hatte, empfahl Ragan, das Mädchen niederzulegen. Er befürchtete ein Nervenfieber, wenn er sie nicht zur Ruhe bringen konnte. „Haben Sie Medikamente im Haus und eine Spritze?" fragte er.

„Ich habe eine ziemlich gut sortierte Hausapotheke", erwiderte die Leiterin des Waisenhauses. „Eine meiner Schwestern hat einen Sanitätskurs mitgemacht und hat die Medikamente unter Verschluß. Bringen Sie Sundri in ihr Zimmer, dort, die letzte Tür", erklärte sie Ragan.

Während die Mädchen der Klasse bestürzt zurückblieben, trug er sie, gefolgt von Esther, den Gang entlang. Wie leicht sie ist, dachte er voll Mitleid. Vorsichtig ließ er sie auf die eiserne Bettstelle, die nur mit einer dünnen Seegrasmatratze bedeckt war, gleiten.

„Überlaß das weitere mir, Ragan", schlug Esther vor. Sie streifte, nachdem er gegangen war, Sundris Sandalen von ihren Füßen und lockerte den Sari, wo er in den Taillenbund gesteckt war. Darauf deckte sie sie mit einem buntbedruckten Überwurf zu, der über der Stuhllehne hing. Sie kontrollierte den Pulsschlag, der ihr unnatürlich schnell vorkam.

Plötzlich begannen Sundris Augenlider zu flattern, es dauerte aber noch einige Minuten, ehe sie zu sich kam. Als sie Esther erblickte, schob sie ihren Arm über die Pockennarben, dann begann sie hemmungslos zu weinen. Es war nicht Zorn, sondern Scham über die Erniedrigung vor Ragan und vor allem vor der fremden Frau, auf die sie eifersüchtig war. Häßlich, gezeichnet fürs ganze Leben, das konnte sie nicht überwinden, daß man sie so gesehen hatte.

Diese Amerikanerin mit ihrer glatten, rosigen Haut würde ihre Gefühle nicht verstehen können.

Es ist gut, daß sie weint, dachte die junge Ärztin. Es hilft mehr als jede Spritze, weil es sie innerlich befreit. Sie legte Sundri leicht die Hand auf den Arm und sagte: „Nun hat Ragan Sie endlich gefunden, und sein Herz kommt auch zur Ruhe. Er ist sehr glücklich darüber. Ich übrigens auch", fügte sie hinzu. „Dieser Gedanke wird mir den Abschied von Indien und von Ragan erleichtern."

Langsam verebbte Sundris Weinkrampf, gegen den sie machtlos gewesen war. Als Doktor Miller mit der Spritze in der einen und mit einem alkoholgetränkten Wattebausch in der anderen Hand erschien, schluchzte sie nur noch in wenigen kurzen Stößen. Esther nahm ihm die Watte aus der Hand und reinigte die Stelle an Sundris Arm, in die er spritzen würde.

„Sie werden jetzt für einige Stunden schlafen. Wenn Sie aufgewacht sind, sehe ich mir die Pockennarben genauer an, die so viel Unglück angerichtet haben. Die Dinger sind nicht so schlimm, wie es im ersten Augenblick den Anschein hat. Ich bin überzeugt, man kann sie entfernen."

Sundri zuckte zusammen, als er ihr die Spritze in das Fleisch drückte. Körperlichen Schmerzen gegenüber war sie sehr empfindlich, man konnte ihnen nicht mit dem Verstand beikommen. Seelische Schmerzen konnte man ertragen, weil das irdische Leben aus viel Leid bestand.

„Ist gleich vorbei", sagte Doktor Miller.

„Sie können meinem Vater vertrauen", beruhigte sie Esther. „Ehe ich mit ihm nach Amerika zurückfliege, wird er sich um Sie kümmern. Wahrscheinlich wird keine Spur mehr von den paar Narben und Warzen zu sehen sein. Sie werden Ragan heiraten und wieder glücklich sein. Schlafen Sie jetzt!" Esther ging hinaus.

Mit Ragan siebenmal um das heilige Feuer schreiten, dachte Sundri, und Sandelholz und Butter hineinschütten, während ich gelobe, ihm eine treue . . . Ehe sie weiterträumen konnte, war sie eingeschlafen.

Marion Smith bat die Besucher zu einer Tasse Tee in ihr Büro. Endlich würde sie Genaueres über Sundri Valappan erfahren, wer sie eigentlich war und woher sie kam. Was sie ihr selbst erzählt hatte, war wenig gewesen und betraf nur den letzten Abschnitt ihres Lebens. Ehe sie etwas fragen konnte, sagte Ragan: „Wie ist Sundri hierhergekommen?"

„Unsere Schwestern haben sie nachts in Kalkutta auf der Straße aufgelesen. Dem Elend und der Verzweiflung nahe, haben sie sie zu mir gebracht. Ich habe sie aufgenommen, und sie hat mitgeholfen, hier die Siedlung für ausgesetzte Kinder und Waisen zu bauen. Jetzt ist sie als Lehrerin tätig. Erst gestern habe ich mit Freude festgestellt, daß sie mehr und mehr das bittere Schicksal, das hinter ihr liegt, zu vergessen scheint. Um so bedauerlicher ist jetzt dieser Rückschlag. Es muß schon etwas sehr Schlimmes sein, daß sie sich so umwerfen ließ."

„Ich sagte vorhin schon, ich bin der Mann, den sie heiraten wollte. Sie ist mir aus Eitelkeit davongelaufen. Ich sollte sie nicht mit den Pockennarben sehen. Durfte es so weit kommen? Ich begreife das nicht!"

„Sie ist weggelaufen, weil sie dich so sehr geliebt hat, daß sie dir nicht zumuten wollte, sie verunstaltet ansehen zu müssen. Vergiß nicht, wie stolz sie ist! Weißt du denn überhaupt, was sich in ihrem Elternhaus abgespielt hat?"

„Ich weiß, daß man ihr eine Hochzeitsfeier verweigerte und daß sie sich deshalb mit ihrem Bruder entzweit hat. Was hat Sundri Ihnen aus ihrem Leben erzählt?" fragte er Marion Smith.

Es war nicht viel, aber es gab ein Bild von dem, was sich in der letzten Zeit abgespielt hatte. Sie habe von der Demonstration in Bangle City erzählt, berichtete Schwester Marion, in die Sundri zufällig hineingeraten sei, und von der Untersuchungshaft, wo die Pocken bei ihr ausgebrochen seien. Von der Befreiung durch die aufständischen jungen Leute und wie sie sich deren Sache begeistert angeschlossen habe, weil sie sie als richtig empfand. Sie sei mit

330

dem Führer die Malabarküste entlanggefahren und habe versucht, ihre Landsleute aufzuklären und zu begeistern, bis sie zuletzt steckbrieflich gesucht worden sei, allerdings unter dem Namen Bhadda, den sie sich selbst zugelegt habe.

„Bhadda, die Häßliche, so sehr hat sich Sundri erniedrigt", sagte Ragan. „Sie war zu stolz, sich mit den Pockennarben vor mir sehen zu lassen, und gab mir mein Wort zurück."

„Und Sie haben sie nicht gesucht?" fragte Schwester Marion. Ein leiser Vorwurf klang durch ihre Stimme.

„Nein", erwiderte Ragan. „Sie hat mich gebeten, nicht nach ihr zu forschen. Ich habe den Wunsch respektiert, weil ich sie zu gut kenne."

„Was geschieht jetzt?" wollte Marion Smith wissen.

„Ich werde auf alle Fälle versuchen, Sundri klarzumachen, daß ich sie trotz der Pockennarben heiraten will."

„Hör mit deinem Edelmut auf, Ragan", polterte Doktor Miller los. „Von Mädchen scheinst du nicht viel zu verstehen. Die wollen nicht aus Mitleid geheiratet, sondern geliebt werden. Unter den jetzigen Umständen würde Sundri nie mit dir glücklich sein. Hier muß etwas geschehen. Ich glaube, daß man mit ein wenig Geschicklichkeit die Warzen wegoperieren und die Narben abschleifen kann. Ich werde mit Sundri sprechen. Wenn sie einverstanden ist, verfrachte ich sie in ein Flugzeug und operiere sie in Delhi. Du wirst sie erst wieder zu Gesicht bekommen, wenn mein Plan gelungen ist. Wenn dir das nicht paßt, fliege ich morgen, wie ich es eigentlich vorhatte, nach Amerika zurück." So streng war Doktor Miller noch nie mit Ragan umgesprungen.

„Kann ich vorher mit ihr sprechen?"

„Nein, es wäre so ziemlich das Dümmste, was du tun könntest. Du würdest alles verderben, Ragan", sagte Esther. „Ich kann mich sehr gut in Sundris seelische Verfassung hineindenken. Überlasse sie getrost meinem Vater!"

„Ich glaube auch, Sie sollten sich da zurückhalten", fügte Schwester Marion hinzu, „sonst riskieren Sie, daß sie noch einmal wegläuft. So sehr ich mich freue, so leid tut es mir, Sundri zu verlieren."

„Ich werde Ihnen eine oder zwei junge Amerikanerinnen schicken, denen es nichts schaden kann, wenn sie die Welt für einige Zeit von einer anderen Seite kennenlernen. Dazu will ich versuchen, Spenden für Ihr Waisenhaus zusammenzubekommen", versprach Doktor Miller. „Morgen früh komme ich heraus, um mit Sundri zu sprechen."

Am Nachmittag stand Doktor Miller kopfschüttelnd in dem Paranath-Jain-Tempel, der überladen war mit Perlen, Diamanten, Rubinen und Smaragden. Auf der einen Seite diese Pracht, auf der anderen das unendliche Elend und der Hunger. Nie hatte er einen größeren Gegensatz gesehen als zwischen den Hütten, die aus ein paar Brettern und alten Jutesäcken bestanden, und dem mit Kostbarkeiten überladenen Tempel.

Grausam kam ihm das Bild der Göttin Kali vor, die als Schiwas Gattin das Millionenvolk der Inder so beeindruckte. Hier in Kalkutta war der mosaikgeschmückte Kalitempel, ganz in Grün gehalten, die Hauptandachtsstätte des Volkes.

„Kannst du mir erklären, was das bedeuten soll?" fragte Doktor Miller und deutete auf die Statue Kalis, der Göttin mit den vielen Armen, die auf dem Leib Schiwas tanzte. In einer der vielen Hände hielt sie ein abgeschlagenes Menschenhaupt, in einer anderen ein Schwert.

„Kali stellt den Lebenswillen dar, Schiwa den Verstand, der zwar sehend, aber gefesselt ist."

Miller erwiderte nichts, aber er dachte: Höchste Zeit, daß der Verstand freikommt. „Und wer ist das da auf der Ratte?"

„Das ist der Sohn Kalis und Schiwas, der elefantenköpfige Gott Ganescha. Er ist der Gott, der angerufen wird, wenn man in Bedrängnis ist, und man opfert ihm dafür."

Miller lächelte und meinte: „Wenn ich nun einen Prozeß mit dir führte und opferte Ganescha, müßte er mir helfen. Was aber, wenn du den gleichen Gedanken haben würdest, was würde er tun?"

„Ganescha ist das Symbol der Lebensklugheit, und er wüßte, wie er zu entscheiden hätte", erwiderte Ragan. „So glauben es wenigstens meine Landsleute. Ich halte nichts von solchen Opfern. Kommen Sie mit mir zum Geburtshaus Rabindranath Tagores, den ich verehre, weil er der Vermittler zwischen der östlichen und westlichen Welt ist."

„Ich kenne einige seiner Gedichte aus englischen Übersetzungen, und ich finde sie großartig", sagte Esther.

„Du siehst, Ragan, auch wir Amerikaner suchen euch zu verstehen, aber ihr macht es uns nicht leicht. Was soll ich zu Hause über Indien sagen? Ich weiß es nicht, denn es hat tausend Gesichter."

„In Kalkutta sind alle vorhanden", warf Esther ein. „Ich habe das Gefühl, daß euer ganzes Leben nur von der Religion gelenkt wird. Fasten und Gelübde und Feste zu Ehren der Götter, etwas anderes gibt es nicht."

„Was gut und schön daran ist, der tiefere Sinn, wird leider meist nicht begriffen", erwiderte Ragan. Er war mit seinen Gedanken nicht ganz bei der Sache und war froh, als Esther vorschlug, ihr Vater und er sollten ins Hotel zurückgehen, während sie in der eleganten Parkstraße noch ein wenig einkaufen wolle.

Sundri wird operiert

„Bleiben Sie ruhig sitzen", befahl Doktor Miller und drückte Sundri mit sanftem Druck in ihren Stuhl zurück.

„Wo ist Ragan? Er darf mich nicht sehen", stieß sie hervor und zog das Ende ihres Saris über das Gesicht.

„Er wird Sie nicht sehen, kleine Sahib. Er ist bereits auf dem Wege nach Lokheri."

„Ach", es war ein Seufzer der Erleichterung, aber auch der Enttäuschung, daß er fortgegangen war. „Und wo ist Esther?"

„Nach Delhi abgeflogen, um dort alles vorzubereiten, was ich nötig habe."

„Danke!" sagte Sundri.

„So, und jetzt lassen Sie mich mal Ihr Gesicht sehen!" Er zog den Sari fort, und ehe sie sich wehren konnte, hatte er ihren Kopf zurückgebogen und so gedreht, daß das Licht auf die verunstaltete Gesichtshälfte fiel. Sundri begann zu zittern.

„Nur keine Aufregung, das ist halb so schlimm!" Der Arzt betastete die Warzen, schob sie ein wenig hin und her und stellte mit Befriedigung fest, daß sie nicht sehr tief, sondern ziemlich auf der Hautoberfläche saßen. Er traute sich zu, sie herauszuoperieren und die Narben abzuschleifen. Vielleicht machte er seine Sache nicht ganz so gut wie ein Spezialist für Gesichtschirurgie, aber immerhin so, daß fast nichts mehr von den Höckern und Vertiefungen zu sehen sein würde.

Mit vor Angst geweiteten Augen wartete Sundri auf die Erklärung des Arztes. Sie sah so leidvoll aus, daß es ihn erbarmte.

„Jetzt hören Sie mir einmal gut zu! Sie fliegen heute nachmittag mit mir nach Delhi. Ich werde Sie morgen oder übermorgen dort operieren, und – sagen wir, in vier Wochen können Sie sich dann Ihrem Ragan zeigen."

„Aber ich . . ."

„Keine Widerrede, Sie haben mit Ihrer Sturheit schon genug angerichtet, denn nicht nur Sie allein haben gelitten, auch Ragan hat es. Und meine Esther hat genug Kummer gehabt."

Sundri schloß die Augen, unter den Lidern quollen Tränen hervor.

„So ist es recht", sagte Doktor Miller. „Das reinigt die Seele. Während des Fluges haben wir Gelegenheit genug, uns über so manches Wichtige zu unterhalten."

„Ich kann nicht mitkommen, Doktor Sahib", sagte Sundri zaghaft. „Ich . . . ich kann ja weder die Flugreise bezahlen noch Ihr Honorar. Ich bleibe hier."

„Reden Sie keinen Unsinn. Die Flugkarte hat Ragan bereits bezahlt. Alles andere tue ich ihm zuliebe. So, nun werde ich Schwester Marion verständigen, daß wir in einer Stunde hier abfahren werden. Wir müssen die Abendmaschine erreichen."

Sundri blieb in einem vollkommen verwirrten Zustand zurück. Alles in ihr war in Aufruhr. Sie war glücklich und unglücklich zugleich. Es war nicht so einfach, sich von einem Ort zu lösen, wo sie Frieden gefunden hatte. Was werden würde, wenn die Operation mißglückte, quälte sie. Es bliebe nur übrig, den Frieden im Tod zu suchen.

Die Schülerinnen Sundris drängten sich durch die Tür ihres kleinen Zimmers. „Ist es wahr, gehst du fort von uns?"

„Ja, ich muß gehen, aber meine Gedanken werden oft bei euch sein. Vergeßt nicht, was ich euch gelehrt habe!"

„Glory to Mother India", riefen sie. „Wir wollen zum Ruhme Indiens arbeiten, so wie du es uns gesagt hast."

Jaya, der besondere Liebling Sundris, reichte ihr einen langen bestickten Stoffstreifen mit einer Quaste daran, dessen Motive sie sich selbst ausgedacht hatte.

„Ich danke dir, Jaya." Nacheinander gaben die Mädchen ihrer Lehrerin kleine selbstverfertigte Geschenke: kunstvoll geflochtene kleine Matten aus Palmfasern und Schnitzereien. Morarji, die nichts hatte, brachte eine Rosenknospe, die am Aufbrechen war. Sundri steckte sie sich ins Haar.

Der Abschied von Schwester Marion war sehr schwer. Sundri verneigte sich tief und faltete die Hände über dem Herzen. Sie erwies ihr dadurch Ehrfurcht und Dank zugleich.

„Lebewohl, Sundri, und vergiß nicht, daß Rechte niemals frei sind, sondern daß immer auch Pflichten daran hängen!"

Noch lange standen die Mädchen am Gittertor des Waisenhauses, das ihnen Heimat geworden war, und sahen dem Auto nach.

Esther erwartete ihren Vater und Sundri am Flughafen Safdar Jang. In der kurzen Zeit zwischen der Morgen- und Abendmaschine, die ihr zur Verfügung gestanden, hatte sie alles auf das beste organisiert.

„Morgen früh um acht Uhr ist in der Klinik alles bereit", sagte sie. „Doktor Kazmir wird dir assistieren. Ich bringe Sundri jetzt zu Laja und komme dann zu dir ins Hotel."

„Wie kann ich Ihnen das vergelten?" fragte Sundri bedrückt.

„Darüber sollten Sie sich keine Gedanken machen", erwiderte Esther.

„Ich habe einmal etwas sehr Häßliches über Sie gesagt. Ich habe einen Fluch über Sie ausgesprochen, Esther. Wenn ich im Grunde meines Herzens auch nicht mehr an so etwas glaube, hat es mich doch bedrückt. Kürzlich, als ich mit meinen Schülerinnen von der reinigenden Kraft des Feuers gesprochen habe, habe ich diesen Fluch ins Feuer geworfen und somit das Böse in Gutes verwandelt. Ich hoffe von Herzen, Sie mögen Glück im Leben haben!"

„Ich weiß, daß Sie ein guter Mensch sind, Sundri", sagte Esther und drückte ihr die Hand.

Laja nahm die Freundin mit einer Selbstverständlichkeit auf, als sei sie nie fort gewesen.

Subba hatte eine Girlande geflochten und über den Türrahmen gehängt.

„Das ist Lakshmi, meine Frau", sagte er stolz und schob sie, die sich hinter ihm verborgen hatte, vor. Sie war noch sehr jung, ein halbes Kind, und Subba selbst war gerade achtzehn Jahre alt geworden. Sie hatten vor wenigen Tagen geheiratet.

Laja hatte vor der Wahl gestanden, ihren Diener zu entlassen oder Lakshmi mit aufzunehmen. Es war ein Glück, daß Subba keine näheren Familienmitglieder hatte, sie wären sonst nach und nach gekommen, um mit ihm zu leben. Auf einen Esser mehr oder weniger kam es Laja nicht an, nur eine ganze Familie hätte sie nicht ernähren können.

Mit großer Freude entdeckte Sundri, daß sie noch ein ganzes Fach voll Wäsche und zwei Saris vorfand, die sie seinerzeit nicht mitgenommen hatte. In der kleinen Kassette, die auf der Kommode stand, lag die Krönungsmedaille, die einen Wert von fünf Goldstücken hatte, die Kette, an der sie befestigt war, nicht mitgerechnet. Neugierig öffnete Sundri ein Päckchen, das neben der Medaille lag.

„Laja, Laja, wem gehört denn dieser Armreif", rief sie.

„Er ist ein Geschenk Ragans für dich. Ich glaube, es sollte dein Hochzeitsgeschenk sein. Er hat es mitgebracht, als er aus deiner Heimat zurückkam und dich hier glaubte. Er hat es dann hiergelassen."

Sundri betrachtete die kunstvoll gearbeiteten Lotosblüten, dann streifte sie den Reif über ihr Handgelenk. Einer der Saris war mit dem Mond- und Sternenmotiv bestickt, das aus dem dritten vorchristlichen Jahrhundert stammte. Es war so rot wie Blut, die Pallavs, die Enden, waren reich mit Gold bestickt. Sundri wagte noch nicht, an die Hochzeit mit Ragan zu denken, aber wenn sich ihre Hoffnung erfüllte, wollte sie gern dieses Gewand tragen. Zärtlich strich sie über die knisternde Seide.

„Geh schlafen", mahnte Laja, „und vergiß nicht, die Tablette zu nehmen, die Esther dir gegeben hat."

Am liebsten wäre Sundri die ganze Nacht aufgeblieben,

hätte sich ans Fenster gestellt und in die Sterne geblickt, aber das Beruhigungsmittel begann sehr schnell zu wirken. Bald war sie fest eingeschlafen.

Doktor Miller löste eine Warze nach der anderen ab. Es ging alles sehr leicht bis auf eine einzige, die tiefer saß und stark blutete.

„Die Wunde nähen wir", ordnete er an, und Doktor Kazmir, der mit größter Aufmerksamkeit dem amerikanischen Kollegen zusah, reichte ihm eine Nadel und Katgut. Auch diese Stelle würde sich verwachsen und mit der Zeit kaum mehr sichtbar sein. Als das Abschleifen der Pockennarben beendet war, legte Kazmir einen so dichten Verband um Sundris Kopf, daß nur die Augen hervorsahen. Mit zufriedenem Lächeln streifte Doktor Miller die Gummihandschuhe ab und ließ sich von der Schwester den Mantel ausziehen. Das wäre geschafft und, wie er glaubte, gut.

Sundri wurde in ein Krankenzimmer gefahren. Es würde nicht sehr lange dauern, bis sie zu sich käme, und dann mußte sie die ersten zwei Tage mit schmerzstillenden Mitteln behandelt werden. In einer Woche, sagte Miller zu Kazmir, könne man den Verband abnehmen. Natürlich werde die Haut noch nicht schön aussehen, aber nach weiteren zwei bis drei Wochen wäre alles, mit Ausnahme einer winzigen Narbe, in Ordnung.

Als Sundri aus der Narkose erwachte, rief man Doktor Miller. Das hatte er angeordnet, weil er mit ihr sprechen wollte. Er hatte sich gedacht, daß der im ersten Augenblick furchterregende Verband sie erschrecken könnte. In panischer Angst tastete sie auch sofort ihren bandagierten Kopf ab, als er das Zimmer betrat. Er zog ihre Hände weg und hielt sie fest.

„Alles ist großartig gegangen", redete er ihr zu. „Nun müssen Sie nur noch etwas Geduld haben, kleine Sahib. Ich überlasse Sie zur weiteren Behandlung Doktor Kazmir.

Er weiß, was zu tun ist. Jetzt tut's wohl noch ein bißchen weh, aber dafür gibt es gleich eine Spritze. Bis Sie dann wieder aufwachen, ist es schon besser. Und nun leben Sie wohl, Sundri. Grüßen Sie mir Ragan sehr herzlich. Wir fliegen heute nacht nach Amerika zurück!" Noch einmal drückte er ihre Hände ganz fest und legte sie dann auf die Wolldecke zurück. Unter der Tür winkte er ihr abschiednehmend zu.

„Danke", flüsterte Sundri. „Danke auch Esther." Mehr brachte sie nicht heraus. Als gleich darauf Doktor Kazmir mit einer Spritze kam, lag sie mit geschlossenen Augen da.

Kurz vor Mitternacht fuhren die Millers zum Flughafen hinaus. Die Maschine, die mit Kurs über Bombay, Kairo und Zürich nach Paris flog, startete um ein Uhr dreißig.

Esther hatte den Fensterplatz, und sie sah das Land unter sich vorübergleiten. Sie überflogen Radschasthan, ein kärgliches Gebiet, aber der Vollmond streichelte die Landschaft mit silbernen Fingern und deckte ihre Armut zu. Sie dachte an die Zeit, die sie in Indien verbracht hatte. Wie viel und doch wie wenig hatte sie davon kennengelernt! Es gehörten wohl viele Jahre dazu, um überhaupt einen ganz kleinen Begriff von seinen Geheimnissen und seinen uralten Geschichten zu verstehen, Götter und Dämonen geisterten zwischen der modernsten Technik umher, die sich gerade anzusiedeln begann und mit der die Inder bis jetzt mehr spielten, als daß sie sie verstehen konnten. Großartige Weisheit neben kindlicher Einfalt, wer konnte das begreifen! Wunderbarste Lyrik in dem Gedicht des Wolkenboten, in welchem der verbannte Yakscha seiner Geliebten im fernen Himalaja über eine nordwärts eilende Monsunwolke einen Liebesgruß schickt. Als schroffer Gegensatz die Unwissenheit des größten Teiles der Bevölkerung.

Das geheimnisumwitterte Himalajagebirge, das im Volksglauben der Wohnsitz der Götter Indiens war, und die rattenverseuchten Großstädte, in denen das Elend zu

Hause war. Der Monsunregen, der, vom Arabischen Meer herkommend, von Süden nach Norden wanderte, gefürchtet in seiner Gewalt, gleichzeitig herbeigesehnt, weil er das Land fruchtbar machte. Blieb er aus, gab es eine Hungersnot, und man glaubte an die Strafe der Götter. An all das dachte Esther auf dem Flug. Sie dachte an Ragan und war froh, daß sich alles so gefügt hatte, weil sie sein Land und auch seine Seele nie ganz verstanden hätte.

Als ihr Vater ihren Arm berührte, zuckte sie ein wenig zusammen. Er sagte nur: „Ich bin froh, daß du mit mir nach Ann Arbor zurückkehrst. Ost und West berühren sich zwar, aber sie verbinden sich nie zu einer Einheit."

Wie gut er sie verstand. „Ich möchte ein wenig schlafen", erwiderte Esther. Sie ließ ihren Sessel zurückgleiten und schloß die Augen. Bald lag Indien hinter ihr wie ein Traum.

Wenn der Lotos blüht

Laja besuchte ihre Freundin jeden Tag im Krankenhaus und holte sie auch ab, als sie entlassen wurde. Doktor Kazmir nickte befriedigt, als er den Verband abnahm. Die Haut war zwar noch etwas gespannt, aber die Unebenheiten waren ganz verschwunden. Frische Luft würde jetzt dafür sorgen, daß sie, richtig durchblutet, wieder in Ordnung käme. Die kleine Narbe sah wie ein winziges Sternchen aus, und er meinte, es sei so apart, daß es schade sei, wenn es verschwände.

Endlich kam die ersehnte Nachricht von Ragan. Er schrieb, daß er noch knapp drei Monate in Lokheri bliebe und dann einen Posten im Ministerium antrete, den man ihm angeboten habe. Daß Doktor Miller vor seiner Abreise durch ein Telefongespräch nachgeholfen hatte, wußte er nicht.

Ragan stellte es Sundri frei, ob sie noch nach Lokheri

kommen oder warten wolle, bis er in Delhi eintreffe. Mit seiner Stellung werde ihm auch eines der Beamtenhäuser zur Verfügung gestellt. Es sei allerdings nicht sehr groß und auch nicht in der Curzon Road gelegen.

„Ich habe lange genug gewartet", rief Sundri, „jetzt fahre ich mit Gil nach Lokheri. Kannst du nicht mitkommen, Laja? Bitte, tue es. Ich möchte, daß du anstelle meiner Mutter bei meiner Hochzeit bist." Auf Lajas Einwand, wie sie wieder zurückkäme, sagte Sundri: „Gil bringt dich bis zu dem Marktflecken, und dort bekommst du den Überlandbus." Schließlich ließ sich Laja überreden.

Gil hatte den Jeep vollgeladen bis zum Rand. Selbst Laja und Sundri mußten noch Pakete auf den Schoß nehmen. Einiges war für Ragan, der zu der Überlegung gekommen war, daß er die Hochzeitsfeier doch nicht zu bescheiden machen durfte, um vor den Dorfbewohnern nicht das Ansehen zu verlieren. Er hatte allerdings den Ältestenrat zusammengerufen und den Männern zu erklären versucht, daß er mit der Unsitte brechen wolle, wegen einer Heirat Schulden zu machen. Bei der Hochzeit seiner Schwester Sarla waren es an die 1500 Gäste, die sein Vater zu bewirten gehabt hatte. Obwohl Uday Ray sich das leisten konnte, hielt es Ragan für töricht.

„Zahlst du nicht seit fünfzehn Jahren dem Geldverleiher die Schulden ab, die du wegen der Hochzeit deiner Tochter gemacht hast?" fragte er Sudjir, der seit kurzem dem Ältestenrat vorstand.

Der alte Mann kratzte sich am Kopf und brummte: „Das ist so, aber hätte sie ohne Mitgift und ohne große Feier überhaupt einen Mann bekommen? Du weißt, Doktor Sahib, daß es eine Schande ist, wenn ein Mädchen keinen Mann findet."

„Das ist doch barer Unsinn", erwiderte Ragan zornig. „Heutzutage lernen die Mädchen einen Beruf, und wenn sie nicht heiraten, sorgen sie für sich selber." Kaum hatte er es gesagt, wurde ihm bewußt, daß das nicht für ein Dorf wie Lokheri und Butan gelten konnte. Es würde noch lange, lange dauern, bis sich diese neue Zeit auch auf dem Land durchsetzte.

„Sie kommen, sie kommen!" rief Shiam, der landwirtschaftliche Verwalter des Gemeindezentrums. Er deutete auf eine Staubwolke in der Ferne. Als der Jeep mit kreischenden Bremsen anhielt, wurde es im ganzen Dorf lebendig. Der Ältestenrat hatte sich vor dem Haus versammelt, Frauen und Kinder standen in einiger Entfernung und sahen neugierig herüber.

„Sudjir, das ist meine Braut, die morgen meine Frau sein wird. Und das ist Laja Sahib, die Mutterstelle vertritt." Die alten Männer falteten die Hände zum Gruß. Meta, die Krankenschwester – sie nannte sich so, seit sie bei Ragan arbeitete –, legte Sundri und Laja Girlanden um, die die Frauen als Willkommensgruß geflochten hatten.

Es war etwas unerhört Neues, daß ein Bräutigam mit seiner Braut vor der Hochzeit sprach. Womöglich hatte der Doktor Sahib sie nicht einmal durch die Eltern, die Verwandtschaft oder eine Agentur vermittelt bekommen, sondern sie sich selbst gesucht! Aber wo und wie, rätselten sie alle. Warum fand die Hochzeit nicht in ihrer Familie statt? Hatte sie keine? Welcher Kaste gehörte sie an? Eine Unberührbare konnte es nicht sein, der Doktor Sahib gehörte einer hohen Kaste an. Er hatte selbst im Dorf die Kasten abgeschafft oder hatte wenigstens versucht, es zu tun. In den Hütten von Lokheri und Butan wurde an diesem Abend noch lange getuschelt. Nicht alle waren für das Neue, und man wartete gespannt auf den nächsten Tag. Würde der Sahib die alten Bräuche achten, würde er mit seiner Auserwählten um das heilige Feuer schreiten, das die Ehe unauflöslich machte?

Sundri hatte sich mit Laja in das Rasthaus zurückgezogen. Sie wollte, wie es Sitte war, vierundzwanzig Stunden fasten. Auch Ragan unterwarf sich dieser Vorschrift.

Gil und Shiam hatten den Versammlungsraum für die Zeremonie mit Blumen und Girlanden schmücken lassen. Musikanten aus dem Marktflecken waren gekommen. Das

Hochzeitsmahl war für vierzig Menschen vorbereitet, reichlich, aber nicht übertrieben geplant. Tonschalen und Becher, die in der Töpferei verfertigt worden waren, standen vor Strohmatten in zwei Reihen auf dem Boden. Auf der einen Seite würden die Männer, auf der anderen, Rükken gegen Rücken, die Frauen sitzen, damit sie ihnen nicht ins Gesicht sehen konnten. In der Mitte würde das heilige Feuer aus getrocknetem Kuhdung brennen.

Laja war am frühen Morgen mit einigen Mädchen an den Rand des Dschungels gegangen, um Blumen zu holen. Sie wollte die Hochzeitsgirlanden für das Brautpaar selbst flechten.

Inzwischen bemalte sich Sundri kunstvoll die Hände und die Füße, während Ragan sich in einer Yogaübung sammelte. Niemand wagte, ihn in seiner Versunkenheit zu stören.

Am Spätnachmittag wickelte sich Sundri in den roten Sari. Sie fältelte ihn so sorgfältig und fein wie nur möglich. Das reichbestickte Ende lag über ihrer linken Schulter. Als einzigen Schmuck trug sie den goldenen Armreif mit den Lotosblüten. Nun war sie bereit.

Mit Laja ging Sundri hinüber zum Versammlungsraum, wo der Priester bereits das heilige Feuer entzündete und die von ihm selbst zubereiteten und geweihten Speisen für das Brautpaar in Schalen füllte. Erwartungsvoll saßen die Gäste auf ihren Plätzen. Die Sitar- und Flötenspieler stimmten die Hochzeitslieder an, der Priester murmelte heilige Mantraverse, die die Zeremonie einleiteten.

Ragan und Sundri streuten aus einer Schüssel Reiskörner auf den Boden. Er gelobte damit symbolisch, für seine Familie stets zu sorgen, die Braut versprach, eine gute Mutter zu sein. Sie kosteten von den geweihten Speisen, und Sundri goß geschmolzene Butter in das Feuer und warf einige Stücke Sandelholz dazu, das knisternd verbrannte und einen feinen Geruch verbreitete.

Der Priester knotete Sundris Sari und Ragans weißes Gewand zusammen, und während sie sich wechselweise

Treue und Ergebenheit gelobten, schritten sie siebenmal um das heilige Feuer. Dann legte sie ihre kleine braune Hand in die seine, eine Hand, zu der sie Vertrauen hatte.

Jetzt waren sie unlöslich Mann und Frau geworden. Das Horoskop Achunchans hatte sich nicht erfüllt, und der Fluch von Sukumiras Mutter war zunichte geworden, obwohl Sundri kurze Zeit geglaubt hatte, er habe sie erreicht.

Die Gäste tafelten noch lange nach Mitternacht, während sich das Paar, das nach altem Brauch nicht an dem Mahl teilnehmen durfte, zurückzog.

„Kama, Gott der Liebe, halte deine schützende Hand für immer über uns!"

Wie schnell die drei Monate vergangen waren, kam Sundri zu Bewußtsein, als ihr letzter Tag in Lokheri anbrach. Noch vor Sonnenaufgang traten sie aus dem Haus, um noch einmal nach Butan hinüberzugehen. In den Kronen der Bäume begann es lebhaft zu werden, die Affen lärmten in ihren Schlafnestern. Ein einziger greller Vogelschrei zuerst, dann ein zweiter, noch einer, und dann begann die ganze gefiederte Schar in die aufgehende Sonne hinein zu singen.

Hand in Hand wanderten die beiden bis zum Fluß, über dem jetzt das Gold des Morgens lag und aus dessen Wassern glitzernd die junge Sonne sprang.

Ragan erinnerte sich an den Tag, da er Esther über diesen Fluß getragen hatte. Es war gut, daß er damals der Versuchung nicht erlegen war. Sie hätten niemals zueinander gepaßt. Die indische Seele war zwar bereits dem Neuen zugewandt, aber doch noch zu sehr dem alten Kult verfallen. Und vieles war gut, es durfte nicht verlorengehen. Ost und West würden sich so schnell nicht vereinen können.

Sundri war eine ergebene Frau und zugleich ein wunderbarer Kamerad – vielleicht gerade deshalb, weil sie beide zuerst den falschen Weg eingeschlagen hatten. Sie mußte erst einsehen, daß aus ihm niemals ein Modearzt der Reichen werden konnte, und er hatte begriffen, daß sein Platz

344

dort war, wo er Einfluß auf die weitere Entwicklung des Volkes nehmen konnte. Was er hier zusammen mit Gil und Shiam geschaffen hatte, war vorbildlich und trotzdem nur ein Tropfen auf einen heißen Stein. Aber er wußte jetzt, worauf es ankam. Überall mußten solche landwirtschaftlichen Zentren entstehen, die Kinder mußten geschult werden, denn von beidem hing der Fortbestand Indiens ab.

Sundri nahm sich vor, eine Aufklärungskampagne zu beginnen, um die Geburtenzunahme zum Stillstand zu bringen. Sie war sich durchaus bewußt, was für eine schwere und heikle Aufgabe das sein würde. Wer sollte es unternehmen, mit den jungen Frauen und Mädchen zu sprechen? Dazu würde man überall noch auf den Widerstand der Männer stoßen. Zuerst mußte eine Anzahl fortschrittlicher Frauen ausgebildet werden, die in der Lage waren, der einfachen Bevölkerung klarzumachen, was not tat. „Weniger und dafür gesunde Kinder." Unter diesem Motto mußte sie arbeiten. Allmählich kehrte ihre Unternehmungslust wieder zurück, und sie war sicher, daß sie zusammen mit Ragan erreichen würde, was sie sich beide vorgenommen hatten.

Auf dem Rückweg setzten sie sich unter den großen Jakarandabaum, der genau zwischen Butan und Lokheri stand. Er hatte noch keine Blätter, aber seine weitausladende Krone war mit Blüten übersät, die wie zartblauer Schnee auf sie herabrieselten, sobald ein leichter Luftzug vorbeistrich.

In dem nahen kleinen Teich schwebten die Blätter des Lotos wie Baldachine über dem Wasser.

„Wenn die Lotosblumen blühen, werden wir ein Kind haben."

„Ich hoffe, es wird ein Sohn", sagte Ragan zärtlich.

Worterklärungen

Aschli: Kaschmirschal, Familienmuster
Animisten: An Geister der Ahnen glaubende Inder vom Stamm der Drawiden.
Boy: Junger Diener
Circus: Runder Platz, Rondell
Charpai: Liege, Art Bettgestell
Come in!: Herein! (Englisch)
Dschat: Schicksal, Bestimmung
Dhoti: Hüfttuch
Dayta: Der Böse
Drawiden: Indischer Volksstamm, hauptsächlich im Süden des Subkontinents lebend
Divali: Fest des Lichts
Eghi-malas: Sieben Hügel
Ghats: Küstengebirge
Harijani: Die Unberührbaren
Karim-pana: Blaupalme
Kumbh Mela: Religiöses Fest, das nur alle 12 Jahre am Ganges stattfindet
Khit khit: Geplauder
Labirnum: Goldregen
Mahatma: Großer Geist
Mundu: Lendentuch
Muvvagapala: Geliebte
Madalam: Trommel
Namaskaram: Sei gegrüßt (Guarati)
Namaste: Sei gegrüßt (Hindi)
Pallavs: Bordüre am Sari, meist goldgestickt
Peppadi: Schmalzgebackenes
Pferdetonga: Droschke mit einem Pferd
Purdah: faltenreiches langes Gewand, auch den Kopf bedeckend, mit Augenschlitzen
Quit India!: Raus aus Indien! (Englisch)
Quilts: Steppdecken

Sherwan: Weißes hochgeschlossenes Jackett
Sadhu: Heiliger Wanderer
Shandi: Friede sei mit dir!
Sati: Selbstmord
Satwar: Weite Hose
Satham eva dschagate: Nur die Wahrheit siegt
Telegu, Tamil: Landessprachen
Thullal: Liebeslied
Urdu: eine der Landessprachen
Usha: Heiratsvermittlerin
Veenapeti: Tasteninstrument
Variolois: die zweiten Pocken
Y.W.C.A.: Christlicher Verein junger Frauen

Mädchenbücher im Loewes Verlag

Lise Gast
Wirf dein Herz über die Hürde

Jona, 18 Jahre alt, ist eine Pferdenärrin und fest entschlossen, auf dem „Erlenhof", einem Verleihstall, zu arbeiten; vor ihr liegt eine Zukunft mit Pferden und Gleichgesinnten. Doch als der Isländer Örn in ihr Leben tritt, muß sie ihre Wünsche und Träume der Realität anpassen.

Ilse van Heyst
Myra

Myra, das erfolgreiche Mädchen, ist unglücklich, wenn sie das auch nicht wahrhaben will. Sie hat keine Freunde und möchte diesen Mangel durch einen Beruf ausgleichen, der ihr viel Bewunderung einbringen wird: Sie entschließt sich, Ballerina zu werden.

Erich Wustmann
Vitotschi

„Wustmanns Buch über ein kolumbianisches Indianermädchen unserer Tage kommt, anders als althergebrachte Indianerbücher, ohne Sentimentalität und Pathos aus. Dabei informiert es auf spannende Weise, wie es sich auf einer einsamen Finca, einem bescheidenen Landgut, lebt, was die Töchter des Hauses beschäftigt, wie es auf einer Missionsstation zugeht und was einem im Busch begegnen kann."   Die Welt

Weitere LeseRiesen im Loewes Verlag

Franz Braumann
Feuerzeichen am Biberfluß

Zwei packende Abenteuerromane aus der unberührten Wildnis des kanadischen Nordens und aus der Regenhölle Patagoniens.

Wolfgang Ecke
Privatdetektiv Perry Clifton

Zwei Fälle für Perry Clifton: „Das Geheimnis der weißen Raben" und „Die Insel der blauen Kapuzen".

Lise Gast
Penny Wirbelwind

Unvergeßliche Ferientage in Hohenstaufen mit vielen Tieren und dem schwarzhaarigen Wirbelwind Penny.

Lise Gast
Zeit der Bewährung

Freuden und Nöte junger Menschen in einer herzerfrischenden Familiengeschichte.

Tom Hill
Davy Crocketts Abenteuer

Von aufregenden Abenteuern und der Freundschaft mit dem jungen Indianer Wata erzählt dieses Buch – nach authentischen Quellen aus der Pionierzeit Amerikas gestaltet.

Weitere LeseRiesen im Loewes Verlag

Anna Müller-Tannewitz
Die weißen Kundschafter

Die Entdeckungsgeschichte der Indianer Virginiens, spannend und historisch genau erzählt.

Agnes Sapper
Die Familie Pfäffling

Das bekannte klassische Kinderbuch. Wer möchte sie nicht kennenlernen, diese beneidenswert fröhliche Familie?

Johanna Spyri
Heidi

Ungekürzte, illustrierte Ausgabe der beiden Bücher „Heidis Lehr- und Wanderjahre" und „Heidi kann brauchen, was es gelernt hat".

Alfred Weidenmann
Die Fünfzig vom Abendblatt

Immer eine Radlänge voraus, das sind die Jungen vom „Abendblatt". Eine packende Detektivgeschichte.